广东历代方志研究丛书

广东排瑶史料辑录

GUANGDONG PAIYAO SHILIAO JILU

李筱文 许文清 编

中山大学出版社

·广州·

版权所有　翻印必究

图书在版编目（CIP）数据

广东排瑶史料辑录/李筱文，许文清编. —广州：中山大学出版社，2019.9

（广东历代方志研究丛书）

ISBN 978-7-306-06670-1

Ⅰ.①广…　Ⅱ.①李…②许…　Ⅲ.①瑶族—民族历史—广东　Ⅳ.①K285.1

中国版本图书馆 CIP 数据核字（2019）第 167968 号

出 版 人：	王天琪
策划编辑：	金继伟
责任编辑：	罗雪梅
封面设计：	曾　斌
责任校对：	靳晓虹
责任技编：	何雅涛
出版发行：	中山大学出版社
电　　话：	编辑部 020-84110771，84113349，84111997，84110779
	发行部 020-84111998，84111981，84111160
地　　址：	广州市新港西路 135 号
邮　　编：	510275　传　真：020-84036565
网　　址：	http://www.zsup.com.cn　E-mail：zdcbs@mail.sysu.edu.cn
印 刷 者：	广州家联印刷有限公司
规　　格：	787mm×1092mm　1/16　20 印张　360 千字
版次印次：	2019 年 9 月第 1 版　2019 年 9 月第 1 次印刷
定　　价：	78.00 元

如发现本书因印装质量影响阅读，请与出版社发行部联系调换

广东历代方志研究丛书
编审委员会

主　任：陈华康

副主任：丘洪松　陈泽泓

委　员（按姓氏笔画排序）：

　　马建和　方广生　田　亮　邱　捷

　　张晓辉　陈长琦　林子雄　徐颂军

前　　言

　　瑶族是一个历史悠久、分布广阔、传统文化深厚的民族。据有关资料统计，2017年世界瑶族人口有380多万。其中，居住在中国的有280多万，主要分布在广东、广西、湖南、云南、贵州、江西六省（区）；其余分居国外，他们的祖先于明末清初始转迁越南、老挝、泰国、缅甸，成为跨境民族。20世纪70年代，东南亚地区（主要是越南、老挝）的瑶族因越南战争而移迁美国、法国、加拿大等欧美国家，由此成为世界性的少数民族。

　　在汉藏语系语境下，瑶族按语言分类有四大支系：属苗瑶语族瑶语支的盘瑶支系、属苗瑶语族苗语支的布努瑶支系、属侗水语支拉珈语的茶山瑶支系、属汉语方言的平地瑶支系。四大支系因居住环境、语言、服饰等方面各具特色，有蓝靛瑶、白裤瑶、茶山瑶、花蓝瑶等30多种自称和他称。而"瑶"是他们的共同族称。世居广东的瑶族，有排瑶和过山瑶之分。排瑶人口有10多万，其中有9万多聚居于清远市的连南瑶族自治县，其余分布在连山、连州、阳山、清新和阳江市的阳春等县（市、区）。另在湖南省宜章县莽山瑶族自治乡也居有排瑶人。过山瑶主要居住在韶关市的乳源、曲江、始兴、乐昌、翁源、仁化、南雄，清远市的连州、连山、连南、阳山、英德以及肇庆市的怀集，阳江市的阳春，惠州市的龙门等县（市、区）。

　　连南是排瑶主要世居地，也是唯一的排瑶聚居地（居住在连山、连州、清新等地的排瑶，均从连南分支出去）。约在隋唐时期，排瑶先民已迁徙到连南山区居住，唐代诗人刘禹锡在永贞变法后被贬到连州，写下了《连州腊日观莫徭猎西山》等诗篇，便是排瑶生活的真实写照。至明朝，排瑶已形成了"八排二十四冲"（排，即聚居上千户数千人的大瑶寨；冲，即居住有数十户、数百人的瑶寨），现遍布连南百里瑶山。"排瑶"的称呼出现于汉文史籍的记载，最早见于明崇祯十四年（1641）张若麟的题奏《连阳排瑶》。但"排瑶"的名称应早于明朝。排瑶自称"藻敏"（jau^{44}min^{53}），"排瑶"是他称。因为瑶民居住的村寨依山而建，房屋排列层叠，被汉族人称为"排"，瑶则被称为"排瑶"，并以此区别迁徙不定的"过山瑶"。又因排瑶过去主要聚居在南岗、油岭、横坑、军寮、里八峒、马箭、火烧坪、大掌八个大排上，所以又被称为"八排瑶"。

连南于1946年设县，之前，政府在清康熙四十二年（1703）设理瑶同知［雍正七年（1729）改为理瑶军民直隶同知］，民国元年（1912）设瑶务处，民国十六年（1927）设连阳化瑶局［民国二十四年（1935）改为安化管理局］，专理瑶族事务，行政区划则先后分属连州（连县）、连山、阳山三县（州）管辖。由于各种原因，在20世纪80年代前，连南县没有编修志书，境内各方面的史事均由连州（连县）、连山、阳山和邻近的怀集等地的县志和专志记载。因而，本书所辑录的史料多源于这些县（市）地方志和《广东通志》等古籍。

本书由广东省人民政府地方志办公室组织编辑，李筱文（排瑶）、许文清（排瑶）编。连南瑶族自治县人民政府和县地方史志办公室对本书史料的收集、整理及编辑工作给予了大力支持和帮助。由于我们水平所限，疏误之处在所难免，敬请批评指正。

编　者

2018年7月1日

凡 例

一、本书编入的排瑶历史资料，主要从广东省志及地方志书摘录而来；而其他正史、类书、笔记、诗文集等，凡与排瑶历史相关的内容亦收集部分，以供参考。

二、本书编入的排瑶历史资料，原则上以粤北地区有排瑶分布的市、县地方志为主，但一些地方史志涉及排瑶史事的记载也有所选录，如《湖南通志》《湖北通志》《怀集县志》等。

三、排瑶在古代亦被称为"蛮徭"或"莫徭"，但排瑶在地理分布上一直变动不大，长期在粤、桂、湘边界迂回徘徊，于隋唐时期进入今连南县境定居，其在史志书上集中被称为"排瑶""八排""八排瑶"，故凡体现这些称呼的史志内容基本收录进此书。

四、本书收集的史料，在历史年限上，上限不限，下限至民国（即公元1949年以前）。

五、本书内容分族源、战事、地理人口、政治、人物、社会、艺文七大类，每一大类再分小类，以便查阅。所摘录各书的原文，有删无改，尽量不失原本面目。若所引史料杂有其他与排瑶无关者，则摘取相关部分内容，其余用省略号"……"，以示省略。

六、在辑录的原文中，有对排瑶或其他少数民族的蔑称均加以改正，如"猺"改作"瑶"，"獞"改作"壮"，"狼"改作"俍"，……至于文中一些关于排瑶的观点及论述，则一似其旧，以便做研究和批评。原文无标点断句的，现全部加以新式标点。史料所记的朝代年号，均另括公元年号。

七、地方志关于排瑶的资料，同一来源而互相转录的，尽量避免重复录入；原文的讹字、缺字，亦做校勘、改正。

八、原文出处均注明书名、卷数，并录于资料之末。

九、凡《广东通志》第一次出现用作者全名，如阮元、金光祖、戴璟、郝玉麟等，再次出现则简称为《阮通志》《金通志》《戴通志》《郝通志》等。

十、因旧志记载排瑶的史料不多，故书中附录清姚柬之所撰《连山绥瑶厅志》[清道光十七年（1837）刻本]和清李来章所撰《连阳八排风土记》[康熙四十七年（1708）刻本]，一则此二书所记述的基本是排瑶地区发生的事情；二则为使本书史料更加丰富完善。

图 例

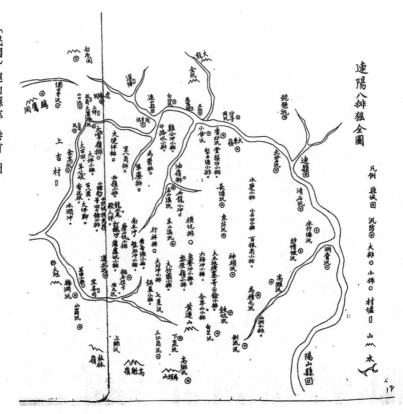

连阳八排瑶全图
（资料来源：民国《连山县志》卷首图）

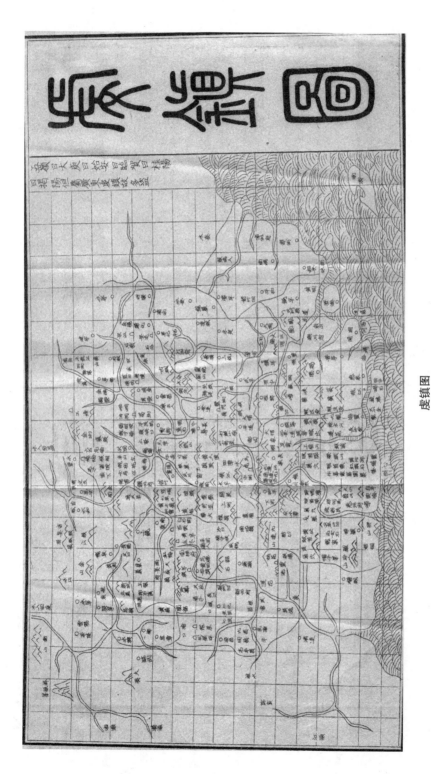

虔镇图

[资源来源：光绪三年(1877)丁丑八月重刊《连山绥瑶厅志》]

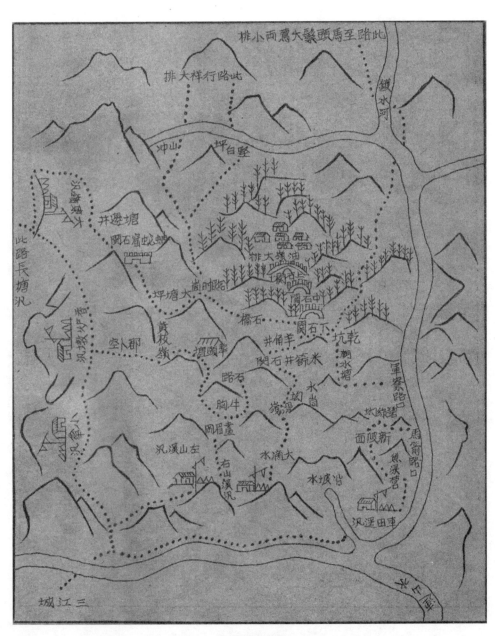

油岭排地形图

[资料来源：光绪三年（1877）丁丑八月重刊《连山绥瑶厅志》，下同]

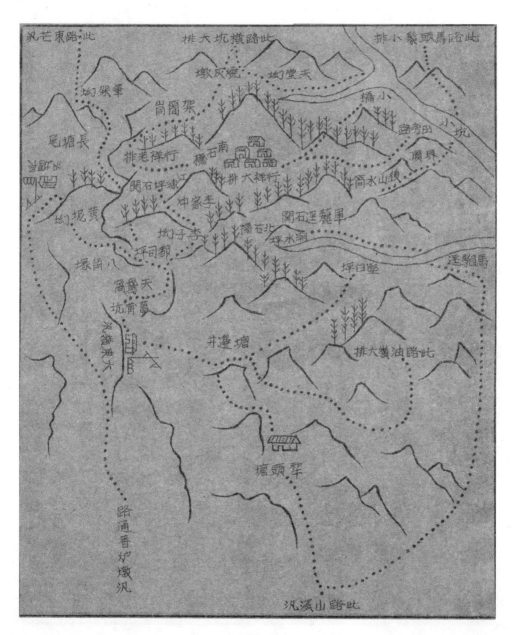

行祥排地形图

横坑排地形图

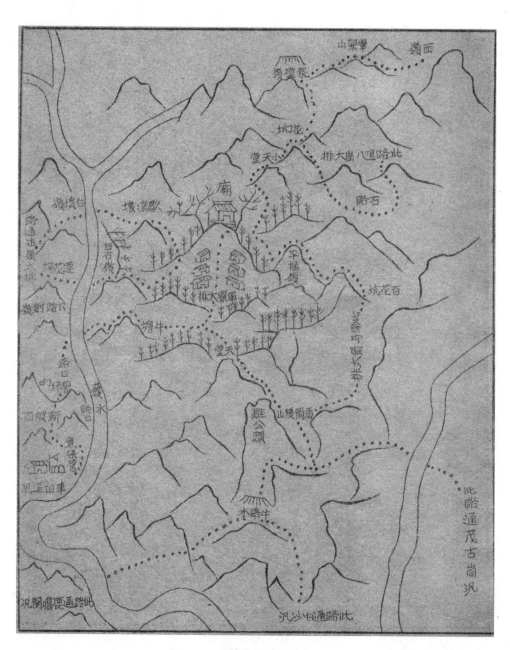

军寮排地形图

火烧坪排地形图

大掌岭排地形图

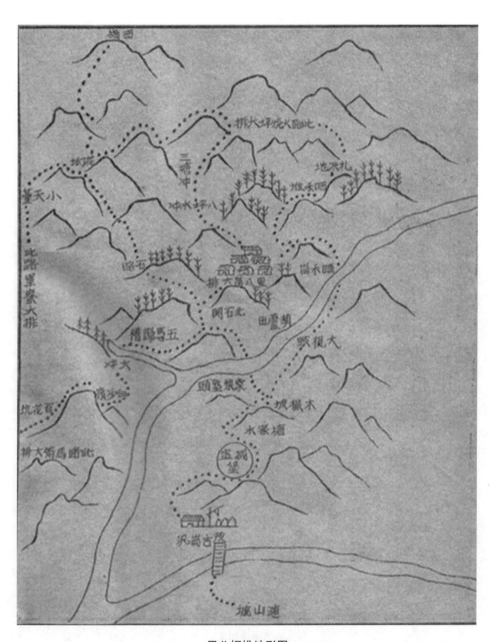

里八峒排地形图

马箭排地形图

目　　录

一、族源篇 ··· 1
　　（一）各类史书记载 ··· 1
　　（二）《广东通志》记载 ·· 13
　　（三）州志、县志记载 ··· 16
二、战事篇（剿与抚） ··· 27
　　（一）宋 ··· 27
　　（二）元 ··· 27
　　（三）明 ··· 28
　　（四）清 ··· 33
　　（五）民国 ·· 37
三、地理人口篇 ·· 38
　　（一）地理 ·· 38
　　（二）分布 ·· 40
　　（三）人口 ·· 45
四、政治篇 ·· 65
　　（一）剿瑶、理瑶奏疏 ·· 65
　　（二）议建防瑶、治瑶机构 ······································ 83
　　（三）设防瑶兵营汛 ··· 88
　　（四）设治瑶官府 ·· 97
　　（五）化瑶布局 ··· 99
五、人物篇 ··· 105
　　（一）唐 ··· 105
　　（二）宋 ··· 106
　　（三）明 ··· 106
　　（四）清 ··· 109
　　（五）民国 ·· 117
六、社会篇 ··· 118
　　（一）组织 ·· 118

（二）生产、生活 …………………………………… 124
　　（三）婚姻 ………………………………………… 138
　　（四）丧葬、祭祀 …………………………………… 142
　　（五）信仰 ………………………………………… 145
　　（六）时节 ………………………………………… 146
　　（七）医疗、卫生 …………………………………… 149
　　（八）交际 ………………………………………… 150
　　（九）纠纷 ………………………………………… 154
七、艺文篇 …………………………………………… 157
　　（一）语言、文字 …………………………………… 157
　　（二）歌舞、音乐 …………………………………… 159
　　（三）诗 …………………………………………… 162
　　（四）文 …………………………………………… 172
　　（五）题辞 ………………………………………… 182
附录一　连山绥瑶厅志 ………………………………… 193
附录二　连阳八排风土记 ……………………………… 221

一、 族源篇

（一）各类史书记载

夏商以来，最为边患，周宣王中兴，乃命方叔南伐蛮方，故诗曰"蛮方来威"，又曰"蠢尔蛮荆，大邦为雠"。春秋至战国时，并为楚地，其在天文，翼轸则楚之分野（汉之南郡、江夏、零陵、桂阳、武陵、长沙皆其分也。今夷陵、巴东、江陵、竟陵、富水、义阳之东境。安陆、齐安、汉阳、江夏、巴陵、长沙、衡阳、零陵、江华、桂阳、连山、邵阳、武陵、澧阳、黔中、宁夷、卢溪、卢阳、灵溪、潭阳、清江等郡地是也）……秦平天下，置此郡为南郡（今江陵、夷陵、巴东、竟陵、富水、安陆、齐安、汉阳、江夏、清江等郡地皆是）、黔中（今武陵、澧阳、黔中、宁夷、卢溪、卢阳、灵溪、潭阳等郡皆是也，汉改秦黔中郡为武陵郡，即今武陵郡是也）、长沙（今长沙、巴陵、衡阳、零陵、江华、桂阳、连山、邵阳等郡是）……宋分置荆州（领郡十二，理南郡）、司州（领郡四，理义阳今郡）……雍州（领郡十，理襄阳……）、湘州（领郡十一，理长沙今郡）齐并因之，州境之内，含带蛮延（蜒）……

唐·杜佑：《通典》卷一百八十三《边防·南蛮》

长沙郡又杂有夷蜒，名曰"莫瑶"，自云其先祖有功，常免徭役，故以为名。其男子但著白布裈衫，更无巾袴。其女子青布衫，斑布裙，通无鞋履。婚嫁用铁、钴、锛为聘财。武陵、巴陵、零陵、桂阳、澧阳、衡山、熙平皆同焉。

唐·魏徵等：《隋书》卷三十一《地理志》

按：《连州市志》记载："（隋）开皇十年（590年），在桂阳县置连州；大业元年（605年），连州改为熙平郡，辖桂阳（连州）、连山、阳山、宣乐、游安、武化、桂岭、开建等9县。"此段文民国凌锡华《连山县志》卷十四引用，只是内容略有不同。莫瑶之名始见于此。

昔高辛氏有犬戎之寇，帝患其侵暴而征伐，不克，乃访募天下，有能得犬戎之将吴将军头者，赐黄金千镒，邑万家，又妻以少女。时帝有畜狗，其毛五彩，名曰盘瓠①。下令之后，盘瓠遂衔人头造阙下，群臣怪而诊之，乃吴将军首也。帝大喜，而计盘瓠不可妻之以女，又无封爵之道，议欲有报而未知所宜。女闻之，以为帝皇下令不可违信，因请行。帝不得已，乃以女配盘瓠。盘瓠得女，负而走入南山，止石室中。所处险绝，人迹罕至。于是女解去衣裳，为仆鉴之结，著独立之衣。帝悲思之，遣使寻求，辄遇风雨震晦，使者不得进。经三年，生子一十二人，六男六女。盘瓠死后，因自相夫妻，织绩木皮，染以草实，好五色衣服，制裁皆有尾形。其母后归，以状白帝，于是使迎致诸子。衣裳斑斓，语言侏僚，好入山壑，不乐平旷，帝顺其意，赐以名山广泽。其后滋蔓，号曰"蛮夷"。外痴内黠，安土重迁，以先父有功，母帝之女，田作贾贩，无关梁符传租税之赋。有邑君长，皆赐印绶，冠用獭皮，名渠帅曰"精夫"，相呼为"姎徒"。今长沙武陵蛮是也。

南朝宋·范晔：《后汉书》卷八十六《南蛮》

盘 瓠

今长沙、黔中五溪蛮是也。一曰辰溪，二曰酉溪，三曰巫溪，四曰武溪，五曰沅溪。始秦昭王使白起伐楚，略取蛮夷，始置黔中，汉兴改为武陵郡，岁令大人输布二匹，小口二丈，是谓賨布。虽时为寇盗，而郡国讨平之。后汉建武二十三年，武陵蛮精夫相单程等大寇郡县，遣武威将军刘尚发南郡（今江陵巴地）及长沙、武陵兵万余人乘船沂沅入武溪击之……永和初，武陵太守上书，以蛮夷率服，可比汉人，增其租赋，议者皆以为可，尚书令虞诩独奏曰……帝不从，其冬澧中，溇中（澧阳郡）蛮果争贡布，非旧约，杀乡吏，举种反。……后汉章武初，吴将李异屯巫秭归，先帝遣吴将军班攻破之，于是武陵五溪蛮夷相率响应（今黔中道谓之五溪）。四至，按其地长沙西南黔中五溪之地，皆为其有。

宋·乐史：《太平寰宇记》卷一百七十八《四夷七·南蛮三》

盘 瓠

《后汉书》曰：昔高辛氏有犬戎之寇，帝患其侵暴而征伐，不克，乃访募天下，有能得犬戎之将吴将军首者，购黄金千镒，邑万家，又妻以少女。

---

① "瓠"字下有小注："《魏略》曰'高辛氏有老妇，居王室，得耳疾，挑之乃得物，大如茧，妇人盛瓠中，覆之以盘，俄顷化为犬，其文五色，因名盘瓠'一段。"

时帝有畜狗，其毛五彩，名曰盘瓠。下令之后，盘瓠遂衔人头造阙下。

《魏略》曰：高辛氏有老妇，居王室，得耳疾，挑之乃得物，大如茧，妇人盛瓠中，覆之以盘，俄顷化为犬，其文五色，因名盘瓠。

干宝《晋纪》曰：武陵、长沙郡夷盘瓠之后，杂处五服之内，凭山阻险，每常为猱杂鱼肉，而归以祭盘瓠，俗称赤髀横裙子孙。

《唐书》曰：黄国公册安昌者，盘瓠之苗裔也。世为巴东蛮帅，与田、李、向、邓各分盘瓠一体，世传其皮盛以金函，四时致祭。

宋·李昉等：《太平御览》卷七百八十五《四夷部六·南蛮一》

瑶，本五溪盘瓠之后，其壤接广右者，静江之兴安、义宁、古县、融州之融水、怀远县界皆有之。生深山重溪中，椎髻跣足，不供征役，各以其远近为伍。

宋·范成大：《桂海虞衡志·志蛮》

瑶人者，言其执徭役于中国也。静江五府，与瑶人接境。

宋·周去非：《岭外代答》卷三《外国门下·瑶人》

大同九年……州界零陵、衡阳等郡，有莫瑶蛮者，依山险为居，历政不宾服，因此向化。

唐·姚思廉：《梁书》卷三十四《张瓒传》

西南溪峒诸蛮皆盘瓠种，唐虞为要服。周世，其众弥盛，宣王命方叔伐之。楚庄既霸，遂服于楚。秦昭使白起伐楚，略取蛮夷，置黔中郡，汉改为武陵。后汉建武中，大为寇钞，遣伏波将军马援等至临沅击破之，渠师（帅）饥困乞降。历晋、宋、齐、梁、陈，或叛或服。隋置辰州，唐置锦州、溪州、巫州、叙州，皆其地也。唐季之乱，蛮酋分据其地，自署为刺史。晋天福中，马希范承袭父业，据有湖南，时蛮瑶保聚，依山阻江，殆十余万。

元·托克托：《宋史》卷四百九十三《蛮夷一·蛮夷列传》

庆历三年（1043），桂阳监蛮瑶内寇，诏发兵捕击之。蛮瑶者，居山谷间，其山自衡州常宁县属于桂阳之郴、连、贺、韶四州，环纡千余里，蛮居其中，不事赋役，谓之瑶人。

元·托克托：《宋史》卷四百九十三

按：这是广东瑶族人最初见于史书的记载。桂阳地理位置紧接湖南，一部分与广西接壤，连接连、韶二州。而"桂阳监"则是唐代沿袭西汉"金官"之制在桂阳郡（今桂阳）所设，初为专理矿冶和铸钱的县级行政机构，设监一人（相当于县令），丞一人，监作四人，分别为七、八、九品官，另有录事、府、史、典事、掌固若干人，后演变为州级特殊行政区。当时的"连"即连州。元至元十三年（1276）元兵达岭南。十九年（1282），连州移出桂阳，移治于连山，领连山一县；同年，升桂阳县为散州，称为桂阳州，领桂阳及阳山二县。

瑶人，古八蛮之种也。五溪以南，穷极岭海，迤连巴蜀皆有之。椎结斑衣，儿时烧铁石烙其跟跖，以油蜡沁之，重跰若趼。儿始生，秤之，以铁如其重，渍以毒水，及长，锻而为刀，终身用之。试刀必斩牛，仰刀牛项，以肩负刀，一负而殊者，良刀也。妇人黥面为花卉、蜻蜓、蝴蝶之状。踏歌而偶奔者，入岩峒，插柳避人，嫁则荷伞，悬草履一双，从入夫家，示行色也。采竹木为屋，绸缪而不断，绳枢筚窦，覆以菁茅。树畜粟豆羊牛，杂以为饷，不足，以伐山猎兽而续之。燔爨草具，毛血淋漓，虽富者亦然。惟多酿酒，时时沉酗为乐，且不知世有珍羞（馐）之和、黼黻之华也。山田瘠埆，十岁五饥。急则隳突汉界，持短枪，控大弩毒矢，攻剽圩落，踉跄篁薄中，飘忽往来，不可踪迹。拒敌则比耦而前，执枪者前却不常以卫弩，执弩者口衔刀而手射人，矢尽便投弩挟刀与枪，俱奋。山中多杉板、滑石、胆凡、茴香、草果、槟榔诸药物，时时窃出市博鱼盐。又多散地，肥而多稼，四方亡命，若避徭赋者，此为逋薮，淆杂夷中，为之通行、囊橐、乡导，分受卤获。结党既伙，则公隳城堡，劫官府。故广之东西，岁苦兵事。谚云："比年小征，三年大征。"……史氏盘瓠之说，虽恍幻难稽，然瑶人多盘姓者，或讹而为盘，云瑶壮虽异族，而信鬼畏誓，大略相同。在唐虞谓之要服，盖以信义要质而已。秦时与板楯蛮盟曰："秦犯夷，输黄龙二双，夷犯秦，输青酒一（盅）。"夷人安之。宋时范成大帅广西时，令诸瑶团长纳状云："某等既克山职，今当钤束家丁，男行持棒，女行把麻，任从出入。上有太阳，下有地宿，翻背者生男成驴、生女成猪，举家绝灭，不得对好翻非，偷寒送暖。上山同路，下水同船，男儿带刀，一点一齐，同杀盗贼。不用此款者，并依山例。"山例者，杀戮也。自是帅事二年，诸瑶无及省界者。

明·沈节甫：《纪录汇编》卷六十

两粤之地瑶居半，皆祖盘古而宗狗头王，王即盘瓠也。西粤瑶祀其先，以十月朔，令男女既冠笄者，连其襟舞，谓之踏瑶，两相悦，祀毕，男遂负女去。粤以东则七月望日，俾两髡男、三髻女，衣五彩裾，歌且舞以采侑焉。其在西者，种凡三，曰高山，曰花肚，曰平地。高山最犷悍，花肚次之，平地又次之。中又分瑶与佷，佷客户也。明万历间，调佷兵征罗旁溪瑶，其种类遂蒸于曲江以北，其东则绕罗旁面连山，聚族而居。惟连之八排，族姓繁衍桀骜难驯，地广七百余里，长倍之，率盘姓，其他赵、冯、邓、唐诸氏皆汉人，因避瑶赋诛求，举家窜入，日濡月染，凡饮食衣服器用，皆与真瑶无异。……瑶不事刀耕火耨，傍山地皆硗确，稻谷不生，只宜高粱芋麦，日猎野牲以供厨，弓兵不释手，丁甫成能与虎豹斗，赤足陟山巅，峻壁峭立，飞而上，捷如狖猱。好行劫人，各挟竹竿一，竿俱炙以桐膏，刃削其梢，铦甚，遇大溪，编为桴筏以渡，白昼伏林莽，以釜底烟匀其面，衣裤均黑色，遇行旅过，披发突出，见者罔不惊迷，弃行李逸，有识其伎俩者，与之斗，遂举竹竿刺之，唯呼曰精夫，赦予乃释。精夫，瑶渠帅也。员弁率官兵捕之，则鸣铛征众，瞬集千万人。人各持短刀铁刀木弩，弩长二尺许，重逾四钧，矢尺有六寸，镞钜且锐，傅以毒，中人立毙。拒敌则偶而前，执弩士居中，口衔刀而手射人，荷枪者居其前卫之，矢尽刀枪并奋，退则必设伏弩于冲，以防兵逐。其获级多者，山官厚给之赏，山官者，瑶总也。总之下有瑶目八人，司诸瑶。

约岁九月，入城谒县尹，投村落安靖结，无跽拜礼，间携野珍一二献，或兔与獐，官则赏之以银若布。时署盛陈仪仗，示威以慑之，瑶从者归，语其侪偶，云不畏中间端坐者，只怕两旁鸡毛官，谓隶卒也。纳粮则委之里长，交好者倍其赋以付，予取予求，不汝瑕疵也，少欺谩，立加以刃，否则要诸路而歼之。冬仲既望，群集狗头王庙，报赛宴会，男女杂遝，凡一切金帛珠玉，悉佩诸左右，竞相夸耀，其不尽者，贯以彩绳，而悬诸身之前后。宴毕，瑶目踞厅旁，命男女十七八以上者，分左右席地坐，竟夕唱和，歌声彻旦，率以狎媟语相赠答。男意惬，惟睨其女而歌，挑以求凰意。女悦男，则就男坐所促膝而坐，坐既并，执柯者将男若女襟带，絜其短长如相若，俾男挟女去。三越日，女之父母，操豚蹄一箧，清酎一瓢，往婿家，使之共牢合卺，否则互易其鬈，各系其腰以归，以为聘字征，逾一再岁，衣之短长同，则敦媒以导。……凡女已受聘，戴方版于顶，以发平绕其上，左右覆绣帕一，及肩，胶以黄蜡膏，缀以琉璃五采珠无算，见男子不语不歌，谓其已有家也，群以板瑶目之。未字，戴箭竿一，分其发盘结之，披堆花垒草巾于箭尾，途遇狡好男，歌遂作，有室者弗之和。否则赓歌之辞半以淫，两相悦，各易其衫带以归，此则箭瑶也。足跣无袴，系重裙，裙脚绘花卉，或山水，或虫鸟，颜均以白，女耳均不贯，男则穿其一，或左或右，坠饰以环，匪金即玉。衣则男女皆练五色，缕织之，若贸汉纯素及间色布，亦必刺绣五彩，以盘瓠毛五采故也。

清·魏祝亭：《两粤瑶俗记》，《小方壶斋舆地丛钞》再补编第八帙

湖广一：郴州，地当五岭之交，瑶贼洞蜑，栅居山巅；正德中，瑶人自龙泉、万安入东南自保昌、曲江、仁化、乐昌、乳源；西自连州、连山、阳山、宁远、临武；北自桂阳、常宁。大肆剽掠。

清·顾炎武：《天下郡国利病书》卷七十二

瑶　壮

上下三营，良峒、省峒、三江、石田是谓内七峒，皆壮民；火烧坪、马箭、军寮、大掌岭、里八峒是谓五排，皆瑶人。

清·顾炎武：《天下郡国利病书》卷九十八《广东二》

莫瑶者，自荆南五溪而来，居岭海间，号曰"山民"。盖盘瓠之遗种，本瑶壮之类，而无酋长，随溪谷群处，斫山为业，有采捕而无赋役，自为生理，不属于官，亦不属于峒首。……岭西海北人呼为"白衣山子"。钦廉迩来亦有垦田输税于官，愿入编户者，盖教化之渐被也。

清·顾炎武：《天下郡国利病书》卷一〇四《广东八》

万历初，两广寇之剧者，曰"罗旁瑶"。瑶每出劫，人挟单竹三竿，炙以桐油，涉江则编合为筏，所向轻疾，号为"五花贼"，其巅有九星岩，一石窍，深二尺许，瑶辄吹之以号众。又有石，其底空洞，撞之渊渊作鼓声，瑶亦以为号。其谣曰："撞石鼓，万家为我房；吹石角，我兵齐宰剥。"而罗旁水口有耸石，状若兜鍪，高百仞，瑶每夜隔江呼石将军，石应则出劫无患，不应则否。将军陈璘以此石为贼响哨，妖甚，烧夷石顶，有鲜血迸流，其怪遂绝，盖鬼物之所凭焉。瑶故多妖术，又所居深山，丛菁乱石，易之走险。其谣曰："官有万兵，我有万山；兵来我去，兵去我还。"其大绀、天马诸山尤险峻，陈璘尝以马不能鞍、人不能甲为虑。大征时，勒兵二十万，部分十道，凡两逾月乃荡平，覆其巢穴八十余，斩获数万。……

连山有八排瑶，性最犷悍，其臀微有肉尾，脚皮厚寸许，飞行林壁，自号"瑶公"，而呼连人为百姓，自称瑶丁，曰"八百粟"，言其多也。称

官长则曰朝廷，月送结状至县庭，不跪。纳粮则以委县之里长，里长利其财物与交好。少拂，则白刃相加矣。有瑶目八人司约束。岁仲冬十六日，诸瑶至庙为会阅，悉悬所有金帛衣饰相夸耀，瑶目视其男女可婚娶者，悉遣入庙，男女分曹地坐，唱歌达旦，以淫辞相和，男当意不得就女坐，女当意则就男坐。既就男坐，媒氏乃将男女衣带度量长短，相若矣，则使之挟女还家。越三日，女之父母乃送牲酒使成亲。凡女已字，顶一方板，长尺余，其状如扇，以发平缠其上，斜覆花帕，胶以蜡膏，缀以琉璃珠，是曰"板瑶"。未字则戴一箭竿，发分数绺，左右盘结，箭上亦覆绣帕，自织麦秆帽戴之，出入丛箐，首频侧而不碍，是曰"箭瑶"。其领袖皆刺五色花绒，垂铃钱数串。衣用布，或青或红，堆花叠草，名"瑶锦"。女初嫁，垂一绣袋，以祖妣高辛氏女，初配盘瓠，著独力衣，以囊盛盘瓠之足与合，故至今仍其制云。《后汉书》言：（盘瓠诸子）织绩木皮，染以草实，好五色衣服，制裁皆有尾形。干宝言：赤髀横裙，盘瓠子孙是也；盘瓠毛五采，故今瑶㚣徒衣服斑斓。其性凶悍好斗，一成童可敌官军数人；又善设伏，白昼匿林莽中，以炭涂面，黑衣黑袴，为山魑木魅之状，见商旅则被发而出，见者惊走，弃财物，呼曰："精夫赦我！"乃已。精夫者，瑶之渠帅也。自洭口至连州四百余里，径路艰险，商旅不敢陆行，行必从水。官军与交通为盗，而瑶官岁入其租税千金，纵容弗问，四方亡命者又为之通行、囊橐，或为乡导，分受房获，其巢窟与连山相对，仅隔一水。官兵至，尽室而去，退则击我，惰归，跟跄丛薄中，不可纵迹。拒敌则比耦而前，执枪者前却不常以卫弩，执弩者口衔刀而手射人，矢尽则刀枪俱奋，度险则整列以行，遁去必有伏弩。往时常勒五省之兵征之，有谓其将者曰："瑶每匿迹，不与吾战，乘暮乃出尾吾，宜麾诸军直进，而主将督偻兵于后，散伏险要，乘瑶掩我，反出其后以掩之，归师夹攻，必可歼尽，此致人而不致于人也。"其计诚善矣。

清·屈大均：《广东新语》卷七《人语》

按：《广东新语》由清屈大均撰。成书于屈大均晚年。全书共二十八卷，每卷述事物一类，即所谓一"语"，如天地、山、水、虫、鱼等，是一部有价值的记述广东事物的清代笔记。

瑶，名崒客，古八蛮之种，始五溪，出自盘瓠，蔓延于楚粤，称瑶曰"莫傜"，后讹为"猺"（瑶）。……瑶种不一，粤东率盘姓，有三种，曰"高山""花肚""平地"。曲江瑶惟盘姓，其戴板者曰"板瑶"。连山八排瑶，女未字则戴箭竿，分竿分发盘之，曰"箭瑶"。最强者曰"罗曼瑶""麻园瑶"。

清·陆凤藻：《小知录》卷三《四裔》

瑶人初生能行，即以铁烙其跖，厚如茧，故能踏芒刺，踏锐石，负弓矢手矛履险，上下如飞。居恒则猎山兽以食，疾病则巫觋吹牛角以祷。男子编白雉插首，银环穿耳，银箍匝额，银环饰项，腕带银钏，多至二三双。女子簪发以竹，覆以花布，如鸟张翼状，衣腹背俱系唐宋铜钱为饰，裙用五色绒彩，织为文绣，短仅至膝，系钱于边幅，行则有声。岁以十月朔祭都贝大王，男女杂踏，连袂歌舞。歌皆七言，取义比兴，以致慕悦之意，彼此既相得，则男子负女子入岩洞，插柳避人。其无偶者，明岁再会云。

清·黄钧宰：《金壶七墨》卷五《金壶浪墨》

生瑶皆栖止山岩，每无定居，种芋而食，种豆易布，今岁此山，明年又别岭矣，然不肯轻出，每值东作西成，田家妇子，尽出垄亩，三五突至，劫抱孩幼，追之不及者，用三五两赎之不等，按此事自古有之，汉令曰：凡不与县官战斗，而自以亲附送生口者，皆与赎直缣，人四十匹，小口半之，因知所从来远矣。

清·闵叙：《粤述》

东汉伏波将军击五溪蛮，平之，其后生齿日繁，洞庭之南，苍梧之北，蔓延溪洞间，皆其种类，即今之瑶人也。瑶之在粤西者，多胡、侯、蓝、盘四姓，其在楚粤之交者，多赵、李、唐、沈诸姓，此数大姓，在诸瑶中独强悍，余姓推之为渠魁，各雄长一区焉。男妇服采斑斓，跣足椎髻。《史记》所云"尉佗椎结"殆即谓此。所居皆茅舍板屋，种禾黍芋豆，杂以为粮，不足则迁徙谋食。飘忽无定所，往往耐饥，四出剽掠为害。生儿初能步，即烧铁烙其足，足皮骨既老练，迨长，扪萝蹑蹬，上下崖谷，捷如猿猱，虽荆棘在途，莫之能伤。性猜忌好斗，偶有忿争，以毒矢利刃相加，中之者立毙。其跳梁桀骜之性，自来难驯，而奸猾又以其可欺而鱼肉之，故常缔仇激怨，酿成巨患。宋嘉泰（1201—1204）中，湖南安抚史赵亮励胪陈制瑶之策，当时行之，借以粗安。明景泰（1450—1456）以后，大藤峡瑶数倡乱，韩襄毅、王文成先后平定。至我朝康熙四十二年（1703），亦啸聚为寇蕴不止，当时调三省官军剿之，环设城汛，抚绥镇定，自是无敢俶扰。道光十一年（1831），江华瑶赵福才以妖术煽惑群瑶，扬言瑶中将出大王，赵金陇状貌奇伟，必应其人，因蓄异志，潜结粤中散瑶数百辈。与赵金陇所纠九冲诸瑶，得万余人，分为三大营，红绡抹额，军容甚盛，于是年除夕反。贼伙赵鸣凤以伪示散布远迩，尾署金陇元年。事闻，上命湖北提督罗思举遴选精骑，迅速进剿，时官弁勘明，首逆祖茔已先掘毁，而贼势方张，湖南提督海凌阿堕贼计，竟为所戕，乃以贵州提督余步云调补与罗思举戮力杀贼。十二年（1832）四月末，扫穴歼渠，楚南瑶匪遂以蒇事，行间各官，赏恤有差。其时复有粤中连山瑶赵子青者，闻金陇反，亦相继蠢动，自称瑶王，伪封贼党为总兵，率众肆行焚劫。越明年（1833）壬辰秋，贼焰尚难扑灭，阁督李鸿宾赴连督剿，久未克复，上命尚书禧恩、盛京将军瑚松额、步云来连，协同办贼。比至，剿抚兼施，累月始平。连山厅理瑶同知郭际清与各官分赴瑶山，编历东西八大排，百三十一冲，核实丁口，填给门牌，按牌设立瑶老、瑶长，其小冲则设立瑶目，皆择谨愿者为之。事竣论功，尚书赏戴三眼花翎，晋封辅国公，瑚、余二公赏戴双眼花翎，与一等轻车都尉世职，以下将校，恩赏如前，鸿宾以坐失机宜，夺职，遣戍乌鲁木齐。

清·陈徽言：《南越游记》卷三

  粤西烟瘴之地，岭表诸蛮，种类不一，皆古盘瓠氏之后也。其一曰瑶，介巴、楚、粤间，绵亘数千里。椎髻跣足，衣斑斓布葛，采竹木为屋，覆以青茅，种禾黍粟豆山芋，杂以为粮，暇则猎山兽以续食。岭蹬险阤，负载者悉著背上，绳系于颈膊间，偻而趋。俗喜仇杀，又能忍饥，行树上下，履险若飞。儿能行，即烧铁石烙其跖，故能履棘茨而不伤。儿始生，称之，以铁如其重，渍之毒水，俟儿长大，锻以制刀，试刀必以牛，仰刀牛项下，以肩负刀，一负即殊者，良刀也。弩名偏架，以一足蹶张，以手搏矢，往往命中。枪名捍枪，战则一弩一枪，相将而前。执枪者，前却不常以卫弩；执弩者，口衔刀而手射人，或冒刃逼之，释弩；取口中刀奋击，退去必有伏弩。岁首祭先，杂揉与肉鱼饭于木槽，扣槽群号为礼。十月朔祭都贝大王，男女各成列，连袂相携而舞，谓之"踏歌"。意相得则男咿呜跳跃，负所爱去，奔入岩洞，插柳避人，遂为夫妇。乐有铙鼓、胡芦笙、竹笛之属，其合乐时众音竞哄，击竹筒为节。山谷间稻田无几，天少雨，穄种不收，无所得食，则四出剽掠，跟跄篁竹，飘忽往来，州县觉知，则已入巢，莫可捕捉。官军但分屯路口，山多蹊不可遍防，久益劳费。又刻木为齿，与人交易，谓之"打木格"。瑶有数种，有生瑶，有熟瑶、白瑶、黑瑶。生瑶在穷谷中，不与汉通，熟瑶与汉民错处，或通婚姻。白瑶大类熟瑶，黑瑶大类生瑶。至于瑶妇，亦有两种：有板瑶者，妇女黄蜡泥发，以木板为髻，形似今之扇面，平置顶上，覆以绣帕，缀以琉璃，垒垒若璎珞然。有箭瑶者，妇人横箭于顶，黄蜡泥发，分作缨络，左右盘结，箭上亦以绣帕覆之，出入丛林间，频侧其首，如穿花蛱蝶，翩翩可怜。头一月一梳，宵寐无反侧。其瑶女未嫁，名曰"客姑"，此其大较也……

清·同康庐主人辑：《中外地舆图说集成》卷九十三

瑶俗负物，男人以肩，女人以首，谓男首系狗王之头，而女肩则高辛公主金肩，故皆贵之。

清·梁绍壬：《两般秋雨葊随笔》卷二《瑶俗》

怀集县犬牙东粤，而北接连州之八排，昔苦流劫，实蛮薮也。

清·金鉷修：《广西通志》卷九十三《诸蛮·蛮疆分隶》

熹宗天启元年（1621），怀集八排瑶构乱，都司蔡一申讨平之。（《梧州府志》）

……

四年，怀集叛瑶纠合，将攻连山，知县杨崇忠计擒渠魁，余党解散。（《梧州府志》）……

怀集八排瑶寇连山劫印，杀连州吏目黄中选、参将刘唐衢……（《梧州府志》）

十四年，是年怀集八排瑶犯黄潭营，知县李盘率兵应援，瑶退。偎总徐光追至仙人寨，败之。至秋，总督沈犹龙命三省兵会剿，盘巡历各隘，设营增兵。（《梧州府志》）

清·谢启昆修：《广西通志》卷二〇四《前事略》

宜章县：莽山、西山二洞，在县西南，皆瑶洞也。西山壤接连州，莽山界连英乳楠木、横木，诸瑶出入必经。

清·李瀚章等编：《湖南通志》卷三十一《郴州》

高辛氏以女配盘瓠，生六男六女，自相夫妻，……其后滋蔓，号曰蛮夷。……旧以先父有功，母帝之女，田作贾贩，无关梁符传租税之赋，有邑君长，皆赐印绶。……今长沙、武陵蛮是也。

武陵、长沙夷，盘瓠之后也，杂处五溪之内，揉杂鱼肉，叩槽而号，以祭盘瓠，俗称赤髀横裙即其子孙。（干宝《晋纪》）

荆州诸郡多杂蛮左,其与夏人杂居者,则与诸夏不别。其僻处山居者,则言语不通,嗜好居处全异,颇与巴渝同俗。诸蛮本其所出,承盘瓠之后。故服章多以斑布为饰,其相呼以蛮,则为深忌。……长沙郡又杂有夷蜒,名曰莫瑶,自云其先祖有功,常免徭役,故以为名。其男子但著白布裈衫,更无巾袴。其女子青布衫,斑布裙,通无鞋履。婚嫁用铁、钴、镈为聘财。武陵、巴陵、零陵、桂阳、澧阳、衡山、熙平皆同焉。其丧葬之节,颇同于诸左。(《隋书·地理志》)

靖州,……其风俗,敻与中州异,蛮酋自称曰官,谓其所部之长曰都幕,邦人称之曰土官。酋官入郭,则加冠巾,余皆椎髻,能者以白练布缠之……妇人徒跣,不识鞋履。(《容斋四笔》)

……

五溪蛮,皆盘种也,聚落区分,各亦随异,今有五,曰苗、曰僚、曰瑶、曰獞、曰仡佬。风声习气,大抵相似。

清·李瀚章等编:《湖南通志》卷四十《地理·风俗·苗俗附》

粤有瑶种,古长沙、黔中、五溪之蛮,生齿繁衍,播于粤东西,多盘姓,自云盘瓠之后。言语侏僑,椎结跣足,短衣斑斓,依林而居,以砂仁、豆、芋、楠、漆、皮、藤为利,竭则又他徙,无储蓄,剽悍轻生,能忍饥行斗,登险如平地。儿始学步,即烧烙其跟,故能践荆棘而不伤。出入佩刀警毒矢,中之立毙。冬无卧具,群聚爇火。晴雨唯顶笠,或覆以葵叶。捕兽饮酒,击长鼓为乐。婚姻多赛于祠,踏歌相招,听其自合。忿争之际,虽至亲亦手刃之。往往啸聚剽掠,历代为患,累朝征之,叛服不常,唯抚之,听其少少纳粮,羁縻而已。

民国《瓯江杂志》卷二十三

瑶人分生熟二种:熟瑶即平地瑶,与汉人错处,或通婚姻。生瑶即山瑶,皆居于岩洞之中,不与华通。或谓高山曰瑶,深峒曰壮。瑶壮皆善登岩崖,攀缘树木,捷如猿猱,体躯短矮,头上被长发。其谣曰:"官有万兵,我有万山;兵来我去,兵去我还。"广东连山附近山中有八排瑶,性最慓(慓)悍,脚皮厚寸许。广西瑶壮最多,旧有"民四蛮六"之语。瑶人生理简陋,山中或射鸟兽,江边或捕鱼鳖。其务农者,种禾黍山芋为粮,今岁此山,明岁又别岭矣。住屋似楼而非楼,盖茅作两层,内架以板,人居其上,则猪圈牛栏,皆在卧榻之下矣。衣粗布,不知有丝属,用土碗,不知有瓷器,犹上古獠獞之景象也。又不产食盐,汉人与之交易,多致奇富者。瑶人有限制人口生产率之遗俗，每夫妇二人只准育二男二女，多则弃去，盖其土地狭窄，恐人口增加，物产不足供给，起争夺，招祸乱也。瑶人悍蛮难制，无食则四出剽掠。其药箭甚毒，中人有致死者。……要之，粤西数千年来最为暗淡，今日之务，在广建学校，崇尚医药，诱诸僚为良民。夫岭南山川绵邈，环拱千里，果能剪除荒秽，启发宝藏，则向之以蛮荒为病者，安见其不胥变而为乐土耶？

民国·张其昀：《中国民族志》第五章
《原始民族之开化运动·广东开化黎瑶民族之创举》

荆、雍州（此南朝所置之雍州，治襄阳）蛮，盘瓠之后，种落布于诸郡县，宋时因晋于荆州置南蛮、雍州置宁蛮校尉以领之。

民国·张仲炘：《湖北通志》卷十四《舆地十四·藩封》

广东有瑶、黎二种，獉狉未脱之民族也。瑶民散布于北江连山、阳山、连县、乳源间。黎民则环居海南五指山下。其言语习惯、风俗皆与汉人略异。虽有同化于汉人者，然大部分尚居深山中，度其原人生活。应如何增加其智识而开化之，乃政府最重要之职务也。兹将各方面调查所得汇志如下：

  据连阳化瑶局最近之调查，瑶民共分为八排暨二百余小冲。共一万七千二百零四户，五万六千八百三十六人，男人百人约与女子八十三之比。居于乳源者，据该县长之调查，亦有男二千三百余，女一千八百余，大都风气闭塞，智识浅陋。然性情纯朴，极少欺诈、吃烟、赌博陋习，且富于膂力，善能克苦耐劳，男女俱能背负百余斤，日行百数十里而无倦容。衣服习古代装束，男女均戴大耳环、大颈圈，椎髻跣足。男则头裹红巾，女则戴三角高帽。其居室多为瓦屋，然亦有茅屋者，但甚少杂居，类皆自成部落。日常多以耕种为生活，间有制造棕绳及其他竹木粗工者。至于婚丧礼，则居于八排与乳源者亦稍有不同。据连阳化瑶局长之调查则谓："瑶人婚姻，约在十月十六日，名曰'耍歌堂'，男女同集，跳舞唱歌，同时自由结婚，礼仪甚简单。"丧葬制度则"瑶人以先死为老，虽少年身亡，而尊长者亦须送葬。沿途痛哭极哀，各亲友以冬纸二刀为祭品，酬祭者以白饭一团答之"。乳源县长则谓"查瑶族人民稀少，与汉民无结婚嫁娶，于本姓五服之外或异姓瑶民结亲。至长成方可婚配，尚无幼年婚娶，迩来百物腾贵，瑶民娶亲，聘金约百余元，少则数十元不等。且查瑶民娶亲，选择日期，预先通知。是日，由女家请集男妇数人或十余人以为送嫁，新妇另着派二三人抬扛箱柜嫁奁。新妇手持雨伞，步行归室，并无花轿鼓乐。男家延请百客，各亲挑酒色礼具往贺，摆设酒席，并无海味，以猪肉豆腐等，所用猪肉要费千余斤，少则数百斤"。丧礼则"因贫富而不同，富者择日入棺开吊，延请道士礼忏，亲族友谊携备香烛驰往致吊，视分亲疏，即发白布多寡不等。瑶民未谙诗书，故无挽轴帐联。贫者即日收殓掩葬，丧事酒席以猪肉豆腐为要品"。此乃连阳、乳源间瑶民情形也。

民国《土地与人口》卷下《瑶黎概况》

按：《土地与人口》由广东省政府秘书处印，民国东成印务局刊本。该书分上下编（卷）。上编"土地"内容含全省位置、广东之山脉、广东之河流、广东之商埠、广东土地面积与各省面积之比较、广东省各县陆地面积统计表、广东各县农田面积统计表、广东行政区域、广东地质及矿产概要、广东省河潮汐涨落对刻表、广东各地之气象等。下编"人口"内容含广东之人口统计、各县人口统计表、广东省各县市人口密度表、广东省男女人数比较表、广东各县市宗教人数表、瑶黎概况等，以及海南岛琼山县、感恩县、昌江县、万宁县、崖县、陵水县、儋县、乐会县、琼东县、澄迈县等县黎人调查。另有黎人之起源及种类、黎人之性情、黎人之风俗、黎人之教育等记载。

（二）《广东通志》记载

昔高辛氏有犬戎之寇，帝患其侵暴而征伐，不克，乃访募天下，有能得犬戎之将吴将军头者，赐黄金千镒，邑万家，又妻以少女。时帝有畜狗，其毛五彩，名曰盘瓠。下令之后，盘瓠遂衔人头造阙下，群臣怪而诊之，乃吴将军首也。帝大喜，而计盘瓠不可妻之以女，又无封爵之道，议欲有报而未知所宜。女闻之，以为帝皇下令不可违信，因请行。帝不得已，乃以女配盘瓠。盘瓠得女，负而走入南山，止石室中。所处险绝，人迹罕至。于是女解去衣裳，为仆鉴之结，著独立之衣。帝悲思之，遣使寻求，辄遇风雨震晦，使者不得进。经三年，生子一十二人，六男六女。盘瓠死后，因自相夫妻，织绩木皮，染以草实，好五色衣服，制裁皆有尾形。其母后归，以状白帝，于是使迎致诸子。衣裳斑斓，语言侏㒧，好入山壑，不乐平旷，帝顺其意，赐以名山广泽。其后滋蔓，号曰"蛮夷"。外痴内黠，安土重迁，以先父有功，母帝之女，田作贾贩，无关梁符传租税之赋。有邑君长，皆赐印绶，冠用獭皮，名渠帅曰"精夫"，相呼为"姎徒"。今长沙武陵蛮是也。

南朝宋·范晔：《后汉书》卷八十六

  按：清道光阮元《广东通志》（以下简称《阮通志》）卷三百三十《岭蛮列传》引用。

  瑶本盘瓠之种，产于湖广溪洞间，即古长沙、黔中、五溪之蛮是也。其后，生息繁衍，南接二广，右引巴蜀，绵亘数千里，椎髻跣足，衣斑斓布褐，各自以远近为伍，刀耕火种，食尽一山，则移一山，俗喜仇杀，猜忍轻死。又能忍饥行斗。左腰长刀，右负大弩，手长枪，上下山险若飞。战则一弩一枪，相将而前，执枪者，前却不常以卫弩；执弩者，口衔刀而手射人。敌或冒刃逼之，枪无所施，释弩取口中刀，奋击以救。度险整其行列，遁去必有伏弩。主军弓手辈与之角技艺，争地利，往往不能决胜也。儿始能行，烧铁石，烙其跟跰，使顽木不仁，故能履棘茨而不伤，其顽犷幼已成性，不啻如野兽然。壮出湖南溪洞，后稍入广西古田等县，佃种荒田，聚众稍多，因逼胁田主，占据乡村，遂蔓延入广东。……与瑶人种类不同，时相仇杀，有司及管田之家，颇赖其力以捍瑶人，及后势众，亦与瑶人无异。肇、高、廉三府与雷州之遂溪县，广州之新会、四会、清远，暨连州……征之则罔功，招之则致侮，于今诚有可虑者矣。

明·戴璟：《广东通志》卷三十五

  按：当时连州属广州府管辖。广州府，明代广东省行政区，隶广肇罗道。

  此文为明嘉靖黄佐《广东通志》卷六十七《瑶壮》（以下简称《黄通志》）引用，但：①"不啻如野兽然"后有"丧葬则作乐歌唱，谓之暖丧，其情乖戾可知矣"；②"壮出湖南溪洞"作"壮性质粗悍，露顶跣足，花衣短裙，鸟言夷面，自耕而食，又谓之山人，出湖南溪洞"；③"侮"作"悔"。

  《广东通志》所载瑶、壮一部，以嘉靖戴璟《广东通志》（以下简称《戴通志》）为最早，嘉靖《黄通志》引用之，而略有增删；康熙金光祖《广东通志》（以下简称《金通志》）则完全引用《黄通志》；《古今图书集成·职方典》及《天下郡国利病书》皆然。至雍正郝玉麟《广东通志》（以下简称《郝通志》）则又不同，较《戴通志》《黄通志》均有所增删。而道光《阮通志》又完全引用之。

南蛮，下要服一等岛夷，在唐虞犹与之要质，故曰"要服"。蛮则顽于夷矣，以荒憬不可与语，故置之荒服，以远之。夏商之时，渐为边患；暨于周世，党众弥盛。故诗曰："蠢尔蛮荆，大邦为仇。"至楚王时，蛮与罗子共败楚师，杀其将屈瑕。楚师复振，遂属于楚。及吴起相悼王，南并蛮越，遂有洞庭、苍梧之地。按《水经》：浪水出武陵镡城县北界沅水谷（水，出辰州府黔县，故镡城也），南至郁林潭中县，与邻水合（今谓之移溪）。又东至苍梧为郁溪，又东至高要县为大水（即今西江）。蛮越之众自此逾岭而居溪峒，分瑶、壮二种，瑶乃蛮荆，壮则旧越人也。

瑶本盘瓠之种，产于湖广溪峒间……

《黄通志》卷六十七

周武王十有三年既灭殷，乃正九服彻法，以南海地在东南扬州之裔，定为藩服，乃经土地而井牧其田野，以距于海。凡八蛮之距扬州者，为蛮扬；近荆州者，为蛮荆。皆贡而不税，贡则有蛮隶，役于校人。

《阮通志》卷三百三十四《杂录》

按：《阮通志》，清阮元监修，陈昌齐等总撰。初刊于清道光二年（1822）。共三百三十四卷，计典一（训典），表四（郡县沿革、职官、选举、封建），略十（舆地、山川、关隘、海防、建置、经政、前事、艺文、金石、古迹），列传八（人物、列女、耆寿、方技、宦者、流寓、释老、岭蛮），杂录一，共二十四卷。其中，《金石略》是十略之一，共十七卷，收录了广东各地自商、周、汉、晋至元代的主要金石文字近六百种。

阮元，江苏仪征人，乾隆五十四年（1789）进士，嘉庆二十二年（1817）任两广总督。陈昌齐，字宝成，广东海康（今雷州市）人，乾隆进士，授翰林院编修，官至浙江温处道。

广东有瑶、壮二种：瑶乃荆蛮，壮则旧越人也。

清·顾炎武：《天下郡国利病书》卷一〇三

按：《阮通志》卷三百三十引用。

连山地无平旷，田不方井，壤接怀、贺，地杂壮、瑶，性多质朴，不事商贾，专力稼穑。（《连山县志》）

《阮通志》卷九十三

连州瑶人，蓄发为髻，红布缠头，喜插鸡翎。性凶悍不驯，亦间有识字者。或时以山果入市。瑶妇衣尚刺绣，皆自为之，青帕蒙头，饰以簪珥，常着芒鞋，登山樵采。婚姻以唱歌相谐，所居距州城四十里。

《阮通志》卷三百三十

（三）州志、县志记载

连 州

《禹贡》荆州之域。春秋战国属楚，秦为长沙郡地。汉置桂阳县，属桂阳郡，后汉因之。三国吴甘露元年（265），分属始兴都，晋因之。宋泰始六年（470），置宋安郡，泰豫元年（472）郡废，属始兴郡。元徽四年（476），改始兴为广兴郡。齐复改为始兴郡。梁天监六年（507），置阳山郡。隋平陈罢郡为连州。大业初改州为熙平郡。唐武德四年（621）复曰连州。天宝元年（742）改为连山郡。乾元元年（758），复曰连州，属岭南道（《旧唐书·地理志》：属广南西道）。五代初属楚，后属南汉。宋亦曰连州连山郡，属广南东路。元至元十七年（1280），升连州路总管府，属湖南道。十九年（1282）仍为连州，属广东道。又升桂阳县为州，属湖南道，后隶广东道。明洪武二年（1369）并桂阳州入连州，寻废，十四年（1381）复置连州，属广州府，清因之。雍正五年（1727）为直隶州，属广东省，领县二：阳山、连山。嘉庆二十二年（1817），裁连山改绥瑶军民同知。仅辖阳山一县。民元改县。在1946年设连南县前，排瑶的大瑶排之中的油岭排、南岗排、横坑排及其分支均属连州（连县）辖。

瑶本盘瓠之种，产于湖广溪峒间，即古长沙黔中五溪蛮也。其后生息繁衍，南接二广，右引巴蜀，绵亘数千里。椎髻跣足，衣斑斓布褐，刀耕火种……然又能忍饥行斗。左悬长刀，右负大弩，手持长枪，上下山险若飞。战则一弩一枪，相将而前，执枪者前却不常以卫弩，执弩者衔刀而射，敌或冒刃逼之，枪无所施，释弩取刀，奋击以救。度险则整其行列，遁去必有伏弩。儿始能行，烧铁石烙其跟跖，使顽木不仁，故能履茨棘不伤，其冥悍性若野兽然。

清·王济民修，卫金章纂：《连州志》卷七《外志》

按：《连州志》十卷，清王济民重修，卫金章纂。

王济民，正白旗人，监生，康熙四十一年（1702）补连州知州。《连州志序》云：康熙丁卯（1687）后"又二十余年，……山瑶蠢动，集三省官兵剿抚并施，……随设三江镇，移韶协将士驻防焉。……为善后计，余（王济民）调守兹土（连州），爰集绅士开局，纂修（州志），征其实，传其信，搜其遗，阐其幽，阅两月而告成"。

　　瑶本盘瓠之后，即辰州五溪诸蛮。宋绍兴（1131—1162）间，有州人廖姓仕粤西，携瑶仆男妇十余人归连，遣入山谷耕种，厥后丁口蕃息，分为八大排。其外三排属连州者，曰油岭、行祥、横坑；内五排属连山者，曰军寮、马箭、里八峒（峒）、火烧坪、大掌岭。后又分为二十四小排，近增五十余小排，有户口较大排更众者，然总皆八排支派。狠戾犷悍，向为三连之蠹。自康熙四十二年（1703）征剿之后，设立三江协，左右二营，拨员弁目兵分守，三十六城汛环绕而控制之。复设理瑶同知，专理瑶务，自是瑶众帖然矣。

　　　　　　　　清·杨楚枝修，吴光纂：《连州志》卷一《八排瑶总图》
　　按：辰州五溪，辰州，即今湖南省怀化市沅陵县，隋开皇九年（589）始置辰州。五溪，是在辰州周围的酉溪、辰溪、潕溪、雄溪、满溪之总称。自古以来就是"三苗八蛮"的居住地。现五溪中的辰溪仍然有瑶族分布。

　　高辛独力之衣，史称瑶之自始。殊伤于诞，顾豺狼之性，未易驯扰，其滋蔓于三连者，蠹居棋处，摇毒自防，至负固鸱张，剽掠罔忌，势也横矣。迨我朝命将出师，歼厥渠魁，如孤雏腐鼠，协从诸瑶，均回心革面。二百年来，文德覃敷，渐易狂獉之习，诚干羽两阶之盛也。志瑶排。
　　瑶本盘瓠遗种，产湖广溪峒间，即古长沙黔中五溪蛮也。其后生息繁衍，南接二广，右引巴蜀，绵亘数千里。在连者，为八排瑶峒，崇山峻岭，错处其间。连州属三排，曰油岭、行祥、横坑。连山县属五排，曰军寮、马箭、里八峒、火烧坪、大掌岭。八排势相毗连，外复有二十四小排，悉八排支派，延袤二百余里。
　　其人椎髻跣足，衣斑斓布褐，男女以绿砵、鸡毛置髻鬟间，谓为美观。婚配以歌声唱和为喜，度衣带长短为定。妇人以黄蜡胶发，融结成板，名"顶板瑶"。
　　诸瑶性皆犷悍，重然诺，畏鬼神，喜仇杀，又能忍饥行斗。左悬长刀，右负大弩，手持长枪，上下山险若飞。战则一弩一枪，相将而前。执枪者前，却不常以卫弩；执弩者衔刀而射敌，或冒刃逼之，枪无所施，释弩取刀，奋击以救。度险则整其行列，遁去必有伏弩。儿始能行，烧铁石烙其跟跖，使顽木不仁，故能步履茨棘不伤，佽佽若野兽然。
　　大、小二龙水瑶，在州西北，属连山治，今为良瑶。

三水左、右二里瑶，在州东北八十里，州与蓝山分治，今为良瑶。

清·袁泳锡：《连州志》卷八《瑶排志》

按：袁泳锡，山东历城人，翰林院检讨，同治四年（1865）署任。清同治袁泳锡《连州志》共十二卷，包括旧志考、舆图、星野、疆域、沿革、编年、建置、学校、经政、坛庙、兵防、选举、职官、流寓、风土、古迹、人物、列女、方外、祥异、瑶排、艺文22个部分。

同治版《连州志》，袁泳锡在任时编辑过半，同治七年（1868）二月任期满离开连州。觉罗祥瑞继任后，同治八年（1869）三、四月份聘请当年从江西九江回连州老家养病的单兴诗为总纂，耗时近一年修成书稿。志书还没出版，觉罗祥瑞也离任。同治九年（1870）夏天，阿克丹布任连州知州，筹资付梓，第二年孟夏（四月）之后志书成。故同治九年版《连州志》开始于袁泳锡，接手于觉罗祥瑞，成书于阿克丹布，经三任知州之手，历时五六年之久，方得以付梓出版，是连州目前现存比较完整的地方旧志书之一。

连山之八排，万山环耸；其高遏天，阴翳成云雾，岭嶂若干戈，险不可测，盘瓠之事，远而难稽，即以为廖氏奴，亦属荒渺。要之不知诗书，不辨礼义，任其野性，时起斗心，则自古为然，别之为瑶，洵不诬也。其地东通连州，东南接阳山，西界贺县，西南入怀集，北连江华，东北接蓝山，纵横四百里而遥，其曰大掌岭、火烧坪、里八峒、军寮、马箭，此内五排也。太平冲、天塘尾、藤钩岭、八百粟、新寨、茅田、冷水尾、龙水尾、鱼寨冲、岭尾、六碓（对）冲、盘血山、鸡公臂（背）、牛路水、水瓮尾、社下冲、大竹山十五小排属焉。曰油岭、行（横）坑、行祥，此外三排也。香炉山、大莺、新寨、锅盖、小坪、望溪岭、马头鬃，七小排属焉。其人猜忍好杀，铤险轻生，非有严明之吏，行恩于威，以刑弼教，野心一肆，犷悍难驯，数十年必有一用兵之役，及其兵将既集，攻守兼施。则又腰鼓焚香，投诚效顺，故从来有事于此者，未有不先攻而后抚，先示之杀戮，而仍与生全者也。然而兔奸鼠伏，明顺暗乖，劫掠乃其常情，险诈逞其故智，抚之不见恩，约之不为信，晨撤兵而夕复起，父践誓而子旋违，以是攻剿者无竟功，附循者无成德，所赖一二文武员弁，时时以大义羁縻之，以重威震摄服之，使之不敢肆而已。（《防瑶五论》）

民国·张仲炘：《湖北通志》卷二百七十

按：清杨楚枝修，吴光纂《连州志》卷八亦有大致相同记载。

阳山县

  本秦末南越阳山关地，汉置阳山、阴山二县，属桂阳郡，后汉省阳山入阴山。三国吴复置阳山县，改属始兴郡。晋及宋齐因之。梁属阳山郡。隋属熙平郡。唐属连州。五代及宋因之。元至元十九年（1282），割属桂阳州。明洪武二年（1369），改属韶州府，十四年（1381）属广州府。清初因之。雍正五年（1727），改连州为直隶州，县属焉。1946年设连南县前，白芒、九寨一带排瑶地区属阳山县辖。

  其民有三，曰王民，惟知耕种渔猎，无商贾屠，治技艺，克遵王法。曰瑶民、曰壮民，深处山峒，腰刀持弩，性犷而悍，不习拜揖；椎髻跣足，鴃舌侏僚，近虽稍稍向化，然终为顽梗难治云。

  ……

  瑶居高山，人不巾履，男女以绿硃鸡毛置髻鬟间，谓为美观。婚姻以歌唱和为喜，度衣带长短为定。其人耐寒暑，善走险，精药弩，惯捕猎，重然诺，畏鬼神。其山名高界、鹿将、石羊、石磴、新闸、竹山尾，其妇人以黄蜡胶发结成如板，名顶板瑶，儿始能行，烧铁石烙其跟跖。

      清·熊兆师修，周士彪纂：《阳山县志》卷一《舆地志》

  按：《阳山县志》八卷，清熊兆师修，周士彪纂，顺治十五年戊戌（1658）刻本。

  熊兆师，湖北黄梅人，举人，顺治十三年（1656）十月知县事，十五年（1658）修县志。

  阳邑地兼楚越，杂以蛮瑶，故其言较他邑尤为庞杂，每对簿时，语若连锁，不可卒解。

      清·万光谦纂修：《阳山县志》卷二《舆地志一》

  按：《阳山县志》二十二卷，清万光谦纂修，清乾隆十二年（1747）刻本。

  瑶壮，王志以前列之外志，熊志以为王者无外列诸风俗之末，今列村庄、墟埠之后。村庄主民也，墟埠客民也，瑶壮亦化外之民也，光谦志。

  《隋书·地理志》：长沙郡又杂有夷蜒，名曰莫瑶，自云其先祖有功，常免徭役，故以为名。其男子但著白布裈衫，更无巾袴。其女子青布衫，斑布裙，通无鞋履。婚嫁用铁、钴、锛为聘财。武陵、巴陵、零陵、桂阳、澧阳、衡山、熙平皆同焉。

  《旧志》：瑶居高界、鹿将、石羊、石磴、新闸、竹山尾等山，不巾履，男女以绿珠、鸡毛置髻鬖间，婚姻以歌唱和相悦，度衣带长短为定。其人耐寒暑，善走险，精药弩，惯捕猎，重然诺，畏鬼神。妇人以黄蜡胶发结成如板，名顶板瑶。儿始能行，烧铁烙其跖……

外有大小二龙水瑶，属连山三水左右二里。瑶属连州及湖南蓝山皆良瑶，行祥、横杭、油岭三排瑶属连州，火烧排、马箭、军寮、大掌岭、李（里）八峒五排瑶属连山皆生瑶，非阳山所属。

《连州旧志》：山居为瑶，峒居者为壮；壮粗悍类，瑶而服食，犹似平民。又云：盘姓为真瑶，异姓为膺瑶；土居为主壮，瓦舍为客壮。真瑶循，膺瑶诈，主壮富，客壮贫……

又云：瑶产湖广溪洞间，即长沙黔中武溪蛮也。其后生息繁衍，南接二广，右引巴蜀，绵亘数千里。刀耕火种，喜仇杀，又能忍饥行斗。左悬长刀，右负大弩，手持长枪，持枪者前却不常以卫弩，执弩者衔刀而射敌，敌或逼即（之），释弩取刀以救。度险必整其行列，遁去必有伏弩。

《百粤风土记》云：瑶人盘瓠后也，椎髻跣足，衣斑斓布，采竹木为屋，覆以菁茅，种禾黍、山芋为粮，岭磴险陋，负载者悉着背上，绳系于额，偻而趋，上下若飞，儿能行即烧铁石烙其跖，故能履棘茨不伤，儿生称之，以铁如其重，渍之毒水，长大锻以制刀，仰刃牛项下，以肩负刀，一负即殊者。良刀，编架弩，以一足蹶张。有杆枪，长二丈，战则相将而前。岁首祭先，杂揉鱼肉酒饭于木槽，扣槽群号为礼。十月朔祭都贝大王，男女连袂相携而舞，谓之"踏瑶"。意相得则负去。乐有铙、鼓、葫芦笙、竹笛之属。无食则四出剽掠，飘忽往来，不可捕捉。种有熟瑶、生瑶、白瑶、黑瑶，生瑶在穷谷中，不与华通，熟瑶与州民犬牙，或通婚姻，白瑶类熟瑶，黑瑶类生瑶……

今按八排风俗，男妇皆椎髻袒胸，髻插鸡毛，瑶妇则以白布折成尖帽，男瑶则以红布缠头，元宵击鼓鸣锣，互相嬉戏。立秋日，……互唱瑶歌，彼此相应即成夫妇，名曰"耍秋"。十月为歌堂会，或五年三年一集，至期各瑶俱至，宰屠羊猪（豕）祭祀瑶祖。富者衣五色，衣系金银珠宝于竿上执而迎之，男女击鼓唱歌相竞胜。所产有粟米、高粱、薯芋、黄豆、棉花，逢圩期常出外贸易。

阳邑良瑶，太平、南木、芦田、横水、大塝、麦埔、东冈抚摇、大塝抚瑶、大山峒、大册峒等处皆有之，俱系安分力田，读书向化。衣冠服饰俱同土民。

清·万光谦纂修：《阳山县志》卷五《舆地志》

按：清道光陆向荣修、刘彬华纂《阳山县志》卷二《舆地下》同载，内容有所删减。

又有老鸦坑瑶，原土著人，以效瑶所为，故亦曰瑶。

壮居白芒、梢坑等山，本广西俍兵，明天顺间奉调征剿遂于此生聚然，皆散处峒谷，衣绒绣、无巾履，出入佩刀，相接以扼颈、劝觞为敬，男女涉水以男由下行为知礼，少女甘妻老夫子，多出为赘婿。

清·陆向荣修，刘彬华纂：《阳山县志》卷二《舆地下》

按：民国黄瓒修、朱汝珍纂《阳山县志》卷二《舆地下》同载。

陆向荣，直隶清苑人，举人，嘉庆二十五年（1820）十一月任。刘彬华，番禺人，进士，官翰林院编修，主讲越华书院。

清广东总督孔毓珣疏：窃照广东广州府之连州、阳山、连山三州县，地处府属之西北隅，界连广西、湖广二省，峻岭崇山，瑶人聚处。其连州营辖油岭等三大排以及香炉山等各小排，连山县管辖军寮等五大排以及鸡公背等各小排，周围共四百余里。自康熙四十一年（1702）间，三省大兵会剿，瑶众归诚，于附近瑶排之三江口建筑寨城，设立理瑶同知，移驻副将，带兵弹压化诲，迩年以来称为安分。但其地为鸟道羊肠，最为险要，而瑶性不驯，化导非易，必须理瑶同知专任瑶务，常驻该地，不另委署调遣他出。又连州改设直隶，将连山、阳山二县就近归之州辖，方为有裨。……至理瑶同知向例系兼管连阳三州县捕务，今连州既改直隶知州，其理瑶同知应改为广东理瑶军民同知，径隶司道考核，照旧驻扎三江口城，不时入排巡察化导，专理瑶人事务。如有瑶人盗案，则以同知为专管。或遇瑶人争讼，有涉于连阳三州县民人者，听其关会审理，其瑶户钱粮仍听连州、连山县照旧征解。三州县民间捕务则照罗定州之例归于各该州县，并捕巡官缉拿，停其同知兼管，该同知亦不别行署事委遣，俾其专心办理瑶事，弹压稽查，于吏治民生均有裨益矣。寻敕部核议施行。

民国·黄瓒修，朱汝珍纂：《阳山县志》卷一《舆地上》

按：《阳山县志》十八卷，首一卷，民国黄瓒修、朱汝珍纂。民国二十七年（1938）香港文雅书局铅印，叙事至民国二十五年（1936）。

黄瓒，广西贺县（今贺州市）人，民国二十五年（1936）任县长。朱汝珍，清远人，清末翰林。黄瓒任县长主修县志，黄典常等从事纂辑，其中事记编未竣，民国十四年（1925）以后事迹尚待采访，其他悉就绪，1926年，延请朱汝珍为总纂，即就已成之稿作一结束，其义例严而品式备，只需进行修饰，以民国二十六年丁丑（1937）7月开始，腊月告成。是志体例，仍因《陆志》。

范史称颛顼有巨犬曰盘瓠，以诛犬戎功得配颛顼女，负女走之武陵深山中，生子女数人，自为婚配。其后子孙繁滋于诸山谷间，此瑶所自出也。今瑶俗庙祀盘古，夫"盘""槃"音同，"古""瓠"声近，瑶之祀其始祖盘瓠宜也。后乃辗辗讹为盘古欤。……祭日举族集祖祠，必年十有五始得入，入则闭祠门，其妇人少子及诸戚友均不能与，述者疑焉，窃于门隙窥之，见中悬男女画像二，其男像之面则半犬形也，述者顿悟其故。然则瑶之报本追远，不以先祖云何而忘所，自犹有祭鱼反哺之心……

民国·黄瓒修，朱汝珍纂：《阳山县志》卷十八《杂录》

《百粤风土记》：瑶人，盘瓠后也。……《邑旧志》：瑶居高界、鹿将、石羊、石磴、新闸、竹山尾等山，不巾履，男女以绿珠鸡毛簪髻鬓间，婚姻以歌唱相悦，度衣带长短为定。其人耐寒暑，善走险，精药弩，惯捕猎，重然诺，畏鬼神。妇人以黄蜡胶发结成如板，名"顶板瑶"。其外峒瑶人杂居通儒，尝岁二乡，又有老鸦坑瑶，原土著人，以效瑶所为，故亦曰瑶……

民国·欧汝钧：《阳山县志》卷二《舆地下》

按：阳邑瑶、壮，太平、南木、芦田、大塝、麦埔、东冈抚瑶、大山峒、大册峒等处皆有之，然悉安居乐业，饮食服饰与编民无异。

连山县

汉桂阳县地，梁分置广德县，属阳山郡，隋开皇十年（590），改曰广泽。仁寿元年（601），又改曰连山。大业初属荆州熙平郡。唐属岭南道连州。五代因之。宋绍兴六年（1136），废为镇，十八年（1148）后复置，仍属连州。元因之。明洪武二年（1369）改属韶州府，四年（1371）省入阳山，十四年（1381）复置，属连州，隶广州府。清初因之。雍正五年（1727）改连州为直隶州，县属焉。雍正中设理瑶同知驻三江，经隶司道，而钱粮仍由连山征解。嘉庆间裁汰连山县，归并理瑶同知管理，定为连山绥瑶直隶军民同知，改直隶厅。宣统三年（1911）九月，复为县。1946年设连南县前，连南排瑶八大排中的里八峒、马箭、军寮、火烧排、大掌排及分支小排瑶寨均属连山县辖。

瑶种始于古高辛氏，出猎获大血卵，归覆以盆，数日视之，化为犬，及长，异状惊人，命曰盘匏（瓠）。时南蛮变乱，高辛榜谕有能擒蛮首者，以女妻之。盘瓠闻谕，是日即衔蛮首以归，高辛以女人不可配犬，欲移前谕，盘瓠摇首掉（摆）尾不去，其女遂心许之，盘瓠即背负之入于南山而居。后生五子，分为五种，散处滇、黔、楚、蜀深山穷谷之中，今瑶、壮、僚、苗、俍皆其种也。

连山自古无瑶，自绍兴年间，州人有姓廖者，为西粤提刑任满，带瑶十余人归居于油岭、横坑各山，刀耕火种，及种类繁息，越居连山境内，分为五排，历年以来繁衍不可胜数，距县治数十里，其俗不巾不履，言侏㒧，衣五色绣绒，皆左衽，不事商贾，男女皆穿耳带环，年少以五色绿珠鸡毛饰髻，以为美观，以歌舞答唱为悦。每岁冬月，各家宰牛豕作歌堂会，老者酣饮，少者答歌，有姓盘、房、沈、邓、李诸姓。又一种，衣食居处与五排稍同，独妇人以三角薄板系髻上，名曰"带板瑶"；住居黄南又一种，妇人带长笄一枝，名曰"带箭瑶"，皆系祖氏盘瓠。此二种善良守法。惟大掌岭、火烧坪、军寮、马箭、里八洞五排劫掠为生。天启二年（1622），知县杨崇忠请兵征剿。参将赵文轻敌失律，贼势愈炽。兵巡道潘督师驻县，贼颇惧，夜持炬哗于茂古，而不敢肆。杨公揣瑶意，欲抚，与巡道议，行雕剿，佯抚之。巡道回省密调都司蔡一申，率锐师出其不意，漏夜直抵马（箭）、里（八洞）二排，贼溃奔逸，遂旋师。次日，贼设伏于茂古兔岭挑战，一申身先冲敌，用龙箭火攻，毙贼多人，贼大败，奔油岭。一申戒士卒，裹干粮，持锄铁器，夜薄油岭巢，黎明成三大营，贼惊骇，以为神兵自天而下，哀乞请命，一申敕其缚献首贼，始准其抚，自是慑服，十有余载。

至崇祯庚辰、辛巳年间，复猖獗如故，知县朱若沚具疏题请发五省兵征剿。时总兵郑芝龙、施王政、宋纪挂印，总兵杨国威等咸集于县，然将心不一，兵不用命。有副总陈鹏，素骁勇善战，见诸将无斗志，誓死报国。值贼大至，诸将分兵迎敌，鹏独率本部兵，当军（寮）、马（箭）二排要冲，各营败绩，贼拥众向鹏，孤军力战，自辰至午，援兵不至，鹏力疲，与守备黎树绩皆死于阵，贼益恣横。惟芝龙愤鹏之死，议用本县宣威营士民向导，由别径开路，引大兵突至，焚其巢，贼遁入深山，无所掠食，皆馁甚，围困阅月。功将垂成，总兵宋纪受贿，托言师老遂罢兵议抚，监纪董梅鼎设立咸宁堡，以为善后，徒劳师匮饷，潦草结局。鼎革后，乘地方多故，又复跳梁。顺治十六年（1659），前任曹振熺与游击武君仕同心合谋，相机擒剿，如散排之大坪岭，伺其无备，竟擒其穴，擒斩多众，继而大掌岭、火烧坪亦复歼其渠魁。连用是，又颇安焉。大抵瑶有巢穴，俱下山耕田为食，如有作梗，乘其耕种收获两时擒之最易，况官兵在州，朝发夕至，疾雷不及掩耳，何难剿哉？但叛则剿之，服则舍之，勿专贪其利则畏威，自应怀德，未有不帖然顺服者。自曹而后，文武因循，或至相。尨遂以用兵，为难讳疾忌医，任其恣肆，迨予到任，始单骑到排，示以祸福，颇为效顺……

清·刘允元修，彭镗纂：《连山县志》卷二《风俗志·瑶俗》

按：清康熙《连山县志》十卷，清刘允元修，彭镗纂，康熙三十二年（1693）序刻本，附建置志一卷、艺文志一卷。

刘允元，顺天（今北京市）大兴人，岁贡，康熙二十八年（1689）任。彭镗，邑人。

瑶为南蛮之一种，衣裳斑斓，语言侏离，好入山壑，不乐平旷，生性之特别，古书述之详矣。迄今相沿成俗，未之或改，岩栖壑处，自为风气。知年不知闰，遇闰年则曰十三月……元旦日即拜山，备牲醴纸烛，黄粱铧锽祭其先。每人折一芦秆缀纸钱插墓上，以示丁口之盛衰。上元日吹牛角，络皋陶鼓于项，手拊之，和以金，歌且舞，名曰"调花鼓"（其鼓以木为之，两端圆径如一，中细如腰，不与诸鼓同，上下皆蒙羊皮，以绳络之，悬于项）。立春节从官迎春亦然，上巳赛谷神，六月六日赛土神，十月十六日称"散地节"，盖曰野功毕也。凡遇节赛神，皆歌舞以为乐。婚姻不预订，每岁以七月七日会男女，曰"耍秋"。张筵于野，男女及年者偕其父母造焉，共牢而食，食既而歌，相悦则答歌，纳红巾以为采，寻请期于归，婿使人致迎。新妇彩衣花裳，执雨具徒行，父母兄弟饯于道。妇至婿门，主人鸣鼓击金，燃花爆相欢迎，屠牛豕，设酒以醉宾。凡嫁女娶妇，聘财无过钱五千，聘礼不外鸡牛酒肉，奁具杂以锹锄。宽于奸，而严于盗，获盗辄置之死；获奸夫，棰楚而已，妇不坐，寡妇更不敢过问。……其送尸也，子妇披麻，辟踊哭泣，亲属皆丧服，亦行三年丧，但无斩、齐、功、缌之分，即嫁娶宴乐亦不禁也。既葬而卒哭，免丧而除服，虞、期、祥、禫不知也。岁有墓祭……每人年输钱六十文为祭费，积三五岁乃一祭。祭之日，燃木炭为香，焚纸钱为币，设猪牛鸡酒以为供，男妇皆盛服集，据地顿首无算，既拜而食，鼓角齐鸣，男女杂沓，歌呼乌乌，顿足起舞，奋袖低昂，乐莫极于斯也。费多者醵三日，名曰"耍歌堂"。儿之聪颖者不与读儒书，惟从瑶道士学，亦有科仪，其文不可晓，学优者则延诸道为受录，受录者得衣朱衣，髻缠朱布，称为"一郎""二郎""三郎"，其妻亦以红布为髻笠。凡瑶之有疾病者、瘠疡者，不服药，请道士祷之，不愈，则曰神所恶，非祷之不诚也。遇有争执，轻则延邻里处理之，名曰"放酒水"；重则率众斗掠，浸相厮杀，与邑民交涉亦然。瑶性最喜械斗，一有事故，凡十二代以上之外家，悉攘臂来助，分利不均，未易了也。平居垦山力田，刀耕火种，颇耐艰苦，服食秽恶，贫富皆然。男子既娶，则父母授以田宅，使自立门户，故种族日渐蕃昌云。

民国·凌锡华：《连山县志》卷十四《瑶排志》

瑶　种

瑶种之来远矣。《汉书》（实为《后汉书》）曰：昔帝高辛患犬戎之侵暴……

连山古无瑶，宋淳熙（1174—1189）中（《旧志》作绍兴，误），有连州人廖颙者，仕广西提刑，归，携瑶仆十余人，散居油岭、横坑间。其后生息蕃滋，蔓延连山，共计八大排、五小排、一百三十余小冲。在连山者五大排、三小排、七十二小冲，人口约六万余。其族椎结徒跣，男穿耳带环，以五色鸡毛饰髻，女袒胸戴白垫角巾者曰"排瑶"，以三角薄板系髻上者曰"带板瑶"，髻上带长笄一枝者曰"带箭瑶"。板瑶、箭瑶居黄南、龙尾诸冲，善良守法。排瑶则好斗嗜酒，喜则人、怒则兽，自明以来，尝为邑人患。明崇祯（1628—1643）及清康熙（1662—1722）、道光（1821—1850）、光绪（1875—1908）间，屡烦大兵进讨，然后绥靖。入民国以来，谨守法纪，纳税以时，赴圩不扰，与邑民有交涉，则奔县求申理，恪遵裁断，民瑶可谓相安矣。顾负险族居，自为风气，与谈公益则不顾，招以教育不就，獉獉狉狉情形，盖犹昔也。

又有一种过山瑶者，居无定冲，视山坡有腴地可垦，即率妻孥伙纪结茅住之。虽勤耕作，亦滥费用。男女衣服、饮食较洁净，耕作余闲，则结队游历，寻得佳胜处又徙宅从之矣，故曰"过山瑶"。

民国·凌锡华：《连山县志》卷十四

按：广西廖颙携瑶来连之说，清姚柬之《连山绥瑶厅志》和李来章《连阳八排风土记》亦有记载。但清刘允元修《连山县志》卷六有"疑排瑶不始于宋廖颙"之说。排瑶人亦不承认。如清康熙年间，有连县廖姓人以其远祖出仕广西带回瑶种为名，要瑶民称其为"山主公"，并向瑶民征收银粮，但瑶民抗不交纳。瑶民认为，廖颙携众十余人来连南，发展为八排二十四冲瑶民，实无其事，是汉族地主豪绅为使其征收银粮合法化杜撰的。历史上瑶民为抗拒汉族地主豪绅以"山主公"为名征收银粮，多次起事，均被官府派兵镇压。

排瑶从隋唐至宋代期间已在连南地区形成。在形成过程中，除其先民的主流之一是从湖南道州等地迁来外，还融合了瑶族的其他支系，如顶板瑶、过山瑶等；还有部分汉族人加入，如居住在连南大麦山镇的许、朱、孙、罗等姓和三江镇金坑内田村的方姓瑶民，其祖先在明清期间先后从汉人居住区上瑶山经商、打铁，或与瑶民通婚，分别融合于排瑶之中。

民国《连山县志》十六卷，首一卷。何一鸾修，臧承宣纂，凌锡华增修，彭徽朝增纂。民国四年（1915）修成，民国十七年（1928）增修，广州天成印务局铅印。叙事至民国十七年。

何一鸾，浙江分水县（今桐庐县）人，民国三年（1914）七月任连山县县长。臧承宣，分水人，时任连山县佐治员。凌锡华，番禺人，民国十七年任连山县县长。何一鸾莅任，邑绅请修县志，聘臧承宣为总纂，订简章，草凡例，开局纂辑，历八阅月，民国四年而成。屡历寒暑，未付剞劂。民国十七年，凌锡华主县政，将臧承宣辑抄本六册委彭徽朝等再加校订，续至民国十七年，旧志之所有者仍之，缺者增之，舛错脱落者厘定之。《瑶排志》记载八排瑶资料，较前充实。

二、 战事篇 （剿与抚）

（一）宋

庆历三年（1043），湖南瑶人劫掠州县，擢杨畋殿中丞，专治盗贼，平六峒，坐部将战死，降知太平州。岁余，贼益肆，乃授畋东染院使，荆湖南路钤辖，贼闻畋至，逾岭南遁。又诏往韶连等州招安之，乃约贼出峒，授田为民。（《杨畋传》）

《阮通志》卷一百八十五

按：清同治林述训《韶州府志》卷二十四引用。

庆历中，瑶劫阳山县，湖南路兵马钤辖杨畋讨之。庆历三年（1043），桂阳监蛮瑶内寇……明年春，贼果复出阳山，畋即领众出岭外，涉夏秋，凡十五战，贼溃，畋感瘴疾归。

民国·欧汝钧：《阳山县志》卷十五《事纪》

庆历七年（1047），诏减连州民被瑶害者来年夏租。五月己丑，补降瑶唐和等为峒主。

元·托克托：《宋史》卷十一《仁宗纪》

（二）元

至正三年（1343）九月，湖广行省平章政事巩卜班擒道州、贺州瑶首唐大二、蒋仁五至京，诛之，其党蒋丙自号"顺天王"，攻破连、桂二州。（《顺帝纪》）

《阮通志》卷一百八十六

（三）明

洪武初（1368），瑶剽阳山村落，寻降。时瑶庞一歌、周一歌等，住南北、水西等处，剽掠乡村，太祖命赍榜招抚陈阳满等三百八十六户入籍当差。

民国·欧汝钧：《阳山县志》卷十五

洪武十五年（1382），南雄侯赵庸讨平阳山、归善等县瑶寇。

《黄通志》卷六十七

洪武二十六年（1393），瑶贼唐宗祥作乱。

《大清一统志·连山县·古迹》

洪武三十一年（1398），大木山瑶陈猛颜，白弓山瑶马以亮，黄莲山瑶齐有善等俱就抚，设立瑶首统领抚瑶总甲以绥之，为绥瑶之始。

民国·凌锡华：《连山县志》卷五

广东旧无总兵、参将名目，景泰初（1450）始设，以分捕民、瑶寇贼。

《金通志》卷二十九

景泰二年（1451），设总兵参将，分捕瑶寇。

清·袁泳锡：《连州志》卷二《编年》

景泰二年（1451）瑶复出寇，设总兵、参将分捕之。明年（1452），左都御史王翱、总督两广军务，威望素著，众乞抚，翱奏瑶老壮老人等，听其归峒生理。……未几，壮瑶韦广通等一百二十余户倡乱于大东山、上下坪等处，贼势蔓延。天顺二年（1458），谭公经攻陷连山县治。五年（1461）二月，都督佥事颜彪为征夷将军，充总兵官，讨瑶贼；三月，湖广、贵州总兵李震会广西军合剿壮瑶，悉破之。六年（1462），颜彪督广东布政使张瑄征服连山瑶，奏迁连山县治于象山前，令瑶老梁亚二赍榜，招抚各瑶，俾居大东山地，自行耕种，而瑶人实未尽归化也。九月，广东总兵官欧信会广西兵讨瑶，贼势少戢。

民国·凌锡华：《连山县志》卷十四

天顺三年（1459）夏四月，诏讨连山县瑶贼。巡抚两广右佥都御史叶盛等奏：连山及贺县壮贼杀（纠）众流劫湖广江华县，乞会调两广、湖广官军克期剿杀，从之。

清·顾炎武：《天下郡国利病书》卷九十七《兵事》

天顺六年（1462），招抚大东山等处瑶壮。先是，景泰间（1450—1456），壮首廖亚、瑶首韦广通等一百二十余户于大东山上下坪、东山等处作乱，至是，布政、按察二司调军征剿，令瑶老梁亚二赉榜招抚，俾居其地而耕种焉。

民国·欧汝钧：《阳山县志》卷十五

（天顺）六年（1462），颜彪督广东布政使张瑄征服连山瑶，奏迁连山县治于象山前，令瑶老梁亚二赉榜，招抚各瑶，俾居大东山地，自行耕种，而瑶人实未尽化也。九月，广东总兵官欧信会广西兵讨瑶，贼势少戢。

民国·凌锡华：《连山县志》卷十四

正德五年（1510），连山贼首李公旺以僚兵攻州城，知县张思鲤御之，乃退。十二年（1517）秋八月，峒贼龚福全等流劫连州、连山、乐昌及郴、桂诸处，据险负固，杀官劫县。巡抚都御史陈金与巡、按三司会奏，命两广汉达官军进剿，斩获四千余级，余党遁归诸寨。十三年（1518），连州峒瑶罗富喜作乱，参将蒋暑等奉命讨平之。十六年（1521）夏六月，连山贼首吴万山抄掠乡村，兵备副使王大用调剿大捷，贼党遁归于峒。嘉靖三年（1524）春三月，连山贼首苏政、苏晚等寇掠三省，知州徐相抚剿，乃散。十四年（1535）春三月，莫廷举等聚作乱，提督都御史陶谐与巡、按三司会奏，奉命集汉达俍兵，遣参将守巡等官，攻破六寨，平之。冬十月，连州贼文与隆等作乱，提督兵部左侍郎兼左佥都御史陶谐讨平之。

清·顾炎武：《天下郡国利病书》卷一〇三

嘉靖十四年（1535），大兵征连山县瑶，瑶人降。

民国·凌锡华：《连山县志》卷一《天时志》

嘉靖二十七年（1548）戊申，瑶劫麻子水，自后屡出劫掠，岁无休息。四十二年（1563）癸亥冬十月，瑶劫田畔水、雷公坑、坪心、铁叱塘、纱帽岭、麻地埇、官步颈。四十四年（1565）乙丑，瑶劫县前隔河，及西岸司前、黄池、龙迳、屋村、沙塘等处。隆庆二年（1568）戊辰秋八月，瑶劫黄牛滩、张村、水井、婆庙、石滩、罗汉塘、苦竹、铁炉坑、上下坪。四年（1570）庚午秋七月，瑶劫洞管水、酒楼、高滩、马鞍山、南坪、赤竹、滑石滩。……万历六年（1578）戊寅，知县赵文正抚降白芒、老鸦、稍陀三坑瑶。三坑瑶屡出劫掠，文正遣陈国龙征之，寻亲往抚谕，遂入籍，置永化乡。

民国·欧汝钧：《阳山县志》卷十五

按：原文为"正德二十七年"，查正德无二十七年，而嘉靖二十七年岁在戊申，原作正德误，又下文"四十二年癸亥"，亦是嘉靖，今特改正。

嘉靖四十六年（1567），浪荡山排瑶倡乱，千户赵可久征服之。

民国·凌锡华：《连山县志》卷一

万历初，知县赵文正招白芒、老鸦、稍陀三坑瑶人入籍，置永化乡。

民国·欧汝钧：《阳山县志》卷十五

天启元年（1621）九月，军寮排瑶倡乱，各排附之，知县杨崇忠讨之，不克。都司蔡一申大剿于油岭，瑶人惧，乞降。

民国·凌锡华：《连山县志》卷一

天启元年（1621）辛酉，……时八排瑶构乱，总督张公题请雕剿，委都司蔡一申讨之，一申伪报捷，班师。

民国·周赞元：《怀集县志》卷八《县事志》

天启二年（1622）五月，连山县知县杨崇忠请兵讨之，参将赵文轻敌陷阵，贼焰愈张，兵巡道潘复檄，都司蔡一申率锐师漏夜抵马箭、里八峒排击之，瑶溃。次日，瑶设伏于茂古鱼岭挑战，一申首先冲敌大杀之，瑶败奔油岭，一申乘夜帅众薄油岭，黎明成三大营，瑶大惊，乞命，一申勒缚献首贼，乃抚之，瑶人势稍戢，不敢窥境者十余年。崇祯中，中原多故，瑶人又猖獗，总督何廷枢率师讨之，不克，瑶遂四出劫掠，英德、乳源、阳山诸县并戕，守备陈邦对跳梁无忌。十五年（1635）连山知县朱若迄具疏请讨，乃发五省兵集连山，将多心涣，师不用命，有广州副总兵陈鹏者，骁勇善战，念瑶贼之薄营，独率本部兵逐之大战于蕨冈岭，岭当军（军寮）、马（箭）二排冲，瑶悉众环攻，鹏孤军力战，自辰至午，力尽无援兵至，遂与守备黎树绩死于阵。瑶益横，福建总兵郑芝龙愤鹏之死，议用本县宣威营土民乡道，由别径引兵突入毁其巢，瑶遁匿深山，无所掠食，困甚将就擒矣。总兵宋纪得瑶贿，遗言师老，遂罢兵，巩咸宁堡于茂古峒，而去。若迄上疏劾之，不报，若迄愤恚，发病卒，明祚旋移。

民国·凌锡华：《连山县志》卷十四

天启四年（1624）甲子，八排瑶纠合，将乘东省官员八月入场，顺流攻广州。连山知县杨崇忠计擒渠魁，余党解散。

民国·周赞元：《怀集县志》卷八

天启七年（1627）丁卯，阳山瑶贼谢龙崖叛，知县李邦才擒斩之。

民国·周赞元：《怀集县志》卷八

崇祯六年（1633）癸酉夏，瑶贼卢之岳等入城焚劫，杀小旗姚必仁，自辰至申始退，官率乡勇追至铜宝径，败之。

民国·周赞元：《怀集县志》卷八

崇祯八年（1635）乙亥，八排瑶寇连山劫印，杀连州吏目黄中选，广西参将刘唐衢，连州守备梁陈转，阳山守备陈邦对，乳源把总许上操、刘国安，阳山巡检赵应冬等。（《省志》作十二年）

民国·周赞元：《怀集县志》卷八

崇祯十二年（1639），命总督两广部院沈犹龙、总兵施王政等，调楚、豫、闽各省兵合征八排瑶贼，贼遁去，至十五年（1642）始班师。搜岩剔穴，驻兵三载。

清·袁泳锡：《连州志》卷二

崇祯十三年（1640），八排瑶贼苏凤宇、王斗明劫乳源，冬入英德，次年（1641）正月劫浛光，官兵追至铙钹岭，失利，把总林肇芳、哨官莫廷辉死之，巡道魏士章统肇兵二千剿之。（《英德县志》）

清·林述训：《韶州府志》卷二十四《武备略》

崇祯十四年（1641）辛巳，八排瑶乱。秋，总督沈犹龙会三省兵合剿。戊午五月，总兵郑芝龙统兵由连州进，俱大捷。闰十一月，瑶降，八排平。是岁稔。崇祯十四年（1641），瑶乱，犯怀集黄潭营，知县李盘以偵总徐光追瑶于仙人寨，败之，遂立八大营，屡巡边隘。十五年（1642）春，与苍梧守道徐大仪选俍兵守茶岩营。时总督沈犹龙会三省主客兵一万三千余，进连山合剿，大捷；副将陈鹏乘胜入乌石界，进攻军寮，阵亡。大兵复进，诸瑶乞抚，不允，突入青山怀集界内，兵三战三克，破里八峒、火烧坪、大掌岭，三排巢寮焚烧殆尽。五月，总兵郑芝龙统漳潮兵三万由连州进剿，攻破乌石、军寮，连焚三寨。瑶复犯怀之黄草冈，被队兵、乡兵堵杀。九月，郑芝龙复抵连山，一军鼓跃。闰十一月，瑶目沈九等率散瑶数百赴五里镇高乡营前，罗拜求抚，献其籍，督府安抚众瑶，编入图籍，八排平。

民国·周赞元：《怀集县志》卷八

崇祯十五年（1642），五省会兵剿瑶，总兵陈鹏奋身追杀瑶蛮，震怖纳疑归化而胆始战。

清·刘允元修，彭铠纂：《连山县志》卷七《人物志》

崇祯十五年（1642）八月，征三省会剿连山瑶贼。九月，蠲十二年（1639）以前逋粮。（《郝通志》）

《阮通志》卷一百八十八

崇祯十五年（1642），瑶人大乱，知县朱若迄具疏请兵，粤、桂、楚、豫、闽五省总兵奉命会剿，逗师不进，广州副总兵陈鹏、守备黎树绩力战阵亡，闽师郑芝龙以计围之，瑶惧，行赂乞降。

民国·凌锡华：《连山县志》卷一

按：袁泳锡《连州志》卷八亦记载此事。

崇祯十五年（1642），调楚、豫、闽大兵合征各瑶（连山知县朱若迄疏请也），缘总兵宋纪受贿，纵瑶无功。

清·王济民修，卫金章纂：《连州志》卷七

崇祯十七年（1644），八排瑶掠开建，把总邓明东死之。

清·屠英：《肇庆府志》卷二十二《事纪》

桂王永历九年（1655）十二月，八排瑶掠开建。

清·屠英：《肇庆府志》卷二十二

（四）清

顺治八年（1651），流寇官县，瑶亦跳梁。

清·虞泽润：《连山乡土志》

顺治九年（1652）十二月，连州八排瑶劫东田、白石等乡。

民国·欧汝钧：《阳山县志》卷十五

顺治十年（1653）十二月，连州八排瑶劫东田、白石等乡，守备田某讨平之。

清·万光谦纂修：《阳山县志》卷十四《兵志》

顺治十三年（1656）丙申冬，大乌、莽山等瑶劫各村。时大乌、莽山、芦田、横水一带，与英德、乳源、宜章接界，有瑶引红头贼时出劫掠，知县熊兆师请于巡抚，设把总一员于牛子营御之。又考国初，瑶劫雷丰乡立夏楼，甚惨，不详年月。

民国·欧汝钧：《阳山县志》卷十五

顺治十六年（1659），知县曹振熺与游击武君仕合谋，相机规剿。先捣散排之大平岭，继攻大掌岭、火烧排，以二百兵勇破贼三千余，擒斩首伙多名，由是稍戢。

清·虞泽润：《连山乡土志》

康熙二十九年（1690）六月，凤变，鸠合泷水尾瑶肆掠，知县刘允元会连州牧郭昂上禀，元躬抵贼巢，密计剿平。

清·虞泽润：《连山乡土志》

按：康熙二十五年（1686）知县肖象诏招抚流寇陈凤。

康熙三十八年（1699）己卯秋，征连阳八排瑶，平之。

民国·欧汝钧：《阳山县志》卷十五

按：袁泳锡《连州志》卷八亦同此。

康熙四十年（1701）六月十四日，有三寨乡民莫庸正等五人，往枫木凹地方洗菁,被瑶伏路突击,杀死三人,捉去二人,随复脱回。又本月二十六夜,有瑶贼入新塘桥内,抢劫居民。

民国·韩建勋:《连县志》卷七《人文志》

康熙四十年(1701)十一月,八排瑶行劫各村,提督殷化行、总兵刘虎率师征剿,遣副将林芳、把总陈溥入里八峒抚谕,瑶贼抗命,林芳、陈溥俱遇害。总督石琳请益兵进剿,平之。

清·袁泳锡:《连州志》卷二

按:民国凌锡华《连山县志》作"康熙四十年,瑶匪李贵、邓二倡乱,副将林芳、把总陈溥入排宣抚,均遇害"。《阳山县志》卷十三则作"冬十一月,八排瑶贼李贵、邓二等劫掠连阳州县,提督殷化行率兵讨之,不克。又化行进剿时,遣副将林芳、把总陈溥攻里八峒,俱被害"。《连山乡土志》又作:"四十年,瑶贼又大起,提督殷化行遣总兵刘虎率师进剿,先遣副将林芳入排面谕,贼拒命,芳伤堕(坠)崖死,并害把总陈溥及兵十余人,乃会督抚请益兵。"

康熙四十一年(1702)春二月,将军松柱率师征瑶,瑶人乞降,李贵、邓二伏诛,五月班师。

民国·凌锡华:《连山县志》卷一

按:袁泳锡《连州志》卷八《瑶排志》作"(康熙)四十一年(1702)春正月,圣祖仁皇帝命都统松柱等讨八排贼,调广东、广西、湖广三省兵水陆并进。二月,军次三江口,瑶贼窜伏。三月遣官入抚,宣谕朝廷威德,瑶众咸悦,缚献李贵、邓二等正法,诛倡乱沈立王等六人,余俱归顺。夏四月,罢各兵,都统柱班师"。《阳山县志》卷十三作"四十一年壬午春三月,都统松柱率湖广、广东、广西三省兵讨八排瑶贼,平之。又云:二月,松柱及化行率三省兵次三江口。三月,瑶缚贼首邓二、李贵降,四月凯还,逾年遂建三江城"。《连山乡土志》与此略同。

时八排三坑诸瑶屡由十二车等处至通儒乡肆劫,官兵数少,势难分防,土人蔡邓梁等保举逢春为千总,使击贼,每兵月给银五钱、米四斗,皆排门乐输,不烦官给。

清·万光谦纂修:《阳山县志》卷十四

道光十一年(1831)辛卯十一月,湖南永州锦田瑶赵金龙作乱,湖南衡、永、郴、桂四州郡界广东连州、广西全州，踞五岭之脊，民瑶错杂，深谷重巘，鸷骛与华不通，华民欺其愚，敓攘侵侮，官辄右奸民以眤瑶，积怨则变，昔今一辙。有赵金龙者，湖南永州锦田瑶，与常宁瑶赵福才以巫鬼神其众。时楚粤奸民结天地会，屡强劫瑶寨牛谷，党联官役，瑶无所诉，于是金龙妖煽其峒，倡言复仇，使赵福才纠广东散瑶三百余，合湖南九冲瑶，共六七百人。道光十一年十二月，焚掠两河口，杀会匪二十余人，寻大乱。(《圣武纪》)

民国·周赞元：《怀集县志》卷八

道光十二年（1832）春三月，湖南瑶匪赵金龙倡乱，扰害三连，八月王师讨平之。

民国·凌锡华：《连山县志》卷一

道光十二年（1832）壬辰正月，贼窜蓝山县之五水瑶山，众已二三千，上命总督李鸿宾、广西提督苏兆熊，各防边界，左江镇文，带兵防怀，知县闻宝桂带勇屯水下、黄薑、下帅、石莹等处，沿途设塘报。二月十四日，湖南提督海陵阿、副将马韬由宁远进剿，由小路冒雨深入，贼伪充夫役，为官兵舁枪械，半路伏发，俱死。时上已命总督卢坤、湖北提督罗思举赴剿，贼虏胁日众。赵金龙为一路，赵福才为一路，赵文凤为一路，每一路数千，犄角出没，官兵多常德水师及荆州满骑，不习山战。卢坤至，奏罢之，改调镇筸苗疆之兵。是月，斩赵福才，歼瑶千余。赵文凤一路闻招抚，解散过半。诏以瑶皆山贼，骄捷负险，恐蔓延两粤，或盘踞山洞，致稽搜捕，敕诸将诱至山外平野之地，聚而歼之。(《圣武纪》节录)

四月，赵金龙败死：三月，罗思举至永州，以南路之蓝山、宁远、江华俱入粤门户，隘口不一，乃议大兵由新田后路蹑贼，遏其南窜，与桂阳北路兵夹攻，并扼其西通道州、零陵、祁阳一小路，于是三路瑶四五千人，妇女二三千，为官兵驱逼出山，东窜常宁之洋泉镇，其地为入山水口，市长数里，民去贼守。思举以贼逼归一路，且失其翻山长技，乃檄各路兵合围，贼穴墙出矢铳，官兵昼夜迭攻，耗其火药。四月七日，贼诈降缓师，攻益急，镇筸兵跃墙上，前队伤后队继，连日死贼数千。金龙已于四月初九日突围中枪死，获其尸及所佩印剑木偶，擒其亲属及死党数十。奏闻，金龙股贼平。(《圣武纪》)

六月，复剿连山八排瑶，不克，遂招抚：五月，金龙余党赵子清自连州八排窜江华、蓝山，虏胁二千瑶。罗思举、余步云破贼于锦田濠江冲，而广西贺县复有逆瑶盘均华一变，聚党二千余。六月，为官兵击败于芳林渡，逃至江华，为守卡兵所获。于是，诏禧恩、湖（瑚）松额率余步云赴广东剿连州八排瑶。初，八排瑶有黄瓜寨者，正月中被奸民官役房掠，讼于官，连州同知秦天禄讯之，断民役偿瑶一千二百金，民役不偿，瑶出掠报复，天禄遂以湖粤瑶响应告变，总督李鸿宾令提督刘荣庆、按察使庆林堵御，荣庆以瑶无逆状，且寨峒险难，主抚。庆林主剿，议不合。会四月，闻楚师告捷，将士皆邀懋赏，李鸿宾遂于五月十三日同提督率兵六千三路进，八排瑶首八人出山跪迎，请缚黄瓜寨逆瑶以献，鸿宾皆斩之，奏杀贼七百，于是，瑶负嵎死拒。瑶山周围四百余里，峒险菁密，军无侦探，瑶铲要路，伏隘狼突，官军惊溃，自相挤坠，三路俱败，自游击以下，官死者数十，士卒数千；以行营失火误伤奏，而劾提督荣庆老病，上褫鸿宾职，因有禧恩之命，以余步云率总兵曾胜进剿，奏大木根、大桥头、六对冲之捷，然必有首逆，始能蒇事，于是遣人招抚。瑶惩八人前事，不敢出，官军又惩李刘前败不敢入，而卢坤又有移督广东之信，乃刻期招降，悬赏购募，令熟瑶为质，始偶有出者，果得洋银钱布以归，于是瑶贪利至，旬日得数百人，缚黄瓜寨附近瑶三人，诸将得以蒇事，乃驰赴受降。

民国·周赞元：《怀集县志》卷八

道光十二年（1832）壬辰，剿平连州瑶赵子青。

民国·凌锡华：《连山县志》卷十四

道光十二年（1832）壬辰夏五月，瑶乱，总督李鸿宾调兵进剿，败绩，游击谢国荣等文武官十人死之。时上坪瑶房四、房八、房九，土匪刘文才等纠合竹围、茶坑、龙田、大木根、新寨老寨各排瑶数千人倡乱。所过焚杀，县属白芒、老鸦数十村民死徙一空，匪焚汛房逾千，叠败官兵。李鸿宾檄提督刘荣庆率谢国荣等，分东、中、西三路督兵进剿，大败，谢国荣暨水师营游击秦裕昌，三江协副将梁志凝，阳山县知县师兰庭，总兵余德标，连州都司王珍、都司富贵，游击史鹄，守备罗光璨、郭尧岐同死之，嗣奉上谕抚恤并降旨押解李鸿宾、刘荣庆到京交部治罪。同时，在事官按察司庆林南，韶连总兵得志并予降黜，钦差禧恩、瑚松额率湖南提督罗思举，贵州提督余步云带兵会剿，歼匪无算，八月，乱平。

民国·黄瓒修，朱汝珍纂：《阳山县志》卷十五《事记》

同治四年（1865），塘其儿排瑶滋扰，同知蒋震举率绅勇毁巢穴，复遵约束。

清·虞泽润：《连山乡土志》

光绪十五年（1889），瑶匪倡乱，粤督张之洞檄讨之，诛其魁皮肉十等，瑶乱平。

民国·凌锡华：《连山县志》卷一

（五）民国

民国四年（1915），大掌岭排瑶四出劫掠，民不安居。五月，商人虞光求、林德昌自连县贩货归，瑶遮道夺之，并掠其人入排以勒赎。知事何一鸾遣瑶务处长喻之，不听，乃帅警察民团围之，一面请讨于上宪，未复。瑶又出劫马月、硖头两寨，行者戒涂，一鸾三请上宪，发兵会，巡按使张鸣岐莅任见案大怒，饬县会营严捕毋纵。九月三日，知事何一鸾会警卫军，统领刘炳刚暨民团长罗嗣翰，警察区长彭徽朝、虞先礼营于虎叉塘，约次朝进排搜捕，是晚瑶人来袭营，我军并力御之战，一时许，瑶人败走，我军追之。黎明抵北石关，瑶人据险守隘，沙石纷投，我军发枪上击，弹中瑶首马介，群瑶乃弃关走，退据鹰嘴石。我军复猛进，击毙瑶首白鼻二等十余人，群瑶负伤飞奔，当北石关之破也。瑶人轰火药戡我师，火发山焚，延及瑶庐，至是我军扑灭火焰，掖出羁者虞先求、林德昌，并搜获枪械三十余件，奏凯而还。明日，瑶人介瑶老叩辕乞抚，愿偿赔赃款，捕送凶犯，永遵明调，毋敢复逞，知县许之，各排闻风震栗，所有民瑶交案延未结者，相率屠牲置酒，延人和解，八排帖服，地方相庆，谓是役也，不折一兵，不费斗粮……百年未有之盛举也，爰记之。

民国·凌锡华：《连山县志》卷十四

民国四年（1915）八月，大掌岭排瑶倡乱，知事何一鸾会营剿平之。

民国·凌锡华：《连山县志》卷一

三、地理人口篇

（一）地理

在州西南四十里为八排瑶……行样、横坑、油岭三排居（连）州；火烧排、马箭、军寮、大掌岭、李（里）八峒五排属连山。居高山，人不巾履，男女绿珠鸡毛置髻鬓间，谓美观。婚配以歌声唱和为喜，度衣带长短为定，其耐寒暑，善走险，精药弩，惯捕猎，重然诺，畏鬼神，妇人以黄蜡胶发结成如板，名"顶板谣（瑶）"。

清·王济民修，卫金章纂：《连州志》卷七

瑶　排

大掌岭、火烧坪、里八洞、军寮、马箭。尚有散瑶如大坪岭、天塘尾、藤吊岭、八百粟、新寨、茅田、龙水尾、鱼赛冲、六碓冲、盘血山，以上散瑶俱各排分出，其在州者有油岭、横坑、行墙（祥），三排皆内外联结，互为犄角者。

清·刘允元修，彭铠纂：《连山县志》卷二

阳山县永化都，在县治西北十里，即三坑瑶人地。万历十年（1582），赵文祯招安为编氓，出籍供赋，乃丈田升科，置瑶目，立社学，派定山租，与三乡均。……

白芒、老鸦、稍陀三坑，自嘉靖四十年（1561）来，大肆猖獗，及高界、鹿将、石羊、鱼叉、石礧峒、乌石、四坑潜出劫掠。万历二年（1574），赵文祯亲往招抚，就据各瑶目告称：三坑田土，俱系各租承佃，自天顺年间（1457—1464），下山陆续开垦，批耕往种，后因各山田主倍收租利，加派粮差，以致各瑶不得安生。今愿立为十排，照肇庆府广宁县则例，只纳正派粮科，并免杂差，约计稍陀、老鸦、白芒、木陇、成公、朵坑、鸾旋、官陵等田共一十九顷四十亩七分六厘五毫，秋粮六千二石三斗三升三合九勺，每石纳银一两，该银六十二两五钱三分三厘九毫。又山税二十七亩一分三厘，设官召人耕种，每丁租银二钱五分，总计一百二十两。除秋粮正办起解外，尚余一两七钱贮库。又各坑成家男子九百五十九丁，妇女九百五十九口，编为一里，分作十排，内金殷实十户，编为里长，每排管下甲首五户，每户二丁上册，其余丁粮稀少，不堪立户者，俱作帮户入丁，其成公、木陇、朵坑、鸢旋、官陵等田瑶人，编为四户，附入稍陀甲下，册报人丁一百二十七丁；妇女一百二十一口，共计六十五户，名曰新民。每坑佥公正老人一名，又于适中地方立社学，择师训蒙，后因租重，且黄丁际要私成佃各相告讦，始裁定田粮二十六两一钱七分九厘四毫，山租仍五十五两，积年山租逋欠。万历二十年（1592）招至县面谕，始为申详定夺，大抵矿峒深旷，瘠埔难种，其初曰承佃有主，田系瑶者税归瑶，田系民者税归民，而山田峒主原承佃三坑山税，虽设官招人耕种，然外峒耕人，岁或罕至，则瑶不能赔租。间有输纳，市人包侵，又隐其数，而归咎于瑶。既不能自白于官，官或以计擒一二至，又系之狱而并追其数岁所逋，是以瑶益畏，而山租益逋甚云……

《连州志》云：案《府志》，俚俗有二种，一曰瑶，椎髻跣足，居深峒，刀耕火耨，食尽一山则他徙，祭则作乐歌唱，谓之"燠丧"。二曰壮，性质粗悍，露顶跣足，居高山深谷中，花衣短裙，鸟言夷面，自耕而食，谓之"山人"。兹二种疑出盘瓠，自新会、香山、从化、龙门、清远、迄阳山、连山，皆有之。由今而观，山居者为瑶，峒居者为壮。居无常住，所谓食尽则他徙者。壮粗悍类瑶，而服食犹近平民，似与志稍异。特二种之中有真膺、主客之分，不可不辨。大率盘姓为真瑶，别姓为膺瑶；土居为主壮，瓦舍为客壮。真瑶循，膺瑶诈；主壮富，客壮贫。往时瑶壮表里构乱，随服随叛，皆诈而贫者导之也。

案三坑招抚入籍瑶壮，亦习中国衣服言语，久之当渐改其初服云。

清·顾炎武：《天下郡国利病书》卷九十八

广东有瑶、黎二种，獉狉未脱之民族也。瑶民散布于北江连山、阳山、连县、乳源间……

据连阳化瑶局最近之调查，瑶民共分为八排暨二百余小冲。共一万七千二百零四户，五万六千八百三十六人，男人百人约与女子八十三之比。居于乳源者，据该县长之调查，亦有男二千三百余，女一千八百余，大都风气闭塞，智识浅陋。然性情纯朴，极少欺诈、吃烟、赌博陋习，且富于膂力，善能克苦耐劳，男女俱能背负百余斤，日行百数十里而无倦容。衣服习古代装束,男女均戴大耳环、大颈圈,椎髻跣足。男则头裹红巾,女则戴三角高帽。其居室多为瓦屋,然亦有茅屋者,但甚少杂居,类皆自成部落。日常多以耕种为生活,间有制造棕绳及其他竹木粗工者。至于婚丧礼,则居于八排与乳源者亦稍有不同。据连阳化瑶局长之调查则谓:"瑶人婚姻,约在十月十六日,名曰'耍歌堂',男女同集,跳舞唱歌,同时自由结婚,礼仪甚简单。"丧葬制度则"瑶人以先死为老,虽少年身亡,而尊长者亦须送葬。沿途痛哭极哀,各亲友以冬纸二刀为祭品,酬祭者以白饭一团答之"。乳源县长则谓"查瑶族人民稀少,与汉民无结婚嫁娶,于本姓五服之外或异姓瑶民结亲。至长成方可婚配,尚无幼年婚娶,迩来百物腾贵,瑶民娶亲,聘金约百余元,少则数十元不等。且查瑶民娶亲,选择日期,预先通知。是日,由女家请集男妇数人或十余人以为送嫁,新妇另着派二三人抬扛箱柜嫁奁。新妇手持雨伞,步行归室,并无花轿鼓乐。男家延请百客,各亲挑酒色礼具往贺,摆设酒席,并无海味,以猪肉豆腐等,所用猪肉要费千余斤,少则数百斤"。丧礼则"因贫富而不同,富者择日入棺开吊,延请道士礼忏,亲族友谊携备香烛驰往致吊,视分亲疏,即发白布多寡不等。瑶民未谙诗书,故无挽轴帐联。贫者即日收殓掩葬,丧事酒席以猪肉豆腐为要品"。此乃连阳、乳源间瑶民情形也。

民国《土地与人口》卷下《瑶黎概况》

(二)分布

瑶本盘瓠遗种,产湖广溪峒间,即古长沙黔中五溪蛮也。其后生息繁衍,南接二广,右引巴蜀,绵亘数千里。在连者,为八排瑶峒,崇山峻岭,错处其间。连州属三排,曰油岭、行祥、横坑。连山县属五排,曰军寮、马箭、里八峒、火烧坪、大掌岭。八排势相毗连,外复有二十四小排,悉八排支派,延袤二百余里。其人椎髻跣足,衣斑斓布褐,男女以绿硃、鸡毛置髻鬟间,谓为美观。婚配以歌声唱和为喜,度衣带长短为定。妇人以黄蜡胶发,融结成板,名"顶板瑶"。诸瑶性皆犷悍,重然诺,畏鬼神,喜仇杀,又能忍饥行斗。左悬长刀,右负大弩,手持长枪,上下山险若飞。战则一弩一枪,相将而前。执枪者前,却不常以卫弩;执弩者衔刀而射敌,或冒刃逼之,枪无所施,释弩取刀,奋击以救。度险则整其行列,遁去必有伏弩。儿始能行,烧铁石烙其跟跖,使顽木不仁,故能步履茨棘不伤,佻佻若野兽然。

大小二龙水瑶,在州西北,属连山治,今为良瑶……

八排瑶，在州西南四十里，排名列左，二十四小排名见总督石琳疏。

油岭排，坐西面东，两山环合，山层级，高下相承。瑶人次第居处，前峙高良石山背，层嶂耸立如屏，下有圆墩，立瑶祖庙，林木蘙荟。八排中惟油岭瑶最狡悍，地亦绝险。排之东二十四里为山溪汛，汛北距三江城十五里，为油岭、行祥、横坑要路。康熙五十二年（1713），理瑶同知沈澄、副将孙文标议建筑土城，立左右二汛，瑶众聚攻，因募乡勇并营兵，且战且筑，经半月始就。山溪汛之通油岭者有两路：其北路三里至石牌，一名大滴水；又五里至滑岭，路险隘；又三里至水洞坳；又三里至米筛井，关石崎岖，瑶人往往于此设伏；又二里至羊角井；又二里至下石关；又二里至上石关，瑶每于关上坠石击伤官军；又四里至油岭。其南路三里至画胸冈；又三里至牛胸，牛胸入油岭亦有两路：右路三里至石径，又三里至米筛井，由米筛井至油岭，路如前。左路三里至回头石关，关内为加沙坪，坪之地七八百亩，瑶人设茅寮种植于此；又五里至羊角井，由羊角井至油岭，路如前。香炉墩汛亦在油岭之东，距三江城十五里，入油岭二十六里。二里至郡卜空，又四里至黄芝岭，路险；又一里至梨头塘，有招下油岭瑶四十余户居此；又四里至牛胸，由牛胸至油岭，路如前。大东岭汛在油岭东南，距三江城二十里，入油岭二十五里：六里至塘边井，有招下油岭瑶四十余户居此；又四里至蚺蛇窟，石关险峻，防伏莽；又三里至大塘坪，坪之地五六百亩，瑶人种地，设茅寮四五十间；又三里至林时峒，峒有腴田千亩；又三里至石桥，过桥分两路入油岭，俱五里。车田汛在油岭之北，距三江城五里，入油岭二十四里：三里至鱼梁营，为油岭、军寮、马箭要路，即行祥、横坑、里八峒、火烧坪、大掌岭皆有径可通；又一里至新陂面；又二里至碧绿坳；又二里至马箭路口；又二里至军寮路口；又三里至潮水塘；又三里至乾坑，过石关；又一里至岭顶，路险峻；又二里至油岭。行祥排，在油岭之南，两路入油岭，上路七里，由东山迳过山冲进林时峒；下路七里，由坚白坪至林时峒，路俱险阻。大莺，马头鬓二小排，在油岭西南，距油岭十五里：六里至小河，河通镬水；又九里至油岭。军寮排在油岭西北，两路入油岭，俱十六里：北路自白石岭六里，通镬水；又四里至梯横路；又四里至莲花坪，路险；又二里至油岭。南路自歇凉墩五里过镬水；又二里至白坟岭，路险；又五里至油岭。

行祥排，坐西面东，奇峰矗立，瑶屋庐层叠居半山上，左密林，右深坑，前白面山，山土白色。势力与油岭埒。排之东二十二里为长塘汛，汛距三江城二十五里，由长塘汛三里至黄泥墈，路险，为瑶人设伏处；又二里至八角冢；又三里至都司坪；又南行三里过石关，至李子坳；又一里过石关，路俱险隘；又二里至李家冲；又二里至江练坪石关；又二里至行祥老排；又一里至南石桥；又三里至行祥。大东岭汛在行祥之东北，距行祥十九里：一里至菖蒲坑，招下行祥瑶十余户居此；又二里至天鹅窝，路险；又二里至都司坪，由都司坪至行祥路如前。山溪汛亦在行祥之东北，距行祥二十四里，从油岭排界内犁头塘九里至塘边井，为油岭、行祥分界处，并路通横坑，实三排要害之所。此地分两路入行祥：其上路三里至坚白坪，路险，又三里至笔麓径石关，路极险；又二里至潮塘坪；又二里过北石桥，又二里过下石桥；又三里过上石桥，至行祥。其下路五里至马溜径，路险，迤北行二里至笔麓径石关，由笔麓至行祥，路如前。马溜径迤南行二里至筋竹坳；又二里至江练坪石关，由江练坪至行祥，路如前。东芒汛在行祥之东南，距三江城三十里，入行祥二十八里：一里至笔架山，路险；又二里至长塘尾，又三里至牛头岭，路险；又三里至都司坪，由都司坪至行祥，路如前。横坑在行祥西南，分两路，俱十二里，上路五里至天堂坳，又七里由小桥至行祥。下路由烧灰墩至架简洞，五里至江练坪，由江练坪至行祥，路如前。马头鬃小排在行祥之西南，距行祥十八里。二里至小坑，又三里至田塝，路险；又四里至界顶，路极险；又五里至后山水涧，路险；又四里至行祥。油岭排在行祥之西北，距行祥十五里，分两路：上路从林时峒过东山径，又五里至下石关。下路从林时峒过坚白坪，由下石关坚白坪至行祥，路如前。

横坑排，坐西面东，瑶居山绝顶，实平衍宽敞。旧与行祥比邻，因世相仇杀，且兵力不敌，故迁居此。在排下百根峒，居者七八十户，其盖藏蓄积，仍置于排，亦非衰弱者也。排之东二十里为东芒汛，汛四里至黄泥井；又三里至牛仔空；又二里至里云界；又二里至杀人坪；又三里至南潮水，招下横坑瑶人三十余户居此；又二里至猪矢峒，迤西行四里至横坑。马槽屯汛在横坑之东南，距三江城五十里，入横坑十二里：一里至水头岩民寨；又三里至梅坳岭，路险；又四里至猪矢峒，由猪矢洞至横坑，路如前。高滩汛亦在横坑之东南，距三江城六十里，入横坑二十里：三里至乾坑民寨；又四里至鸡补石；又二里至百根峒，路险；又三里至打点坳石关；又四里至猪矢峒，由猪矢峒至横坑，路如前。铁坑汛在横坑之南，距三江城七十里，入横坑十二里。二里至磨龙寨；又四里至打点坳石关，由打点坳至横坑，路如前。行样排在横坑之西北，分两路通横坑，俱十二里，上路从小木桥至天堂坳七里；又五里至横坑。下路从江练坪架简峒至烧灰墩九里；又三里至横坑。

以上外三排俱属连州。

军寮排，坐西面东，瑶次第居山谷两岐间，如蜂巢，山顶有神庙，状类婴孩。内五排中，惟军寮最强盛。排之东北十八里为车田汛，从鱼梁营、新陂面、碧绿坳、马前路十里至军寮路口；又二里至踏堆岭；又二里过镬水；又一里至牛塘；又三里至军寮。油岭排在军寮东南，分两路通军寮，俱十六里。上路由莲花坪、梯横路过镬水十里，路险；又三里至白石岭，又三里至军寮。下路由白坟岭至镬水十一里，路险；又二里至歇凉墩；又三里至军寮。西岭小排在军寮之西南，距军寮十七里：十里至笔架山，路险；又三里至黎壁岭，路极险；又四里至军寮。里八峒在军寮之西，距军寮九里。从下岭石路过莲花坳至小天堂五里；又四里至军寮。马箭排亦在军寮之西，距军寮七里；从百花坑至平瑶岭五里；又二里至军寮。牛路水在军寮之西北，距军寮十三里。从鸡公头石至马箭后山八里，路险；又二里至天堂，又三里至军寮。其军寮排之后龙山与西岭俱极高峻，登其巅可望见连州并三江城。

马箭排，坐东面西，左右崇山环绕，林木蓊蔚，后山之岭巅有巨塘二，阔而深，冬夏不涸，塘水从茂古洞出，瑶庶富而性尤狡狯。排之北为连山县，县距三江城三十里，入马箭十里，三里过河至茂古洞；又一里至平田，为马箭、军寮要路，里八峒、火烧坪、大掌岭均有径可通；又一里至唐家水，由唐家水进马箭分两路，迤东行一里至晒禾岭；又一里至金龟岭，瑶人每设伏于此；又二里至石桥；又一里至马箭。迤南行二里至白沙岭，又一里至蕨冈头；又一里至百花坳，向北一里至马箭。牛路水在马箭东北，距马箭十一里，三里至鸡公头石；又四里至马箭后山；又二里至山坳，路险；又二里至石坳路，抵马箭。车田汛在马箭之东，距马箭十六里，从鱼梁营、新陂面、碧绿坳八里至马箭路口，迤西行二里过镬水至力木坳，又二里至石牌田，路险；又二里至马箭坳，路极险；又二里至马箭。军寮排在马箭东南，距马箭七里：三里至平瑶岭，两侧高山，深谷中有巨石矗立当道，石上如梯级者百二十；又三里至百花坑；又一里至马箭。里八峒在马箭之南，距马箭十一里，从五马归槽过大冲至白沙岭七里；又三里至百花坑，又一里至马箭。

里八峒排，坐东面西，四山回合如城郭。瑶居山岐，地平衍，蓄资富厚，性强悍不法。康熙四十年（1701），伤我副总兵林芳及其仆，偕死，致烦大兵会剿。排之西北为连山县，县从马箭界内之茂古洞。咸宁堡至唐家水五里，又三里至木桑陂。由木桑陂入里八峒分两路，其北路二里至唐家墩；又三里至北石关，路险；又一里至里八峒。其南二里至大枧峒，有招下里八峒瑶人十余户居此；又三里至晒禾峒；又一里至里八峒。马箭排在里八峒之北，距里八峒十一里；从白花坑至白沙岭七里；又二里至大冲，又一里至五马归槽，路险；又一里至里八峒。军寮排在里八峒东北，距里八峒九里，从小天堂至花坳五里；又二里至大郁岭，路险；又二里抵石路，至里八峒。西岭小排在里八峒东南，距里八峒九里；七里至花坳路；又二里至里八峒。火烧坪亦在里八峒东南，分两路入排；上路三里从山塘过百坪水冲二里；又一里至里八峒。下路九里从龙水地至晒禾墩五里，又四里至里八峒。

火烧坪排，坐东面西，山左右环列，悬崖峭壁，不通人径。中豁然开朗，排下有良田，与诸排迥异。瑶性悍而多诈，富而猖狂。排之西为虎叉塘汛，汛距三江城五十里，入火烧坪十一里，乃火烧坪、大掌岭要路，里八峒、马箭、军寮均有径可通。二里至片坪坳，又三里至杨梅水桥，又一里至下坪洞，洞之右即大垒岭；又三里至晒禾堆；又三里过三重石关至火烧坪，路险隘。连山县在火烧坪之北，距火烧坪二十四里：二里至鹅儿水，又三里至铺前坳；又三里至右街头；又四里至晒禾石；又一里新开路；又南行三里至中坪坳，由中坪坳至火烧坪，路同前。里八峒在火烧坪之西北，分两路入排。上路三里，一里至百坪水冲；又一里至山塘冲，路险；又一里至火烧坪。下路九里，从晒禾堆至龙禾地五里；又四里至火烧坪。西岭小排在火烧坪之东，距火烧坪十里；七里至花坳，路险；又四里至火烧坪，路极险。大掌岭在火烧坪之南，距火烧坪八里；从唱歌墩、水源坑至木桥四里，又二里至鬼阑岭，路险；又二里至火烧坪。

大掌岭排，坐西南，面东北，排中有山梁三、水中二，瑶散居梁侧，踞冲上，恃险不法，向为连山之害。排之东北为虎叉汛，汛分两路入大掌岭，上路十里，七里至金相塘；又一里至石坳；又一里至北石关，路险；又一里至大掌岭。下路十四里：一里至石龟陂；又二里过木桥凤凰寨；又四里至梨渣木坳；又二里至坳岭；又三里至石坳，由石坳至大掌岭，路同前。火烧坪在大掌岭东南，距大掌岭八里。从南石关过鬼阑岭至木桥四里，又二里至水源坑；又一里至唱歌墩；又一里过东石关至大掌岭。天堂小排在大掌岭之南，距大掌岭六里：一里至天堂舍；又二里至天堂石关；又一里至白竹坳；又一里至后石关，路俱险峻；又一里至大掌岭。大拱桥汛在大掌岭之西，距三江城七十里，入大掌岭十二里。七里至大古坳；又四里至北石关；又一里至大掌岭。

以上内五排俱属连山县。

清·袁泳锡：《连州志》卷八

（三）人口

环连皆瑶也，宜善以东，三江以西，金坑、白芒以南北，周围四百余里，崇山峻岭，绝壑深林中，土墙瓦屋，聚族而居，其户凡六千八百三十二，其丁口二万六千五百七十七，其族类之名分，大曰排，小曰冲。排者，派也。冲者，种也。冲隶于排，犹言某派之种也。排之大者八，小者七，其冲一百七十三。属连山者五大排，三小排，一百二十六小冲；属连县者三大排，一小排，十三小冲；属阳山者三小排，三十四小冲。

排　冲	名　称	距县道里	户　数	丁口数
大　排	军　寮	县城南二十里	五百五十四	一千一百八十八
小　冲	牛路水		四十六	一百一十七
	大竹湾		十一	三十七
	蒲崩湾		十六	五十四
	黄泥冲		三	十二
	格峒		十八	八十一
	鱼浪坪		五	十六
	鳖坑		三十六	一百五十
	横寨		二十二	一百零一
	南榕		十	三十四
	下西岭		二	七

备考：排山坐南面北，危石屹立，岩壑幽邃，瑶户周阿而居，密于蜂巢，巅有神庙，状类婴孩，其后龙山与西岭俱极高峻，登其巅可望见连县并三江城，八排中惟军寮最强。大竹湾有瑶长二名、瑶练八名。

排　冲	名　称	距县道里	户　数	丁口数
大　排	火烧坪	县城南三十里	五百十一	二千一百零三
小　冲	茅草坪		十八	五十四
	猪矢冲		十六	四十一
	上西岭		十五	三十五

备考：排山左右皆是悬崖峭壁，不通人径，有三重石关，关内豁然开朗，地势平

衍，下有良田，灌以山泉，岁收饶足，故瑶户富庶猖狂。时出为害，明游击严遵浩尝于排东四里许之花坳立营，以绝瑶援。上西岭有瑶长二名，瑶练二名，住火烧坪。

排 冲	名 称	距县道里	户 数	丁口数
大 排	大掌岭	县城南三十五里	三百六十	一千二百六十五
小 冲	大古凹		一百二十二	三百一十五
	羊公岐		三十二	一百零四
	养牛寮		四	十二
	大坪脚		三十六	一百二十四
	香花根		五十九	二百一十七
	冷水冲		五	十六
	坪 冲		十四	五十七

备考：排之四面皆有石关，瑶人设险以守，形势天然，入排中又有石梁，三水冲二冲，上有良田，岁无荒歉，瑶户居梁侧，耕冲田，恃险不法，时为邑害。大古凹分新旧寨，有瑶长二名、瑶练八名。

排 冲	名 称	距县道里	户 数	丁口数
大 排	里八峒	县城东南二十七里	四十二	二百四十五
小 冲	大粟地		四十六	二百五十九
	沙坊凹		十七	六十六
	鱼叉坑		四十八	一百八十六
小 冲	沙 坑		八	三十六
	牛 问		十一	五十三

备考：排内四山回合如城池，亦平衍，瑶户蓄资富厚，性绝悍不法，康熙四十年（1701）伤副总兵林芳，致烦大兵会剿。大粟地有瑶长一名，瑶练四名。

排 冲	名 称	距县道里	户 数	丁口数
大 排	马 箭	县城一十三里	六	二十八

续上表

排　冲	名　称	距县道里	户　数	丁口数
小　冲	新　排		十三	五十五
	白水带		十六	六十三
	牛角湾		十四	十五

备考：排山坐东向西，左右崇山环拱，林木蓊蔚，后山之顶有二塘，广阔而深，冬夏不竭，塘水泛溢，则从茂古峒流出，田宜稻，颇饶沃，居瑶富而狡。新排有瑶长一名、瑶练四名。

排　冲	名　称	距县道里	户　数	丁口数
大　排	油　岭	县城东八十里	五百一十一	二千一百四十三
小　冲	犁头塘		三百四十七	一千二百四十三
	棠梨坳		一百二十四	四百十九
	中　洞		二十九	一百八十六
	莲水排		五十二	二百十六
	猫　坑		二十三	九十六
	捞基坑		十七	七十二
	马头鬃		二百四十	九百三十四
	大田坳		十二	五十一
	标地里		五	二十一

备考：排中两山环合，山之层级，高下相承，瑶人次第居住，前峙高良，石山背列层峦耸立如壁，下有圆墩，立瑶祖庙，林木蘙荟，中可设伏。又排外有地曰米筛井，关石崎岖，瑶人住往于此伏戎。又十里至上石关，险峻异常，瑶常踞关坠石，以击官军。油岭属连县所辖地，有瑶长二名、瑶练八名，住油岭；又瑶长一名、瑶练二名，住梨头塘。

排　冲	名　称	距县道里	户　数	丁口数
大　排	行　祥	县城东八十五里	六百四十八	二千八百三十二
小　冲	望溪岭新寨		八十一	三百四十五
	望溪岭老寨		五十三	三百八十

备考：排坐西面东，奇峰矗立，瑶户叠居山半，左密林，右深坑，前对白面峰，地宜粟米棉豆之植，瑶户多般实守法，不与他瑶勾结滋事。行祥属连县辖地，有瑶长二

名、瑶练八名。

排 冲	名 称	距县道里	户 数	丁口数
大 排	横 坑	县城东九十七里	二十四	八十四
小 冲	鲁 箕		十九	四十
	九 龙		十七	六十
	百根峒		一百八十	八百七十七

备考：排居高山绝顶，地实平衍宽敞，旧与行祥比邻，因世相仇杀，故迁避之。百根峒居户尤富庶，其盖藏蓄积存仍置于排，欲厚集其力，以御外侮也。横坑属连县辖地，有瑶长一名、瑶练四名。

排 冲	名 称	距县道里	户 数	丁口数
小 排	大木根	县东南一百三十里	十五	六十一
	马岭墩		三十四	一百二十三
	猫应岗		五十六	二百一十六
	下 坪		十二	四十七
	甲塘冲		十四	五十八
	老 寨		十三	五十二
	千猪岭		十九	八十二
	大 坪		十六	六十四
	坪 地		十八	七十五
	白草坪		十六	五十二
	新 寨		七	二十六
	游龙坪		四十四	一百八十
	上亚桂		四	十
	下亚桂		十	二十五

备考：瑶长一名，瑶练四名。大木根系连山属地。

排　冲	名　称	距县道里	户　数	丁口数
小　排	猫儿坪	县东南一百六十里	六	二十四
小　冲	六暗坪下		八十四	四百三十六
	茶　坑		五十六	二百七十六
	大竹园		四十八	一百八十九
	三　洲		十三	五十七
	下　坪		二十六	八十四
	横　寨		二十二	八十五
	流石福		十	三十一
	深　冲		十六	二十五
	夹　界		十三	三十七
	大　坳		四十七	二百一十三
	锅盖山		二十	八十三
	上　坪		四	十五
	白芒坪		三十二	一百二十六
	河　梗		四	十五
	塘梨坑		二十六	一百零六
	石罗坪		十八	七十二
	火龙冲		三十一	一百二十四
	后　峒		十二	四十八
	上峒圩		十八	七十二
	马罗邬		五	二十一

备考：猫儿坪系阳山县属地，有瑶长一名、瑶练二名。

排　冲	名　称	距县道里	户　数	丁口数
小　排	盘血冲	县西一百三十里	三十三	三百一十三

续上表

排　冲	名　称	距县道里	户　数	丁口数
小　冲	大桥头		三十四	一百二十四
	崩　江		十四	二十四
	地　桃		二十四	七十八
	六　对		十八	四十五
	东　浮		十五	四十五
	龙　会		三十四	一百三十六
	六　朴		五	十九
	限定尾		十五	六十二
	莲花大木根		四	一十八
	九　轮		二十一	三十五
	红泥田		四	三十二
	大　坪		三十一	一百二十九
	上　坪		十二	四十二
	横　寨		十三	五十二
	水　汞		十六	五十九
	马　鞍		七	二十八
	排　肚		十四	五十六
	罗　坪		十六	六十四
	大石根		十二	四十七
	里八山		十五	五十八
	茶子根		十七	六十八

备考：盘血冲有瑶长一名、瑶练二名。

排　冲	名　称	距县道里	户　数	丁口数
小　排	上蒂源	县西一百六十里	十八	四十
	横　柄		十五	六十五
	马骝殿		八	十九
	中　靛		十四	三十一

续上表

排冲	名称	距县道里	户数	丁口数
小排	磨刀坑		十七	七十一
	扶竹坪		六	三十六
	坑列		四十五	一百七十二
	白草坪		四十六	一百七十五
	石梘坪		二十二	九十六
	黄迳坪		七十四	二百八十四
	葛箕坪		十三	五十六
	田冲		八	四十六
	水井坳		十一	四十八
	割茅坪		九	三十六

备考：上蒂源有瑶长一名，瑶练二名。

排冲	名称	距县道里	户数	丁口数
小排	中炉坑	县西八十里	六	二十四
	唐浩村		五	二十七
	大英岭		三	十五
	黄瓜冲		三十二	一百二十一
	山猪豹		十二	五十
	果子坑		十四	五十六
	岭尾		八	三十二
	耳环冲		九	三十六
	苦竹寨		六	三十六
	打铁冲		二十三	五十
	萨人坪		十一	二十六
	水润坪		三	十三
	八百粟		六	二十四
	马踏峒		三	十四
	蒲炉岭		十六	六十四

续上表

排　冲	名　称	距县道里	户　数	丁口数
小　排	企人冻		二	七
	横　寨		九	三十六
	老　寨		十一	四十八
	木皮寨		八	三十二
	狗儿岭		六	二十六
	犁壁冲		二	九
	社　下		二	七
	火烧寨		十四	五十六

备考：瑶长一名，瑶练二名。

排　冲	名　称	距县道里	户　数	丁口数
杂　冲	将军岐	县西六十里	六	三十六
	藤　吊		八	四十二
	老　寨		三	十五
	新　寨		八	三十五
	筋竹根	七十里	八	三十八
	板瑶寨		四	十六
	白石岭		十二	四十三
	吊　宋		五	二十三
	石龙寨	六十五里	三	十三
	龙水寨	县西六十五里	四十六	二百一十八
	塘基儿	七十五里	三十二	一百三十二
	大崖冲	七十里	三十五	一百四十三
	坪　冲		十一	四十二
	石板冲		三	十三
	瑶保坪	八十里	四	十四
	金花杏		六	二十四
	上茅田	七十五里	十六	六十四

续上表

排　冲	名　称	距县道里	户　数	丁口数
杂　冲	下茅田		十三	五十二
	冷　水		四	十五
	高　寨		四	十六
	蜈蚣田		四十	一百六十八
	犁　壁		二十三	九十六

排　冲	名　称	距县道里	户　数	丁口数
金坑山杂冲	瓦角冲	在连山县东九十里	二十六	九十四
	叉　坑		十四	五十二
	犁头岭	县东八十五里	十一	四十八
	苎麻坪		十五	六十二
	黄泥坳		十	四十一
	上狮颈		八	三十二
	下狮颈		十一	四十八
	老虎冲		六	二十四
	田　冲		五	二十二
	横山头	县东北六十五里	十七	七十三
	鸡婆冲	五十五里	十二	四十八
	狐狸冲	七十里	四	十六
	蓝校冲	六十里	二十三	一百零四

备考：瓦角冲、横山头、鸡婆冲、狐狸冲、蓝校冲属连县。

排　冲	名　称	距县道里	户　数	丁口数
大龙山杂冲	增板田	县东北八十里	六	二十七
	竹田浪		十二	五十一
	饭汤尾		五	二十二
	牛鼻通		二	七

续上表

排　冲	名　称	距县道里	户　数	丁口数
大龙山杂冲	黄巢殿		三	十五
	内田洞		十六	六十一
	高　岭		十二	四十九

排　冲	名　称	距县道里	户　数	丁口数
小龙山杂冲	浪家坪	县东北九十里	五十四	二百六十
	大　坳		二十三	七十八
	牛轭陂		十八	五十六
	沙　坑		二十一	七十一

民国·凌锡华：《连山县志》卷十四

连县瑶民散处于洛阳，建新、金坑瑶排之间，而以瑶排人口为众，旧志载，瑶本盘瓠之后，即辰州五溪诸蛮。宋绍兴年间（1131—1162），有州人廖姓仕粤西，携瑶仆男妇十余人归连，遣入山谷耕种，厥后丁口蕃息，分为八大排，其外三排属连州者，曰油岭、行祥、横坑；内五排属连山者，曰军寮、马箭、里八峒、火烧坪、大掌岭，后又分为二十四小排，近增至五十余小排，间有滋生较繁为排较大者，然皆八排支派，狠戾犷悍，向为三连之蠹。自康熙四十二年（1703）征剿之后，设三江，协左右二营，拨员弁兵丁巡守三十六城汛，环绕而控制之，复设理瑶同知，专理瑶务，自是瑶众帖然。

又曰：高辛独力之衣，史称瑶之自始。殊伤于诞，豺狼之性未易驯，尤其滋蔓于三连者，……八排瑶峒，崇山峻岭，延袤二百余里。其人椎髻跣足，衣斑斓布褐，男女以绿珠、鸡毛置髻鬓间，谓为美观。婚配以歌声唱和为喜，度衣带长短为定。妇人以黄蜡胶发，融结成板，名顶板瑶。

诸瑶性皆犷悍，重然诺，畏鬼神，喜仇杀，又能忍饥行斗。左悬长刀，右负大弩，手持长枪，上下山险若飞。战则一弩一枪，相辅而前。执枪者前，却不常以卫弩，执弩者衔刀而射，敌或冒刃逼之，枪无所施，释弩取刀，奋击以救。度险则整其行列，遁去必有伏弩。儿始能行，烧铁石烙其跟趾，使顽木不仁，故能履茨棘不伤……

惟瑶为盘瓠遗种，世岁月为诞事，讵知人类学言猿类人、猴类犬种源论者，且以猴为人类之祖，以彼例此，自不得谓为无稽，帝喾时代虽为遥远，而汉书为前代正史，与稗官野史不同，既据称引，当属有微可信，此其一。州人廖姓仕粤西（州志廖颙传载：宋绍兴间，颙征漓水瑶），携瑶仆遣入山谷间，衍为八大排。厥后，廖姓人入瑶排收山租，瑶人称廖姓为山祖。而或者以《隋书·地理志》载长沙有莫瑶，桂阳、熙平亦有之。旧州志载：王睃传，"有睃为连州刺史，民僮安之"之语，引为"连州有瑶不自宋始，而八排亦非始于廖姓瑶仆"之证。查连州瑶不始于宋，史册昭然。而唐王睃在任时，瑶能与民相安，则此瑶当系三水左右二里之良瑶，而非八排之悍瑶也。

瑶 排

连县、连山、阳山之县边区地带，聚居瑶族，分八大排即油岭排、行祥排（又名南江排）、横坑排、马箭排、军寮排、里八峒排、火烧排、大掌排，至明末后增拓二十四小冲，迄于今日，已增至二百余小冲矣。兹将各大排状况略述如左（下）：

（一）油岭排，在连县西南，两山环抱，山层级高下相承，瑶人次第居处，前峙高良石，山背层山嶂耸立，如屏，下有圆墩，立瑶祖庙，林立麓荟。八排瑶惟油岭瑶人最狡悍，地亦绝险，排之东二十四里为山溪汛（山溪分左右二汛），汛北距三江城十五里，为油岭、行祥、横坑各排要路。康熙五十二年（1713），理瑶同知沈澄、副将孙文标议建筑土城，立左右二汛，瑶众聚攻，因募乡勇并营兵，且战且筑，经半月始就。

香炉墩汛亦油岭之东，距三江城十里，入油岭二十六里。

大东岭汛在油岭西北，距三江城二十里。

车田汛在油岭之北，距三江城五里，入油岭二十四里。排内加沙坪之地七八百亩，瑶人设茅寮种植于此，大塘坪五六百亩，林时峒有腴田千亩，皆为瑶人耕种之地。

（二）行祥排，在油岭之东，距油岭十五里，屋庐层叠居半山上，左密林，右深坑，前白面峰，势力与油岭埒。排之东二十二里为长塘汛，汛距三江城二十五里。

大东岭汛，在行祥之东北，距行祥十九里。

山溪汛，亦在行祥之北，距行祥二十四里。

东芒汛，在行祥之东南，距三江城三十里，入行祥二十八里。

（三）横坑排，在行祥排之南，南与阳山交界，瑶居绝顶，平衍宽敞。旧与行祥比邻，因世相仇杀，且势力不敌，故迁居于此。在排下百根峒，居者七八十户。排之东二十里为东芒汛。马槽屯汛，在横坑之东南，距三江城六十里，入横坑二十里。铁坑汛，在横坑之南，距三江城七十里，入横坑三十里。

以上外三排，旧属连县。

（四）马箭排，在连山城东南，相距十里左右，崇山环绕，林木蓊蔚，后山之巅有巨塘二，阔而深，冬夏不涸，塘水从茂古洞出。瑶庶富而性尤狡狯。

（五）军寮排，在马箭排之南七里，居山谷两岐间，如蜂巢。内五排中，惟军寮最强盛。排之东北十八里为车田汛，军寮排之后龙山与西岭俱极高峻，登其巅可望见连州城。

（六）里八峒排，在马箭排之西，相距十一里。四山回合如城廓（郭）。瑶居山岐，地平衍，蓄资富厚，性强悍不法。康熙四十年（1701），击伤副总兵林芳及其仆，致烦大兵会剿。排之西北为连山县城。

（七）火烧坪排，在里八峒之北，山左右环列，悬崖峭壁，不通人径。中豁然开朗，排下有良田，与诸排迥异。瑶性悍而多诈，富而猖狂。排之西为虎叉塘汛，汛距三江城五十里，入火烧坪十一里，乃火烧坪、大掌岭要路，里八峒、马箭、军寮均有径可通。

（八）大掌岭排，在里八峒之南，排中有山梁三、水冲二，瑶散居梁侧，距冲上，恃险不法，向为连山之害。排之东北为虎叉汛，汛分两路入大掌岭。大拱桥汛在大掌岭之西，距三江城七十里。入大掌岭十二里。

以上内五排，旧属连山县。

大小二龙水瑶，在州西属连山治，今为良瑶。以上二种不在八排瑶之内，特附载于此。

人口、面积

瑶排地区延袤，全是山岭，面积约一万余方公里，至各排冲人口统计约二万五千余人，兹列如附表。

附表：依据连山县民国十七年新志增入，共计丁口二万五千余人，惟连阳化瑶局二十三年报告共计人口有七万余云。

三、地理人口篇

排冲	名称	户数	丁口数	备考
大排	油岭	五一一	二一四三	旧属连州
小排	犁头塘	三四七	一二四三	
	棠梨坳	一二四	四一九	
	中洞	二九	一八六	
	连水排	五二	二一六	
	猫坑	二三	九六	
	捞基坑	一七	七二	
	大田坳	一二	五一	
	标地里	二一		

排冲	名称	户数	丁口数	备考
大排	行祥	六四八	二八三三	
小冲	望溪岭新寨	八一	三四五	
	望溪岭老寨	五三	三八〇	

排冲	名称	户数	丁口数	备考
大排	横坑	二四	八四	
小冲	鲁箕	一九	四〇	
	马头冲	二四〇	九三四	
	百根峒	一八〇	八七七	

排冲	名称	户数	丁口数	备考
大排	军寮	五五四	一一八八	旧属连山
小冲	牛路水	四六	一一七	
	大竹湾	一一	三七	
	蒲崩湾	一六	五四	
	黄泥冲	三	一二	
	格峒	一八	八一	
	鱼浪坪	五	一六	

续上表

排 冲	名 称	户 数	丁口数	备 考
小 冲	鳖 坑	三六	一五〇	
	横 寨	二二	一〇一	

排 冲	名 称	户 数	丁口数	备 考
大 排	大掌岭	三六〇	一二六五	
小 冲	大古凹	一二三	三一五	分新旧寨
	羊公岐	三二	一〇四	
	养牛寮	四	一二	
	大坪脚	三六	一二四	
	香花根	五九	二一七	
	九 龙	一九	六〇	
	南 榕	一〇	三四	
	下西岭	二	七	

排 冲	名 称	户 数	丁口数	备 考
大 排	马 箭	六	二八	
小 冲	新 排	一三	五五	
	白水带	一六	六三	
	牛角湾	一四	一五	

排 冲	名 称	户 数	丁口数	备 考
大 排	火烧坪	五一〇	二一〇三	
小 冲	茅草坪	一八	五四	
	猪矢冲	一六	四一	
	上西岭	一五	三五	
	沙坊凹	一七	六六	
	鱼叉坑	四八	一八六	
	牛沙问坑	一八一	五三三六	

续上表

排 冲	名 称	户 数	丁口数	备 考
小 排	大木根	一五	六一	
	马岭墩	三四	一二三	
	冷水冲	五	一六	
	坪 冲	一四	五七	

排 冲	名 称	户 数	丁口数	备 考
大 排	里八峒	四二	二四五	
小 冲	大粟地	四六	二五九	
	千猪岭	一九	八二	
	大 坪	一六	六四	
	坪 地	一八	七五	
	白草坪	一六	五二	
	新 寨	七	二六	
	游龙坪	四四	一八〇	
	上亚桂	四	一〇	
	下亚桂	一〇	二五	

排 冲	名 称	户 数	丁口数	备 考
小 排	猫儿坪	六	二四	
小 冲	六暗坪下	八四	四三六	
	上 坪	四	一五	
	白芒坪	三二	一二六	
	河 梗	四	一五	
	猫应岗	五六	二一六	
	下 坪	一二	四七	
	甲塘冲	一四	五八	
	老 寨	一三	五二	
	茶 坑	五六	二七六	

续上表

排冲	名称	户数	丁口数	备考
小冲	大竹园	四八	一八九	
	三洲	一三	五七	
	下坪	二六	八四	
	横寨	二二	八五	
	流石福	一〇	三一	
	深冲	一六	二五	
	夹界	一三	二七	
	大坳	四七	二一三	
	锅盖山	二〇	八三	

排冲	名称	户数	丁口数	备考
小冲	大桥头	三四	一二四	
	崩江	一四	二四	
	地桃	二四	七八	
	塘梨坑	二六	一〇六	
	石罗坪	一八	七二	
	火龙冲	三一	一二四	
	后峒	一二	四八	
	上峒圩	一八	七二	
	马罗邬	五	二一	

排冲	名称	户数	丁口数	备考
小排	盘血冲	三三	三一三	
	红泥田	四	三二	
	大坪	三一	一二九	
	上坪	一二	四二	
	横寨	一三	五二	
	水汞	一六	五九	

续上表

排冲	名称	户数	丁口数	备考
小排	马鞍	七	二八	
	排肚	一四	五六	
	罗坪	一六	六四	
	大石根	一二	四七	
	里八山	一五	五八	
	六对	一八	四五	
	东浮	一五	四五	
	龙会	三四	一三六	
	六朴	五	一九	
	限定尾	一五	六二	
	莲花大木根	四	一八	
	九轮	二一	三五	
	茶子根	一七	六八	

排冲	名称	户数	丁口数	备考
小排	上蒂源	一八	四〇	
	横柄	一五	六五	
	马骝殿	八	一九	
	中靛	一四	三一	
	磨刀坑	一七	七一	
	扶竹坪	六	三六	
	坑列	四五	一七二	
	白草坪	四六	一七五	
	石枧坪	二二	九六	
	黄迳坪	七四	二八四	
	葛箕坪	一三	五六	
	田冲	八	四六	
	水井坳	一一	四八	
	割茅坪	九	三六	

排　冲	名　称	户　数	丁口数	备　考
小　排	中炉坑	六	二四	
	唐浩村	五	二七	
	大英岭	三	一五	
	黄瓜冲	三二	一二一	
	山猪豹	一二	五〇	
	横　寨	九	三六	
	老　寨	一一	四八	
	木皮寮	八	三二	
	水润坪	三	一三	
	狗儿岭	六	二六	
	犁壁冲	二	九	
	社　下	二	七	
	果子坑	一四	五六	
	岭　尾	八	三二	
	耳环冲	九	三六	
	苦竹寨	六	二六	
	打铁冲	二三	五〇	
	萨人坪	一一	二六	
	八百粟	六	二四	
	马踏峒	一六	六四	
	企人冻	二	七	
	老　寨	三	一五	
	新　寨	八	三五	
	筋竹根	八	三八	
	板瑶寨	四	一六	
	白石岭	一二	四三	
	吊　宋	五	二二	
	石龙寨	三	一三	
	火烧坪	一四	五六	

排冲	名称	户数	丁口数	备考
确冲	将军岐	六	三六	
	藤吊	八	四二	
	坪冲	一一	四二	
	石板冲	三	一三	
	瑶保坪	四	一四	
	金花杏	六	二四	
	上茅田	一六	六四	
	下茅田	一三	五二	
	冷水	四	一五	
	高寨	四	一六	
	蜈蚣田	四〇	一六八	
	犁壁	二三	九六	
	鸡婆冲	一二	四八	
	狐狸冲	四	一六	
	蓝校冲	二三	一〇四	

排冲	名称	户数	丁口数	备考
大龙山确冲	增板田	六	二七	
	龙水寨	四六	二一八	
	塘基儿	三二	一三二	
	大崖冲	三五	一四三	

排冲	名称	户数	丁口数	备考
金坑山杂冲	瓦角冲	二六	九四	
	叉坑	一四	五二	
	犁头岭	一一	四八	
	苎麻坪	一五	六二	
	黄泥坳	一〇	四一	

续上表

排 冲	名 称	户 数	丁口数	备 考
金坑山杂冲	上狮颈	八	三二	
	下狮颈	一一	四八	
	老虎冲	六	二四	
	田 冲	五	二二	

排 冲	名 称	户 数	丁口数	备 考
唐冲山杂冲	横山头	一七	七三	此隶属连县

排 冲	名 称	户 数	丁口数	备 考
小龙杂冲	浪家坪	五四	二六〇	
	大 坳	二三	七八	
	牛轭陂	一八	五六	
	沙 坑	二一	七一	
	竹田浪	一二	五一	
	牛鼻通	二	七	
	内田洞	一六	六一	
	饭汤尾	五	二二	
	黄巢殿	三	一五	
	高 岭	一二	四九	

……自设化瑶局后，与汉人接触日繁，性格逐渐驯良，不似从前之犷悍矣。

民国《连县志》卷七

按：民国《连县志》七卷，韩建勋修，伍岳嵩、何诗迪纂，民国三十八年（1949）油印本，叙事至民国三十八年（1949）。

民国三十六年（1947），韩建勋为连县县长。是年春，组织连县修志委员会。阅年余，改为连县修志馆。以韩建勋为主任，何诗迪为副主任。旋奉命改组为连县文献委员会，推伍岳嵩为主任，于是编辑、采访、校对各员，以次聘任，以事责成。相与采访旧闻，搜罗纂辑，于1949年夏成书。

四、政治篇

（一）剿瑶、理瑶奏疏

剿瑶详两广文
朱若迄

连山县知县朱若迄，为逆瑶万分强逞，孤邑万分难支，乞定旷世全谋，蚤奠东南半壁事：照得连阳之苦瑶也，如人之患痛，日无甘食，夕未安枕，以为躯命攸关，未敢轻用瞑眩之药，则患者愈苦而难禁，每用宽和之剂，能息一时之痛，便称为国乎。不意日复一日，年复一年，腹心已受其病，内病既深，外患必烈，至于莫可救药，虽起扁鹊而用之，万无有济，则今日之瑶实关连阳之躯命，实朝廷增一心腹之病也。兹蒙上台念切救民，除氛荡寇，旧年英德、乳源、同管水等处地方失事，又杀守备陈邦对等官，察系军寮、马箭二排至兴问罪之师，外三排如油岭、横坑、行祥，内三排如火烧、大掌岭、里八洞，业已归命，诚良举也。但瑶性叵测，二排固为贼首，安知其不连结合从，大肆蛇豕之凶乎？六排固安戎索，能保其不阳离阴合，互兴狐兔之悲乎？唇亡齿寒之意，彼亦有之，狼贪兽行之俦，我辈难料，藉非天威赫怒，大震雷霆，则寻常祸福，何能戢其暴而慑其心也。卑职本年二月二十七日到任，适际雕剿，募兵措饷，修城设械，以筮仕之官，兼悬罄之邑，百务丛集，万苦备尝，共期灭此而后朝食。蒙调陈都司提兵驻县，于五月初一日进师，官兵择地筑垒，乡兵入山响导，遇贼血战，铳毙多瑶。讵意倾巢而出，童妇操戈，蜂拥难遏，孤军深入，犹幸存归，由是倍肆跳梁，遇人则杀之，见货则御之，告焚告劫者，怨声载道，号哭盈庭，危哉小邑孤崎，诸排揭竿而起，遍体受伤，所谓近火先焦者，非连山其谁耶？卑职莅任以来，奔走御侮，不殊荡子从军，援寡力孤，安能一木支厦？救此失彼，左堵右奔，应接不暇，智力俱竭，衵衣之戒，何日忘之？幸藉监军道之指从，本州之运用，复调清、连马守备、万都司镇县加防，智略超群，进止有度，丸邑获邀瓦全，是赖上有锁钥，下有长城也。

第兵少粮稀，即使武侯复作，束草不能荷戈，量沙不能饱士，欲敛兵而议抚，是畏虎而啖之以肉也；将寡卒以敌众，是攻虎而驱之以羊也。两局皆知其无济矣。姑用羁縻之术以愚之，俾连民获一日之生，则连吏缓须臾之死，然渠魁暂戢而余孽乃狂矣；用并寨之法以守之，官虑无民则何治，子忧无父则谁依，然子弟可保而田畴尽无矣。斯时也，民之望兵如望雨，呼救若呼天，则升将官兵，固目下宽和之散，而会师裕饷，实此时瞑眩之剂，趁此刈获未登，仓无储粟，急以云屯之虎贲，分吭其喉，加以风励之偾兵，合捣其穴，使蠢贼失有秋之望，我师有藉饱之粮，或者乘时殄灭之一机会也。过此以往，则狡逆猖獗，更不可测，乞颁宪敕，迅发神谋，务令毒尽而疮痍起，薪收而鼎沸清，剪此孟贼，保连之境土，砥半壁之狂波，又去朝廷一腹心之病，救连民万死一生之日，佐圣鞭长莫及之时，岂非当道有回天之力哉！卑职非不知国家多事，敢孟浪狂谈，但事势如此，瑶之骄逞，民之伤残，莫有甚于今日者，恐省事实生事之阶，养病实加病之候，星火不灭，燎原酷焰，不在他年即在眉睫间矣。卑职不敢不据实陈详，言之于早，致噬脐莫及矣，可乎？至若卑职以铅刀钝器，盘错无能，或黜为贬逐，敕能吏而救群黎，或存作备员，甘死难以酬宗社耳。为此谨禀。崇祯十四年（1641）六月　日禀。

民国·凌锡华：《连山县志》卷十四

按：清康熙刘允元修、彭铠纂《连山县志》卷八《艺文志》同载，题为"详两广文"。

剿瑶再详两广文

朱若迨

连山县知县朱若迨为再申瑶寇凶横事：看得瑶丑未宁，朝廷益腹心之患，牛羊不保，下吏重刍牧之衍，除恶而恶愈横，去害而害更炽，狺狁孔亟，不过于斯矣。卑职到任，适逢雕剿，非不虑鲸鲵难驯，自古已然。但上承意令，下逼民情，修练储备，艰苦何辞于犬马，而战守攻击，万全实藉乎貔貅。自陈都司一战而后，每朝每夜，无日无天。前月初三日，飞报救援，塘报某被戳（戮）矣。初五日，递报通详，铺兵某被戳（戮）矣，官兵咽喉阻塞，上下难通，且倡说攻擒官吏，而肢解之，方快其心，万一不虞，卑职身膏朝廷之斧钺乎？赴逆贼之汤火乎？始也抚之不能，则议剿，继也剿之不得，则复议抚。夫抚之于未剿之先，犹可为也；抚之于进剿之后，不可为也；抚之于痛创之际，犹可言也；抚之于决裂之余，不可言也。卑职奔走迸思，呼天而天高不应，连民悚惶隅泣，望雨则雨后难苏，卑职不足惜矣。忝读六经书，得以弹丸藏拙，恨无五丁力，不能打铁收功，自甘贬逐，以谢群黎。伏乞速定睿谟，拯兹遗孑，万民顶戴，自有生之日，皆上台再造之恩也。为此再禀。崇祯十四年（1641）五月　日禀。

民国·凌锡华：《连山县志》卷十四

剿瑶奏疏
朱若迨

奏为心多腹患，事势甚危，大兵扫荡无期，微臣精力已竭，谨沥血披肝，仰祈圣鉴事：臣粤宗弱息，若志芸窗，素抱忠孝血诚，无从展效，荷我皇上，幸列贤书于崇祯十二年（1639），又蒙国主荐举，缘会试不第，就本年八月内考授今职，是受命之日，即致身之日。但臣自揣卑陋，不敢越分渎陈，兹臣待罪连山，职当危难，势不得不叩阍呼吁也。况皇上励精图治，设铎悬鞀，地方利病，生民疾苦，大小臣工，不时具奏，臣敢不以连山瑶害，详悉为我皇上言之。连阳之地，瑶害实繁，而八排称最，如油岭、横坑、行祥三排属州，军寮、马箭、大掌岭、火烧坪、里八洞五排属县，此为祸最烈者。况县治处环山叠嶂之中，逼封豕长蛇之族，受害独惨，索民税，勒民赎，占民田，掳民妻孥，连民如几上之肉，遇事追求，呼群引类，鸱噪枭张，攻城掠地，连民如釜中之鱼。且杀劫商民，流毒四省。至于无可奈何，不责有司之宽纵，即罪百姓之疏防。前官幸同传舍，后官当踵养痈，月复一月，年复一年，酿成大病，臣恐皇上未尽闻也。臣崇祯十三年（1640）二月二十七月上任，即奉雕剿明文，以筮仕之官，任悬磬小邑，稽城垣二百八十四垛，核赋税二千二百有奇，按版籍仅一千八百三十余丁，臣兢兢于修练储备，力竭精枯，兵讧寇攘，寝食不遑。自去年五月进兵，讵意在事者，始借剿为要功捷径，终假抚为收利墟场，伏莽之戎，视为儿戏，以致烽凶日炽，焚杀不休，断路截关，连山竟如笼中之鸟，攻围四阅月，黑子一邑之民，几成齑粉，彼时曾剿之请方进诸路之兵未齐，臣严督乡兵，晓夜守御，又见南亩耕夫，疲于战守，西畴稼稻，恐借寇资，不得已设计羁縻，夏耘秋获，始得两全，目今大兵虽集，扫荡无期，臣历任至今，修城备械，办贼募兵，采木筑营，并寨安民，缉奸擒寇，终日牛奔马驰，竟成鹄面鸠形，最苦者无米难炊，卖家园之产，供军国之需，连邑绅衿，怜臣艰苦万状，倡义乐输，陆续捐银一千三百六十两，犒官兵以鼓敌忾，前后助米一千三百六十石，养乡勇以资饱腾，但捐助银米，收支即任绅衿，臣无染指，好义急公之辈，事宁相应奖叙，以励忠勤，藉文武诸臣，俱能如此，同心办贼，纵不能深入巢穴，亦可计斩伏擒，分屯隘口，以守为战,亦何难制其死命哉!绘图呈览,若瑶之可剿不可剿,宜抚不宜抚,在皇上目中。至目前利弊,另疏具奏,缘封疆大事,紧急军机,字多喻额,伏乞圣明鉴宥。为此具本差赍,谨奏以闻。崇祯十五年(1642)三月　日具奏。

民国·凌锡华:《连山县志》卷十四

按:清康熙刘允元修、彭铠纂《连山县志》卷八《艺文志》同载,题为"剿瑶第一奏"。

剿瑶再奏疏
朱若迨

奏为贼炽民疲,忠孤奸盛,前车当鉴,后患可虞,谨将目前利病,据实奏闻,仰祈圣明鼓忠剔奸,蚤奠东南半壁事:窃维皇上用人破格,并加意宗臣,实欲厚培国脉,共致太平,亦何难驾虞周而超汉宋哉。不谓内地多忧,奸邪日炽,求其所谓正谊明道者,无几也。臣敢以臣身所历之危,痛哭为我皇上言之。剿瑶之役,已举于臣未任之先,非臣之抚驭不臧,亦非臣之好为生事可知。及剿,而独雕军寮、马箭,二排居中,六排居后。且八排一种分苗,百年姻娅,接壤而居,势若常山之蛇,击其中首尾必顾,容有纵羽翼而能取头目乎?况方是议剿,旋是议抚,未知痛创,何威可畏?苟且了事,何德可怀?招不来而呼不应,一雕启衅,计左于先,此按臣柳寅东一疏有云:旋剿议抚,兵撤复叛,此二句勘破人情贼势,真若列眉观火矣。今奉会剿之旨,动四省之兵,半壁安危所系,天朝荣辱攸关,是岂异人之任而漫为尝试哉。然任事诸臣,实心任事者不少,而忧惕欺蒙者更多,见害则知爱生,见利愍不畏死,人尽如此,廓清难待,如选将用人,不可不慎也。倘复以败兵之将,统无制之兵,总三军之命,非惟威信不行,抑且众情不协,济则居功,不济则卸罪,道遥河上,颠倒局中,一片情由,毫无忠尽,或在督臣,仰体皇上,略过殊恩,委而用之,速图报效,甚有担圭折爵者,受瑶赃而通线索,标牙建纛者,残民命而冒虏功,以致腹心干城之将,如副将总兵陈鹏等,率敢死士数百人,捐躯报国,群奸误陷,忠魂其能瞑目乎?此本年二月二十二日事也。嗣是逡巡畏缩,筑舍道旁,贼骄民困,师老饷穷,兵有脱巾之扰,民动去乡之思,皮之不存,毛将安附?连之为连,尚可言哉。然今所望起死回生一着,惟调潮漳署总兵郑芝龙,此一臣者,威名已寒贼胆,忠义可格天心,每谈及欺误之俦,不胜眦裂截发,定盟誓以图国士之报。伏乞皇上大张乾断,鼓忠勇而剔奸邪,则荡平不日可奏矣。臣非不知上有督按两臣,志坚辨贼,明足烛奸,事到彻头,功罪自见,臣奚敢越俎,若待事后哓哓,不几补漏之迟乎?盖缘痛切剥肤,难同谈色,纵言出而祸随之,不及暇顾,但得剿可犁庭,抚能解剿,务保金瓯无缺,少报高深,即将臣斥逐归田,尽菽水以奉孀慈,固不失为孝子,万一加之斧锧,剖赤心于丹墀,亦不失为忠臣,得一于此,无忝盛明之世矣。谨奏。崇祯十五年五月　日具奏。

民国·凌锡华:《连山县志》卷十四

按:清康熙刘允元修、彭镗纂《连山县志》卷八《艺文志》同载,题为"第二奏"。

经理瑶氛奏疏
殷化行

奏为题明事:窃照广东地方,山海多险,盗贼易滋。臣实菲才,惧弗胜任。受事以来,督抚与臣竭心筹虑,务求海晏山宁,以仰付我皇上时雍风动之盛治,兢兢夙夜,不敢少有懈弛也。

惟是广州府所属连阳州县,僻在粤省西北,界连广西、湖广,山莽崇深,本属险阻。而连州境内,则有瑶人三排,油岭、行祥、横坑。连山境内,则有瑶人五排,曰军寮、马箭、里八洞、火烧坪、大掌岭。八排毗连,各一聚落,皆在深岩邃壑之内,丰草密菁之间,并无出产,止以耕锄度活。虽亦薄供租税,颇就羁縻,但种自流移,族无统属,驯扰不常,伏莽藏林,好行窃劫。而州县民人,亦多散居山谷,与各瑶村落相望,田土错连。喜则狎昵往来,怒则狰狞斗杀,盖历来如此也。

臣于康熙三十七年(1698)十二月内抵粤任时,访察地方情形,窃以为当今圣化广被,殊俗向风。蠢兹瑶民,独将安逭?其间或有不平事情,宜尽开导之诚,以服其心。曾遣臣标下千总张凤仪赍示往谕,继又会商,委令韶州总兵官刘虎、广南韶道何汉英同至其地,谕以理法,剖其是非。其如瑶人顽梗不灵,畏见官吏,一任再三招致,总不出来投见,惟以讨取花红银两为词。在地方官,计图宁民,或亦赏犒,时虽少戢,旋复鸱张。乃于康熙四十年(1701)六月十四日,有三寨乡民莫庸正等五人,往枫木凹地方洗菁,被瑶伏路突出,杀死三人,捉去二人,随复脱回。又本月二十六夜,有瑶贼入新塘桥内,抢劫居民,伤死胡忠科、谭成凤二命,掳去牛羊猪等物。又七月十九日,有瑶贼成群,白昼突出,抢去韶坡等三处放草耕牛,捉去割草乡民梁永远,抢伤民妇林氏。又于廿日,突劫罗卢等数家牛只,伤杀村民罗冬瑞、梁氏等。

臣据该镇协营具报,俱经咨会督抚二臣,饬令地方文武各官严加查捕防范。仍听督臣逐案查明报参外，似此瑶贼，凶横日甚，官弁兵勇，非不多方设防，往来驱遏，但恐轻擅招扰，不敢深入追捕。现据该地方士民陈诉，此瑶愈抚愈横，必欲剿创，乃得安宁。

臣等仰体皇上好生至仁，民瑶皆同赤子，何敢歧视？顾念蠢类尚合矜生，何忍平民反遭荼毒？况其彼此起衅，不过一二愚顽，攘窃田禾牛只等类细故，瑶既不能赴诉，官或失于剖明。事属多年，叠经抚谕，总不听服，又难周防。且其地僻山深，跨连数省，固非编籍所及，往往容匿奸徒，勾通劫掠。如行劫湖广九岩背村一案，劫盗多人，皆出入其地，藏聚于中，致使事前无从稽查，事后碍于搜捕者，若不早为清理，更恐伏奸蓄患也。

微臣因拟亲往经理，兹于康熙四十年（1701）十月十一日，量带官兵前至连州、连山等处，权度事势，宣布朝廷德威。仍带广东广州府同知刘有成，查案构衅情由，导以理法，量加劝惩，务使民瑶允服，即将被掠人畜悉令送还，藏匿有奸徒，尽行献出。再申明约束，俾其永久安生。倘有顽梗如前，负嵎不出，臣即相机发兵，入其巢穴，捕取真正稔恶瑶贼，酌量处治，以昭国法。如其间有应请旨之处，容臣至彼，酌量另疏旨遵行。至于地方营制，有应布置更改事宜，臣并就近相度形势，与督抚二臣商议妥协，会疏题请。所有微臣前往经理瑶人缘由，理合具疏题明，臣谨会两广同督臣石琳、广东抚臣彭鹏合词具奏。……康熙四十年（1701）十月初十日具奏。

民国·凌锡华：《连山县志》卷十四

剿瑶再奏疏
殷化行

奏为题明事：窃照广东连阳州县，往有八排瑶人，素性凶顽，久为民患，近日据报，劫杀肆行，臣因于康熙四十年（1701）十一月十一日，自惠州起程，前往经理，业将缘由，会同两广督臣石琳、广东抚臣彭鹏，会疏具题矣。督抚臣与臣，仰体皇上好生之仁，期与开诚善抚，复发告示，委令广州府同知刘有成、春江协副将钱嘉先往抚谕，臣随会同该管韶州镇总兵刘虎，于本月廿八九等日俱至连州连山、阳山二县，绅衿里民环臣陈诉，被害男妇盈路呼号，咸称八排瑶贼，劫杀为业，两粤楚省，俱被荼毒。而连阳村庄逼近巢穴，恣其鱼肉，日甚一日，毋论大小，俱与银三分五分不等，名曰瑶饷；又近瑶田地，尽被占夺，兼多抛荒，不敢耕种；又时出赶夺牛只，经过乡村，索供酒食，凡稍违拂，即数百成群，漫山涌出，围攻杀劫，惨毒非常。若一告官，定即益加祸害无已，隐忍至今，实不聊生，只得控求剿除等情，随递呈词共一百六十八张，通计所阅，历年以来，被杀死乡民男妇共一百二十余名，被伤共六十余口，被掳赎回逃回共六十余口，内有三人被割左耳，被抢耕牛合计一千余只。烧毁民房，割去田禾，剥去男妇衣服，及抢去财物等项甚多。又据民人廖玉章等称，八排瑶系伊远祖于宋朝绍兴年时出仕粤西，带回瑶仆十余人，分入山内，耕种自活，年久蕃息，载在志书。因呼民为山主，所种民亩，额征银米，历年俱民等催收完纳，多年以来，抗不交纳，累民代赈等情。又据同知刘有成、副将钱嘉禀称，职等先到时，即分遣山主，入排编招，复会同知州戴之锷、知县齐宗德亲入各排，多方抚谕，其如各排顽冥异常，反复不听，内有里八洞、油岭二排，尤极凶横，树旗鸣众呐喊，将该牧令围拥恐吓，又一面抚谕，一面仍出行劫，等情。据此复又出告示，差人晓谕，令出投见，许其自新，并与择设瑶目，编为保甲，使有统属稽查，画定田土，停止花红，与民息争安业，乃各排肆意妄言，或称花红银两，是其递年规例，或要多人先往质当，或要某村先给银两牛只若干，方免劫杀等语。臣见其狂悖顽恶，又查里八洞、油岭排尤甚，近报劫杀有案，随同镇臣刘虎于十一月初二日，先至里八洞近山住扎，遣令该管韶州副将林芳入排，勒令献出有名瑶邓鱼肥、土宄李日春等，讵该排不惟不肯献出，且敢抗拒逞凶，乘日暮路险，突出冲截，将林芳砍伤随（堕）崖身故，又伤死随去把总陈溥及兵丁家人共十九名。次日臣与镇臣刘虎，勒兵入山剿捕，贼首自知罪恶，随将巢穴放火自焚，递入深险。臣以量带官，未便穷搜。又臣亲往油岭近山一带，相其形势，该排瑶贼亦摆列叫跳，虽不敢近前，而意甚凶逆。微臣窃思，怀远以柔，再三抚谕，原期息争宁民。我朝德威广运，万国来同，曾是犬仆遗种，盘踞山中，负险逞凶，肆为民害，抗不听抚，戕害官兵，干犯道天，一至于此，若非剿治，民患曷除？臣访内八排瑶众，合计丁壮不满二千，然其山内零瑶甚多，是以明季曾动五省之兵会剿，乃得数十年帖服。惟其所住皆崇山叠嶂，最为险阻，且通连两粤湖广，此剿则彼窜也。臣念事关重大，未便轻擅，今量添官兵刘虎暂住连州弹压，并委春江协副将钱嘉署理韶州副将印务，与广州府同知刘有成，亦俱往连州，加意防范，臣暂回惠州，就近与督抚二臣面商剿抚事宜，另疏题请旨遵行。所有瑶人情形，合先题报，伏乞皇上睿鉴施行。康熙四十年（1701）十一月　日具奏。

民国·凌锡华：《连山县志》卷十四

奏分路剿捕瑶匪情形疏
李鸿宾

奏为分路剿捕，歼毙六百余名，因夜间中路卡房火药焚烧，与东西两路将弁兵丁均有伤亡，现仍筹计集兵，设法剿办，据实奏闻，仰祈圣鉴事。窃臣鸿宾前于清远途次，将赴连州查办瑶匪情由具奏在案，兹臣于本月十三日行抵连州，与提督臣刘荣庆面晤，详询瑶匪近日情形，并接见臬司杨振麟、署臬司庆林，及在事文武，佥称瑶山周围四百余里，大小排冲现计百余处，瑶人以山为居，每恃险逞强，潜出抢劫，旋即归巢，无从查缉。从前办理瑶案，大率以安抚了事，盖十二月楚逆赵金陇滋事，勾结粤瑶，其时防堵严密，该匪从逆未行，遂至乏食，于二月初间在连山余高汛一带抢掠，旋即解散，仍或潜聚小冲。迨至四月初六日以后，或在东路倒流汛一带焚抢，及东路搜捕严紧，又复窜至西路。现查该匪又有时聚于小冲，细访中东西三路，该潜聚处所竟有六七百人之多，时分时合，皆以乘间抢夺为事。查中路八排，前此尚属安靖，近则有军寮、火烧坪、油岭等排藏聚匪徒，军寮尤为独多。但小排以大排为庇护，大排以小排为爪牙，互相纠约，扰累不休。察此情形，此时断难议抚，匪亦断不就抚，遂决计于东、西、中三路进剿，使匪等不能相顾中路，则剿军寮可令匪徒胆落，成破竹之势，当即令连州知州汪忠增、绥瑶同知郭际清遍访土人，深明该匪路径，绘图贴说，臣鸿宾复传提督臣荣庆及各文武，悉心商酌进兵之策，中路之中，仍分三路抄围。臣荣庆率领总兵臣余得彪、游击秦裕昌带兵一千一百名，由茂古峒前抢进，占军寮后山。又令都司富贵、署都司罗光灿带兵六百名，由白沙汛同抢后山。又令署游击王珍、守备郭克歧带兵六百名，由车田汛前进，以断油岭之接应。又令参将富纶布带兵六百名，由大枧头抢进唐梨坳，断火烧排之外援。又令参将乌林带兵五百名，由茂古峒抢占墩头山，以防隘口之奔窜，于五月二十三日分途前进。余得彪、秦裕昌黎明时先率兵勇抢上山，富贵、王珍继之。该匪瑶五六百人，在山迎敌，官兵枪箭并发，杀毙匪一百余人，随打随追，赶至五六里，又杀毙匪七八十人。该山径险恶，匪或于竹林，或于石墙开孔暗放鸟枪，官兵间有受伤，仍开枪炮攻击，自己至申，两相抗拒，余得彪身带石伤，被匪用长杆打落牙齿两个，仍与秦裕昌、富贵、王珍皆手毙瑶匪二三人，夺获旗帜数杆，击毙者也百余人。秦裕昌又手毙瑶匪执白旗头目一人，渐而前追，逼近后山庙内不远，正欲抢进，瑶匪拼死拒往，不能上前。时至酉刻，官兵随在山傍鸡冈头扎营暂息，次早再行进剿，谁料二更时候，有瑶匪多人扑卡，余得彪即亲执长矛戳毙数人，匪正退走，兵丁即向药桶取药施枪放炮，瑶匪在山头将火包抛入，以致火药轰发，草木延烧，弁兵惊恐返径，站立不住，纷纷坠岩而下，至二十三四等日，始渐归营汛。王珍站立火药之傍，即时烧毙，余得彪落岩而起，秦发昌枪伤较重，与富贵等均于是晚回营，弁兵器械多被火药焚毁。至参将富纶布，身先士卒，奋勇抵格，自己至酉，枪毙瑶匪百余人，遂皆逃遁，此中路追剿之情形也。其东路大田坳及捞箕坑，其常聚之六百余匪，时出抢劫，令撤任总兵得志，游击谢国荣、多隆武，都司马全带兵一千四百名，由望溪岭同日进剿。因沿山路径被瑶挖断，至二十三日，绕至马头鬃大坳，逆匪数百人聚在小岭，官兵奋力向前，杀匪四十余人，追至高岩。又有千余匪抄出山头抛掷土石，多隆武、马全均受石伤尚轻，谢国荣石伤甚重，先犹挥兵杀匪，后不能忍痛，扑地身亡。阳山县知县师庭兰、候补经历倪礼、巡检员吴象坤带领乡兵九百名，奋勇冲杀上山，杀死瑶匪五十余名，生擒大木根冲瑶人首逆许二一名，匪皆遁散。西路则黄瓜冲一带小排均有瑶匪出没，令副将梁志凝、游击史鹄奋勇向前，手毙瑶匪三人，兵勇枪毙三十余人，史鹄复上岭，讵知瑶伏于深林，暗放鸟枪，史鹄中伤，梁志凝上前冲杀，又手毙匪数十人，各匪跑散，梁志凝回营，史鹄在途伤重身亡。此三路进兵，歼毙瑶六百余人。而中路都司王珍、东路游击谢国荣、西路游击史鹄均烧伤、石伤、枪伤致死。该瑶匪猖狂，实堪痛恨！虽国荣、史鹄实因奋勇太过，冒险穷追，致罹其害，究能锐志从公，捐躯不恤，应与烧毙之王珍，均请恩施给予恤典，与中路弁兵因药烧毙，及坠岩跌毙者约五十余员，伤亡者约二十余员，东、西两路伤亡者，弁兵十余员，受伤弁兵，当逐一查明，照例办理。臣等查粤东各瑶匪，恃其居高山，负嵎自固，径则匪熟兵生，走则匪疾兵迟，山上无处扎营。官兵进攻，须先登躐数十里，匪逸兵劳，深林设伏，视兵甚清，而兵莫窥匪所，进则匪明兵暗；设计甚透，据山为窟，诱之不出，官兵施枪放炮，山路仅容一人，不能众力并举。其先期已将要路挖断，无处通行，即连山越险抢近瑶排冲，其山前又系崖岩，置栅垒石，堵筑高坚，枪炮骤难打进，不剿则益资其肆毒之心，剿之又无捣其巢穴之路，势实处于万难。臣等于五月以前，已屡经札商剿办，时因楚首逆瑶尚未扑灭，粤中防堵吃紧，虽调官兵六千名，合则见多，而分守大小要隘，则仅可敷用，是以防剿，未敢并行。迨四月抄得楚逆灭净，臣鸿宾于本月初四日由省赴连，体察确实情形，众员与臣荣庆会集众议，定计进剿，始将各隘口兵丁酌商撤回，以资分剿之用，并先将六冲拿获首匪房八、房九，土匪刘文才等十五名审明正法，分派各路官兵于五月二十二三日围剿。虽歼毙匪多名，而官兵因火挫折，不足以慑其凶悍，必须再振兵力，另筹良策，痛加搜剿，一面严密究办，使其真心畏惧，方可随剿随抚，渐归安靖。臣等思恩深重，值此要务，万分焦灼，急盼迅速扫除，克期竣事，以冀上仰宸廑，而无如地势所限，殊难就手，不得不详加斟酌。若一时就完乃事，不旋踵而复有窃发，尔时官兵已撤，办理转费周章，惟有仰祈圣恩，稍宽时日，臣等悉心妥筹，相机赴办，断不敢日久迁延，以至粮饷虚糜。所有分路剿捕情形，谨由驲驰，伏乞皇上圣鉴！谨奏。

　　七月初一日奉上谕李鸿宾等。分兵剿捕瑶匪，因中路卡房火药焚烧，与东西两路将弁兵丁均有伤亡，现仍设法剿办一折。朕盼望捷音，旦夕以冀，乃李鸿宾等奏到剿捕情形。虽据称三路进兵，歼毙瑶匪六百余名，而中路都司王珍、东路游击谢国荣、西路游击史鹄均因烧伤、石伤、枪伤致死。其中路弁兵，因火药烧毙者及坠岩跌毙者，约有五十余员名，伤亡者约有二十余员名，东、西、南路弁兵约共有二十余员，览奏实深愤懑！且所奏俱系敷衍空言，尚多不实不尽。广东瑶匪，自上年十二月楚逆赵金龙滋事即已勾结，本年二月间在连山余高汛一带抢掠，若使及早扑灭，何至分三路屯聚至六七处之多？其中路瑶匪，刘荣庆带领总兵余得彪分为五路抄围，自己至酉，未能得手，稽卡暂息，以备次早再剿。至三更时候，有匪扑卡，经余得彪戳杀数人，兵丁向药桶取药，该匪等自山头将火包抛入，至火药轰发，草木延烧，弁兵站立不住，纷纷坠落岩下，尤甚骇异。此必奸匪乘夜劫营，出我兵不意，以致堕贼奸计，伤亡多员，实深愤恨！所奏东路沿途山路被贼挖断，此明系数月之久，惟事防堵将弁兵丁等，未尝亲发一矢，俾匪得以从容，先将要路挖断，山径无处通行，虽歼毙匪六百余名，所得不偿所失。试思该省调集官兵六千名，兵力不为不厚。五月以前，因楚逆尚未扑灭，粤东未敢防剿兼行，致该匪挖路，不能前进，即绕山越险。其门前又系悬岩，置栅垒石，堵筑高坚，枪难以打进，兵贵神速，岂有观望邻省贼匪扑灭，再行进剿之理？李鸿宾即不知兵机，亦何至束手无策，一至如此？其所奏宽限时日，殊不成话！该督等既已玩泄于前，岂宜复迁延于后。前据禧恩、瑚松额、卢坤奏：派南韶连镇总兵阿精，带领未回营之贵州镇道标等营乡勇五百名，再令曾胜分兵五百名交参将兴安泰带领，先赴连州，听候调遣，曾胜俟办逃匪完竣后，再带精兵一千名，赴粤策应等语。现已降旨，余步云署理广东提督，余步云久历戎行，该督等俟余步云到粤，即会同相机迅速剿办，聚而歼旃，勿留余匪，稍赎前愆，毋再迟延干咎，凛之慎之！又李鸿宾另片奏：刘荣庆不娴战阵，且年七十，两耳重听，近又染瘴，似此年老无能，岂复能胜专阃得重任，刘荣庆已明降谕旨，勒令休致，其应得处分，俟事竣再参。余步云来到粤以前，着苏兆熊暂行署理，广西尚有防堵事宜，不可无大员弹压，俟余步云接印后，即回广西提督本任。所奏广西省调兵三千八百余名，乡勇二千余名，陆续撤回，将弁兵丁乡勇，妥回安置，俱著照所行。倘广东省用广西兵，即酌量调用可也。将此由五百里谕令知之，钦此。又奉上谕都司王珍，因火药轰发铳毙，游击谢国荣、史鹄因石伤、枪伤阵亡，该员等锐志从公，捐躯不恤，殊堪悯恻，均着加恩，给予恤典。其余伤亡弁兵，着李鸿宾查明咨部赐恤，钦此。

民国·凌锡华：《连山县志》卷十四

剿瑶善后章程疏
禧　恩

奏为筹议办理排瑶善后章程，恭折奏闻，仰祈圣鉴事：伏查粤省八排瑶自入版图以来，虽受羁縻，而其性剽悍凶狠，时为地方之害。康熙三十八年（1699）间肆出劫掠，强横日甚，于四十一年（1702）经派大臣督率三省官兵驻连剿办，天戈所指，瑶众倾心向化，因而招抚班师。然余匪抢掠民村，旋踵窃发，连山知县李来章设法劝惩，实心经理，志乘所载，竟与傅鼐之治苗疆前后一辙，百余年来，获以安堵。迨后地方营汛各官渐就废弛，遇有攘窃牛谷、瑶民争斗之案，往往视为异类，漠不关心，遂致吏胥以瑶为鱼肉，百姓以瑶为仇敌，总因利其愚暗可欺，盘剥侵占，以致酿出事端。盖排瑶野性难驯，畏威而不怀德，良莠不一，未尝不可以渐摩化导，使之顽戾日消。况排山周围虽属辽阔，而诸瑶恃险深居，不敢远离巢穴，是以其悍犷甚于过山瑶，而其潜伏荒陬，较过山瑶之杂处民间流而无定者不同。即此次因赵金龙勾煽猖獗，蔓延数月，亦并无蓄谋造逆形迹，不过匪徒号召，随聚随散。经臣等调集官兵大加惩创，散其乌合，戢其鸱张，既剿戮之以伸威，复抚绥之以示教，洵足以慑瑶胆而定民心。惟撤兵之后，民甫归业，瑶甫输诚，睚眦相寻，事所必有，是以臣禧恩等奏呈酌调镇，臣曾胜督率留防兵勇驻扎弹压，以杜衅端，但亦能戢匪于一时而不能戢患于久远。实缘深山大泽，藏垢丛奸，不特瑶丑难以尽诛，即使厚集兵力，宽以岁月，竟能悉予荡除，而其地则不足以养民，山阿转可以逋寇，为害更不可胜言。且况日持久，转饷劳师，皆所不值。臣禧恩、臣瑚松额与臣余步云及前督臣李鸿宾公同筹画。臣卢坤到粤后，复再四熟商，在地文武得人，方可永期绥缉。今将善后章程悉心讲求，胪列八条，恭呈御览。计开：

一、重官守。查连山地方，向设绥瑶直隶同知一员，专管八排瑶务，抚绥弹压，责任非轻。此次滋事匪瑶虽经平靖，而清理民瑶之地界，解释民瑶之仇怨，殊非易易（事）。全在该同知清心洁己，抚驭得宜，俾匪瑶革面洗心，方可久安长治。惟该厅地处粤边，瑶情难治，今昔情形迥殊，自应量予变通。查绥瑶同知，本系"繁""疲""难"三字，缺由外题补，应于通省拣选熟悉瑶情之员，以收得人之效。并请仿照新改湖南永州理瑶同知成案，定为边疆要缺，俸满即升。凡各排瑶人控诉词讼，及民瑶互讼各案，均由该丞就近审讯办报。其一切防奸缉匪，责令该丞实力稽查。如化导无方，民瑶复相仇杀，或审断不能平允，致有上控之案，立予严参，以昭惩劝。并于该丞应得养廉外，亦照湖南成案，饬司筹款津贴，每岁酌给银二千两，俾资办公，不准擅离职守，亦不准调署别缺，以专责成。

一、肃营伍。查康熙四十一年（1702）平瑶后，于三江扼要设立副将一员，统率都守备弁三十员，兵丁二千名，分左右营，环绕排冲设汛稽查，立法不为不善矣。责成该副将董率备弁，将各汛防兵按额拨足，遇有出山抢掠匪瑶，随时缉捕。如能夺回原赃，擒获首伙，移送绥瑶同知查验明确，从重赏给，并按月分季，带兵订期与界连之湖南、广西各营汛巡查会哨，勿得互相推诿，以联声势，仍于年终将是否安静情形结报督抚核奉，倘所属各弁兵力查有擅离汛地，或失事不报，及纵兵擅入瑶寨索掳者，兵则责革，官则揭参，罚惰赏勤，用昭惩劝。至该协向拨把总一员，带兵一百名，归绥瑶同知派管瑶务。若该弁不洽瑶情，查明即行撤换。如此办理妥协，察看详情升缺，以示鼓励。

一、善抚驭。查连州、连山、阳山所属民村，与瑶山界址毗连，交涉往来，易至起衅结怨，向来瑶人以粟米、高粱、薯芋、黄豆、棉花等物至民圩交易，每为汉奸所欺，应令绥瑶厅相度情形，准瑶人于瑶地另立瑶圩，俾通贸易。其有愿赴民人圩场买卖，及民人有愿赴瑶圩交易者，亦听其便。由该同知随时稽查，责成瑶长、里长在彼约束，不得借端滋事。又瑶山田少土瘠，赋税本轻，惟向由胥吏催收，不免任意抑勒。嗣后应征瑶粮，统令瑶长届期率令瑶户自行赴厅交纳，不准绥瑶厅胥吏经手催科，以免需索。违者，许瑶长禀官重惩。每年青黄不接之时，仍照旧于三江存储仓谷三千石内借给穷瑶，俟秋收征还，以示体恤。其有各排冲匪瑶出山扰害良民者，令该排冲瑶老千长交出到案，按律惩办。如徇庇不送，即将该瑶老千长治以应得之罪。

一、严禁令。查穷瑶借贷民财，多以山田为质，奸民贪其税薄，欺其愚蒙，往往重利准折，以致瑶田日少，生计益难。应明定章程，凡瑶人地亩山场，除从前售卖与民人者，应听其照旧管业，如法计年限已满，仍准瑶户备价收赎，不得勒掯外，嗣后瑶人产业只准与瑶人互相买卖，不准民人契置，以杜准折之弊。如有违犯，一经控发，即将田产断归瑶人执业，不准追还原价，并将买主照违令例责惩。又查鸟枪本为例禁兵器，除现在各排冲呈缴外，应责成各千长等按户查明，如有收藏未缴者，均令一体送官，给价收买，一面严禁奸民入寨私贩火药，并传谕铁器铺匠，不得受贿违例制造，查出严拿治罪，失察之地方官一并参处。其韶连等处所属之过山板瑶，亦应令各州县一律严查示禁。

一、恤难民。查附近瑶山，半载以来屡被瑶匪骚扰，亟须妥为安抚，以静闾阎。现经分路委员会同各该牧令周历巡查，无论已未报案，一律赈恤。凡有被毁房屋力难修复者，勘明有力无力，给费修盖。田禾未能及时耕种，及逃亡外出回归者，筹款给予口粮，俾免向隅。一面出示晓谕，现在各排冲著名瑶匪业已歼除，嗣后民瑶出入往来，一切耕种趁圩，彼此相安，毋得乘机报复，致起衅端，并严防各该管地方官，随时加意防查，勿致日久生懈。

一、惩汉奸。查瑶人性虽凶悍，质实蠢愚，如有奸徒溷迹山内，或重利债，肆意盘剥，或架词兴讼，希图唆骗，甚至有邪民煽惑引诱为非者，种种匪类，不可不严行惩治。嗣后应着落各千长等，于各排冲内详细搜查，如有此等不法汉奸潜藏山寨，立即捆缚送官，从重究办。再查近山一带，奸民每有欺侮良瑶，三五成群，偷割包谷，强牵牲畜者；又另有一种土匪，在场中假冒瑶人，吓诈乡愚，乘机抢掠者。此等棍徒，尤为地方之害，亟应随时拿究，以警习顽。除出示严禁外，应令该管牧令留心访察惩办，毋得姑容。如被害之家控告到官不为查办者，将该管各官查出参处。

一、并汛卡。查三江营向设有三十六汛，在各隘口巡查守卡，以防瑶匪出山抢掠，立法本为周密。但守汛兵丁每汛不过数名，遇有瑶匪结伙攘窃，不足以资巡缉，与其分而见少，不如合而见多。今拟于原设三十六汛房，勘明地势，酌量裁并。其原拨守汛之兵，即派紧要汛地驻扎，庶添一兵即得一兵之力，并一汛即扼一汛之冲，于捍御较为得势。至深山穷谷之中，虽设有汛卡，亦难守望相助，拟请酌量情形，应否仿苗疆之例添设碉台，仍由三江协拨兵，轮流派防更换，以备巡逻瞭望。其应建立若干座，及建费若干两，应由臣卢坤等委员相度地形，妥为勘估核计，由本省筹款办理，如此略为变通，实于控制之法大有裨益。

　　八、编寨户。查瑶山分八大排、七八十小冲，错处深山，漫无铃束，自应编立门牌，以备稽查。嗣后应令八大排内各举老成知事者，立为瑶老千长，由绥瑶厅拣选承充，管理一排事宜。其余各小冲，就其户口多寡，亦各分立瑶目，查明某冲某大排分支，统归某大排瑶老千长管领，令绥瑶同知按户给发门牌，将丁口逐一备载，不许容留汉奸，及外来板瑶入内居住。又查瑶山路遥深远，每有逃凶逸盗在彼潜藏，并瑶人遇有涉讼在官之案，均须缉捕关传。应于八大排内每排添设瑶练十名，协同巡侦，统归连山厅把总管带，以备差遣。如有入山藉差吓诈情事，准该千长等到官首告，照例治罪。其瑶老千长及瑶练等，果能勤慎小心，办公毋误，年终由绥瑶同知酌给花红，分别奖赏。如此则瑶境肃清，克收成效。

　　以上八条，皆就现在情形因时制宜，拟酌定章，总在官吏实力奉行，俾民瑶耕凿相安，自不致生反侧。至一切未尽事宜，容臣卢坤回省后会同抚臣详细核定，妥为经理。所有臣等善后章程，谨合词恭折具奏，是否有当，伏候皇上训示遵行。道光十二年（1832）闰九月初七日具奏。

民国·凌锡华：《连山县志》卷十四

续获瑶匪疏
禧　恩

　　再现查所有迭劫首匪，俱经陆续歼擒，惟唐阿牛二、沈烧酒二名逃匿无踪，先经臣禧恩等饬令营汛严密搜缉，并严谕各排冲瑶老瑶目等实力防查务获在案。兹据总兵曾胜、臬司杨振麟、调任司臬庆林禀称：据东路小冲瑶目朱一亚把、唐一赖艾、唐一许三等禀报，沈烧酒系北枧峒瑶人，去年移至马头鬃冲尾居住，本年二月间，经唐阿牛二邀同该匪迭次抢掠倒流汛沙坪、竹子坪、白兰山峒等处民村，七八月间，复与李轻鸡、房大第六等在大古坳一带抗拒官兵，前因搜拿紧急，逃避深山，兹闻大兵已撤，潜回该冲巢穴。惟本小冲瑶人不多，畏其凶横，不能捆送，告知排瑶又恐闻风藏匿，情愿设法诱出请拿等语。臣等当日饬知东路委员师庭兰、吴象坤约带乡勇数人，俟朱一等诱该犯趁圩之便，帮同擒捕，旋于九月二十一日，在油龙田坳地方圩场不动声色，将该犯弋获，提讯供称：前经伙同唐阿牛二迭劫，后在大木根新寨与官兵打仗一次，又在马头髻打仗一次，俱经拒伤官兵，嗣因大兵进剿各排冲，指名查拿，不敢出没，随处躲匿，今经亚把唐一约同赴圩买盐被获，至唐阿牛二现在不知去向等语，当于讯明，暂行交连州严禁，俟缉获唐阿牛二时，一并正法枭示，并传谕各排冲再将唐阿牛二一犯上紧搜拿，勿使漏网，以净根株。所有拿获匪瑶头目之瑶目朱一等，臣等优加赏赍，以奖其诚，帮拿之乡勇程仰祖、李洪、江日顺、郭承先、唐高等五名，均酌给与八品军功顶戴，以示鼓励。查八排各冲瑶众自投首后，甚属效顺，出入趁圩，亦俱安静，民皆归业，晚稻咸已登场，地方询为绥静。今将拿获逸匪沈烧酒缘由，理合附片奏闻，谨奏。

　　道光十二年闰九月十七日内阁奉上谕：禧恩等奏筹议办理排瑶善后章程，胪列八条呈览一折。粤东排瑶，赋性剽悍，时为地方之害，此次因赵金龙勾煽匪徒，蔓延滋事，经禧恩等调集官兵大加剿办，既慑瑶胆，而张国威，惟戡匪虽在一时，而弭患应谋久远，所有善后章程，自应准予所请。连山绥瑶直隶同知专管八排瑶务，向系由外题补，应拣选熟悉瑶情之员，俾收成效，即仿照新改湖南永州理瑶同知成案，定为边疆要缺，俸满即升，一切瑶人词讼，及民瑶互控词讼，均责令就近审讯。并于应得养廉外，饬司筹款津贴，每岁酌给银二千两，以资办公。至三江扼要地方，设有副将一员，统率都守备三十员，兵丁二千名，应责成该副将董率备弁督饬各营汛兵随时缉捕，按月分季带兵与界连之湖南、广西各营汛巡查会哨，如有擅离汛地，或先失事不报，及纵兵擅入瑶寨者，兵则责革，官则揭参。其向拨把总一员，带兵一百名，若不洽瑶情，即行撤换。如办理妥协，俟三年期满，由该厅协察看详请升缺，以示鼓励。瑶人至民圩贸易，每为汉奸所欺，嗣复令绥瑶厅相度情形，准立瑶圩，有愿赴民人集场，及民人有愿赴瑶圩者，应听其便。至应征瑶粮，统令瑶长率领瑶户自行赴厅交纳，不准胥吏经手，以免需索。遇有青黄不接时，照旧借给穷瑶仓谷，秋收征还。各排冲匪瑶出山扰害良民者，责令瑶老千长交出，如徇庇不送，并治瑶老千长之罪。瑶民山田地亩，从前售卖民人者，听其照归执业，契限已满，仍准瑶户备价收赎，嗣后瑶人产业，只准瑶人互相买卖，不准民人契买，违者田产断归瑶人执管，不追原价。鸟枪一项，有收藏未缴者，官为给价收买，并禁奸民入寨，私贩火药，及不得违例制造铁器。至瑶民居民无论已未报案，一律赈恤。凡被毁房屋，给费修盖，田禾不能及时耕种，给予口粮，以后良瑶出入，毋得乘机报复，如有汉奸煽惑滋事，著落千长等捆缚送官，并禁匪徒吓诈抢掠，以警刁顽。其原设三十六汛卡房，即勘明地势，酌量裁并。其原拨守汛之兵，添拨紧要汛地驻扎，收兵力而扼要冲；

至应否添建碉台若干座,着卢坤等委员相度地形,妥为勘估,由本省筹款办理。瑶人向分八大排,七八十小冲错处,嗣后应编立门牌,以备稽查,仍令八大排内各举老成知事者,立为瑶老千长,由绥瑶厅拣选承充,管理一排事宜,余各小冲系某大排分支,统归某大排瑶老千长管领,令绥瑶同知按户发给门牌,将大小丁口备载,并于八大排内每排添设瑶练十名,统归连山厅把总管带差遣,如有入山藉差吓诈事情,该千长到官首告,照例治罪,其瑶老千长及瑶练等,果能办公无误,年终由绥瑶同知酌给花红,分别奖赏。以上八条,惟在各地方官实力奉行,以安民瑶,而收成效,不得视为具文,至日久生懈,钦此。

民国·凌锡华:《连山县志》卷十四

剿瑶奏疏
张之洞

奏为广东连山厅瑶排踞五岭之脊,界连粤、湘、桂三省,深山重谷,群瑶恃险负固,屡作不靖。自道光十二年(1832)剿办以后,渐就安戢。近二十年来,其顽悍之瑶排故态复萌,每每出巢劫掠焚杀,民村亦遂纠众互相报复,仇隙日深,滋蔓日广,良民被其犹害,不得安居。历年文武均以拘拿购捕空谈敷衍了事,兵差人等俱无敢入瑶山传人缉犯者。地处山僻,距省遥远,地方文武,多不据实禀报,省城无凭核办,以致肆无忌惮,愈逞凶残。本年正、二月间,迭据连州直隶州知州朱璟、署连山绥瑶厅同知辅良、三江协副将宋福庆禀称:连山军寮、火烧等排瑶,与梅村、上坪村民众寻衅纠党,至菜园坝、火铺尾一带焚掠,炮毙民人,迭经派拨兵勇查拿。该排瑶愍不畏法,恃众抗拒,屡出肆扰,该文武会禀请派兵勇查办前来,当经檄饬署南韶连道林贺峒抽调兵勇三百余名,驰往连山,督饬地方文武将历年民瑶构衅之案彻底查办,妥抚良瑶,严缉奸民,其一二稔恶之瑶排,相机惩办,以消乱萌。旋据该道林贺峒查明,自光绪元年(1875)迄今,民瑶积案六十七起,瑶控民案仅止一二,余皆自逞强横,肆行报复。其凶恶最著之瑶排,为杀人坪、打铁冲、黄瓜冲三排,自来未经惩创。而火烧寨、新寨、耳环冲等处,实为黄瓜冲等排出入门户,该瑶排屡酿巨案。此次饬令交凶,屡抗不遵,当经该道调派兵勇进火烧寨等处围捕,该瑶先已避匿,各军进毁其巢,搜获奸毙悍瑶数名,而著名之皮道二、油里唐三诸凶,均在逃未获,杀人坪、打铁冲、黄瓜冲三排仍负固不服,中炉坑、上蒂源、六暗三排,仍复抗传不到,藐法情形,极为顽悍可恶。臣惟民瑶相攻,为害无所底止,必须将瑶寨民寨历年凶悍滋事之匪分别拿获惩办,始足以弭后患而示持平。惟瑶人负山为固，伺便出扰，民人恨之切齿。若不先将瑶排各匪搜获惩办，只办民寨之匪，则民人不服。然非慑以兵威，则瑶人断不能交匪听命，此时若不早办，以后酿成巨患，必致重烦兵力。续经遴委候补通判郑敦善署理绥瑶同知，就地募土勇五百名，随同林贺峒筹办，并饬将电线由英德县展接至连州，以速军报。正在布置之际，林贺峒适以丁忧离粤，现在广东道员中无可委办之员。兹查有广西丁忧后补道前南宁府知府何昭然，果毅有为，晓畅兵事，上年冬间，经前抚臣沈秉成派办庆远府土族匪徒莫帼经滋事一案，擒渠散胁，办理迅速，尤见才识。查瑶排境接广西，事关两省，前经电商前广西抚臣高崇基札调该道来东督办连州瑶排事宜，所有连州、连山两属文武及三江协弁兵，并归该道何昭然节制，以一事权，饬即添募亲兵一百名，驰往连州连山等处，体察情形，妥为办理。并调广西分防平乐府之副将梁效贤，率领部勇一营前赴瑶山西面贺县一带堵遏，以资协助。现议办理之法，惟在分别良莠，宣谕良瑶，勿得党庇助恶，其不法瑶冲，则分路踞扼要卡，断其盐布木植贸易以用之，焚山开路，兵勇步步进扎，择其瑶排中腹心之地筑碉扎营，数月以后，该瑶必然穷蹙，自当缚献凶渠，一切咸受约束。一面严饬民寨勒交凶匪，将历年民瑶互相劫掳之案彻底清厘。其往来瑶山构衅滋事之奸民，尤须捕获惩办，以期永息衅端。再将筑碉留勇移官增汛各事宜详切筹办，以期经久绥安。所有派员查办瑶匪，展接电线，添募营勇，及续调道员赴连彻办各缘由，理合附片具陈。再广东巡抚系臣兼署，毋庸会衔，合并声明，伏祈圣鉴。谨奏。

民国·凌锡华：《连山县志》卷十四

奏裁撤勇营并奖赏文武员弁疏
李瀚章

奏为官军深入瑶山，焚毁匪巢，斩获要犯，瑶排慑服投首，分别裁撤勇营，并将出力员弁择优请奖，恭折仰祈圣鉴事：窃前因连山等处瑶匪滋事，经前督臣张之洞奏明，添募营勇，派委广西候补道何昭然督同地方员弁，并调广西防营前往查办。臣到任后，察酌情势，随时指示机宜，选据何昭然禀报：督率勇丁入山扎营，查得附近十余冲为匪瑶人颇多，地亦险峻，又有大排为之暗助，该匪等见有官军入内，颇形缮备，欲图自固，该道等设法拿获匪首房皮道二并积匪房一不留两名，禀由臣电饬就地正法。时广西副将梁效贤暨贺县知县全文炳带勇来会，该瑶等见两匪被获，兵勇加增，皆麇聚瑶山西路龙水尾地方，筑台断路，谕令撤台缴匪，置若罔闻，该道等亲往察看，匪党辄敢放枪掷石，骄横已极，若不折其凶焰，势将纷起效尤。当即酌带广东、广西营勇，率同团练于十一月十三、十八等日，两次进兵。该匪等已先将家属猪牛等物分寄别冲，而纠同打铁冲、杀人冲、火烧寨、瑶龙田等处悍匪，分报抗拒，意图阻截。我军三路猛进，匪势不支，四散奔走，翻山越岩，捷如猿狲，亦有坠落深坑及投械乞恩者。当将龙水尾匪寮台座一概焚毁，乘势攻入塘基儿、平冲等处，毁其巢穴，收队后，查实歼毙悍匪两名、格伤十余名。该匪等经两次惩创，窜匿愈远，未敢再出。因复加招谕，并将捉获瑶妇及自行投案各匪，剀切开导放还，令其传述，数日之间，龙水尾数冲瑶目，先行赴营就抚，又大掌岭、大古凹、香花根等处，素常助匪之瑶，亦皆纷纷投出。其打铁冲、杀人坪、黄瓜冲、瑶龙田等处匪瑶，亦托良瑶悔罪乞恩，限期投首，命案凶犯邓九、龙四等，系日久抗拘犯，亦经传出归案审办，其余要犯，亦俱听从传质，察其情形，似已真心慑服，不敢再滋事端。瑶山荒寒多雪，兵勇久驻非宜，请酌裁勇营，将以后应办事宜，责成地方文武随时办理等情，禀请核承前来。臣查连山瑶排为数甚多，向来为匪之处不过十余冲，每因案畏罪抗传，地方官容隐姑息，久遂结党横行，非敢甘心叛逆。现经该道等督军深入，毁其巢穴，歼毙悍匪数名，一时瑶寨闻风知惧，先后投出命案凶瑶，遵谕听审，是其怀德畏威，遵受约束，尚属可信，自毋庸穷兵黩武，肆行焚杀，当饬知绥瑶同知将前募土勇五百名，汰其羸（赢）弱，仍留二百五十名，作为一底营，暂在该处弹压巡防，俟数月后，民瑶大定，酌量情形，再行全撤，所有此后应办事宜，应捕逸匪，即责成地方文武妥协等办。并饬广西副将梁效贤将所带防勇仍回平乐府地方驻扎，道员何昭然现无经手未完事件，即令销差，仍回广西。并将所募亲兵一百名裁撤，以节糜费。此次官兵深入瑶山，毁巢获匪，办理尚属迅速，不无微劳，理合仰恳天恩俯准，将广西候补道何昭然，广西遇缺题奏补用，副将梁效贤均交部从优议叙，增生袁崧、文童、罗兴成均以从九品归部选用，从九品廖万成，以巡检归部选用都司衔，广东尽先补用。守备梁义忠，俟补守备后以都司补用，候补都司刘得贵，拟请赏加游击衔，广东尽先补用。守备候补千总侯慎猷，拟请赏加都司衔，以示鼓励之处，出自逾格鸿慈。其出力稍次弁勇，另行查明，咨部核奖。除咨部查照外，谨会同署广东巡抚布政使臣游智开、广西巡抚臣马丕瑶，恭折由驿具陈。再此次请奖各员，并历缴案，俟查取到日，再行照章咨部核办，合并陈明，伏祈圣鉴。谨奏。

民国·凌锡华：《连山县志》卷十四

（二）议建防瑶、治瑶机构

议建府县治
屈大均

清远向称寇盗渊薮，庞惠敏公有疏，谓清远当萧梁时，尝建为郡，乃全省西北之要冲，而韶、广二州之襟喉也。据其形势，宜于此增设一府，而割广之连州、阳山、连山，肇庆之四会、广宁，梧之怀集隶之。又移连山一县于洸口，以扼上游，而堵截瑶贼渡水之路，则南雄、韶可以无虞，如怀集有言，则以肇庆之开建易之，盖开建与贺切邻，去梧甚近，且田粮户口相当，宜无不可。夫惟设一府治，控山带江，与广、韶相望，势如常山之蛇，上足增西北之门户，下足树东南之屏蔽，斯亦久安长治之计也。

清·屈大均：《广东新语》卷二《地语》

请设立三江城疏
石琳

为题明事：臣等伏查连州所辖油岭等三大排，以及香炉山、大莺、新寨、锅盖山、上坪、望溪岭、马头鬃各小排；连山所辖军寮等五大排，以及鸡公背、牛路水、八百粟、天堂、冷水冲、龙水尾、猎豹岭、瓦寨、新寨、大坪、鱼赛冲、六对冲、水瓮尾、茅田冲各小排，周围约计四百余里，俱系崇山峻岭，鸟道羊肠，于中难以建设县治。如连州之油岭、行祥、横坑三排，皆距州城约四五十里，连山之军寮排，距县城二十余里，马箭排亦距县城二十余里，火烧坪排距县城二十里，大掌岭排距县城十里，里八洞排距县城约二十里。向来就近分管，今若割而为一，鞭腹尤长，即添设县令，一时未谙瑶情，不无顾此失彼。

计其田地，共税五十三顷廿一亩零，官民复米一百五十二石二斗零，饷银二百三十八两三钱七分零，丁口银十五两四钱五分零，皆在全书原额地亩丁口之内。如连山五排税亩，据县申称，系瑶户买受民间田地，与民一例征输，尤非瑶排境内地土，若另设一县，钱粮为数无多，不敷一邑俸工等项之用。

臣等管见，莫若仍归连州、连山管辖。惟请于附近瑶排适中地方三江口，建立寨城，安设官兵，统率控驭。查有广州府海防督捕同知刘有成，实心任事，敷政宜民。上年十月随师赴连，复委兼摄连山县事，稔知瑶地，续又入排抚谕，熟识瑶情，以之文兼武备。领把总一员，兵丁一百名，为理瑶同知，驻于三江口，不时入排巡察化导，宣讲上谕一十六条，使知孝悌礼义，恪遵国法，各务本业，以杜非为。

然广州府距连千有余里，该同知所属十七州县，海防督捕事务，不能兼管。请将连州、阳山、连山三州县捕务仍归该同知就近管理。其番禺、东莞、龙门、增城、从化、新安、花县七县海防督捕，议归广州理事同知佟铭管理。南海、顺德、香山、新会、新宁、三水、清远七县海防督捕，议归广州通判蒋宗瑜管理。缘广州地方襟山带河，盗贼易于潜藏，俾各员分管，以专责成。是官不另设，而任使各得其宜矣。再查连州原设有连阳一营，额兵六百八十二名，游击统领，分防连州、阳山、连山三州县各处汛守，不能兼顾瑶排。今须三江口添设一协，居中弹压，仍分拨官兵于各排要口之铁坑、长塘、七拱桥等处，严加防范。

臣等会商提臣殷化行，将韶协裁出，所存官兵改归三江。因韶协与右翼镇同驻韶州，分防属各县以及广属之清远、连阳、花县等汛。今韶协议裁，而该协原防各汛统归于右翼镇标防守。查该镇有贴防花县汛兵三百五十三名、高滩汛兵二百八十名，俱应归还镇标，以便派防。

韶协原管各汛，其高滩汛守归之连阳营，花县汛守归之广州镇协。又查始兴营设有守备一员、千总一员、把总一员、额兵一百七十五名，属南雄协所辖，驻扎始兴县城，并分防始兴江口。查南雄协驻扎府城，止分防保昌县各汛，则始兴营相应裁去，官兵归于三江口新协。其始兴汛守，统归于南雄协派防，衷益通融，均属妥便。第韶协原设额兵九百二十三名、始兴额兵一百七十五名，共一千零九十八名。今虽改归三江，不敷防范，除左右二翼镇及广州协、南雄协、连阳营已议添防汛守不派外，应于广东将军、督抚、提镇各标、协、营、马步守兵之内，均匀派一千零二名，内将九百零二名归于新协，共合二千之数，其余一百名归于同知管束。但恐派出各兵未知瑶径，应令各标、协、营照依所派之数，汰除老弱，将名粮移归新协，就于连阳乡勇中，考验人力强壮、技艺娴熟者顶补。因乡勇即系该地居民，素识排内情形，平时各守村庄防范瑶人，若募之入伍，是使益加奋厉，而汛守倍严矣。

今三江新协，既议设兵二千名，应设中军都司一员、守备二员、千总四员、把总八员。除韶协都司一员、守备一员、千总二员、把总四员，始兴营守备一员、千总一员、把总一员改归新协，尚应添千总一员、把总三员，分为左右二营，令新协统率，该协仍兼辖连阳营，统隶督提管辖。其新协副将员缺，查有春江协副将钱嘉，弓马虽属平常，然能整肃行伍，训练士卒，自上年十一月委署韶协事务，防范维严，且又入排抚谕，深悉瑶情,以之调补新协副将,实属人地相宜,可收臂指之效矣。此副将钱嘉、同知刘有成,如三年之中,果能交相砥砺,洁己奉公,兴行教化,训练弁兵,地方安靖,民瑶乐业,臣等稽其事实,照福建、台湾之例保题,应否即升,是出皇上之睿裁也。伏乞敕部议复施行。

清·袁泳锡:《连州志》卷九《艺文(疏表)》

请立三江协疏

石琳

奏为谨题请旨定夺事:臣等看得连阳排瑶,生居山谷,恃野不驯,臣经题报,蒙皇上指授方略,特命都统兼管护军统领松桂、副都统达尔占、吏部侍郎傅继祖等赴粤,并命臣等会同行事。都统臣松桂等,于康熙四十年(1701)十二月二十一日到连,随调三省官兵于瑶排紧要隘口分布防守,一面出示晓谕,宣布皇仁,而各排目遂率众剃发投诚,里八洞排亦将凶首李贵等九名献出正法,匍伏叩首,口称多蒙皇恩宽宥,我等得以重生,今以后恪守法度,不敢为非;随赏花红银牌,皆欢呼感颂而去,是数百年如畜之瑶人,一旦向化,皆我皇上神谋圣算,威德覃敷所致也。一切剿抚情形,当经都统臣松桂等具折奏闻。奉旨。广东瑶人,尽皆剃头归诚,将为首行凶李贵等俱已正法,其设立州县料理,交与总督巡抚,所奏之处知道了,该部知道,以前奏本,一并发出,准部咨移到,臣钦此钦遵,除咨移广东抚提二臣,并行布按二司粮驿广南韶道,查议去缓。窃思各瑶初服,善后宜周,钦遵圣训,敢不悉心区画,以为久安长治之策。臣随于五月二十一日,自连旋师,途中忽染荆疾,委顿难支,回肇医治稍痊,即于六月十五日力疾赴省,与抚臣彭鹏面为筹度,兹据布政使佟毓秀、按察使张仲信、粮驿佥事张天觉、广南韶道佥事何汉英等会详前来。臣等伏查连州所属油岭等三大排,以及香炉山、大莺、新寨、锅盖山、上坪、望溪岭、马头鬃各小排,连山所辖军寮等五大排,以及鸡公背、牛路水、八百粟、天堂、冷水冲、龙水尾、猪豹岭、瓦赛、新寨、大坪、鱼赛冲、水瓮尾、六对冲、茅田冲各小排,周围约计四百余里,俱系崇山峻岭,鸟道羊肠,于中难以建设县治,如连州之油岭、行祥、横坑三排,皆距州城约四五十里,连山之军寮排,距县城二十余里,马箭排亦距县城二十余里,火烧排距县城二十里,大掌岭排距县城十里,里八洞排距县城约二十里。向来就近分管,今若割而为一,鞭腹尤长,即添设县令,一时未谙瑶情,不无顾此失彼。计其田地,共税五十三顷廿一亩零,官民夏米一百五十二石二斗零,饷银二百三十八两三钱七分零,丁口银十五两四钱五分零,皆在全书原额地亩丁口之内。如连山五排税亩，据县申称，系瑶户实受民间田地，与民一例征输，尤非瑶排境内地土，若设一县，钱粮为数无多，不敷一邑俸工等项之用。臣等管见，莫若仍归连州、连山管辖。惟请于附近瑶排适中地方之三江口，建立寨城，安设官兵，统率控驭。查有广州府海防督捕同知刘有成，实心任事，敷政宜民。上年十月随师赴连，复委兼摄连山县事，稔知瑶地，续又入排抚谕，熟悉瑶情，以之文兼武备。领把总一员，兵丁一百名，为理瑶同知，驻于三江口，不时入排巡察化导，宣讲上谕一十六条，使知孝悌礼义，恪遵国法，各务本业，以杜非为。然广州府距连千有余里，该同知属十七州县，海防督捕事务，不能兼管。请将连州、阳山、连山三州县捕务仍归该同知就近管理。其番禺、东莞、龙门、增城、从化、新安、花县七县海防督捕，议归广州理事同知佟铭管理。南海、顺德、香山、新会、新宁、三水、清远七县海防督捕，议归广州通判蒋宗瑜管理。缘广州地方襟山带河，盗贼易潜藏，俾各员分管，以专责成。是官不另设，而任使各得其宜矣。再查连州连阳一营，额兵六百八十二名，游击统领，分防连州、阳山、连山三州县各处汛守，不能兼顾瑶排。今须三江口添设一协，居中弹压，仍分拨官兵于各排要口之铁坑、长塘、大巩桥等处，严加防范。臣等会商提臣殷化行，将韶协裁出，所存官兵改归三江。因韶协与右翼镇同驻韶州，分防韶属各县以及广属之清远、连阳、花县等汛。今韶协议裁，而该协原防各汛统归于右翼镇标防守。查该镇有贴防花县汛兵三百五十三名、高滩汛兵二百八十名，俱应归还镇标，以便派防。韶协原管各汛，其高滩汛守归之连阳营，花县汛守归之广州镇协。又查始兴营设有守备一员、千总一员、把总一员、额兵一百七十五名，属南雄协所辖，驻扎始兴县城，并分防始兴江口。查南雄协驻扎府城，止分防保昌县各汛，则始兴营相应裁去，官兵归于三江口新协。其始兴汛守，统归于南雄协派防，裒益通融，均属妥便。第韶协原设额兵九百二十三名、始兴营额兵一百七十五名，共一千零九十八名。今虽改归三江，不敷防范，除左右二翼镇及广州协、南雄协、连阳营已议添防汛守不派外，应于广东将军、督抚、提镇各标、协、营、马步守兵之内，均匀派一千零二名，内将九百零二名归于新协，共合二千之数，其余一百名归于同知管束。但恐派出各兵未知瑶径，应令各标、协、营照依所派之数，汰除老弱，将各粮移归新协，就于连阳乡勇中，考验人力强壮、技艺娴熟者顶补。因乡勇即系该居民，素识排内情形，平时各守村庄防范瑶人，若募之入伍，是使益加奋厉，而汛守倍严矣。今三江新协，既议设兵二千名，应设中军都司一员、守备二员、千总四员、把总八员。除韶协都司一员、守备一员、千总二员、把总四员，始兴营守备一员、千总一员、把总一员改归新协，尚应添千总一员、把总三员，分为左右二营，令新协统率，该协仍兼辖连阳营，统隶提督管辖。其新协副将员缺，查有春江协副将钱嘉，弓马虽属平常，然能整肃行伍，训练士卒，自上年十一月委署韶协事务，防范维严，且又入排抚谕，深悉瑶情，改之调补新协副将，实属人地相宜，可收臂指之效矣。此副将钱嘉、同知刘有成，如三年之中，果能交相砥砺，洁己奉公，兴行教化，训练弁兵，地方安靖，民瑶乐业，臣等稽其事实，照福建、台湾之例保题，应否即升，是出皇上之睿裁也。至臣等请设一协，及议令广防同知通判驻扎三江各关口之处，如蒙俞允，伏乞皇上钦定协兵，听候部覆。另选新协敕书，并铸给副将同知通判各关防，候颁发到日，即将韶州协敕书关防及海防同知、理瑶同知各关防、始兴管钤记缴部查确。所有春江协副将钱嘉调任员缺，请敕部开缺铨补。再议裁之韶协都司李申，守备庄成名，千总胡祖谟、张国玉，把总王彪、胡世养、张道弘、陈有功，始兴营守备于浚、千总朱红日、把总陈世华，改归新协，各照原衔任事，尚应添新协千总一员、把总三员、理瑶同知管领把总一员，另于各标协营弁兵内考验拨补。至于三江口适中之地，应建寨城与官兵住居房屋，臣等酌量估计，并各标、协、营派出兵丁数目及改拨分防官兵名册，另疏题报。今将调补各官履历册分送吏兵二部外，臣会同广东抚臣彭鹏、提臣殷化行合词具题。事关移设官兵，字多逾格，贴黄难尽。臣等见识浅陋，多有未当，伏乞皇上睿鉴，敕部覆议咨行，臣等奉旨施行。谨奏。康熙四十二年（1703）七月　日具奏。

民国·凌锡华：《连山县志》卷十四

按：清同治袁泳锡《连州志》卷九同载。康熙四十二年石琳尚有《请设立三江城疏》，清康熙王济民修、卫金章纂《连州志》亦载石琳《题请设立三江城疏》，民国韩建勋《连县志》卷七《人文志》亦同载《请设立三江城疏》。

请改连州为直隶州及广东理瑶同知疏

孔毓珣

题请改专丞牧之责成，以重瑶疆，以裨政治事。窃照广东广州府之连州、阳山、连山三州县，地处府属之西北隅，界连广西、湖广二省，峻岭崇山，瑶人聚处。其连州管辖油岭等三大排以及香炉山等各小排，连山县管辖军寮等五大排以及鸡公背等各小排，周围共四百余里。自康熙四十一年（1702）间，三省大兵会剿，瑶众归诚，于附近瑶排之三江口建筑寨城，设立理瑶同知，移驻副将，带兵弹压化诲，迩年以来称为安分。但其地鸟道羊肠，最为险要，而瑶性不驯，化导非易，必须理瑶同知专任瑶务，常驻该地，不另委署调遣他出。又连州改设直隶，将连山、阳山二县就近归之州辖，方为有裨。查连州至广州府省城计程一千一百三十九里，连山县至省城一千一百六十四里，阳山县至省城九百四十四里，而自连山县至连州止七十里，阳山县至连州止二百里，道里远近不同，况广州一府统辖一十七州县，首郡政务，既属殷繁，又辖相隔千余里之州县，不特行查督饬考核盘缉等事俱难兼顾，倘有紧要公务，而往返即有数千里之遥，其何以办理，而保无迟误？今臣等议将连州改为直隶知州，即专辖就近之阳山、连山二县，凡属命盗及一切政治事宜，悉照广东罗定州知州管辖东安、西宁二县之例，该知州径由司道考核，不隶府属，得以就近考察属吏，督缉盗渠，盘查仓库，安缉瑶民，而广州府分去远隔之三州县，亦得稍就简易。至理瑶同知向例系兼管连阳三州县捕务，今连州既改直隶知州，其理瑶同知应改为广东理瑶军民同知，径隶司道考核，照旧驻扎三江口城，不时入排巡察化导，专理瑶人事务。如有瑶人盗案，则以同知为专管。或遇瑶人争讼，有涉于连阳三州县民人者，听其关会审理，其瑶户钱粮仍听连州、连山县照旧征解。三州县民间捕务则照罗定州之例归于各该州县，并捕巡官缉拿，停其同知兼管，该同知亦不别行署事委遣，俾其尽心专理瑶事，弹压稽查，于吏治民生均有裨益矣。伏乞皇上睿鉴，敕部议覆施行。

《郝通志》卷六十二

按：题目亦作《请改专丞牧之责成疏》，民国黄瓒修、朱汝珍纂《阳山县志》卷一引用。清同治袁泳锡《连州志》卷九亦引用，题目下小注"雍正七年（1729）"。民国韩建勋《连县志》卷七《人文志》亦载《请改连州为直隶及广东理瑶同知疏》。

（三）设防瑶兵营汛

设总兵参将

明景泰二年（1451），设总兵、参将，分捕瑶匪。

民国·凌锡华：《连山县志》卷十《兵防志》

设清剿营

明崇祯十一年（1638），知县余愁俨所设在县东北猪头山，先是天启六年（1626）军寮、马箭二排瑶借批耕为田（由），纠党行劫，历年已久，邑民苦之，至愁俨莅任立营，于二排出入之隘，随时伺察，使不得逞，于是娄瑶远窜，良瑶归排，伏莽肃清及明季营废。

民国·凌锡华：《连山县志》卷十

建三江城

三江城二，老城在三江高良洞，康熙四十三年（1704），理瑶同知刘有成奉文建城，墙高一丈一尺，周二百八十丈，逄八十五丈，设东、西、南三门，门各有楼。中南为理瑶军民同知府署，署西为理瑶把总署，东有武庙，右为三江城守把总署。东门外亦有武庙，庙右为理瑶外委把总署。南门外为三江右营守备署。西门外为三江左营守备署，合城内外兵房共九十余间。

民国·凌锡华：《连山县志》卷三

设绥瑶营

清康熙四十二年（1703），两广总督石琳题允将广州海防督捕同知移拨驻三江口，改为理瑶同知，兼管连阳三州县捕务，不时入排巡察，管领把总一员、坐马二匹、战兵十名、战马十匹、步兵二十名、守兵七十名，共兵一百名、马一十二匹，其兵半招连阳乡勇顶充，是谓理瑶营。雍正十二年（1734），添设外委把总一员。嘉庆二十一年（1816），添设额外外委一员；二十二年（1817），连山县裁并理瑶同知，定为连山绥瑶直隶军民同知，移驻连山城，本营改为绥瑶营，归同知管辖。道光十二年（1832），大兵征瑶后，设瑶长十六名、瑶练兵六十六名，隶绥瑶营，把总饷由藩司领给。后又增设练勇一百名，饷由太平关、西关、黄江关各拨银一千两，嗣因太平关裁勇四十名。咸丰二年（1852），奉裁马粮三名。同治八年（1869），奉文裁兵三成。光绪十六年（1890），奉文将绥瑶营把总一员移驻连山城内，就近巡查弹压，建把总署座。光绪二十二年（1896），奉文裁兵二成。光绪二十八年（1902），续裁二成。光绪三十年（1904），奉文裁练勇六十名。光绪三十三年（1907），奉文裁额外外委一员、马兵三名、战兵十二名、守兵四十八名。共计留存把总一员、外委一员、马兵二名、战兵五名、守兵二十一名。

民国·凌锡华：《连山县志》卷十

设营汛

——左营派防阳山县马槽屯汛，千总一员，衙署一座，目兵五十二名，兵房三十七间，防守行祥、横坑二排。隘至三江城五十九里，至连州八十里。该汛系康熙六十一年（1722）将廻龙殿汛改移设立，属马槽屯汛管辖。

——左营派防阳山县纱帽陂汛，外委把总一员，目兵六十三名，兵房四十二间，防守行祥、横坑二排。瑶隘至三江城四十四里，至连州七十四里。该汛系康熙五十四年（1715）设立。

——左营派防阳山县铁坑汛，把总一员，衙署一座，目兵一百五十二名，兵房八十五间，防守横坑排。瑶隘至三江城八十九里，至连州一百一十九里。该汛系康熙四十二年（1703）设立。

——左营派防阳山县竹子坪汛，外委把总一员，目兵二十六名，兵房二十间，防守望鸡岭、大木根二小排。瑶隘至三江城九十九里，至连州一百二十九里。该汛系康熙四十二年（1703）设立。

——左营派防阳山县倒流汛目兵二十一名，兵房二十八间，防守锅盖山小排。瑶隘至三江城一百一十四里，至连州一百四十四里。该汛系康熙四十二年（1703）设立，属铁坑汛管辖。

——左营派防阳山县白芒汛，外委千总一员，目兵五十三名，兵房五十九间，防守深山各排出入。瑶隘至三江城一百三十四里，至连州一百六十四里。该汛系康熙四十二年（1703）设立。

——左营派防连山县七星汛，目兵二十五名，兵房二十七间，防守锅盖山小排。瑶隘至三江城二百八十四里，至连州三百一十四里。该汛系康熙四十二年（1703）设立，属三江峒汛把总管辖。

——左营派防连山县斑瓦汛，千总一员，衙处一座，目兵九十一名，兵房三十六间，防守水瓮尾、盘血二小排。瑶隘至三江城一百九十九里，至连州二百二十九里。该汛系康熙四十二年（1703）设立。

——左营派防连山县莲花汛，目兵十九名，兵房二十间，防守盘血小排。瑶隘至三江城一百七十九里，至连州二百零九里。该汛系康熙五十四年（1715）设立，属斑瓦汛管辖。

——右营派防连州车田迳汛，外委把总一员，目兵五十六名，兵房三十间，防守军寮、马箭二排。瑶隘至三江城六里，至连州三十六里。该汛系康熙五十四年（1715）设立。

——右营派防连州山溪右汛，把总一员，衙署一座，目兵一百四十名，兵房六十二间，防守油岭排。瑶隘至三江城十二里，至连州四十二里。该汛系康熙五十四年（1715）年设立。

——右营派防连州小伞汛，目兵三十名，兵房二十间，防守油岭、行祥二排瑶出入路口，至三江城八里，至连州三十八里。该汛系康熙四十二年（1703）设立，属大东岭汛管辖。

——右营派防连州香炉墩汛，目兵三十九名，兵房三十四间，防守油岭、行祥二排瑶出入路口，至三江城十六里，至连州四十六里。该汛系康熙四十二年（1703）设立，属大东岭汛管辖。

——右营派抵防连州大东岭汛，千总一员，衙署一座，目兵八十七名，兵房五十五间，防守油岭、行祥二排瑶出入。隘口至三江城二十一里，连州五十一里。该汛系康熙五十四年（1715）设立。

——右营派防连州长塘汛，外委千总一员，目兵七十三名，兵房七十二间，防守油岭、行祥二排。瑶隘至三江城二十六里，至连州五十六里。该汛系康熙四十二年（1703）设立。

——右营派防连州东芒汛，外委把总一员，目兵三十五名，兵房三十二间，防守油岭、行祥二排。瑶隘至三江城三十四里，至连州六十四里。该汛系康熙四十二年（1703）设立。

——右营派防连山县新营脚汛，目兵一十九名，兵房十一间，防守牛路水小排。瑶隘至三江城十五里，至连州四十五里。该汛系康熙四十二年（1703）设立，属上台汛管辖。

——右营派防连山县白沙汛，外委把总一员，目兵一十八名，兵房一十一间，防守鸡公岭小排。瑶隘至三江城二十五里，至连州五十五里。该汛系康熙四十二年（1703）设立。

——右营派防连山县虎叉塘，右营守备一员，衙署一座，千总一员，衙署一座，目兵一百四十九名，兵房一百四十间，防守火烧坪、里八峒二排。瑶隘至三江城五十四里，至连州八十四里。该汛系康熙四十二年（1703）设立。

——右营派防连山县上台汛，把总一员，衙署一座，目兵三十九名，兵房五十间，防守大掌岭排。瑶隘至三江城九十四里，至连州一百二十四里。该汛系康熙五十四年（1715）设立。

——右营派防连山县大拱桥汛，外委把总一员，目兵二十四名，兵房十二间，防守大掌岭排，瑶隘至三江城六十九里，至连州九十九里。该汛系康熙四十二年（1703）设立。

——右营派防连山县山口汛，目兵二十九名，兵房一十八间，防守大坪小排。瑶隘至三江城八十四里，至连州一百二十四里。该汛系康熙四十二年（1703）设立，属余高汛管辖。

——右营派防连山县余高汛，把总一员，衙署一座，目兵五十名，兵房四十八间，防守龙水尾、山猪豹、八百粟各小排。瑶隘至三江城一百零四里，至连州一百三十四里。该汛系康熙四十二年（1703）设立。

——三江协左右两营遁年轮拨千把总一员，目兵一百名，点防连阳营、茂古峒（峝）、元武岭、铺前寨、黄瓜岭四台汛。

清·杨楚枝修，吴光纂：《连州志》卷四《兵防》

按："汛"，清朝军队建制。各省设标：督标——由总督统辖，抚标——由巡抚统辖，提标——由提督统辖，镇标——由总兵统辖。标下设协：协由副将统领。协下设营：由参将、游击、都司、守备分别统领。营下设汛：由千总、把总分别统领。"汛"是清军制最低级的设置。

——左营派防连州沙子岗汛：兵丁一十五名，兵房二十间。至三江城十五里，至连州城十五里。该汛系康熙五十四年（1715）设立，属三江新城汛管辖。

——左营派防连州山溪左汛：把总一员，衙署一座。原兵九十五名，今存六十八名，兵房六十二间，防守油岭排。瑶隘至三江城十一里，至连州四十一里。该汛系康熙五十四年（1715）设立。

——左营派防连州水竹塘汛：原兵二十五名，兵房一十三间。今添设外委一员，留兵丁二十一名，防守行祥排。瑶隘至三江城三十九里，至连州六十九里。该汛系康熙六十一年（1722）将风门坳汛改移设立，属马槽屯汛管辖。

——左营派防阳山县马槽屯汛：千总一员，衙署一座。原兵五十二名，兵房三十七间，今千总奉调改设把总一员，留兵四十八名，防守行祥、横坑二排。瑶隘至三江城五十九里，至连州八十九里。该汛系康熙四十二年（1703）设立。

——左营派防阳山县神头冲汛：原兵二十五名，今存十九名，兵房十三间，防守行祥、横坑二排。瑶隘至三江城五十里，至连州八十里。该汛系康熙六十一年（1722）将迴龙殿汛改移设立，属马槽屯汛管辖。

——左营派防阳山县纱帽陂汛：外委把总一员，原兵六十三名，今存四十九名，兵房四十二间，防守行祥、横坑二排。瑶隘至三江城四十四里，至连州七十四里。该汛系康熙五十四年（1715）设立。

——左营派防阳山县铁坑汛：把总一员，衙署一座，原兵一百五十二名，兵房八十五间。今把总奉调移三江峒汛，守备一员，并外委一员，留兵一百零三名，防守横坑排。瑶隘至三江城八十九里，至连州一百一十九里。该汛系康熙四十二年（1703）设立。

——左营派防阳山县竹子坪汛：外委千总一员，兵丁二十六名，兵房二十间，防守望鸡岭、大木根二小排。瑶隘至三江城九十九里，至连州一百二十九里。该汛系康熙四十二年（1703）设立。

——左营派防阳山县倒流汛：原兵二十一名，兵房二十八间。今奉设千总一员，增兵五十八名，防守锅盖山小排。瑶隘至三江城一百一十四里，至连州一百四十四里。该汛系康熙四十二年（1703）设立，属铁坑汛管辖。

——左营派防阳山县白芒汛：外委千总一员，原兵五十三名。今裁去四名，兵房五十九间，防守深山各排出入。瑶隘至三江城一百三十四里，至连州一百六十四里。该汛系康熙四十二年（1703）设立。

——驻守连山县三江峒汛：左营守备一员，衙署一座，把总一员，衙署一座，兵丁五十三名，兵房七十间。今守备奉调，留把总一员，兵丁四十七名。防守地与广西怀集县交界，至三江城二百六十里，至连州二百九十里。该汛系康熙四十二年（1703）设立。

——左营派防连山县高乡汛：外委把总一员，兵丁一十六名，兵房十五间。与广西怀集县交界，至三江城二百一十九里，至连州二百四十九里。该汛系康熙六十一年（1722）将黄莲汛改移设立。

——左营派防连山县七星汛：原兵二十五名，兵房二十七间。今添设额外一员，留兵十六名，防守锅盖山小排。瑶隘至三江城二百八十五里，至连州三百一十五里。该汛系康熙四十二年（1703）设立，属三江峒汛把总管辖。

——左营派防连山县抛石汛：原兵二十三名，今裁去七名，兵房一十六间，防守瑶壮。至三江城二百三十里，至连州二百六十里。该汛系康熙四十二年（1703）设立，属三江峒汛把总管辖。

——左营派防连山县下泉迳汛：原兵一十五名，今裁去五名，兵房十五间，防守瑶隘，至三江城二百八十五里，至连州三百一十五里。该汛系雍正十三年（1735）设立，属三江峒汛把总管辖。

——左营派防连山县斑瓦汛：千总一员，衙署一座，兵丁九十一名，兵房三十六间。今千总奉调，改设把总一员，留兵四十六名。防守水瓮尾、盘血二小排。瑶隘至三江城一百九十九里，至连州二百二十九里。该汛系康熙四十二年（1703）设立。

——左营派防连山县莲花汛：原兵一十九名，兵房二十间。今添设额外一员，增兵十四名，防守盘血小排。瑶隘至三江城一百七十九里，至连州二百零九里。该汛系康熙五十四年（1715）设立，属斑瓦汛管辖。

——左营派防连山县梅峒汛：外委千总一员，原兵一十七名。今裁去四名，兵房二十间。与广西贺县交界，防守矿山，至三江城二百一十九里，至连州二百四十九里。该汛系雍正三年（1725）设立。

——左营派防连山县山峒汛：外委把总一员，原兵一十七名，兵房二十间。今外委奉调，改设额外一员，留兵十五名。防守矿山，至三江城二百四十四里，至连州二百七十四里，与广西贺县交界。该汛系雍正三年（1725）设立。

——右营派防连州车田迳汛：外委把总一员，原兵五十六名，兵房三十间。今外委奉调，改设额外一员，留兵四十一名，防守军寮、马箭二排。瑶隘至三江城六里，至连州三十六里。该汛系康熙五十四年（1715）设立。

——右营派防连州山溪右汛：把总一员，衙署一座，原兵一百四十名，兵房六十二间。今把总奉调，改设外委一员，留兵七十六名，防守油岭排。瑶隘至三江城十二里，至连州四十二里。该汛系康熙五十四年（1715）设立。

——右营派防连州小伞汛：兵丁二十九名，兵房二十间，防守油岭、行祥二排瑶出入路口。至三江城八里，至连州三十八里。该汛系康熙四十二年（1703）设立，属大东岭汛管辖。

——右营派防连州香炉墩汛：原兵三十九名，兵房三十四间。今添设额外一员，留兵三十九名，防守油岭、行祥二排瑶出入路口。至三江城十六里，至连州四十六里。该汛系康熙四十二年（1703）设立，属大东岭汛管辖。

——右营派防连州大东岭汛：千总一员，衙署一座，原兵八十七名，兵房五十五间。今千总奉调，改设把总一员，留兵七十六名。防守油岭、行祥二排瑶出入隘口，至三江城二十一里，至连州五十一里。该汛系康熙五十四年（1715）设立。

——右营派防连州长塘汛：外委把总一员，原兵七十三名，今存五十名，兵房七十二间，防守油岭、行祥二排。瑶隘至三江城二十六里，至连州五十六里。该汛系康熙四十二年（1703）设立。

——右营派防连州东芒汛：外委把总一员，原兵三十五名，兵房三十间。今外委奉调，留兵二十六名，防守油岭、行祥二排。瑶隘至三江城三十四里，至连州六十四里。该汛系康熙四十二年（1703）设立。

——右营派防连山厅新营脚汛：兵丁一十八名，兵房一十一间。防守牛路水小排。瑶隘至三江城十五里，至连州四十五里。该汛系康熙四十二年（1703）设立，属上台汛管辖。

——右营派防连山厅白沙汛：外委千总一员，兵丁一十七名，兵房十一间，防守鸡公岭小排。瑶隘至三江城二十五里，至连州五十五里。该汛系康熙四十二年（1703）设立。

——右营派防连山厅虎叉塘汛：右营守备一员，衙署一座，千总一员，衙署一座，兵丁一百四十九名，兵房一百四十间。今守备移驻余高汛，留千总一员，兵丁一百一十名，防守火烧坪、里八峒二排。瑶隘至三江城五十四里，至连州八十四里。该汛系康熙四十二年（1703）设立。

——右营派防连山厅大拱桥汛：外委把总一员，原兵二十四名，今增设十九名，兵房十三间，防守大掌岭排。瑶隘至三江城六十九里，至连州九十九里。该汛系康熙四十二年（1703）设立。

——右营派防连山厅上台汛：把总一员，衙署一座，原兵三十九名，兵房五十间。今把总奉调，改设外委一员，留兵三十三，防守大掌岭排。瑶隘至三江城九十四里，至连州一百二十四里。该汛系康熙五十四年（1715）设立。

——右营派防连山厅独田峙汛：原兵十名，兵房十一间，今添设额外一员，兵丁六名。防守瑶隘，至三江城一百四十四里，至连州一百七十四里。该汛系雍正十三年（1735）设立，属上台汛管辖。

——右营派防连山厅山口汛：原兵二十九名，兵房一十八间。今添设外委一员，兵丁五名，防守大坪小排。瑶隘至三江城八十四里，至连州一百一十四里。该汛系康熙四十二年（1703）设立，属余高汛管辖。

——右营派防连山厅余高汛：把总一员，衙署一座，兵丁五十名，兵房四十八间。今奉将虎叉塘汛守备一员移驻，并增兵五十二名，防守龙水尾、山猪豹、八百粟各小排。瑶隘至三江城一百零四里，至连州一百三十四里。该汛系康熙四十二年（1703）设立。

——三江协左右两营，递年轮拨千把总一员，目兵一百名，贴防连阳营茂古峒、元武岭、铺前寨、黄瓜岭四台汛，今拨定把总一员，兵丁四十四名。

清·袁泳锡：《连州志》卷四《兵防》

设理瑶营

理瑶营驻创三江口旧城。

理瑶军民直隶同知衙门，随防把总一员，坐马二匹，战兵一十名，战马一十匹，步战兵二十名，守兵七十名，共兵一百名，共马一十二匹，是营自嘉庆（1796—1820）年间连山县奉裁，将理瑶同知移改为连山绥瑶直隶军民同知，后该营属连山厅专辖，所有兵粮裁减详见厅志，兹不具载。

——增设连山厅茂古峒汛：奉拨三江协左右二营把总一员，衙署一座，带领兵丁四十四名，兵房五十间，贴防。北一里至元武岭炮台，西二里至黄瓜岭汛，南十里至马箭瑶排，十五里至军寮瑶排。详后三条。

——增设连山厅元武岭炮台：奉拨三江协左右二营兵丁四十名，今拨定三十名，兵房四十间，贴防。东一里至茂古峒汛，西二里至铺前寨汛，南一里至黄瓜岭汛。

——增设连山厅黄瓜岭汛：奉拨三江协左右二营兵丁十五名，今拨定七名，兵房十五间，贴防。东二里至茂古峒汛，西二里至铺前寨，北一里至连山厅城。

——增设连山厅铺前寨汛：奉拨三江协左右二营兵丁十五名，今拨定七名，兵房十五间，贴防。东二里至黄瓜岭汛，北二里至连山厅城。

清·袁泳锡：《连州志》卷四

按：乾隆六年（1741）六月，奉行连山厅属增设茂古峒汛、元武岭炮台、黄瓜岭汛、铺前寨汛四处，又增设经制左哨三司把总一员，兵丁一百名，防守瑶隘，把总署建设。茂古峒汛嗣于乾隆八年（1743）六月内奉文将增设弁兵俱行裁汰，所遗台汛在三江协左右二营，派拨千把总一员，兵丁一百名贴防，递年更换其地方，仍归连阳营管辖。乾隆四十年（1775）后陆续裁减，拨定把总一员，兵丁四十四名。

设理瑶军民直隶同知衙门随防把总

理瑶军民直隶同知衙门，随防把总一员，马兵十名，步兵二十名，守兵七十名，共兵一百名；马二十匹。自嘉庆年间，连山县奉裁，将理瑶同知移改为连山绥瑶直隶军民同知后，该营属连山厅专辖，所有兵粮裁减。

民国·韩建勋：《连县志》卷五《人文志四》

设瑶务处、警察区、保卫团

民国光复，旧防已弛，新制未定，其时旧符群丑，乘机蜂起，瑶人亦蠢蠢欲动，戎莽环伏至今未宁，而战乱御暴所恃以安戢人民者，则非兵防不可，综计县属兵防机关三：一曰瑶务处，一曰警察区，一曰保卫团。

瑶务处即旧时绥瑶营改编，专以防瑶也，其编制法如左：

——瑶务长一员
——瑶务副长一员
——书记一员
——兵目二名
——正兵十四名
——杂役一名

——瑶长十九名
——瑶练六十六名

民国·凌锡华：《连山县志》卷十

（四）设治瑶官府

置永化乡

万历初，知县赵文正招白芒、老鸦、稍陀三坑瑶人入籍，置永化乡。

民国·欧汝钧：《阳山县志》卷十五

理瑶军民同知

康熙四十二年（1703），总督石琳奏请建三江城，改韶副总兵为三江副总兵，并设理瑶同知，驻三江城。

民国·凌锡华：《连山县志》卷一

按：清同治袁泳锡《连州志》卷八作"从总督石琳请建三江口城，拨兵驻守，调海防同知为理瑶同知，驻扎连州，瑶峒悉平"。民国《连县志》卷七作"广州府海防督捕同知刘有成，上年十月随师赴连，复委兼摄连山县事，管领把总一员，兵丁一百名，为理瑶同知"。

康熙四十三年（1704），副将蒋宏道始建三江协副将署，同知刘有成始建理瑶同知署于三江城。

民国·凌锡华：《连山县志》卷一

改理瑶同知为军民同知

雍正七年（1729），总督孔毓珣奏请改理瑶同知为理瑶军民同知。

民国·凌锡华：《连山县志》卷一

按：袁泳锡《连州志》载，"雍正七年，改理瑶同知为理瑶军民直隶同知，专理八排瑶务"。

雍正七年（1729），改连州为直隶知州，改理瑶同知为理瑶军民直隶同知。

清·袁泳锡：《连州志》卷八

乾隆三年（1738），建三江新城于文子墩，移协镇（注：一作副将）都司署于内镇之并建瑶仓，贮谷赈贷。

清·袁泳锡：《连州志》卷二

连山直隶厅

嘉庆二十二年（1817），总督蒋攸铦奏请改连山县为连山直隶厅，以三江理瑶同知为连山绥瑶军民同知，驻县旧治，升典史为同知司狱，知县缺裁。

民国·凌锡华：《连山县志》卷一

同知行署

同知行署，在鹿鸣关外三江老城。先是康熙四十三年（1704），同知刘有成建理瑶军民府署于城之东南，其西为理瑶把总署。嘉庆二十三年（1818），迁同知驻连山城治，军民府署废，变价解部，同知出三江综理瑶务时，借把总署为行署，旋建把总署于连山城内西南隅。

民国·凌锡华：《连山县志》卷三

返厅而县

清之中叶，因绥瑶而驻同知，因同知而易县为厅。民国肇造，废府厅州制而概称县，复裁倅贰丞尉，而以科员佐治官制，盖屡变矣。当其易县而厅也，尉巡以供先驱，师于以为后盾，同知专城坐理，揆文奋武，威镇百蛮，民瑶畏服，而连山果治。及返厅而县也，荡涤烦苛，抉祛壅蔽，县知事自辟僚佐，以一致进行，官不废事，吏不能奸，民瑶一体，相见以诚。

民国·凌锡华：《连山县志》卷二

瑶务处

至康熙四十一年（1702），瑶乱数平，清廷为久安计，置江口协于连州之三江，设副将、都司、守备等职。全协官兵凡二千人，分设三十六汛于瑶疆外围，绵亘四百余里，星罗棋布，以镇慑之。同时置绥瑶同知，与三江协同城，部下置绥瑶营兵百人以抚绥之。又于各瑶排内遴选能办事瑶人，委为瑶长、瑶练，由政府年给饷二千五百元以羁縻之。嘉庆二十一年（1816），将绥瑶同知归并连山县，改为连山绥瑶直隶厅。民国成立，废厅改县，县知事陈耀堂以瑶人不可无专管机关，奉准规复绥瑶机关，称为瑶务处，设处长、副处长各一员，隶属连山县公署。

民国·韩建勋：《连县志》卷七

民国成立，废厅改县，县知事陈耀堂以瑶人不可无专管机关，奉准规复绥瑶机关，称为瑶务处，设处长、副处长各一员，隶属连山县公署。民国十年（1921），因减政奉裁，十一年（1922）又规复，改称瑶务科。

民国·凌锡华：《连山县志》卷七

瑶务处办公署

瑶务处办公署，在县城西南隅，计屋十五间，即清理瑶营把总署也。先是康熙四十一年（1702），两广总督石琳奏请设理瑶把总一员。四十三年（1704），同知刘有成始建理瑶把总署于三江老城（后改为同知行署）。光绪十七年（1891），同知邓炳春以连山瑶务繁剧，该员驻扎三江口未免鞭腹莫及，乃禀请建署于县城。民国元年（1912），理瑶营裁，改设瑶务处，即其署为瑶务处办公署。

民国·凌锡华：《连山县志》卷二

连阳化瑶局

连阳化瑶局局长，连县、连山、阳山各县县长勘明之界至为界址，其与本县县界，系由高良上乡之新陂，沿山经香炉墩山、大东岭山、八角董山、东芒顶、高凹山至花山、了高山等处，以原有瑶汉界址为界。

民国·韩建勋：《连县志》卷一

按：民国十六年（1927），设连阳化瑶局，隶广东省国民政府。民国二十四年（1935）5月改连阳化瑶局为连阳安化管理局。民国三十五年（1946）3月，撤连阳安化管理局，置连南县，县府借驻三江城，同辖瑶区，"连南"之名于兹第一次出现。

设连南县

连县原有土地面积二千三百七十九平方公里，民国三十四年（1945），在县属边疆旧有瑶民居地设连南县。

民国·韩建勋：《连县志》卷二《自然志·设军屯守》

（五）化瑶布局

民国十六年（1927），广东民政厅以吾粤琼崖连阳之间仍有未开化之黎、瑶二族，为实现国民党扶植弱小民族政策，计乃裁撤瑶务科，并拟兴开化黎、瑶办法，分别设立琼崖化黎局及连阳化瑶局。是年四月，连阳化瑶局成立于连县城。同时，于连县三江圩、阳山寨岗圩，及连山县城各设一办事处，自是瑶排遂分属两连管辖。民国二十年（1931），化瑶局迁至三江圩口，改称安化管理局。民国三十五年（1946），又裁管理局，改设连南县政府。兹将开化黎、瑶办法附录如下：

（一）为使黎瑶族与汉族同化起见，设置开化机关，择黎洞适中之地设立，定名为琼崖化黎局；择瑶排适中之地设立，定名为连阳化瑶局。

（二）化黎局、化瑶局均隶属于广东省政府民政厅，分别办理开化黎瑶一切事宜。

（三）各设局长一员，办事员若干人。

（四）局长由民政厅提出，省政府委任之，其办事员由局长遴委，呈报民政厅备案。

（五）局长有统筹全局任免所属职员之权。

（六）办事员分股任事，受局长之监督指挥。

（七）设演讲宣传队，将政府法令及三民主义向黎民、瑶民尽力宣传，以期引化。

（八）先设简易识字学校。凡黎瑶无论男女，但十岁以上三十岁以下一律入学校，教以浅易文字，及粤省方言，以便与汉人接洽，使之同化，期限两年毕业。其余各级学校依次增设，津贴黎瑶各生在国内学校肄业。

（九）设立农工学校，教以改良种植及制造用物各技能。

（十）开辟通行道路，务使交通利便，文化易于灌输。

（十一）设立土产交易所，以平市价，而货物亦借以流通。

（十二）设储蓄银行以为经营实业之用。

（十三）设人事评判所，遇有争执随时调解，免酿成斗殴之患。

（十四）设警察保安队，专司警备，以免散军土匪扰乱地方。

（十五）各局经费由财政厅拨给，其数目另定之。

连阳化瑶局组织概况表

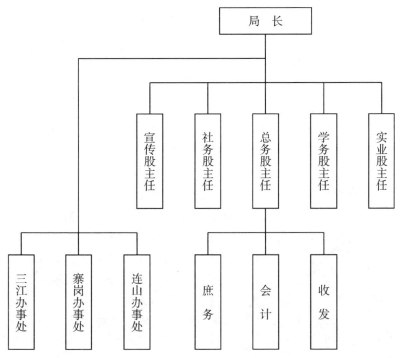

民国·韩建勋：《连县志》卷七

开化运动

民国十六年（1927）六月，广东省政府议决"开化黎瑶民族案"，在琼崖设化黎局，在连阳设化瑶局，分期举办宣传队，简易识字学校，开辟路局，土产交易所，储蓄银行，警察保安队，人事评判所等。此举也，实为西南原始民族开化运动之先声，行之有效，其裨益于西南部富源之开发者，何可限量。兹将粤政府民政厅议设立"开化黎瑶局"提案原文，录之如下：

  吾粤为革命策源地，其民族夙号优秀。而琼崖、连阳之间，仍有未开化之民族二，蔓衍风传，莫可纪极，考其种类，厥曰黎、瑶。黎民则散处于琼崖各属，獉狉浑噩，不识有文字，不知有国家。其聚于琼山、定安间者，曰领（岭）门黎；聚于琼东、乐会间者，曰乐安黎；聚于临高、儋县间者，曰南丰黎；聚于万宁、陵水间者，曰兴隆黎。斯四黎者，尚知架木而居，烹饪而食，此外则皆裸体穴居，茹毛饮血而已。若瑶民则散处于连县之西，阳山县之北，连山县之南。自宋至今，孳生渐众，区别丁口，皆以排名（大排人口约五千余）。曰油岭排、南江（行祥）排、横江排、军寮排、马箭排、大掌排、里八洞排、火烧排，此即所谓连阳八排之瑶民也。而其獉狉浑噩，亦悉与黎民同。历代以来，抗颜而司民牧者，纵抚有二族，亦不复以人类相待，惟芟夷淘汰之，恐其未尽。于是未沐教化之黎、瑶，遂终身沦九渊而陷九幽，永永不能自拔，此诚最可怜之弱小民族，抑亦吾粤颠连无告之赤子者也。夫国有民而不施救，是谓自弃其民；民梗化而不与开，是谓官溺其职。我大元帅提倡革命，以扶植弱小民族为党纲，以全民得自由平等为目的。今黎、瑶二族，只以獉狉浑噩之故，未登自由平等之途，遂使短裙椎髻，莫睹冠裳，乳酪腥酷，未谙觞豆，芸芸种种，灭而复生，此岂二族梗化之性成，毋亦国家开化之未得其道欤？况琼崖一岛，西控安南，南连爪哇，东带菲律宾，北屏百粤，实为中国南部要区。而五指山一隅，黎民之屯尤众，该山矿产森木，蕴藏滋植，历千百年而未经开伐，其地利之厚，外人久已垂涎。至若沉香蚕丝，鹿茸牛羊等物，皆产于黎民生息之地，每岁不可以数计。故善导之，则地尽其力。不善导之，则货弃于地。利害转移之间，全视乎开化之策。能否实施为断耳。此黎民开化之不容缓者一。又瑶民散处连阳之间，纵横三百余里，其地与广西贺县相连，常为用兵之地。查瑶地之产物，以杉木、黄豆、大麦、棉花、山薯为大宗，其地利虽不及琼崖之饶厚，然瑶民皆自食其力，无待国家之补助，兹所需要者，只期国家之教化而已。此瑶民开化之不容缓者又一。今黎、瑶二族，人口达数百十万，故开化实为今日之要图。然开化之义，固无凭武力以劳抚绥，亦非借文章以资粉饰者也。昔对于黎、瑶二族，设官治理，皆署抚绥黎、瑶之职衔，既视黎、瑶为化外生成，故舍武力则几无办法。不知民国成立以后，黎、瑶皆殷殷内向，未闻有抗顺扰乱之行为，即无所用其武力抚绥之政策。又尝考历代之官斯土者，开化之术，素不讲求，类皆写其风俗，播为诗歌，自诩循良，谬彰政绩。或叙其踏月跳歌，而词伤忠厚，或述其牛贾勇，而旨近荒唐；要皆无关于启发愚民，适足以见其侮辱人格，即此施政，皆无取焉。夫吾粤近以模范之名，标示宇内，则璀璨庄严之革命策源地，自不宜更有长发赤足之伦，永靳其沐白日青天之化。倘其有之，不特国史之污点未除，亦即吾侪之责任未尽。比年以来，琼、连二属，虽有抚黎局、瑶务局之设置，然皆办理敷衍，成绩甚微。兹谨遵先总理扶植弱小民族之义，拟为开化黎、瑶二族之谋：诚能宣以党义，施以教育，辟其地利，导其自由；獉狉而文明之，浑噩而进化之；对内可纾国家瞻顾之忧，对外可杜帝国觊觎之谋。大之可进其民为革命之前驱，小之可使流寇失负嵎之凭借。此皆开化之效，可待期成者也。

民国·张其昀：《中国民族志》第五章

化瑶——三管齐下

瑶人伏处于深山穷谷中，养成粗豪的性格，动不动就要跟人格斗、拼命，自宋至明，各部落间已常有残杀。当械斗进行时，十二代的外家也要拉来帮忙。但是，对山下的人还是很少侵犯。到清朝，因为政府强迫剃发，激起他们的野性，于是时出捣乱，道光咸丰年间，曾经调动几省重兵进剿，也没有结果。于是"绥瑶厅""参""协""游""把"等官，和"绿营"三千人于附近八排的地方镇压，一直到现在，瑶人还不承认清朝。他们自称"大明国人"，痛诋我们——曾经清室统治的人——为"奸人"。民国成立后，"绥瑶厅"改为"瑶务处"，经费由广东财政厅支付，年约万元。每排设瑶长一人，瑶练数人，处理内部的纠纷。但瑶人却很少向他们领教。排内的"先生公"（巫师）和父老们是一切纠纷的审判官。

近年来"瑶务处"已改为"安化局"，在八排中办了六间小学。但瑶人认为念书是没有用的，因为子弟念过书便不肯做劳动工作，所以家长不愿意子弟来入学，至到这些小学的学生少得可怜。现在一部分校址已经改为"瑶民治疗所"了。此外，还特别派人到排里教瑶妇做鞋，教瑶童唱歌，这些人也学会了瑶话，在排里很得人欢迎。

国民党的三江区分部也曾派人入排，宣扬三民主义，引导瑶人入党，粤北边疆教育实施区，在排上设有办事处。但当记者到达军寮排参观时，只见这里有空屋一间，工作人员到外面轮回施教去了。政府对于化瑶的工作，虽然早就开始做了，只是还未能深入，大概财力有限是一个大原因。最近有把安化局改为连南县的消息，不晓得短期内能不能实现。

同时在做化瑶工作的，还有几位基督教徒：孟保罗先生、邵从真先生和余海波医生，都是中华基督教会三江瑶民事业办事处的负责人。邵先生为求工作方便，全家迁上军寮排居住，余医生则在三江圩设协连医院，便于瑶人下山就医，并替广东省银行收发瑶民的信用农贷。她常常驾着一辆脚踏车，来往三江、连县之间，行走如飞，有时攀登七八十里的小路，为瑶人医病。十多年前，她负着宗教的热诚初登瑶山，那时外人入山是少见的。她到了山上，没有人家肯收留，勉强在一个草房里栖身，第二天早晨黎明下山，不久瑶人便执刀带枪到来，如果她走迟一刻，真不堪设想。现在她谈起来，仍然流露一种异样的神色。但是十多年后的今天，她已成为众瑶所景仰的人物，在瑶排里，只要提起"医生"两个字，大家知道指的是她了。她的丈夫孟保罗先生，美国人，来中国已经十多年，把化瑶作为终身事业。二十四年六月间，他曾领着男女瑶民一队，到广州香港观光，并表演瑶舞，借以沟通瑶民和外间人士的感情。瑶人看过山下的世界，回来后还不断地叫着："仰线！仰线！（好极！好极！）"现在，他们夫妇的工作一是开办学校，由经过训练的瑶民执教，并且选拔瑶男瑶女到连县城和三江的学校念书。瑶童下山念书的，有一个已升到小学五年级，他是全瑶排里受最高教育的一位博士了。二是购买织布机教瑶民纺织，此外并施种牛痘，这是由二十五年开始的，瑶民最初不肯种，现在种的人多了。

民国《民族文化杂志·瑶山访问记》

五、 人物篇

（一）唐

王 晙

王晙，沧州景城人，后徙洛阳。晙少孤，好学，祖有方奇之，曰："是子当兴吾家。"擢明经第。贞观中仕至殿中侍御史，有知略。永徽初（650）为连州刺史，民瑶安之。景龙末（709）授桂州都督。刘幽求放封州，广州都督周利贞欲必杀之，道出晙所，晙知其故，留不遣，利贞移书趣，幽求晙营救，得免。由是名益起，累迁至同中书门下三品。卒，赠尚书左丞相，谥曰"忠烈"。终唐之世，刺连州为名相者，晙一人而已。（《黄志》）

《阮通志》卷二百三十五

刘禹锡

刘禹锡，字梦得，彭城人。贞元九年（793）擢进士第，精于古文，善五言诗，今体文章复多才丽。为监察御史，与吏部郎中韦执谊相善。贞元末，王叔文于东宫用事，后辈务进，多附丽之，禹锡尤为叔文知奖，以宰相器待之。顺宗即位，禁中文诰，皆出于叔文，引禹锡及柳宗元入禁中，与之图议，言无不从。（禹锡）任喜怒凌人，京师人士不敢指名，道路以目，号二王刘柳。叔文败，坐贬连州刺史，在道贬朗州司马。元和十年（召还），复出为连州刺史。

《旧唐书·本传》

按：连州任内，曾作《连州腊日观莫徭猎西山》等诗。

（二）宋

杨畋

杨畋，字乐道，保静军节度使勋之曾孙。时湖南瑶人劫掠州县，帝受畋东染院使、荆湖南路兵马钤辖。贼闻畋至，皆恐，逾岭南遁。又诏往南韶、连等州招安之。乃约贼使出峒，授田为民。而转运使欲授以官与资，纳质使还。畋曰："贼剽攻湖广七年，所杀不可胜纪，今使饱资粮、据峒穴，其势不久复乱。"明年春，贼果复出阳山，畋即领众出岭外，涉夏秋，凡十五战，贼溃，畋感瘴疾归。

民国·欧汝钧：《阳山县志》卷十五

廖容

廖容，字季邛，连州人。宋绍兴五年（1135）进士，知化州。时郴寇李金啸聚万人，围州城月余，漓水瑶乘时为乱，大帅陈辉以容领总管职，统诸将讨之，金惧宵遁。复传檄召瑶长，开谕逆顺，而瑶人降。不施一刃，不发一矢，竟能保全一城之命。辉上其功，诏褒赏之。

《阮通志》卷三〇三

按：廖容，凌锡华《连山县志》作廖颢，有"廖颢始以瑶人入连州"条的记述。

（三）明

侯礼

侯礼，字立之，临桂人。洪武中以太学生拜江西佥事，坐事谪判连州。瑶壮貌阿孙等，剽略经年，礼躬抵贼巢，谕以祸福。阿孙率众响化。未几瑶变，廖广秀据高良乡，礼再招徕之，悉为编民。秩满擢知本州，九载考绩，士民保留，再任九载，人至今思之。

《金通志》卷十四

陈𡹬

陈𡹬，字尚勉，漳浦人。正统丙辰（1436）进士，为吏部考功郎中。尝上备边御寇策，不能用。天顺四年（1460），广东盗炽，廷议除𡹬广东布政使。时英宗初复辟，励精为治，召至内殿，赐宴而遣之。𡹬至广，密相机宜，抚捕互用，讨平新兴、德庆、连州等峒瑶贼，地方赖之。

《郝通志》卷四十

孔　镛

孔镛，字韶文，长州人。景泰五年（1454）进士，知连山县。瑶壮出没邻境，民悉窜。镛往招，民惊走。镛炊饭民舍，留钱偿其值以去，民乃渐知亲镛，相率还。镛慰劳赈恤，俾复故业，教以战守，道路渐通，县治遂复。

《阮通志》卷二百五十一

按："知连山县"，《明史·本传》作"知都昌县，分户九等以定役；设仓水次，便收敛，民甚赖之。以弟铭尚宁府郡主，改知连山"。

王　俊

王俊，字世美，闽县人。成化丙戌（1466）进士，授庶吉士，改户部主事，迁广东参政。抚化壮瑶，广人深戴之。

《阮通志》卷二百四十四

张书鲤

张书鲤，字希孔，吉水人。由举人弘治十八年（1505）知连州。存心正大，处事安详，修学校，设闸门，创仓廒，积稻谷，爱民之心，无所不至。正德五年（1510），连山贼李公旺以瑶兵攻州城，民恃以安者，书鲤力也。九年（1514）考满，升广西梧州府同知。先是罗源、林高令连山修建县治，辟鸡笼关路，亦为民所颂云。

《阮通志》卷二百四十七

黄光升

黄光升，字明举。历广东按察副使，……交趾莫正中与宏瀤争立，渠帅以兵攻钦州，索正中急，光升计挫之，斩其帅，兵乃退已。复讨连山、崖山瑶、黎功最，迁蜀藩参，三载复迁粤东按察使，以严为治，胥吏畏若神明……历刑部尚书。卒，赠太子少保，谥"恭肃"。

《郝通志》卷四十

陈国龙

陈国龙，县人，少以才勇称。万历（1573—1619）间，白芒、老鸦、稍陀三坑瑶人时出劫掠，乡村扰动，知县赵文正命国龙征之。国龙所至，瑶辄败北，文正因乘势入山，谕以祸福，令丈田定税，名其地曰永化乡。三坑瑶平，国龙力也。典史张一德绘其像于关帝庙以纪功。

民国·欧汝钧：《阳山县志》卷十一

杨崇忠

杨崇忠，剑州举人，万历四十七年（1619）任连山县知县。留心民瘼，见连苦瑶患，详请征剿，与巡道潘合谋，密调蔡都司直捣贼巢，贼惧乞抚，崇忠勒其缚献首乱，贼自是敛迹，民赖以安。迄今谈驭瑶者，咸称崇忠剿抚得宜云。

民国·凌锡华：《连山县志》卷五

林肇芳　莫廷辉

崇祯十三年（1640），八排瑶贼苏凤宇、王斗明劫乳源，冬入英德，次年（1641）正月劫洽光，官兵追至铙钹岭，失利，把总林肇芳、哨官莫廷辉死之，巡道魏士章统肇兵二千剿之。（《英德县志》）

清·林述训：《韶州府志》卷二十四《武备略》

陈鹏　黎树绩

陈鹏，邑里莫考。明天启中为广东副总兵，讨瑶贼，孤军血战，力尽无援，死于阵。事在朱若迄疏中，民至今祭其墓。黎树绩，邑里莫考，广东守备，随陈鹏讨瑶贼，同日死。

清·姚柬之：《连山绥瑶厅志》

按：民国凌锡华《连山县志》卷二载："陈鹏，明季官广东副总兵，崇祯十五年（1642），奉命剿连山瑶，时赣、闽、湘、桂诸省，各以其师应，兵多心渔，士不用命，瑶人至行营肆掠，诸军佯弗闻，鹏耻愤交集，独率其队逐之，至蕨冈岭，瑶兵四集，与鹏鏖战，鹏提大槊，纵横麾之，当者辄殪，自辰至午，瑶集益众，我军援绝，鹏力竭，死于阵。"

陈熙廷

陈熙廷，字君穆，天启（1621—1627）举人，为连山知县。连为古广德区，瑶壮杂处，前令以剿瑶启衅，兵连四载。熙廷甫下车，遂入巢招抚，谕以祸福，瑶蛮悉平。

《阮通志》卷二百四十七

吴中选　吴成

吴中选，字瞻明，江南吴江县人。少倜傥，有行节，为士林推重。徙钱塘，乐西湖山水，以诗酒自娱。崇祯（1628—1644）间谒官得连州吏目，甫下车，八排瑶贼倡乱，恣劫掠，逼近郊，独中选毅然率乡勇出战，追贼至油岭排之塘边井，贼恃险负隅，转斗冢突，乡卒奔散，中选以单骑殿，挺戈叱贼，与仆吴成偕死，州人立庙祀之。

清·袁泳锡：《连州志》卷五《名宦下》

姚必仁

崇祯六年（1633）癸酉夏，瑶贼卢之岳等入城焚劫，杀小旗姚必仁，自辰至申始退，官率乡勇追至铜宝径，败之。

民国·周赞元：《怀集县志》卷八

王孙兰

王孙兰，字畹仲，无锡人。崇祯四年（1631）进士，累迁成都知府。蜀宗人虐民，民相聚，将焚内江王第，孙兰抚谕之，乃解。父忧，服阕，起官绍兴，修荒政。迁广东副使，分巡南雄、韶州二府。连州瑶贼为乱，驰剿，三战皆捷。

清·张廷玉：《明史》卷二百九十四

朱若迄

朱若迄，广西宗室靖江王之裔，举人，崇祯末（1643）任连山知县。清廉多善政，时瑶匪猖獗，久为民害，再上疏请剿。大吏恶其生事，毅然不顾，将官受贿，草率结局，若迄以忧愤卒于任。事详《兵事录》。

清·虞泽润：《连山乡土志》

（四）清

李及第

李及第，字翰卿。水井乡人。清初（1644）时，瑶民尚未驯伏，邑西南村落屡被骚扰，水井适当其冲，乃躬率乡族，设策捍御，瑶遂不敢向东北肆虐。康熙壬午（1702），瑶贼邓二等叛，都统松桂率兵攻讨。当事稔知其练达，乃假统戎衔，与守御童公军于军洞、长冈，当一面之寄。迨渠魁授首，即拂衣归里，毫无矜色。至于平争讼、济饥寒，乡人至今犹称道弗衰。子五，杲亮、杲开，庠生；孙炳阳，廪生。

民国·欧汝钧：《阳山县志》卷十

蔡 俊

蔡俊，封川城守备。顺治十三年（1656），结连瑶人剿贼，山寇各赴邻境投诚，民赖安堵，为建生祠于县治门左。（《采访册》）

《阮通志》卷二百六十一

蔡万春

蔡万春，字和圃，常岁乡人，贡生。顺治十三年（1656），瑶民引红头贼于大乌莽山、芦田、横水一带，集党千人，啸聚流劫。万春团练乡勇，以护乡邑，知县熊兆师委守吴珠堡，与官兵相犄角，故常岁一乡无寇患。

民国·欧汝钧：《阳山县志》卷十

李贵 邓二

康熙四十年（1701），瑶匪李贵、邓二倡乱，副将林芳、把总陈溥入排宣抚，均遇害。

民国·凌锡华：《连山县志》卷一

按：李贵、邓二，均为排瑶，生于清康熙年间，同是里八峒人，因不满汉族土豪劣绅强占山林田地和官府压迫，倡领八排瑶起义反抗，于康熙四十一年（1702）被官兵杀害。《连州志》《阳山县志》《连山乡土志》均有记载。

林 芳

林芳，邑里莫考。康熙中为广东副总兵，提督殷化行遣入瑶排招抚，瑶抗命，芳纵火焚其巢，瑶众悉出，势不敌，遂遇害。其仆弯弓四射，当者皆洞胸贯胁，杀数十人而后死。惜不传其姓氏，士民思之，为芳立庙而以其仆配焉。

清·姚柬之：《连山绥瑶厅志》

陈 溥

康熙四十年（1701）十一月，八排瑶行劫各村，提督殷化行、总兵刘虎率师征剿，遣副将林芳、把总陈溥入里八峒抚谕，瑶贼抗命，林芳、陈溥俱遇害。总督石琳请益兵进剿，平之。

清·袁泳锡：《连州志》卷二

按：《阳山县志》卷十三作"（康熙四十年）冬十一月，八排瑶贼李贵、邓二等劫掠连阳州县，提督殷化行率兵讨之，不克。又化行进剿时，遣副将林芳、把总陈溥攻里八峒，俱被害"。《连山乡土志》又作"四十年，瑶贼又大起，提督殷化行遣总兵刘虎率师进剿，先遣副将林芳入排面谕，贼拒命，芳伤堕（坠）崖死，并害把总陈溥及兵十余人，乃会督抚请益兵。"

沈 澄

沈澄，字体元，号鹭峰，浙之山阴人也，以贡生授增城知县。……故澄治增十三年，修学，修诸坛壝及城垣，益大石峒汛，设立各义学，百废皆举，而以清丈功为最大。后升理瑶同知，筑三江城以控扼之，瑶人慑服不敢动。

清·赵俊：《增城县志》卷十七

按：《连山绥瑶厅志》云，"沈澄，字鹭峰，浙江山阴人，贡生，康熙五十一年（1712）为理瑶同知"。《陶德烝传》曰："澄偕副将孙文标，率兵弁营立山溪左右汛，瑶鼓噪来攻，会大雨，寨未定，澄命敢死士直前，发炮轰击之，杀数人，瑶乃退。不数日，二汛成，又与文标建大东岭汛，扼排咽喉。给牛种，令瑶人垦山为畦。延师训瑶子弟，民瑶均安。又三连赴广郡试，跋涉不便，澄请由同知录送学政，民便之。未几升去。"《连州志》卷六同。《连山县志》卷二："人"作"县"；"贡生"后有"初令增城"；"为"作"升"；"《陶德烝传》曰"作"瑶自端木象震去后，复乘衅蠢动"；"前"后无"发"；"炮"后无"轰击之"；"数"作"旬"；"又"作"复"；"扼"下有"三"；"人"作"开"；"垦"后无"山为畦"；"训瑶"作"训其"；"民瑶"作"各排瑶畏威怀惠，远近"；"安"后无"又三……升去"。

黄上绚

黄上绚，号扬菴，邑庠生。性豁达，胆略兼备。康熙初（1662），大掌岭瑶排猖獗，数入寇旺峒，绚首捐家财三百余金，倡办团练，遇出仗必先，由是丁壮感激效力，瑶患始平。

民国·凌锡华：《连山县志》卷四

张化凤

张化凤，字羽皇，中州河内人。康熙十四年（1675）擢连山知县。时排瑶乘乱窃发,人心风鹤,化凤劳徕安集,单骑诣排,晓以祸福,民获安枕。

民国·凌锡华:《连山县志》卷五

李来章

李来章,字礼山,河南襄城县人。康熙乙卯(1675)科举人,四十三年(1704)任连山知县。当乱离后,村圩荒凉,来章招抚流亡,设团练,除陋规,建书院,置学田,购书籍,立坛庙,造桥梁,设茶亭,百废俱举。抚瑶以诚,亲历各排,婉为劝谕,瑶感悟,盗牛者自归其主。有《抚瑶誓神文》及《历各排诗》,载《艺文志》。邑多虎,牒告城隍神,旬余连毙三虎,人尤异之,奉祀名宦。

民国·凌锡华:《连山县志》卷五

刘允元

刘允元,直隶顺天府人,康熙三十一年(1692)任连山知县,时龙水尾瑶扰民,允元立悬重赏购捕,夜由间道徒行数十里,直捣巢穴,获其渠魁,余党悉慑服。先是《邑志》屡修未峻,允元始加修付梓。

清·虞泽润:《连山乡土志》

石 琳

石琳,字瑯公,满州(洲)正白旗人。父某,开国元勋,封忠勇伯。琳,第六子也。初由佐领礼部郎中,擢山东观察使,历任浙藩,开府滇、楚,所在建祠尸祝。康熙癸酉(1693)特简总督两广……康熙辛巳(1701),决黎讞于琼南,歼渠魁,释株连,民用大定。壬午(1702)瑶人肆扰,其窟穴八排在万山之中,琳提师会剿,深入其阻,蛮烟瘴雨,中入肾胃,而琳惫矣。琳官粤一十四年,分图甲而钱粮清,革私税而商贾悦,恤囚狱而庾毙解,严海防而盗风息,重文行而士劝学,禁鬻女而民兴慈。流风善政之在人者,盖百世不谖者也。瑶人平复,舆疾会讞广州。

清·屠英:《肇庆府志》卷十七

殷化行

康熙四十年(1701),连阳瑶为乱,里八峒、油岭二排尤凶横。化行率总兵刘虎驻师里八峒,遣副将林芳入排,使执为乱者以献,瑶人戕芳及其所从兵役。上命尚书嵩祝为将军,令化行及广西、湖南提督各发兵讨之。

四十一年（1702）夏会师连州，分扼要隘，瑶人惧，缚献为乱者李贵、邓二等，置诸法，余悉就抚。

赵尔巽：《清史稿》第八十六册

刘有成

刘有成，汉军正黄旗官学生。康熙四十一年（1702）初，由广州海防同知改为理瑶同知。戡平瑶乱，多资其力。平瑶后，汛防建置，皆所擘画，总督石琳、提督殷化行交荐其能。

民国·凌锡华：《连山县志》卷五

按：《连山乡土志》同。

端木象震

端木象震，字东侯，江南溧水人，先贤后裔。由岁贡生授内阁中书，以军功累黔西司马。康熙四十九年（1710），服阕补连州理瑶同知。时八排虽已欵服，而遗孽未靖。象震饬营伍，悬重赏，搜捕不遗余力。一日遣壮士入峒索盗，群瑶瞋目鼓众前，缺舌哓哓，若不胜愤，象震亲往谕之，乃尽缚其凶首出巘，宥州狱，复逸去。越三日，悉就擒获，闻者叹以为神。后引疾致仕，三连士民图像镌石，以志弗谖。

清·袁泳锡：《连州志》卷五《续名宦》

按：《连山县志》卷二，"水"后有"县"；"众"后无"前，缺舌哓哓，若"；"乃"后无"尽"；"其凶首出"作"盗以"；"就"后无"擒"；"闻者"作"人"；"神"后有"士民图像镌石以纪之"；"三连士民图像镌石，以志弗谖"作"祀名宦"。

姚孔锌

姚孔锌，字道冲，江南桐城生员，同知柬之八世叔高祖也。仕终江西赣州知府。雍正十年（1732），为理瑶直隶同知。其政绩《旧志》失载，柬之述家传云：善治瑶，廉平不苟，凡瑶有讼，唤之立至，判之即服，终其任无瑶患。十一年（1733）升去。

清·虞泽润：《连山乡土志》

申文贵

申文贵，字任之，号岘山，汉军正黄旗人。康熙四十一年（1702），以骁骑校随副都统汪世臣征连州八排瑶匪，冒雨攻寨，为垒石所伤，赏头等功牌。凯旋后,荐升本旗参领,掌理左司刑名。……乾隆四年(1739)六月朔卒,军民就其居宅祀之,额曰"岘山祠",在今大市街五仙观南。

清·长善等纂:《驻粤八旗志》卷十七

欧阳永祺

欧阳永祺,字德馨,马平人,雍正十三年(1735)拔贡,乾隆中历官广东布政使。连州八排十四排之瑶,康熙中常为乱,法禁其出入,永祺奏言:排瑶地狭人众,将无所得食,请许其良者编入民籍,以广谋生之路,而消其生事之端。下督抚议行。南海、三水诸县,岁有水患,盖西北两江之水由顺德、香山入海,而江为海潮所阏,旋阏旋积,愚民贪利,辄规筑之为坦,坦日广,下流日壅,故上流多泛决。永祺令民毋报坦亩升科以隘水道。未几,以言事失当,左迁江西按察使。

《阮通志》卷二百五十七

史 鹄

史鹄,字孟康,直隶肥乡人。以武一甲第二入侍内延,累官至高州镇游击。留心营务,日取兵丁校骑射技击,或累空土块,使行走其上,或腾跨溪涧,使骄(矫)如猿狖。汰疲弱,惩惰玩,隐成劲旅。道光十一年(1831),八排瑶赵金龙反,鹄奉檄领高镇兵五百,四月抵连州。督府初令防堵余高汛,忽奉令会剿。人持干粮火药裁一日耳,阻隘饥渴甚。鹄决计归营,军士退去。忽闻前军梁副将困于重围,则令苏外委追退兵,而与帐下李朝安等先往瞻视,飞炮伤足,力尽而死。迄今读吴徽叙:《李百户传》,鹄当闻变时曰:"使前军不返,我不独生。"义烈之概,罕有伦比矣。鹄干躯伟岸,而击刺如飞,正欲立功万里外,尤爱恤士卒。其卒也,全营悲恸,声闻数里,郡人公设祭奠,归其丧。初,鹄侍内廷时,成皇帝尝与习射。及事闻,上曰:"史鹄尚官游击耶?"悼惜者再,谕旨优恤。(《采访册》)

清·杨霁:《高州府志》卷二十六

禧 恩

宗室禧恩,字仲藩,隶正蓝旗,睿亲王淳颖子,湖南江华瑶赵金龙作乱,命禧恩偕盛京将军瑚松额督师。道光十二年(1832),广东瑶匪赵仔青窜入湖南,率提督余步云、总兵曾胜追剿之,偕巡抚吴荣光疏陈善后事。湖南既定,而两广总督李鸿宾剿连山瑶,阅半年,军屡挫,诏逮鸿宾,以禧恩署总督,由湖南进兵,遣步云、胜等先后破贼,擒首逆邓三、盘文理,毁其巢。甫一月，诸瑶乞降。

赵尔巽：《清史稿》第九十七册

杨龙韬

杨龙韬，号凌云，容奇人。援例千总，补肇庆协左营右哨，历署广州协左右营护理前山营守备。道光十二年（1832）壬辰，连州八排瑶不靖，调往进剿，奋力向攻，力竭阵亡。

清·戴肇辰：《广州府志》卷一百三十三

许 二

游击谢国荣、多隆武，都司马全带兵一千四百名，由望溪岭同日进剿……追至高岩，又有千余匪抄出山头抛掷土石，多隆武、马全均受石伤尚轻，谢国荣石伤甚重，先犹挥兵杀匪，后不能忍痛，扑地身亡。阳山县知县师庭兰、候补经历倪礼、巡检员吴象坤带领乡兵九百名，奋勇冲杀上山，杀死瑶匪五十余名，生摘大木根瑶人首逆许二一名，匪皆遁散。

民国·凌锡华：《连山县志》卷五

按：许二，排瑶，生于道光年间，大木根人。为道光十二年（1832）八排瑶起义首领之一，多次带兵与清军作战。道光十三年（1833）五月，与清军作战时受伤被捕，当月被杀害。

唐阿牛二 沈烧酒

再现查所有迭劫首匪，俱经陆续歼擒，惟唐阿牛二、沈烧酒二名逃匿无踪……

民国·凌锡华：《连山县志》卷五

按：唐阿牛二，排瑶，火烧排人；沈烧酒，排瑶，北枧峒人。两人均生于清道光年间。因不满汉族土豪劣绅强占山林田地和官府压迫，于道光十二年（1832）倡领八排瑶起义反抗，被官府"指名查拿"，于当年十一月被捕杀害。

李云栋

李云栋，字扶青，山西解州人，举人。道光十四年（1834）（任）连山绥瑶同知。时瑶乱初平，毒焰未息，侵掠人畜，霸耕民田，习以为常。云栋秉公执法，有犯必惩，断归民产，威服婪瑶，乡里渐得安居乐业。旋奉调入都，十五年（1835）回任，时当闰六月，有飞蝗入境，云栋冒暑躬历山峒，督夫役捕蝗且尽，中瘴毒卒，民衰之，奉祀名宦。

民国·凌锡华：《连山县志》卷五

姚柏山

姚君柏山，雄文硕学，兼秉强敏理剧之才。初令临漳，即著循声。改官广东，知揭阳。揭阳固粤难治之地，柏山为之，甚有名声威风，旋擢连山绥瑶同知。绥瑶设官仅逾百年，屡有割并，康熙中有为之志书者，甚阙略不备，且其时连山未归同知专辖，今柏山实始创为之。

民国·韩建勋：《连县志》卷一

潘廷泮

潘廷泮，大平图人，国学生，一百二岁，五世同堂，男女百余口。先移居连州，道光十三年（1833）瑶寇乱，避居城中，制军李鸿宾闻之，就见焉。谓众曰："福寿公来，瑶寇将靖矣。"旬日，寇果归诚。

清·黄培崶：《英德县志》卷十一

赖圣杨

赖圣杨，习吏治法例。咸丰（1851—1861）年间，值连州八排瑶人犯顺，按察使李福泰衔命讨之，以圣杨从。至则圣杨躬入瑶峒，宣谕诸酋，瑶皆就抚。

清·赵俊：《增城县志》卷二十

蒋震举

蒋震举，字春圃，广西举人。同治三年（1864）任军民同知，首以抑强扶弱为己任。时瑶匪甚悍，择其尤著之塘基儿小排，率巡司绅勇往剿之，由是帖服，咸遵禁约。修文庙，始迁书院于象山，即今之改为学堂者也。尤善折狱，惜事多未竟。卒于任，乡人思之，为立祠数处［同治八年（1869）同知孙志钧补入祠，无奏案］。

民国·凌锡华：《连山县志》卷五

邓炳春

邓炳春，字梅仙，湖南监生。光绪十六年（1890）任军民同知，廉而有威。时前任辅良请兵征瑶，事未竣，炳春筹善后，竭尽心力，又请折纳吉田二乡色米，民便之。

民国·凌锡华：《连山县志》卷五

按：《连山乡土志》，"竭尽心力"作"竭心尽力"，余同。

（五）民国

何一鸾

何一鸾，字松坡，浙江法政法律别科毕业，民国三年（1914）到任。洞知地方利弊，励行兴革，如清土匪、平瑶乱、兴教育、讲建设，均著劳绩，修辑《县志》一役，尤力总其成，奈未筹款付梓，旋奉调连县，邑人思之不置。

民国·凌锡华：《连山县志》卷五

孟保罗　邵从真　余海波

孟保罗先生、邵从真先生和余海波医生，都是中华基督教会三江瑶民办事处的负责人。邵先生为求工作方便，全家迁上军寮排居住，余医生则在三江圩设协连医院，便于瑶民下山就医，并替广东省银行收发瑶民的信用农贷。她常常驾着一辆脚踏车，来往三江、连县之间，行走如飞，有时攀登七八十里的小路，为瑶人医病。

民国《民族文化杂志·瑶山访问记》

按：孟保罗，美国人；邵从真、余海波，连南三江籍汉族人。三人均出生于清光绪年间，基督教徒。民国十七年（1928），余海波与孟保罗结为夫妻。民国三十五年（1946），孟保罗返回美国。民国三十七年（1948），余海波携子女去美国居住。后将房产捐给连南县人民医院。

六、社会篇

（一）组织

瑶　首

粤之疆域，东南蛮扬也。带山阻险，瑶人巢伏其中，壮人亦因耕党恶相与走险。明洪武初，命将讨平溪洞，立瑶首以领之，朝贡方物，赉锡有颁。成化后，寻复梗化，占夺土田，劫掠肆害，巢穴深邃，出没靡常，声罪致讨，莫能草薙，亦惟募兵防守，及招抚羁縻之说而已。大兵所至，宣威薄伐，谕使归山，种类日繁，屡抚屡叛，加兵荡平之后，或设县治，或立瑶首，设长官以统领之。善经略者，必有良策矣。

南蛮，下要服……

《金通志》卷二十九

按：《广东通志》三十卷，清金光祖修，莫庆元纂，清康熙三十六年（1697）刻本。《中国方志综录》作记事至康熙十三年（1674）。广东省立中山图书馆藏。《四库全书总目》与《清史稿·艺文志》均未著录。

金光祖，满洲人，生员，康熙十二年（1673）任总督。

洪武三十一年（1398），大弓山瑶陈猛颜，白弓山瑶马以亮，黄莲山瑶齐有善等俱就抚，设立瑶首统领抚瑶总甲以绥之，为绥瑶之始。

民国·凌锡华：《连山县志》卷五

景泰（1450—1456）间，壮首廖亚、瑶首韦广通等一百二十余户于大东山上下坪、东山等处作乱，至是，布政、按察二司调军征剿，令瑶老梁二贲榜招抚，俾居其地而耕种焉。成化八年（1472），遂附籍通二图甲下。

民国·欧汝钧：《阳山县志》卷十五

瑶目　瑶老　瑶总

连山有八排瑶，性最犷悍……称官长则曰朝廷，月送结状至县庭，不跪。……有瑶目八人司约束。

清·屈大均：《广东新语》卷七

大塝、麦埇瑶总所属在县西四十里南岸乡南，麦埇、上严、下雷……

东冈抚瑶，瑶目所属在县南来十里深坑梅迳南，东冈、凤头冈、大巷村。四山瑶：塘尾埇、核菜坑、新坡、斩柳塘、婆坡坑、木椛坑、沙埇、根竹坪、横坑、松埇、和仓坪、芒障坪、蕉迳。

清·万光谦纂修：《阳山县志》卷四《舆地志》

按：抚瑶之称，始于明成化间，高州知府孔镛立抚瑶，免差役，约束其众，咸听调遣，遂立瑶兵，每山每寨皆设一瑶目相统辖之。

又按：黄瓒修、朱汝珍纂《阳山县志》记载："东冈抚瑶所属非一处，其云：在深坑梅迳南者止，就东冈、凤头冈言之耳。其塘尾埇所属则在龙石屋村西，婆陂（坑）所属则在田泮水南，木椛坑所属则在天塘闸西，芒障坪所属则在黄牛滩南……"

大塝抚瑶，瑶老所属在县西北七十里双山、雷公严北，狮子铺、大坪、上坪、西水庙氹、白水带、成公坑、大庙峒、石寨、田扶、柏树围、筋竹水、逢凡墩、铁炉坑、重兴围、隔塘围、世庆围、塝美围、冯星国、牛珠乡、石基乡。

清·万光谦纂修：《阳山县志》卷四

按：大塝抚瑶所属亦非一处，其出在双山、雷公严北者止，就狮子铺、大坪等处言之耳。

大山峒瑶老所属在县东八十里小青蓝北，内有大山峒、亚吟坪、踏凹……横水瑶总所属在县北一百四十里芦田西北，内有横水乡、铜坑坪等。

黄沙坑瑶目所属在县北一百四十里芦田南，其东与乳源界，内有架吊岽、新开垦、大塘面、榕树湾、麻子墩、白古岽、大滩头、圆溜、黄家岽、黄沙坑、水口等。

太平、南木峒瑶目所属在县北一百四十里横水东，其东与乳源界，北与临武界，内有南木峒、太平峒。

清·万光谦纂修：《阳山县志》卷四

按：清道光陆向荣修、刘彬华纂《阳山县志》卷一《舆地上》同有记载，只是有些地名有所不同。

大册峒瑶老所属在县东北九十里大山峒东北，石梯、茶涧、大册峒、牛迳坪、百把、大水埇、黄泥塘、牛耙坪、佛碌坪、迳下坪、遥水坑、甕塘、和里峒、烧寮头、小旱峒……

芦田瑶总所属在县北一百四十里大乌山东，麻圆、鹧鸪坌、南坌。

横水瑶总所属在县北一百四十里芦田西北，横水乡、铜坑坪。

黄沙坑瑶目所属在县北一百四十里芦田南，其东与乳源界，架吊崀、新开坌、大塘面、榕树湾、麻子墩、白古崀、大滩头、圆湳、黄家崀、黄沙坑、水口。

太平、南木峒瑶目所属在县北一百四十里横水东，其东与乳源界，北与临武界，南木峒、太平峒、高堂坪。

清·陆向荣修，刘彬华纂：《阳山县志》卷一《舆地上》

崇祯十四年（1641）辛巳，……闰十一月，瑶目沈九等率散瑶数百赴五里镇高乡营前，罗拜求抚，献其籍，督府安抚众瑶，编入图籍，八排平。

民国·周赞元：《怀集县志》卷八

案旧志，有练总地保甲长所属暨抚摇，瑶目所属诸名称分在县内各地不下数十，以瑶未同化故也。陆志谓抚瑶之称始于明成化间，郡守孔镛立抚瑶，免差役约束，其众咸听调遣，遂立瑶兵，每山每寨皆设瑶目统辖之，又谓东冈抚摇所属非一处，其云：在深坑梅迳南者止，就东冈、凤头冈言之耳。其塘尾埇所属则在龙石屋村西，婆陂（坑）所属则在田泮水南，木梳坑所属则在天塘闸西，芒障坪所属则在黄牛滩南，云迄今其名仅存。盖经数百年治化，涵濡顽梗之俗，洽我诗书编户之民，安其耕凿瑶之同化，齐民不烦，防守羁縻诸术久矣，谨概从删去，不复赘述，而志其梗概于比。

民国·黄瓒修，朱汝珍纂：《阳山县志》卷一《舆地上》

连山厅理瑶同知郭际清与各官分赴瑶山，编历东西八大排，百三十一冲，核实丁口，填给门牌，按牌设立瑶老、瑶长，其小冲则设立瑶目，皆择谨愿者为之。

清·陈徽言：《南越游记》卷三

瑶长　瑶练

道光十三年（1833），尚书禧恩奏准，令八排瑶人各举老成知事者立为瑶老千长，赏给顶戴。办事瑶目，立为瑶练。瑶长，每月口粮银三两，瑶练每月一两五钱。凡瑶长十八人，瑶练六十四人，隶绥瑶把总。月朔日赴绥瑶营领饷，具结状排瑶有滋事者责之。自是，瑶有讦民者，先达于其长，其长达之官。民有讦瑶者，官下其长，逃者十可得八九，视前加密矣。其饷由三江营赴广东布政司请领，其添设练勇百名也，由前南韶连道杨殿邦饬募也。

清·姚柬之：《连山绥瑶厅志》

设瑶长、瑶目、瑶老等，专其钤束化导之责，犹嘉泰之遗意也。

清·沈粹芬等：《国朝文汇》（丙集）卷二十五

瑶　排

至应征瑶粮，统令瑶长率领瑶户自行赴厅交纳，不准胥吏经手，以免需索。瑶人向分八大排，七八十小冲错处，嗣后应编立门牌，以备稽查。仍令八大排内各举老成知事者，立为瑶老千长，由绥瑶厅拣选承充，管理一排事宜。余各小冲系某大排分支统归某大排瑶老千长管领，令绥瑶同知按户发给门牌，将大小丁口备载。并于八大排内，每排添设瑶练十名，统归连山厅把总管带差遣。如有入山藉差吓诈事情，该千长到官首告，照例治罪。其瑶老千长及瑶练等，果能办公无误，年终由绥瑶同知酌给花红，分别奖赏。

环连皆瑶也，宜善以东，三江以西，金坑、白芒以南北，周围四百余里，崇山峻岭，绝壑深林中，土墙瓦屋，聚族而居，其户凡六千八百三十二，其丁口二万六千五百七十七，其族类之名分，大曰排，小曰冲。排者，派也。冲者，种也。冲隶于排，犹言某派之种也。排之大者八，小者七，其冲一百七十三。属连山者五大排，三小排，一百二十大小冲；属连县者三大排，一小排，十三小冲；属阳山者三小排，三十四小冲。

民国·凌锡华：《连山县志》卷十四

按：上述几部志书记述了连南排瑶在清朝前就已设立瑶首、瑶目、瑶老、瑶长、瑶练等，以管理排瑶社会事务。新中国成立前，瑶族人因遭受封建统治阶级压迫，躲进深山高岭，在险峻的高山上建寨，依山而居，山寨四处设防，壁垒森严，以抗御外敌。聚族而居的排瑶，以"排"为单位，团结自保，维护自身的生存和发展，逐渐形成了严密的社会组织和联寨结盟形式。

（1）瑶排。

瑶排，是汉族对排瑶村寨的称呼，有大排、小排之分，再小者称冲。"排"称呼的来源，有谓以竹木为寨栅得名，有谓以房屋排列整齐得名。过去，瑶排多设在险峻高山上，通往瑶排的路，瑶民沿途以岩石为屏障，设关建隘。在排的四周，均用大石垒砌寨墙，只留寨门出入，据险设防，抗御外敌。瑶排大者有几百户数千人，小者有几十户数百人。除部分小排和小冲外，大部分瑶排均聚数姓共居。以油岭排为例，过去有唐、房、盘、龙、李、沈、邓七个姓，多姓瑶人先后走到一起，结寨定居，团结自保，逐渐形成大型聚落，成为地缘社会组织。随着社会的发展，这种社会组织逐步演变成管理瑶排的社会组织——瑶老制。

（2）瑶老制。

瑶老，瑶民自称"瑶公""公参"。瑶老制，是排瑶以血缘和地缘两重关系组织起来的、为维护社会秩序、组织社会生产、抗御外敌而建立的社会组织。

瑶老制组织，由天长公、头目公、管事头、掌庙公、烧香公、放水公等成员组成。

天长公，是瑶老制组织的首领。每排一个，一年一任，排内凡年纪较老的、经过"挨旦堂"（一种宗教活动）、起有"法名"的人，不论贫富，均有机会当选。每人只能任职一次。其主要职责是处理排内纠纷，维持社会秩序，代表本排对外交涉等。遇有排际械斗或其他战事，则是当然的军事首领。

头目公，是瑶老制的主要成员。其称呼和数目，各排不尽相同。如南岗、油岭两排称"头目公"，大掌等排称"户长公"。其数目，南岗排每"龙"（一种社会组织）一名，共三名；油岭一十四名，大掌八名。头目公是天长公的主要助手，他们的主要职责，除管理本"龙"或本"户"内的事务外，还协助天长公侦查审理案件，缉捕、看管犯人，办理纠纷事务，并主持群众大会，传达瑶老决议，收集辖内各户给瑶老成员们的报酬，组织和领导公益劳动和宗教活动，按季节气候劝导农耕等。

管事头，是军事指挥。只有发生战事时，管事头才会产生，一般由机智勇敢的青壮年来充当，其职务及地位是随着战事结束而结束的。

掌庙公和烧香公，是司理庙宇宗教事务的人物。前者负责组织和安排节日在庙宇祭祖活动等事宜；后者主要是给大庙祖先烧香（每月初一、十五及节日）。两者均由群众推荐产生，如无特殊情况，任期到终身。

放水公，分为管食用水公和管田水公，具体管理一排的生活食用水道和农田灌溉的水源分配及水利维修，一年一任，产生办法是自报公议，年龄不限。

瑶老，是瑶老制的核心成员，有全排瑶老和各姓各宗族瑶老之分。瑶老是在群众中自然形成的，既无任职仪式，亦无任职期限。其条件是年纪较大，经过"挨旦堂"，起有"法名"，能说会道，敢于主持公道，懂得本族历史，群众信服，等等。天长公和头目公处理重大事情，必须与瑶老商量，取得一致意见，方能执行。

瑶老制组织的成员，绝大部分是德高望重的老人。但是，所有这些瑶老，一般不脱离劳动，每年由各户凑一至两斤米给他们作为报酬。处理重大事情时，均由天长公召开瑶老会议，按习惯法集体民主公议，然后做出决定。若瑶老彼此意见分歧，无法达成统一意见时，则需交由全体群众大会讨论决定。

（3）瑶长、瑶练。

瑶长、瑶练的职务，由政府封任。瑶长终身任职且子孙可世袭，但若办事不好亦被更换。瑶练一般是每年更换一次。

瑶长掌管排内各项事务，对外直接与政府联系，每月从政府领取银饷，受政府的保护并为其服务。瑶练是瑶长的助手，他们的主要职责是给瑶长差遣办事。

民国二十八年（1939），国民党政府在保留世袭的十八名瑶长、六十四名瑶练的基础上，再增设瑶长一名、瑶练二十八名。

清王朝和民国政府虽然在连南瑶区设立了瑶长、瑶练制，但由于瑶老制在社会中根深蒂固，瑶老组织仍未破除，广大民众仍尊敬和拥护瑶老们，因此，瑶长、瑶练们在瑶排处理事情，仍是通过固有的头目公去召集瑶老们商议。重大案件的判决，要沿用原有的习惯法为依据，通过群众大会来决定。

新中国成立后，连南县人民政府曾设立县政府参事室，挑选了十四名瑶长担任参事，参与讨论和审查地方性法规，向瑶族同胞宣传、解释共产党和人民政府的方针政策，协助政府调解处理民事纠纷。

（4）排瑶联盟会议形式。

连南排瑶依山建寨，形成一个比较大的聚居区，但各瑶排分散在百里瑶山之间，各自不相统属，没有共同的组织中心，也没有共同的领袖。只有遇到外来势力侵扰和关系到整个瑶族利益的大事时，大家为了应付共同的敌人和维护民族利益，才召开临时性的联盟会议。这种联盟会议有"三洞会议""五洞会议"和"白石洞会议"三种。

"三洞会议"，是指油岭排、南岗排和横坑排联合召开的会议。当三大排遇到共同利益被侵犯时，会共同召开一个会议，商议对应方法和措施，会议地点设在三个排集中的"牛屎坪"。

"五洞会议"，是指军寮、火烧坪、大掌、里八峒、马箭五个排共同召开的联盟会议，地点设在军寮与里八峒之间的辛塘，故又称辛塘会议。

"白石洞会议"，是聚集"八排二十四冲"（即连南全体瑶民）的联盟大会，因为集中在八排二十四冲适中的涡水白石洞而得名。

会议的仪式如下：在约定开会那天，各排的瑶老率领所有男性成年人，个个持枪带刀，到会场集中。会前由各个排的头目公安排米酒猪肉（甚至杀牛）鸡等食物，并鸣放铁铳炮。开会时，主持人用唱歌的形式宣讲召开会议的理由，然后由各大排的瑶老讲道理，接着由各小排瑶老自由发言。当意见取得一致或大多数人赞同时，便举行仪式，由先生公（宗教活动主持者）杀鸡滴血在酒碗上，大家分肉饮酒，以示团结一致、共同对外的决心。最后放铁铳炮，宣布散会。会议定下的事情，由各排瑶老共同负责落实。

（二）生产、生活

耕　作

星居占泉眼，火种开山脊。

唐·刘禹锡：《莫徭歌》

何处好畲田，团团缦山腹。下种暖灰中，乘阳拆茅蘖。

唐·刘禹锡：《畲田行》

连山地无平旷，田不方井，壤接怀、贺，地杂壮、瑶，性多质朴，不事商贾，专力稼穑。

《阮通志》卷九十三

瑶人耕山为生，以粟、豆、芋魁充粮。其稻田无几……

          宋·周去非：《岭外代答》卷三

依凭崖谷，伐山而畲，爇草而播。

          清·屈大均：《广东新语》卷二

随溪谷群处，斫山为业，有采捕而无赋役……

         清·顾炎武：《天下郡国利病书》卷一〇四

种禾黍粟豆山芋，杂以为粮，暇则猎山兽以续食。

       清·同康庐主人辑：《中外地舆图说集成》卷九十三

瑶地跬步皆山，稻田绝少，垦种薯芋包谷，充其口食。

         清·沈粹芬等：《国朝文汇》卷二十五

瑶，椎髻跣足，居深峒，刀耕火耨。

         清·顾炎武：《天下郡国利病书》卷九十八

刀耕火种，凿岩而居，种类蕃息，分散溪谷，然亦各有分地。

           清·姚柬之：《连山绥瑶厅志》

平居垦山力田，刀耕火种，颇耐艰苦，服食秽恶，贫富皆然。

         民国·凌锡华：《连山县志》卷十四

日常多以耕种为生活，间有制造棕绳及其他竹木粗工者。

         民国《土地与人口》卷下《瑶黎概况》

作　物

麦

  麦分数种：一曰鸡爪麦，秆低穗粗；一曰大眼麦，秆高而穗细，皆有芒，用以肥猪、煎糖最宜；一曰牟麦，无芒而穗小，一名小麦，又名禾麦，可作面粉，制饼饵、造酱、酿酒，用途甚广，瑶山多有之，民田却不多种，殊可惜。

民国·何一鸾：《连山县畫》卷三

畲 禾

又有畲禾，乃旱地可种者，彼人无田之家并瑶壮人皆从山岭上种此禾，亦不施多工，亦惟薅草而已，获亦不减水田。

明·王济：《君子堂日询手镜》

薏苡米

薏苡米，瑶人多种之，以为粮。

《阮通志》卷九十五

脂 麻

山林之地，均可种植，其子细而繁，可炒食，可榨油，为制饼饵家必要之物，价值甚昂，邑人能多种之，获利岂鲜，分黄、白、黑三种，瑶人种之居多。

民国·何一鸾：《连山县志》卷三

樵 采

或时以山果入市……常着芒鞋，登山樵采。

《阮通志》卷三百三十

土产杉板、滑石、蜜蜡、零陵香、燕脂木。

宋·周去非：《岭外代答》卷三

山中多杉板、滑石、胆凡、茴香、草果、槟榔诸药物。

明·沈节甫：《纪录汇编》卷六十

耕种颇盛，迩来山茶、姜炭岁出万金。

民国·凌锡华：《连山县志》卷十四

渔 猎

清韶州副总兵林芳墓,在里八峒瑶排葫芦田外,即芳征瑶殉难地,墓前有大塘,瑶人捕鱼,必先祭芳,不祭则无所得,瑶人惊为神异,岁时祀之。

民国·凌锡华:《连山县志》卷三

山瑶无渔具,上下断其水,揉蓼叶困鱼,鱼以辣出,名"瘴鱼"。

宋·朱辅:《溪蛮丛笑》

山中或射鸟兽,江边或捕鱼鳖。

民国·张其昀:《中国民族志》第五章

熏狸掘沙鼠。

唐·刘禹锡:《蛮子歌》

箭头余鹄血,鞍傍见雉翘。

唐·刘禹锡:《连州腊日观莫徭猎西山》

树畜粟豆羊牛,杂以为饷,不足,以伐山猎兽而续之。

明·沈节甫:《纪录汇编》卷六十

暇则猎山兽以续食。

清·同康庐主人辑:《中外地舆图说集成》卷九十三

居恒则猎山兽以食,疾病则巫觋吹牛角以祷。

清·黄钧宰:《金壶七墨》卷五

有香獐,味甘性温,食之不畏蛇毒。脐名麝香,非獐也,狸之似獐者也。瑶女当春时,多采生香麝子以为佩,动则香气远闻。山歌云:"生麝香吹瑶女风。"

清·屈大均:《广东新语》卷二十一《兽语》

但其人而耐寒暑，善走险，精药弩，惯捕猎。

清·李来章：《连阳八排风土记》

按：民国欧汝钧《阳山县志》卷二引用。

捕兽饮酒，击长鼓为乐。

民国《瓯江杂志》卷二十三

染　布

（盘瓠诸子）织绩木皮，染以草实，好五色衣服，制裁皆有尾形。

南朝宋·范晔：《后汉书》卷八十六

瑶人以蓝染布为斑，其纹极细。其法以木板二片，镂成细花，用以夹布，而镕蜡灌于镂中，而后乃释板取布，投诸蓝中。布既受蓝，则煮布以去蜡，故能受成极细斑花，炳然可观。故夫染斑之法，莫瑶人若也。

宋·周去非：《岭外代答》卷六《服用门》

按：《岭南丛述》卷二十八引用。

衣用布，或青或红，堆花叠草，名"瑶锦"。

清·屈大均：《广东新语》卷七

刺　绣

戴笠跣足，能助耕作，及纺织刺绣之事。

《皇清职贡图》

按：《阮通志》引用。

其领袖皆刺五色花绒，垂铃钱数串。衣用布，或青或红，堆花叠草，名"瑶锦"。女初嫁，垂一绣袋……

清·屈大均：《广东新语》卷七

衣腹背俱系唐宋铜钱为饰，裙用五色绒彩，织为文绣，短仅至膝，系钱于边幅，行则有声。

清·黄钧宰：《金壶七墨》卷五

瑶妇衣尚刺绣，皆自为之，青帕蒙头，饰以簪珥。
《阮通志》卷三百三十

女衣幅袖以五色绒密绣之。
清·李来章：《连阳八排风土记》

制　造

编架弩

凡蛮瑶之弩，状如中都之吃笪弩，盖不能弯弓，而皆能踏弩也。以燕脂木为之，长六尺余，厚二寸，博四寸许。其长三尺余，厚止半寸，不划箭槽，编架其箭于栝，故名曰"编架弩"。其箭剡竹为之，或用小圆竹，而皆有弩之箭户。镞如凿，或如凫茨叶，以软皮为羽，利于射高而不可以俯，射则弓易软，矢易钩，非良材也。
宋·周去非：《岭外代答》卷六《器用门》

弩名偏架，以一足蹶张，以手搏矢，往往命中。
清·同康庐主人辑：《中外地舆图说集成》卷九十三

炼刀

儿时，选精铁如儿重，渍以药水；及长，咒时炼日，刺熊冲坚，服以终老。
明·邝露：《赤雅》卷上

儿始生，秤之，以铁如其重，渍以毒水，及长，锻而为刀，终身用之。
明·沈节甫：《纪录汇编》卷六十

其刃，儿时炼精铁为之，软可为带。
清·陆凤藻：《小知录》卷三

毒槊

毒槊无刃，状如朽铁，著人，无血而死，意《列子》所称"宵练"者耶。
明·邝露：《赤雅》卷上

贸 易

或时以山果入市。

《阮通志》卷三百三十

不事商贾，专力稼穑。

《阮通志》卷九十三

按：民国凌锡华《连山县志》引用。

所产有粟米、高粱、薯芋、黄豆、棉花，逢圩期常出外贸易。

清·万光谦纂修：《阳山县志》卷五

（行祥）地多粟米棉豆之植，瑶户多殷实，亦守法，与人贸易无患争。

清·姚柬之：《连山绥瑶厅志》

迩来山茶、姜炭岁出万金。

民国·凌锡华：《连山县志》卷十四

查连州、连山、阳山所属民村与瑶山界址毗连，交涉往来，易至起衅结怨，向来瑶人以粟米、高粱、薯芋、黄豆、棉花等物至民圩交易，每为汉奸所欺，应令绥瑶厅相度情形，准瑶人于瑶地另立瑶圩，俾通贸易。其有愿赴民人圩场买卖，及民人有愿赴瑶圩交易者，亦听其便。

入民国以来，谨守法纪，纳税以时，趁圩不扰。

民国·凌锡华：《连山县志》卷十四

趁圩茶笋裹棠梨，换酒郫筒络绎提。更是绣裙蛮小女，也随人卖亚冠鸡。

民国·凌锡华：《连山县志》卷十五

住 居

所处险绝，人迹罕至……好入山壑，不乐平旷。

南朝宋·范晔：《后汉书》卷八十六

蛮瑶者，居山谷间。
元·托克托：《宋史》卷四百九十三

采竹木为屋，绸缪而不断，绳枢筚窦，覆以菁茅。
明·沈节甫：《纪录汇编》卷六十

采竹木为屋，种禾黍、山芋为粮。
清·陆凤藻：《小知录》卷三

山谷弥远，瑶人弥多。
宋·周去非：《岭外代答》卷三

山瑶穴居野处，虽有屋以庇风雨，不过剪茅叉木而已，名"打寮"。
宋·朱辅：《溪蛮丛笑》

按：《岭南丛述》卷二十七引用。

熟瑶与土民交易，或通婚姻，生瑶惟处穷谷中。
民国·凌锡华：《连山县志》卷十四

按：熟瑶，指过山瑶；生瑶，指排瑶。

环连皆瑶也，宜善以东，三江以西，金坑、白芒以南北，周围四百余里，崇山峻岭，绝壑深林中，土墙瓦屋，聚族而居。

……

军寮：排山坐南面北，危石屹立，岩壑幽邃，瑶户周阿而居，密于蜂巢……

火烧坪：排山左右皆是悬崖峭壁，不通人径，有三重石关……

大掌岭：排之四面皆石关，瑶人设险以守，形势天然……

里八峒：排内四山回合如城池……

马箭：排山坐东向西，左右崇山环拱，林木蓊蔚……

油岭：排中两山环合，山之层级，高下相承，瑶人次第居住，前崎高良，石山背列层峦耸立如壁……

行祥（南岗）：排坐西面东，奇峰矗立，瑶户叠居山半，左密林，右深坑……

横坑：排居高山绝顶，地实平衍宽敞，旧与行祥比邻……

民国·凌锡华：《连山县志》卷十四

按：此八个瑶排，为连南排瑶历史上的八个大排（排，外人对瑶寨的称呼），每个排均有上千户数千人口，其他小排的排瑶人多从这八个大排分居出去，故连南排瑶又称八排瑶。

瑶，椎髻跣足，居深峒，刀耕火耨。

清·顾炎武：《天下郡国利病书》卷九十八

板瑶、箭瑶种不蕃，排瑶最大。刀耕火种，凿岩而居，种类蕃息，分散溪谷。

清·姚柬之：《连山绥瑶厅志》

瑶人居住深山，田地难得，谋生之计，或无所出。

清·李来章：《连阳八排风土记》

山居为瑶，峒居为壮。

民国·欧汝钧：《阳山县志》卷二

周围二百余里，岩险峰峦，皆瑶人耕作居住地也。

民国·凌锡华：《连山县志》卷十四

其居室多为瓦屋，然亦有茅屋者，但甚少杂居，类皆自成部落。

民国《土地与人口》卷下《瑶黎概况》

山瑶皆为卧板，夜燃以火。

宋·朱辅：《溪蛮丛笑》

冬无卧具，群聚爇火。

民国《瓯江杂志》卷二十三

饮 食

牛榔木多浆，苗、瑶岁饥缺食，则先以火窨地，握根置窨中，压以石，又用火沤熟（沤渍盦也），捣作饼饵，名"沤榔"。

宋·朱辅：《溪蛮丛笑》

远出，包裹米饭，虽经时腐败，不以为秽。食毕，掬涧水饮之。

清·李来章：《连阳八排风土记》

种芋而食，种豆易布。

清·闵叙：《粤述》

种禾黍粟豆山芋，杂以为粮。……专斫山种畲，镞木盘镐，射兽而食之，食尽又移一方。

清·同康庐主人辑：《中外地舆图说集成》卷九十三

树畜粟豆羊牛，杂以为饷，不足，以伐山猎兽而续之。燔爨草具，毛血淋漓，虽富者亦然。惟多酿酒，时时沉酗为乐。

明·沈节甫：《纪录汇编》卷六十

以牛肉为粮糗。

清·李来章：《连阳八排风土记》

排冲诸君吾子咸集，屠豕椎牛，共牢（宰）而食。
亲在不知养亲，老犹责其力作，至体惫不能兴，乃饮食之。

清·姚柬之：《连山绥瑶厅志》

按：此为编纂者不了解瑶族（尤其是排瑶）习俗之误记。瑶族自古以来有尊老爱幼和勤劳肯干的传统，大家视老人为"天地"，竭尽所能赡养老人，有酒肉美食必先孝敬老人，绝不会有"亲在不知养亲"之行为发生。在瑶族社会，老人享有较高的地位，明朝前就已产生了"瑶老制"，由瑶老们管理瑶寨和宗族事务。瑶民不论是社会上的事务，还是家庭中的红白大事，等等，都首先征询老人的意见，然后才一起商量定夺。因瑶民长期在高山上居住，生活艰难，有的老人做些力所能及的农活，是其本人勤劳肯干或想减轻子女的负担而乐为之，不是子女"老犹责其力作"。

颇时艰苦，服食秽恶，贫富皆然。

（婚礼）屠牛豕，设酒以醉宾。

民国·凌锡华：《连山县志》卷十四

相接以扼颈、劝觞为敬。

民国·欧汝钧：《阳山县志》卷二

摆设酒席，并无海味，以猪肉豆腐等。

民国《土地与人口》卷下《瑶黎概况》

其务农者，种禾黍山芋为粮。

民国·张其昀：《中国民族志》第五章

服　饰

长沙郡又杂有夷蜒，名曰"莫瑶"。……其男子但著白布裤衫，更无巾袴。其女子青布衫，斑布裙，通无鞋履。

唐·魏徵等：《隋书》卷三十一

瑶人，椎髻临额，跣足带械。或袒裸，或鹑结，或斑布袍袴，或白布巾；其酋则青巾紫袍，妇人上衫下裙，斑斓勃窣，惟其上衣斑纹极细，俗所尚也。

宋·周去非：《岭外代答》卷三

男子编白雉插首，银环穿耳，银箍匝额，银环饰项，腕带银钏，多至二三双。女子簪发以竹，覆以花布，如鸟张翼状，衣腹背俱系唐宋铜钱为饰，裙用五色绒彩，织为文绣，短仅至膝，系钱于边幅，行则有声。

清·黄钧宰：《金壶七墨》卷五

连州瑶人，蓄发为髻，红布缠头，喜插鸡翎……瑶妇衣尚刺绣，皆自为之，青帕蒙头，饰以簪珥，常着芒鞋……

《阮通志》卷三百三十

在连者，为八排瑶峒，崇山峻岭，错处其间。……其人椎髻跣足，衣斑斓布褐，男女以绿砾、鸡毛置髻鬓间，谓为美观。

清·袁泳锡：《连州志》卷八

男衣皆大领、左衽，裤用青布，裤脚以五色绒横绣之，腰间缚包肚或皮（布）带。少年衣领下加白布一幅，如女子云肩，以绿珠数串缀于白布之上。女衣幅袖以五色绒密绣之，后衣则长过膝，无前襟。余布二幅不绣，左右相交遮肚，转后下垂。女裙前用青布一幅，印白花，名曰"裙襁"。裙无折，无后幅，后用衣遮脚。跣足素不识履，夜睡亦不洗足。

瑶无冠礼。少年男子以五色绿珠及绵（棉）花作条饰，髻上插鸡尾，以为美观。男二十余岁不剃发，以红布缠头，兼用网巾，穿耳带环。至大清康熙四十一年（1702），三省官兵会剿，瑶始就抚，剃头去环。女年至将嫁，发长以为羞，择日于私室梳髻，以五色绒绣红布，缝为头包，其名曰"帕"。其状上尖，左右两角下圆。罩发，昼夜不脱，不令人见。嫁三年后，换白布，不绣绒。

清·李来章：《连阳八排风土记》

椎结，男穿耳带环，以五色绿珠毛饰髻。女袒胸，戴白垫角巾者曰"排瑶"。以三角薄板系髻上者曰"带板瑶"。髻上带长笋一枝者曰"带箭瑶"。板瑶、箭瑶种不蕃，排瑶最大。

清·姚柬之：《连山绥瑶厅志》

妇女黄蜡泥发，以木板为髻，形似今之扇面，平置顶上，覆以绣帕，缀以琉璃，垒垒若璎珞然。

清·同康庐主人辑：《中外地舆图说集成》卷九十三

妇人以黄蜡胶发，融结成板，名"顶板瑶"。

清·袁泳锡：《连州志》卷八

凡女已字，顶一方板，长尺余，其状如扇，以发平缠其上，斜覆花帕，胶以蜡膏，缀以琉璃珠，是曰"板瑶"。

清·屈大均：《广东新语》卷七

连山八排瑶，女未字则戴箭竿，分竿分发盘之，曰"箭瑶"。

清·陆凤藻：《小知录》卷三

高堂会，……富者穿五色绣衣，或袍或衫，必插鸡羽于首。足穿草履，或木屐，或赤足，不袜。

清·李来章：《连阳八排风土记》

按：高堂会，为排瑶以祖庙为单位三年或五年举行一次的"耍歌堂"活动。

瑶为南蛮之一种，衣裳斑斓，语言侏离。

儿之聪颖者不与读儒书，惟从瑶道士学，亦有科仪，其文不可晓，学优者则延诸道为受录，受录者得衣朱衣，髻缠朱布，称为"一郎""二郎""三郎"，其妻亦以红布为髻笠。

民国·凌锡华：《连山县志》卷十四

按：此记述为排瑶"先生公"（宗教活动主持者）授徒时弟子出师赠予"法衣"之情景。

衣服习古代装束，男女均戴大耳环、大颈圈，椎髻跣足。男则头裹红巾，女则戴三角高帽。

民国《土地与人口》卷下《瑶黎概况》

器　用

瑶人弩，又名偏（编）架弩，无箭槽，编架而射也。
瑶人所用，截大竹筒以当铛鼎，食物熟而竹不燃，盖理自尔，非异也。

宋·范成大：《桂海虞衡志·志器》

按：《峒溪纤志》引用，改作"强人截大竹筒以当铛鼎，食仍熟而不燃，亦异制也"。

瑶人刀及黎刀，略相类，皆短刃而长靶……瑶刀虽无文饰，然亦铦甚……瑶刀、黎刀带之于腰……

宋·周去非：《岭外代答》卷六《器用门》

聘礼牛肉鸡酒，奁具锹锄衣物，各称家之有无。

清·姚柬之：《连山绥瑶厅志》

居高山，刀耕斧种。

凡相聚议事，必设凳以延老者。无凳，则以银酬之，名曰"坐凳银"。此礼犹为近古。

祀神前，用人数队，戴革兜，穿皮甲，持枪链相逐。

清·李来章：《连阳八排风土记》

左悬长刀，右负大弩，手持长枪，上下山险若飞。战则一弩一枪，相将而前。执枪者前，却不常以卫弩；执弩者衔刀而射敌，或冒刃逼之，枪无所施，释弩取刀，奋击以救。度险则整其行列，遁去必有伏弩。

清·袁泳锡：《连州志》卷八

日常多以耕种为生活，间有制造棕绳及其他竹木粗工者。

民国《土地与人口》卷下《瑶黎概况》

衣粗布，不知有丝属，用土碗，不知有瓷器。

民国·张其昀：《中国民族志》第五章

运　输

地皆高山，而所产乃辎重，欲运致之，不可肩荷，则为大囊贮物，以皮为大带，挽之于额，而负之于背。

宋·周去非：《岭外代答》卷三

山路崎岖险阻，车马难行。

民国·凌锡华：《连山县志》卷十六

岭磴险陜，负载者悉着背上，绳系于额，偻而趋，上下若飞。

清·万光谦纂修：《连山县志》卷五

且富于膂力，善能克苦耐劳，男女俱能背负百余斤，日行百数十里而无倦容。

民国《土地与人口》卷下《瑶黎概况》

（三）婚姻

玩坡谈情

少年男女，唱歌山坳。其歌，男炫以富，女夸以巧。相悦订婚，宿于荒野。或会度衫带，长短相同，遂为婚。次日，告父母，方请媒行定。用红纸包盐十二两，又用茶一包，系以红青麻线，银一钱二分为定。近岁间，用年庚行定。

清·李来章：《连阳八排风土记》

按：此处记述的是排瑶新春玩坡节男女青年唱歌谈情之情景和订婚仪式。

排瑶新春"玩坡"习俗，历史悠久，其歌谣唱道："有了八排二十四冲就有了玩坡节。"据史料考证，八排二十四冲至少在宋代时已经形成。由此可见，排瑶以歌代言、以歌传情、以歌为媒、以歌定情的"玩坡"习俗由来已久，源远流长。"玩坡"，瑶话称"温东"或者"温沾"，意为去山坡游玩、耍禁。"玩坡"活动从春节年初一开始，至初三结束（有的排延至初六）。"玩坡节"是排瑶青年男女谈情说爱最隆重的节日，因活动地点多设在山坡上，故称为"玩坡"。每到节日时，各个山寨的未婚男女青年都盛装打扮，兴高采烈地聚集到一个俗定的山坡上嬉闹、对歌，无拘无束，纵情玩乐。节日期间，"玩坡"场上人山人海，欢歌笑语，洋溢着欢乐的气氛。小伙子可以随意用戈帮（一种用小竹子制作的噼啪筒）追打自己相中的姑娘。那些美丽而勤劳的姑娘往往引来一群小伙子的追打，而姑娘则从中挑选自己喜欢的小伙子。当小伙子打戈帮时，姑娘不喜欢他，就用头帕或花伞挡住；如果喜欢，则站住让他打。两人相识后，就双双走到树荫下、花丛中逗趣取笑，对唱情歌。两人通过唱歌了解情况，建立感情后，姑娘就送一只绣花挂袋给小伙子，而小伙子回送一副银项圈或手镯给姑娘，作为恋爱的信物。排瑶青年的恋爱是热烈的，也是自由的。节日过后，他们就将自己相中的恋人告诉父母。一般情况下，父母亲都不干涉儿女的恋爱，绝大多数的男女青年都能实现自己的意愿，结成美满幸福的婚姻。但也有极少数青年人，由于老一辈之间的宿怨或贫富悬殊大等原因，最终被迫分手，违心地嫁人或另娶他人。但到了"玩坡节"期间，他们可以不受家庭的约束，自由地到山坡上对歌叙旧，互诉思念之情，别人绝不能干扰和非议。节日过后，这种婚外恋的相会又被禁止。所以这个节日又被称为"开禁节"或"玩禁节"。这种独具特色的节俗,至今仍在排瑶地区广泛流传。

以歌为媒

　　瑶人每岁十月旦,举峒祭都贝大王,于其庙前会男女之无夫(一本作"室")家者,男女各群,连袂而舞,谓之"踏摇"。男女意相得,则男咿嘤奋跃,入女群中负所爱而归,于是夫妇定矣。各自配合,不由父母,其无配者,姑俟来年。

宋·周去非:《岭外代答》卷十《蛮俗门》

　　十月朔祭都贝大王,男女各成列,连袂相携而舞,谓之"踏歌"。意相得则男咿鸣跳跃,负所爱去,奔入岩洞,插柳避人,遂为夫妇。

清·同康庐主人辑:《中外地舆图说集成》卷九十三

　　婚配以歌声唱和为喜,度衣带长短为定。

清·袁泳锡:《连州志》卷八

　　凡遇节赛神,皆歌舞以为乐。惟七月七日会男女,名曰"耍秋"。排冲诸君吾子咸集,屠豕椎牛,共牢(宰)而食。食既而歌,以为献酬。其男女自成名(年)以上,相悦则答歌,歌合纳红巾以为采,请期而送妇。

清·姚柬之:《连山绥瑶厅志》

　　男女杂踏,连袂歌舞。歌皆七言,取义比兴,以致慕悦之意,彼此既相得,则男子负女子入岩洞,插柳避人。其无偶者,明岁再会云。

清·黄钧宰:《金壶七墨》卷五

　　岁仲冬十六日,诸瑶至庙为会阗,悉悬所有金帛衣饰相夸耀,瑶目视其男女可婚娶者,悉遣入庙,男女分曹地坐,唱歌达旦,以淫辞相和,男当意不得就女坐,女当意则就男坐。既就男坐,媒氏乃将男女衣带度量长短,相若矣,则使之挟女还家。越三日,女之父母乃送牲酒使成亲。

清·屈大均:《广东新语》卷七

　　按:"女之父母乃送牲酒使成亲"为编者误记。按排瑶婚俗,必须是"男之父母乃送牲酒使成亲"。

连州瑶人,蓄发为髻,红布缠头,喜插鸡翎。……婚姻以唱歌相谐。

《阮通志》卷三百三十

婚姻多赛于祠,踏歌相招,听其自合。

民国《瓯江杂志》卷二十三

婚姻以歌唱相悦,度衣带长短为定。

民国·欧汝钧:《阳山县志》卷二

婚　嫁

踏歌而偶奔者,入岩峒,插柳避人,嫁则荷伞,悬草履一双,从入夫家,示行色也。

明·沈节甫:《纪录汇编》卷六十

其男女自成名(年)以上,相悦则答歌,歌合纳红巾以为采,请期而送妇。至期,妇次(着)彩衣花裳,执雨具,跣而行,父母兄弟送至门外,妇至婿门,主人鸣鼓奏金而相迎,屠牛豕,设筵几以宴宾。凡嫁子娶妻,聘财无过银三两六钱,聘礼牛肉鸡酒,奁具锹锄衣物,各称家之有无。

清·姚柬之:《连山绥瑶厅志》

瑶贞而壮淫。瑶之妇不可犯,壮妇女无人与狎,则其夫必怒而去之。瑶欲娶妇,入山见樵采女,辄夺其衫带以归,度己之衫带长短相等,乃往寻求其女负之,女父母乃往婿家使成亲,否则女仍处子,不敢犯也。

清·屈大均:《广东新语》卷七

及娶,办银二两四钱,穷者或一两二钱;猪肉四十斤,富者或六十斤;酒一埕,鸡一对;用糯米作圆糍,大如月饼,为聘。女家用一十四人送之,男家各酬牛肉一十二斤。婚日,新郎避出于外。至夜,卑幼送回成婚。不告野合,先配后祖,此为悖谬之甚者。

清·李来章:《连阳八排风土记》

婚姻不预订,每岁以七月七日会男女,曰"耍秋"。张筵于野,男女及年者偕其父母造焉,共牢而食,食既而歌,相悦则答歌,纳红巾以为采,寻请期于归，婿使人致迎。新妇彩衣花裳，执雨具徒行，父母兄弟饯于道。妇至婿门，主人鸣鼓击金，燃花爆相欢迎，屠牛豕，设酒以醉宾。凡嫁女娶妇，聘财无过钱五千，聘礼不外鸡牛酒肉，奁具杂以锹锄。

民国·凌锡华：《连山县志》卷十四

瑶人婚姻，约在十月十六日，名曰"耍歌堂"，男女同集，跳舞唱歌，同时自由结婚，礼仪甚简单。

与汉民无结婚嫁娶，于本姓五服之外或异姓瑶民结亲……尚无幼年婚娶，迩来百物腾贵，瑶民娶亲，聘金约百余元，少则数十元不等。且查瑶民娶亲，选择日期，预先通知。是日，由女家请集男妇数人或十余人以为送嫁，新妇另着派二三人抬扛箱柜嫁奁。新妇手持雨伞，步行归室，并无花轿鼓乐。男家延请百客，各亲挑酒色礼具往贺，摆设酒席，并无海味，以猪肉豆腐等，所用猪肉要费千余斤，少则数百斤。

民国《土地与人口》卷下《瑶黎概况》

捉奸　离婚

妇为夫纲，妇犯奸，非亲属皆许捉获奸夫，辄棰楚或至死，其家不仇。妇不坐，曰："有男强女，无女强男也。"妇无为夫出者，而夫则为妇出，有二条：一曰夫懒惰，一曰夫反目。出之日，宗族亲戚皆造女调难而谐和之，若难和则不出，不和，妇碎一碗以示绝。育有男女，男归夫宗，女随妇嫁。其已聘未嫁，女犯奸者，其捉获奸夫，与有夫之妇同。未聘者，非女兄弟不敢捉，父母不得而防闲也。至寡妇，则听其所为，曰："当与人共之也。"

清·姚柬之：《连山绥瑶厅志》

宽于奸，而严于盗，获盗辄置之死；获奸夫，棰楚而已，妇不坐，寡妇更不敢过问。

民国·凌锡华：《连山县志》卷十四

按：上述几处记述了排瑶传统婚俗。因排民长期在深山高岭上居住，很少与外界交往，所以至今仍保留着古朴独特的婚俗。排瑶婚俗历史悠久，民族特色浓厚，民俗文化丰富，2009年被列为广东"省级非物质文化遗产"；2014年，经国家文化部确定、国务院批准，被列为"国家级非物质文化遗产"。

排瑶自古以来实行一夫一妻父系小家庭制,重婚纳妾为社会不容。排瑶婚姻自由,以歌为媒、以歌结缘是传统的谈婚方式。严格限制血缘婚,其习惯法规定,同房姓宗族之间不准通婚,即使是异姓,舅姑姨表之间也不能结合,一定要四代以后才能通婚。新中国成立前,排瑶严格实行族内婚,瑶民极少与汉族人通婚。男女青年成婚要经过唱歌恋爱、请媒人提亲、"送盐包钱"订婚、举办婚礼等环节才被社会所承认。

(四)丧葬、祭祀

丧 葬

丧葬则作乐歌唱,谓之暖丧,其情乖戾可知矣。

《黄通志》卷六十七

死则服三年丧,亲始死,先相地掘坎,市棺置坎侧,以尸僵坐秤(椅)之,有倚者绳缚之。邻里为之吊,子妇服丧服,披麻辟踊,哭泣。哀而送之至穴,延瑶道面尸诵章咒,乃殓,殓毕而窆,封毕而归。其服也,无斩、齐、功、缌之分,竹桐杖屦之制也。朝死而昼葬,不俟二日三日也。服三年丧者,嫁娶宴乐不禁也。练、期、祥、禫不知也。既葬而卒哭,免丧而除服,如是焉而已。

清·姚柬之:《连山绥瑶厅志》

祭则作乐歌唱,谓之"燠丧"。

清·顾炎武:《天下郡国利病书》卷九十八

凡丧,亲族送楮钱一束,焚之,白布一幅,盖骸。修斋一夜,次早抬尸至山,方用棺木择日而葬。丧家穿白衣。

凡遇丧,亲族用楮钱一束、酒一埕为祭,婿用草纸三百张,米一斗,酒一埕。

清·李来章:《连阳八排风土记》

丧葬制度则"瑶人以先死为老,虽少年身亡,而尊长者亦须送葬。沿途痛哭极哀,各亲友以冬纸二刀为祭品,酬祭者以白饭一团答之"。

丧礼则"因贫富而不同,富者择日入棺开吊,延请道士礼忏,亲族友谊携备香烛驰往致吊，视分亲疏，即发白布多寡不等。瑶民未谙诗书，故无挽轴帐联。贫者即日收殓掩葬，丧事酒席以猪肉豆腐为要品"。

此乃连阳、乳源间瑶民情形也。

民国《土地与人口》卷下《瑶黎概况》

  子妇披麻，辟踊哭泣，亲属皆丧服，亦行三年丧，但无斩、齐、功、缌之分，即嫁娶宴乐亦不禁也。既葬而卒哭，免丧而除服，虞、期、祥、禫不知也。岁有墓祭……每人年输钱六十文为祭费，积三五岁乃一祭。祭之日，燃木炭为香，焚纸钱为币，设猪牛鸡酒以为供，男妇皆盛服集，据地顿首无算，既拜而食，鼓角齐鸣，男女杂沓，歌呼乌乌，顿足起舞，奋袖低昂，乐莫极于斯也。

民国·凌锡华：《连山县志》卷十四

祭　祀

瑶人祀典

  瑶名輋客，古八蛮之种，五溪以南，穷极岭海，迤逦巴蜀，蓝、胡、盘、侯四姓，盘姓居多，皆高辛狗王之后，以犬戎奇功尚帝少女（一本作"主"），封于南山，种落繁衍，时节祀之。刘禹锡诗，"时节祀盘瓠"是也。其乐五合，其旗五方，其衣五彩，是谓"五参"（一作"参五"）。奏乐，则（一本无"则"字）男左女右，铙、鼓、胡芦笙、忽雷、响瓠（一本"忽雷"下有"匏"字无"响瓠"二字）、云阳，祭毕，合乐，男女跳跃，击云阳为节，以定婚媾。侧（一本作"例"）具大木槽，如槽群号。先献人头一枚，名吴将军首级。予观察时，以桄榔面为之，时无罪人，故耳设首。群乐毕作，然后用熊罴虎豹呦鹿飞鸟溪毛各为九坛，分为七献，七九六十三，取斗数也。七献既陈，焚燎节乐，择其女之姱丽娴巧者劝客，极其绸缪而后已。十月祭多（一本作"都"）贝大王，男女联袂而舞，谓之"踏摇"。相悦则男腾跃跳踊负女而去。

明·邝露：《赤雅》卷上

  按：《广东新语》卷七《人语·瑶人》，引用"多贝"作"都贝"。《广东文献》卷五同。《岭南丛述》卷十四亦同，但无"十月……而去"，小注则作"《赤雅》"。

  祀神前，用人数队，戴革兜，穿皮甲，持枪链相逐。次以一人抱木像，旋转而行，口作鬼啸。又次，老瑶数人，穿红袍或绣衣，皆持白扇，拱手遮面，口中亦作鬼啸。每数武，聚舞，喧哗，焚楮，放炮。此予所目睹者。

清·李来章：《连阳八排风土记》

  元旦日即拜山，备牲醴纸烛黄粱饫饩祭其先，每一丁折一芦秆，串纸钱插墓上，以示丁口之盛衰，至清明日止。上元日吹牛角，歌瑶歌，具金鼓。其鼓皋陶，亦以木为之，但两端圆径如一，中细如腰，然不与诸鼓同，上下皆蒙猴皮，以绳络之，横系于项。手拊之，金则以莛击，乐作且跳舞，以为节。歌皆俚辞，不足道，其节奏亦莫得而详也，名曰"调花鼓"。三月三日赛饭食神，六月六日赛土神，十月十六日名曰"散地节"，盖曰野功毕也。凡遇节赛神，皆歌舞以为乐。惟七月七日会男女，名曰"耍秋"。排冲诸君吾子咸集，屠豕椎牛，共牢（宰）而食。食既而歌，以为献酬。……

  瑶岁有墓祭，无庙祭，庙立于野，凡隶排者皆祭之，如群姓之大社也。无木主，刻木为像，约高二尺，或一尺许，或四五像，一二像，不必肖其人，亦不能辨为谁氏之祖祢也，统呼之曰"阿公"。其谒庙也，燃木炭如上香然。其人有贸易者，输钱六十为祭费，积三岁或五岁乃一祭。先期卜日，告其侪。祭之日，男妇诸吾皆盛服集于庙，具香烛、纸钱、猪、牛、鸡、酒而祭焉，曰"拜祭阿公"。其拜也，两手据地，顿首无数，既拜而食，既饱而歌，鼓角齐鸣，男女杂坐，拂衣而喜（起），奋袖低昂，顿足起舞，乐莫极于斯也。

清·姚柬之：《连山绥瑶厅志》

  按：无庙祭，记述有误。排瑶祖庙设有掌庙公和烧香公，逢初一和十五必到庙中祭祀；而逢农历十月十六盘古王节和春节，全排人到庙中祭祀。

  岁首祭先，杂揉与肉鱼饭于木槽，扣槽群号为礼。十月朔祭都贝大王，男女各成列，连袂相携而舞，谓之"踏歌"。

清·同康庐主人辑：《中外地舆图说集成》卷九十三

  凡祭新坟，亲族各送楮纸一束，焚于墓前。

清·李来章：《连阳八排风土记》

  岁以十月朔祭都贝大王，男女杂踏，连袂歌舞。

清·黄钧宰：《金壶七墨》卷五

祭则作乐歌唱，谓之"燠丧"。

清·顾炎武：《天下郡国利病书》卷九十八

诸葛武侯祠，在东郭门内，建筑年代不可考，相传武侯尝驻军于此，因立祠祀之。瑶人畏服，有病者常来祈祷，故题额曰"威镇瑶疆"。清嘉庆十三年（1808）知县冯琼重建，同治九年（1870）同知楼凤清重修，光绪十九年（1893）同知福海重修。

民国·凌锡华：《连山县志》卷三

清韶州副总兵林芳墓，在里八峒瑶排葫芦田外，即芳征瑶殉难地，墓前有大塘，瑶人捕鱼，必先祭芳，不祭则无所得，瑶人惊为神异，岁时祀之。

民国·凌锡华：《连山县志》卷三

（五）信仰

史有"款塞"之语，亦曰"纳款"，读者略之，盖未睹其事尔。"款"者，誓词也。今人谓中心之事为"款"，狱事以情实为"款"。蛮夷效顺，以其中心情实发其誓词，故曰"款"也。

宋·周去非：《岭外代答》卷十《蛮俗门》

凡有仇斗，杀牛聚众，对神盟誓，其法令人忘死。先期刻木，种于山椒，以示不诡。

明·邝露：《赤雅》卷上

峒婿远归，则止三十里外，遣瑶觋持篮往迎之。脱妇人中裀贮篮中，曰"收魂"。瑶觋者，巫也。

明·邝露：《赤雅》卷上

瑶壮虽异族，而信鬼畏誓，大略相同。在唐虞谓之要服，盖以信义要质而已。

明·沈节甫：《纪录汇编》卷六十

然犹信鬼神畏誓可以要结。

清·陆次云：《峒溪纤志》上卷

民户偶以侵山讦讼，惟瑶是虐。瑶既衔恨刺骨，而信鬼崇巫，民亦疾之若仇（瑶与民有隙，将其姓名书之竹木，瘗于土中，其人即死，名曰"埋禁"）。

清·沈粹芬等：《国朝文汇》（丙集）卷二十五

瑶道自为教，亦有科仪，其文不可晓，学优者则延诸道为受录，受录者服朱衣。凡瑶之有疾病者，疟痁者造焉，使其众分而祷禜之。有愈有不愈，其不愈者，则曰神所恶，非祷之不诚也。

清·姚柬之：《连山绥瑶厅志》

宰猪奉神，列长案于神前，延道士坐其上。每人饭一碗、肉一碟。口诵道经，瑶人拜其下，以筊（筶）卜吉凶。

清·李来章：《连阳八排风土记》

诸瑶性皆犷悍，重然诺，畏鬼神，喜仇杀，又能忍饥行斗。

清·袁泳锡：《连州志》卷八

儿之聪颖者不与读儒书，惟从瑶道士学，亦有科仪，其文不可晓，学优者则延诸道为受录，受录者得衣朱衣，髻缠朱布，称为"一郎""二郎""三郎"，其妻亦以红布为髻笠。

民国·凌锡华：《连山县志》卷十四

重然诺，畏鬼神。

民国·欧汝钧：《阳山县志》卷二

（六）时节

正月初一日，鸡鸣，先击米箕，后击锣鼓、放铳、吹牛角。天明，备酒、肉、糍、茶各二碗，箸二双，拜祖宗。

清·李来章：《连阳八排风土记》

元旦日即拜山，备牲醴纸烛黄粱饫馐祭其先，……至清明日止。

清·姚柬之：《连山绥瑶厅志》

元宵，击锣，挝长鼓，跳跃作态……男女相杂，至山岐唱歌。

清·李来章：《连阳八排风土记》

上元日吹牛角，歌瑶歌，具金鼓……金则以莛击，乐作且跳舞，以为节……名曰"调花鼓"。

清·姚柬之：《连山绥瑶厅志》

三月初三日，谓开春节。备酒、肉，祀祖宗，请岳翁饮酒。

清·李来章：《连阳八排风土记》

三月三日赛饭食神。

清·姚柬之：《连山绥瑶厅志》

按：凌锡华《连山县志》作"上巳赛谷神"。排瑶人自称"开耕节"，是日，各家备酒肉祭祀祖宗、土地神和五谷神，祈求风调雨顺，五谷丰登。如当年要举行"耍歌堂"活动，先生公（宗教活动主持者）和掌庙公、烧香公一起去祖庙上供品祭祀起愿，故此节日又称"起愿节"。

清明，凡祭新坟，亲族各送楮纸一束，焚于墓前。主人酬以米糍四块、肉二片，相聚轰饮。惟婿送楮钱一束，酒一埕。

清·李来章：《连阳八排风土记》

四月初八日，谓之牛王诞节。备酒、肉，祀祖宗，请岳翁来饮。

清·李来章：《连阳八排风土记》

六月六日赛土神。

清·姚柬之：《连山绥瑶厅志》

按：排瑶自称此节日为"尝新节"，瑶民于该日买猪肉，或杀鸡宰鸭，祭祀祖宗和土地神、五谷神，并将几串谷穗和几根玉米棒挂在谷仓，表示对五谷神和祖先神灵的感恩。

七月初七日，谓之七月香节，备酒、肉、茶、盐、米饭各二碗，箸二双,祀其先祖。此节瑶排最重,有事于外者,必归其家。

清·李来章:《连阳八排风土记》

　　按:排瑶自称此节日为"开唱节"。相传此日是瑶族始祖盘古王的生日,瑶民杀鸡宰鸭、买猪肉,隆重祭祀,并开唱瑶歌(排瑶习俗约定,为不影响生产生活,在"三月三开耕节"后至"开唱节"期间,不准在瑶排高声唱歌),故此节日被称为"开唱节"。

　　凡遇节赛神,皆歌舞以为乐。惟七月七日会男女,名曰"耍秋"。排冲诸君吾子咸集,屠豕椎牛,共牢(宰)而食。食既而歌,以为献酬。

清·姚柬之:《连山绥瑶厅志》

　　按:凌锡华《连山县志》,①"惟七月七日会男女"作"婚姻不预订,每岁以七月七日会男女";②无"名";③"排冲……椎牛"作"张筵于野男女及年者,偕其父母造焉";④无"以为献酬"。

　　八月,早禾初熟,请岳翁尝新,又发肉银一钱或五分赠之。

清·李来章:《连阳八排风土记》

　　十月祭多贝王,联袂而舞,定婚媾多于此时。

清·陆凤藻:《小知录》卷三

　　岁以十月朔祭都贝大王,男女杂踏,连袂歌舞。

清·黄钧宰:《金壶七墨》卷五

　　十月,谓之高堂会,每排三年或五年一次行之。先择吉日,通知各排,届期,至庙宰猪奉神,……延道士……口诵道经,瑶人拜其下,以筊(筶)卜吉凶。……击锣挝鼓,赛宝唱歌。各排男女来会,以歌答之。

清·李来章:《连阳八排风土记》

　　按:"高堂会",排瑶自称"挨歌堂",民族研究专家学者把它命名为"耍歌堂"。以祖庙为单位,三年至五年举行一次,活动三天至九天,极为隆重。2005年,排瑶耍歌堂被列为广东"省级非物质文化遗产";2006年,经国家文化部确定、国务院批准,被列为"国家级非物质文化遗产"。

　　十月十六日名曰"散地节",盖曰野功毕也。

清·姚柬之:《连山绥瑶厅志》

按：十月十六日，名曰"散地节"，实为编者误记。此节日，排瑶自称为"盘古王节"，至今仍在流传。排瑶奉盘古王为本民族始祖，相传盘古王于农历十月十六日仙逝，又相传此日是盘古王婆的生日，故各瑶排（寨）的先生公（宗教活动主持者）当天上午与掌庙公、烧香公到盘古王祖庙上供品、念瑶经、做法事，歌手们唱赞颂盘古王的瑶歌，隆重祭祀。各家杀鸡宰鸭，在自家神龛祭祀，并用丰盛的美食过节。

　　岁仲冬十六日，诸瑶至庙为会阆。

清·屈大均：《广东新语》卷七

　　按：《南越笔记》《粤东笔记》均同。

　　除夕，备酒、肉，祀祖宗，男妇聚饮。客至，宜款待者，瑶妇立侍左右。

清·李来章：《连阳八排风土记》

　　瑶人知年不知闰，遇闰年则曰十三月。

清·姚柬之：《连山绥瑶厅志》

（七）医疗、卫生

医　疗

　　宜咀姜饮酒，勿饱食，勿昼眠。

清·李来章：《连阳八排风土记》

　　疾病则巫觋吹牛角以祷。

清·黄钧宰：《金壶七墨》卷五

　　凡瑶之有疾病者，疟疡者造焉，使其众分而祷禜之。有愈有不愈，其不愈者，则曰神所恶，非祷之不诚也。无医，无僧。

清·姚柬之：《连山绥瑶厅志》

　　相传武侯尝驻军于此，因立祠祀之。瑶人畏服，有病者常来祈祷。

民国·凌锡华：《连山县志》卷三

凡瑶之有疾病者、瘠疡者，不服药，请道士祷之，不愈，则曰神所恶，非祷之不诚也。

民国·凌锡华：《连山县志》卷十四

按：此为编纂者不了解瑶族医疗情况之误记。自古以来，排瑶各个瑶寨都有祖传的瑶医，他们各自收藏有单方和验方，用草药医治风湿骨病、无名肿毒、跌打刀伤、黄疸肝炎、儿科妇科等疾病。医治方法主要有服用药汤、浸泡药水、敷贴草药、药灸，等等，疗效很好。

卫　生

跣足素不识履，夜睡亦不洗足。

清·李来章：《连阳八排风土记》

有病殁，则并焚其庐而徙居焉。

《阮通志》卷三百三十

服食秽恶，贫富皆然。
男女衣服、饮食较洁净。

民国·凌锡华：《连山县志》卷十四

（八）交际

聚　会

耍歌堂，拜祭阿公。

清·姚柬之：《连山绥瑶厅志》

岁仲冬十六日，诸瑶至庙为会阒，悉悬所有金帛衣饰相夸耀，瑶目视其男女可婚娶者，悉遣入庙，男女分曹地坐，唱歌达旦……

清·屈大均：《广东新语》卷七

元宵，击锣，挝长鼓，跳跃作态。……男女相杂，至山岐唱歌。……清明，凡祭新坟，亲族各送楮纸一束，焚于墓前。主人酬以米糍四块、肉二片，相聚轰饮。……十月，谓之高堂会，每排三年或五年一次行之。先择吉日，通知各排，届期，至庙宰猪奉神……各排男女来会，以歌答之……男妇聚饮……每数武，聚舞，喧哗，焚楮，放炮。

清·李来章：《连阳八排风土记》

遇有争执，轻则延邻里处理之，名曰"放酒水"；重则率众斗掠，浸相厮杀，与邑民交涉亦然。

民国·凌锡华：《连山县志》卷十四

祭之日，燃木炭为香，焚纸钱为币，设猪牛鸡酒以为供，男女皆盛服集，据地顿首无算，既拜而食，鼓角齐鸣，男女杂沓，歌呼乌乌，顿足起舞，奋袖低昂，乐莫极于斯也。

民国·凌锡华：《连山县志》卷十四

祭之日，男妇诸吾皆盛服集于庙，具香烛、纸钱、猪、牛、鸡、酒而祭焉，曰"拜祭阿公"。其拜也，两手据地，顿首无数，既拜而食，既饱而歌，鼓角齐鸣，男女杂坐，拂衣而喜（起），奋袖低昂，顿足起舞，乐莫极于斯也。费多者醵三日，名曰"耍歌堂"。

清·姚柬之：《连山绥瑶厅志》

礼　仪

择其女之姱丽娴巧者劝客，极其绸缪而后已。

明·邝露：《赤雅》卷上

除夕，备酒、肉，祀祖宗，男妇聚饮。客至，宜款待者，瑶妇立侍左右。

清·李来章：《连阳八排风土记》

男女分曹地坐，唱歌达旦，以淫辞相和，男当意不得就女坐，女当意则就男坐。

清·屈大均：《广东新语》卷七

凡相聚议事，必设凳以延老者。无凳，则以银酬之，名曰"坐凳银"。此礼犹为近古。

清·李来章：《连阳八排风土记》

称官长则曰朝廷,月送结状至县庭,不跪。

清·屈大均:《广东新语》卷七

曰"祭拜阿公"。其拜也,两手据地,顿首无数,既拜而食,既饱而歌,鼓角齐鸣,男女杂坐,拂衣而喜(起),奋袖低昂,顿足起舞。

清·姚柬之:《连山绥瑶厅志》

岁首祀先,揉鱼肉于木槽,扣槽群号为礼。

民国·凌锡华:《连山县志》卷十四

……其送尸也,子妇披麻,辟踊哭泣,亲属皆丧服,亦行三年丧。

民国·凌锡华:《连山县志》卷十四

瑶人以先死为老,虽少年身亡,而尊长者亦须送葬。沿途痛哭极哀。

民国《土地与人口》卷下《瑶黎概况》

以扼颈、劝觞为敬。

民国·欧汝钧:《阳山县志》卷二

礼　物

婚嫁用铁、钴、镁为聘财。

唐·魏徵等:《隋书》卷三十一

婚娶聘物,以铜与盐。

宋·朱辅:《溪蛮丛笑》

鸡黍,酒醴。

清·陆凤藻:《小知录》卷三

贺寿:亲族用肉一碗、酒一壶来庆,惟婿办鸡一只、酒一埕、布衣一件为祝。岳翁以银一两酬之。

清·李来章:《连阳八排风土记》

（祭祀）木炭，香烛，纸钱，猪，牛，鸡，酒。

清·姚柬之：《连山绥瑶厅志》

岁首祭盘瓠，杂揉鱼肉酒饭于木槽，群聚而号为尽礼。

宋·方凤撰：《夷俗考》

茶，盐，牛肉，箸。
楮钱，草纸，米，圆糍。
鸡，酒，布，衣，银。
银牌，红布，生肉。

清·李来章：《连阳八排风土记》

按：此为婚礼、丧事、高堂会（耍歌堂）之礼物。

备牲醴纸烛，黄粱钹锽……

民国·凌锡华：《连山县志》卷十四

各亲友以冬纸二刀为祭品，酬祭者以白饭一团答之。

民国《土地与人口》卷下《瑶黎概况》

相悦则答歌，纳红巾以为采。
凡嫁女娶妇，聘财无过钱五千，聘礼不外鸡牛酒肉，奁具杂以锹锄。
男子既娶，则父母授以田宅，使自立门户，故种族日渐蕃昌云。

民国·凌锡华：《连山县志》卷十四

瑶民娶亲，聘金约百余元，少则数十元不等。……摆设酒席……以猪肉豆腐等。

民国《土地与人口》卷下《瑶黎概况》

(九) 纠纷

民　事

瑶之妇女不可犯。

清·屈大均：《广东新语》卷七

妇为夫纲，妇犯奸，非亲属皆许捉获奸夫，辄棰楚或至死，其家不仇。妇不坐，曰："有男强女，无女强男也。"妇无为夫出者，而夫则为妇出，有二条：一曰夫懒惰，一曰夫反目。出之日，宗族亲戚皆造女调难而谐和之，若难和则不出，不和，妇碎一碗以示绝。育有男女，男归夫宗，女随妇嫁。其已聘未嫁，女犯奸者，其捉获奸夫，与有夫之妇同。未聘者，非女兄弟不敢捉，父母不得而防闲也。至寡妇，则听其所为，曰："当与人共之也。"

清·姚柬之：《连山绥瑶厅志》

刑　事

诸瑶性皆犷悍，重然诺，畏鬼神，喜仇杀，又能忍饥行斗。

清·袁泳锡：《连州志》卷八

纳粮则以委县之里长，里长利其财物与交好。少拂，则白刃相加矣……有事则鸣小铛，举众蜂起，以杀人为戏乐。

清·屈大均：《广东新语》卷七

性猜忌好斗，偶有忿争，以毒矢利刃相加，中之者立毙。其跳梁桀骜之性，自来难驯，而奸猾又以其可欺而鱼肉之，故常缔仇激怨，酿成巨患。

清·陈徽言：《南越游记》卷三

连州瑶人，蓄发为髻，红布缠头，喜插鸡翎。性凶悍不驯，亦间有识字者。

《阮通志》卷三百三十

俗喜仇杀，又能忍饥，行树上下，履险若飞。

清·同康庐主人辑：《中外地舆图说集成》卷九十三

剽悍轻生，能忍饥行斗，登险如平地。

民国《瓯江杂志》卷二十三

瑶性最喜械斗，一有事故，凡十二代以上之外家，悉攘臂来助。

民国·凌锡华：《连山县志》卷十四

战　斗

临敌比偶而前，执枪者乍前乍却以卫弩，执弩者口衔刀而援（一本作"执"）矢，矢尽投弩夹刀（一本无"夹刀"二字），与枪俱奋。

明·邝露：《赤雅》卷上

战则一弩一枪，相将而前。执枪者，前却不常以卫弩；执弩者，口衔刀而手射人，或冒刃逼之，释弩；取口中刀奋击，退去必有伏弩。

无所得食，则四出剽掠，踉跄篁竹，飘忽往来，州县觉知，则已入巢，莫可捕捉。

清·同康庐主人辑：《中外地舆图说集成》卷九十三

又能忍饥行斗。左腰长刀，右负大弩，手长枪，上下山险若飞。战则一弩一枪，相将而前，执枪者，前却不常以卫弩；执弩者，口衔刀而手射人。敌或冒刃逼之，枪无所施，释弩取口中刀，奋击以救。

《戴通志》卷三十五

连山有八排瑶，性最犷悍，其臀微有肉尾，脚皮厚寸许，飞行林壁，自号"瑶公"。

其性凶悍好斗，一成童可敌官军数人；又善设伏，白昼匿林莽中，以炭涂面，黑衣黑袴，为山魈木魅之状，见商旅则被发而出，见者惊走，弃财物……官军与交通为盗，而瑶官岁入其租税千金，纵容弗问，四方亡命者又为之通行、囊橐，或为乡导，分受虏获，其巢窟与连山相对，仅隔一水。官兵至，尽室而去，退则击我，惰归，踉跄丛薄中，不可纵迹。拒敌则比耦而前，执枪者前却不常以卫弩，执弩者口衔刀而手射人，矢尽则刀枪俱奋，度险则整列以行，遁去必有伏弩。往时常勒五省之兵征之，有谓其将者曰："瑶每匿迹，不与吾战，乘暮乃出尾吾，宜麾诸军直进，而主将督偻兵于后，散伏险要，乘瑶掩我，反出其后以掩之，归师夹攻，必可歼尽，此致人而不致于人也。"其计诚善矣。

清·屈大均：《广东新语》卷七

事有交争，则延邻里责让之，名曰"放酒"。其不直者，罚输放酒钱，犯奸者则鞭扑，犯窃者遇事主获之，以竹圈箍其首杖椓之，名曰"下头箍"。房族获之，则率其众而生瘗焉。

清·姚柬之：《连山绥瑶厅志》

每与官兵战，用道士披朱衣，手握铃杵，朗诵神咒，凶瑶操持干戈、火器随其后。道士焚楮毕，稍引而退，凶瑶即蜂拥而上。

清·李来章：《连阳八排风土记》

出掠居民，往往越层峦叠嶂，突至村落，如蚁聚蜂攒，罄民所有。

民国·凌锡华：《连山县志》卷十五

遇有争执，轻则延邻里处理之，名曰"放酒水"；重则率众斗掠，浸相厮杀，与邑民交涉亦然。瑶性最喜械斗，一有事故，凡十二代以上之外家，悉攘臂来助，分利不均，未易了也。

入民国以来，谨守法纪，纳税以时，赴圩不扰，与邑民有交涉，则奔县求申理，恪遵裁断。

民国·凌锡华：《连山县志》卷十四

七、艺文篇

（一）语言、文字

语　言

缺舌

古称缺舌者为南蛮，瑶、岐诸种是也。自秦以中土人与赵佗，风俗已变。东晋、南宋衣冠望族，向南而趋，占籍各郡，于是言语不同。省会音柔而直，歌声清婉可听。惟东、新各邑，平韵多作去声。韶、南、连州，地连楚、豫，言语大略相通，其声重以急。惠之近广者，其音轻以柔，惟齐与灰、庚与四阳、四韵音同莫辨。兴宁、长乐音近于韶，谓我为"哎"，广人呼为"哎子"。东至潮，语同闽，有音无字，与广人语多不通。肇、高、雷、廉，土音略与省会相合，而舌本强。广州呼人曰个，畜曰只，而诸郡相反。琼岛孤悬海外，音与潮同，杂以闽人；间有与廉州相似，类广西梧州音者，名西江黎语云。

《阮通志》卷九十

瑶语

瑶语曰：瑶人谓天曰横，谓地曰汝，日曰乃，月曰罗角，山曰踵，水曰惧，木曰丁，石曰旭丕，子时曰紫祥，丑时曰飞祥，文曰门，武曰母，老爷曰必下，大官曰潭剑，秀才曰晓开，父曰必，母曰尔，益子曰胆，女曰动侬，父子曰必胆，兄曰歌益，弟曰箕，百姓曰巴兴，兵曰并，介差曰洒，做官曰倭，谨人曰眠，呼人曰同年，朋友曰伙记，好女子曰用动侬，老人曰姑益，中年女人曰也益，岳父曰多，岳母曰笛，屋曰瓢，墙曰火山，衫曰倚，袜曰幕，鞋曰偕，屐曰茄，穷年曰亚润寮，元旦曰大年，符月曰亚罗乃，初一曰庆吉，初二曰庆议，初三曰庆坎，初四曰庆已，初五曰庆吾，初六曰庆凉，初七曰庆活，初八曰庆并，初九曰庆拱，初十曰庆湿，吃曰忍，饭曰脓，饮酒曰嗑调，吃肉曰忍归，鱼曰俵，食早饭曰忍粗脓，午饭曰午脓，夜饭曰蒙脓，禾曰补，谷曰少，米曰觅，粟曰米，仔麦曰古头仔，芋曰护，薯曰底，麻曰吒，秧曰标，糯米曰钵。

清·姚柬之：《连山绥瑶厅志》卷八《杂记》

按：清李来章编撰的《连阳八排风土记》也有类似的排瑶语言记述，语音均记不标准。列于此，供参考。

文 字

刻木为符契，长短大小不等，冗其傍，多至十数，各志其事，持以出验，名"木契"。

宋·朱辅：《溪蛮丛笑》

瑶人无文字，其要约以木契，合二板而刻之，人执其一，守之甚信。若其投牒于州县，亦用木契。……有瑶人私争，赴县投木契，乃一片之版（板），长尺余，左边刻一大痕及数十小痕于其下，又刻一大痕于其上，而于右边刻一大痕，牵一线道合于右大痕。又于正面刻为箭形，及以火烧为痕，而钻板为十余小窍，各穿以短稻穰，而对结绉焉，殊不晓所谓。译者曰："左下一大痕及数十小痕，指所论仇人将带徒党数十人以攻我也。左上一大痕，词主也；右一大痕，县官也。牵一线道者，词主遂投县官也。刻为箭形，言仇人以箭射我也。火烧为痕，乞官司火急施行也。板十余窍而穿草结绉，欲仇人以牛十余头备偿我也。结绉以喻牛角云。

宋·周去非：《岭外代答》卷十《蛮俗门》

刻木为齿，与人交易，谓之"打木格"。

清·同康庐主人辑：《中外地舆图说集成》卷九十三

连州瑶人……性凶悍不驯，亦间有识字者。

《阮通志》卷三百三十

（二）歌舞、音乐

歌　舞

瑶俗最尚歌，男女杂逻，一唱百和。其歌与民歌，皆七言而不用韵，或三句，或十余句，专以比兴为重，而布格命意，有迥出于民歌之外者。如云："黄蜂细小螫人痛，油麻细小炒仁香。"又云："行路思娘留半路，睡也思娘留半床。"又云："与娘同行江边路，却滴江水上娘身。滴水一身娘未怪，要凭江水作媒人。"瑶语不能尽晓，为笺译之如此。

清·屈大均：《广东新语》卷十二《诗语》

元宵，击锣，挝长鼓，跳跃作态……男女相杂，至山岐唱歌。

清·李来章：《连阳八排风土记》

两粤风俗淫佚，男女婚媾，皆以歌词相酬和。同年吴冉渠淇尝撰《粤风续》九一卷，凡民歌，瑶、壮、俍、蛋、布刀、扇歌皆具。其词虽侏僑，而颇有乐府、清商、子夜、读曲之遗。民歌如：蝴蝶思花不思草，兄思情妹不思家。两岸人烟相对出，只隔青龙水一条。已娘莫学鲤鱼子，那河又过别条河。天旱蜘蛛结夜网，想晴只在暗中丝。蜘蛛结网三江口，水推不断是真丝。科举秀才取红豆，相思及早办前程。黄菊花开九月九，枝枝叶叶有娘名。瑶歌云：黄蜂细小螫人痛，油麻细小绉仁香。鸭儿细细著水面，表因细小爱怜娘。蜑歌云：错畔行过苏行巷，鱼穿水过到花街。木樨花发香十里，蝴蝶闻香水面来。余壮、俍诸歌，则非译不能通晓矣。

清·王士祯：《渔洋诗话》卷下

凡遇节赛神，皆歌舞以为乐。惟七月七日会男女，名曰"耍秋"。排冲诸君吾子咸集，屠豕椎牛，共牢（宰）而食。食既而歌，以为献酬。

清·姚柬之：《连山绥瑶厅志》

岁仲冬十六日，诸瑶至庙为会阅，悉悬所有金帛衣饰相夸耀。……男女分曹地坐，唱歌达旦，以淫辞相和。

其谣曰："官有万兵，我有万山；兵来我去，兵去我还。"

清·屈大均：《广东新语》卷七

祭则作乐歌唱，谓之"燠丧"。

婚姻以歌唱相悦。

民国·欧汝钧：《阳山县志》卷二

"耍歌堂"，男女同集，跳舞唱歌。

民国《土地与人口》卷下《瑶黎概况》

婚姻多赛于祠，踏歌相招，听其自合。

民国《瓯江杂志》卷二十三

乐 器

瑶人之乐，有芦沙、铳鼓、胡芦笙、竹笛。芦沙之制，状如古箫，编竹为之，纵一横八，以一吹八，伊嘎其声。铳鼓，乃长大腰鼓也，长六尺，以燕脂木为腔，熊皮为面。鼓不响鸣，以泥水涂面，郎复响矣。胡芦笙，攒竹于瓢，吹之呜呜然；笛，韵如常笛，差短。大合乐之时，众声杂作，殊无翕然之声，而多系竹筒以相团乐，跳跃以相之。

宋·周去非：《岭外代答》卷七《乐器门》

按：《岭南丛述》卷十五引用。

（芦沙）瑶人乐，状类箫，纵八管，横一管贯之。

宋·范成大：《桂海虞衡志·志器》

按：《峒溪纤志》引用，改作："瑶人之乐，状如箫，纵八管，横一管以贯之，即古凤箫之制，以应八风者欤？"

（铳鼓）瑶人乐，状如腰鼓，腔长倍之，上锐下侈，亦以皮鞔植于地，坐拊之。

宋·范成大：《桂海虞衡志·志器》

奏乐，则男左女右，铙、鼓、胡芦笙、忽雷、响瓠、云阳，祭毕，合乐，男女跳跃，击云阳为节。

明·邝露：《赤雅》卷上

乐有铙鼓、胡芦笙、竹笛之属,其合乐时众音竞哄,击竹筒为节。

清·同康庐主人辑:《中外地舆图说集成》卷九十三

妇至婿门,主人鸣鼓奏金而相迎。

清·姚柬之:《连山绥瑶厅志》

正月初一日,鸡鸣,先击米箕,后击锣鼓、放铳、吹牛角……元宵,击锣,挝长鼓,跳跃作态。长鼓,其形头大中小,黄泥涂皮,以绳挂颈,或云亦古制也……十月,谓之高堂会……击锣挝鼓,赛宝唱歌。各排男女来会,以歌答之。

清·李来章:《连阳八排风土记》

攒匏,以管占者,竽笙皆用匏,今代以木,非制也。岭西溪洞瑶人,乃有用匏而六管者,两人合吹,亦可旋宫成曲,用簧用竹,宜仿而易之。

《黄通志》卷四十一

上元日吹牛角,歌瑶歌,具金鼓。其鼓皋陶,亦以木为之,但两端圆径如一,中细如腰,然不与诸鼓同,上下皆蒙猴皮,以绳络之,横系于项。手拊之,金则以莛击,乐作且跳舞,以为节。歌皆俚辞,不足道,其节奏亦莫得而详也,名曰"调花鼓"。

清·姚柬之:《连山绥瑶厅志》

其谣曰:"撞石鼓,万家为我虏;吹石角,我兵齐宰剥。"

清·屈大均:《广东新语》卷七

上元日吹牛角,络皋陶鼓于项,手拊之,和以金,歌且舞,名曰"调花鼓"(其鼓以木为之,两端圆径如一,中细如腰,不与诸鼓同,上下皆蒙羊皮,以绳络之,悬于项)。

民国·凌锡华:《连山县志》卷十四

捕兽饮酒,击长鼓为乐。

民国《瓯江杂志》卷二十三

积三五岁乃一祭。祭之日,……男妇皆盛服集……鼓角齐鸣,男女杂沓，歌呼乌乌，顿足起舞，奋袖低昂，乐莫极于斯也。费多者酿三日，名曰"耍歌堂"。

民国·凌锡华：《连山县志》卷十四

（三）诗

莫徭歌
刘禹锡

莫徭自生长，名字无符籍。市易杂鲛人，婚姻通木客。星居占泉眼，火种开山脊。夜渡千仞溪，含沙不能射。

蛮子歌
刘禹锡

蛮语钩辀音，蛮衣斑斓布。熏狸掘沙鼠，时节祠盘瓠。忽逢乘马客，恍若惊麇顾。腰斧上高山，意行无旧路。

连州腊日观莫徭猎西山
刘禹锡

海天杀气薄，蛮军步伍嚣。林红叶尽变，原黑草初烧。围合繁钲息，禽兴大筛摇。张罗依道口，嗾犬上山腰。猜鹰虑奋迅，惊麋（鹿）时踦跳。瘴云四面起，腊雪半空消。箭头余鹄血，鞍傍见雉翘。日暮还城邑，金笳发丽谯。

唐刘禹锡谪连州，作《畲田行》云："何处好畲田，团团缦山腹。下种煖灰中，乘阳拆茅蘖。"又作竹枝词，云："银钏金钗来负水，长刀短笠去烧畲。"（黄彻：《碧溪诗话》）

《阮通志》卷九十三

六巡隘口
李盘

辛巳季秋初巡隘口：余莅怀未逾年，山瑶蠢动，三省会兵，时关隘无备，且讹传有尽歼通瑶乡民之语，人心震恐，余单骑走各隘，犒劳乡兵，抚慰备至，人心始定。乃周视近瑶各隘，立茶岩、松冈、黄潭、白水、黄草冈、嘉侗、水下、黄薑八大营。增兵守卫，重九回县，赋诗以志。

儒生猥局蹐，时厪添室忧。氛烟蔓江汉，所在恣虔刘。灭此后朝食，持筹思仲谋。搦管嗟三寸，不如向地投。空怀请缨志，曷系单于头。一日领民社，位与心不侔。弹琴山之阿，神向豕鹿游。蠢兹连山瑶，俄传赤白邮。天兵鼓动地，五道厉槺矛。怀阳弹丸邑，僻处万山幽。岂知瑶尾连，前溃即后蹂。黔黎胥恐怖，宁处违自由。小邑寡兵卫，武备夙未修。际此烽烛天，赋诗退之否。重以道途谣，通瑶者悉搜。然疑固相半，人情汹不休。抚绥异卜任，揽辔敢逗留。扪萝经绝磴，腰折且伛偻。家户咸慰安，耆老共咨诹。为蠲金与帛，投醪欢好伉。吭隘扼要险，设伏计还周。惭非剧孟获，先借左车筹。八门阵可布，七擒房可收。千人雷颜色，山花如扫愁。马山浃旬余，焦劳谢衾裯。部署甫有赖，于病者方瘳。爰采山茱萸，解渴捧觥觞。何时执讯丑，杯酒脱金鍪。

高雯一夜挂櫗枪，乱坠余氛怀远城。火种刀耕闻狇羽，仓黄不暇吹芦笙。输攻墨守从兹力，并日八营蔇荆棘。下下高高度形势，筹篁深处偕游息。也知樽俎有折冲，我独间关诘四封。黔首来迎欢载路，幺麽凶竖敢争锋。却怜九日长奔走，篱菊无由开笑口。左手持鳌右手杯，高怀落落空成负。高怀空负亦何伤，但愿吾民能保疆。众力周防应可恃，得天一战反耕桑。

辛巳暮冬再巡隘口：时各隘立营，似可无恐，会偏裨帐卒，下乡掳掠，借名勾摄。又派马铳察烟灶并乡兵十家册诸费，民间吞声饮泣，室家播徙之状，与啼号嗟叹之声，实有目不忍睹，耳不忍闻者。严风刺骨，积雪盈山，余归而述诸观察，不禁为之太息。为赋再巡。

昆湖集大师，飙起从诸将。吾邑王将军，武库列相望。桓桓赴战巾，趣移貔虎帐。部曲布要害，森然设兵仗。不辞北风寒，一觇军容壮。苍云轸暮空，荒郊走泱漭。历历睹村圩，骄兵恣侵掠。闻之令严明，衔枚息分攘。菜茹无所犯，桑果不得妄。胡然为盗贼，搜牢任奔放。累积快斯须，既饱而不飏。巨必罄金钱，小不留盆盎。民家无孑遗，比栉空里巷。哀情如罔闻，暴害谁能抗。将领皆齰舌（以齿阑舌不言也），诟噪以为尚。残民趋路隅，野哭纷相向。无由卒岁寒，屋坏身离丧。茫茫积气中，飞雪迷千嶂。饥冻彻闻见，心骨悲无量。兵气为沉阴，乌足昧升降。寝不安梦魂，坐不适车两。言兹多苦辛，上官亦惆怅。

将军抹马宝刀横，亲拥貔貅翼大征。精光上与斗汉接，壮气排空若雷鸣。阵位肃然嘉步伐，严明号令饬戎兵。朝发怀远夕连阳，衔枚疾趋蔇长鲸。岂知将兼仁智勇，从来健卒轻所生。不为王家出力死，贪污莫畏戮与烹。所过村圩恣剽掠，所剽家室必取盈。覆巢压卵势孔赫，虽有强力孰与争。十室九空一路哭,奚止一家之哀鸣。我来目击心如剡,斯民何辜膺厥疹。唏嘘之气薄苍冥,泪滴成花如雨溅。飘萧弥漫舞遥空,忽发阴霾白日晚。我闻和风庆星云,愆伏违和失明旦。吁嗟黔首莫凄其,大寒将去阳春返。惟听歌凯静瑶氛,岁岁山中任仰偃。我亦破涕且为欢,载巡行兮啸绝巘。

壬午仲春三巡隘口:时大军克期进剿,淫雨浃旬,征途踯躅。余与王赞画徒步至嘉侗营,忽接连山露布,民间歌声雷动,乘时春耕,余喜极为赋三巡。

霪滞无冬春,战期在晨夕。雾里旌旂愁,湿烟重军壁。我行踏弱泥,计日穷幽邃。杂树暗村气,开日旋昏黑。陌上草不熏,郊圩罢行迹。次第见野营,矛戟横山碧。耸叠登仄径,峰文杳难识。顾与赞画言,雨声随霹雳。淙淙闻乱流,汇泻盈寻尺。路狭车马穷,步缘多惴栗。遥遥指嘉峒,浊淖将浣涤。林外得捷书,入穴已焚击。将军独迅扫,群丑皆雀息。转战遂捐躯,唏嘘吊英魄。取道仍雨中,骑马坠赞画。扶病泛舟回,单车编升陟。来往见春农,纷纷度阡陌。榆杏有尝时,来庇(音次,入土者)群致力。自言无过兵,稍能安稼穑。民安破愁颜,战胜增喜色。劳苦在余身,旬日非所惜。

壬午仲夏四巡隘口:时总兵郑芝龙督兵至连,军声大振,克期荡平,制军乃檄王参戎驻兵石田,防瑶窜怀,余抵嘉峒,参戎亦至,把臂谈兵,相得甚欢,乃联辔抵回龙,议建新营于青山口,以当西面。寻由木格回县,见嘉禾被野,绿浪翻云。惟乡民运粮,咨嗟载道。计军兴以来,一月六运,每运百石,人夫倍之不足,则役及妇孺,赤日红尘,逾岗度岭,能勿恻然。为赋四巡。

天兵如哮虎,穴鼠非久留。辄复虞困兽,乘虚惟所投。五月冒尘日,崇岭疑炎邱。木末思野凉,冷风不可求。嗟予离寒暑,兵革犹未休。临营谕诸将,日为守御谋。重喜王将军,防怀驻戈矛。予访幕中秘,相见千峰头。论兵引杯勺,并马行荒陬。风雨判襟袖,语长意未周。嘉禾渐向成,庶无荆棘忧。恻恻念转输,独令撄心眸。民间不暇息,军中需粮糇。老稚杂男女,肩踵同纷纠。空户从力役,奔凑如云浮。暑雨陷泥淬,炎蒸挥汗流。旧秋入新夏,旬朔皆绎骚。此贼犹未除,斯劳得已不。茹苦饮悲叹,欲语置咽喉。民虽不能语,忍视如蓬蒿。春陵昔不咏,我亦鸣深愁。

小丑勤斯五路兵,荆虔闽粤若绳萦。区分结营共环绕,铠甲旌旗灿列星。长鲸授首决且暮。犹虑溃走怀民惊。折衷保境法取豫，檄传参戎谨维屏。两人相遇喜班荆，纵谈黄石迟短檠。剑花拂来霏寒雪，千山万木作龙鸣。明朝并马陟高岗，周览形势谋干城。山雨猝至轻惜别，从风独自鼓兼程。荷叶田田兰叶紫，稻花香与绿云迎。惟怜转饷之老弱，奔波输挽无休停。暑雨愁民挥汗血，崎岖愁民筋力倾。一家十丁九负载，何日兵销获戢宁。伤心极目不忍言，三复民劳涕泪盈。呼苍亟倒天河水，洗却蛮烟永乐生。

壬午秋五巡隘口：时大兵环瑶已经数月，绝其往来，断其盐米，势极穷蹙。郑总戎带漳潮劲弩二万复抵连山，真有直捣黄龙之势。时王参戎以浔变去，李参戎代，相晤于嘉峒，月下论兵，命其武士技击侑觞，秋光晴爽，一路稻香，为赋五巡。

长风吹白云，西陆驰年光。人吏堕数辈，厉马登高冈。转忆客岁秋，军麾动连阳。空虚一丸邑，惊民如怀霜。奔驰已可虑，险隘犹疏防。命驾北山畔，极目多彷徨。雁鸿务安宅，蠣蟠窥其详。归路值重九，茱萸聊举觞。今来已岁周，忽忽生愁肠。风景了无异，凶虎歌难忘。小挫穴中丑，乌能永摧藏。郑帅耀闽海，鲸鲵素驱攘。今来聚劲弩，扬威遏蛮方。征兵过云雨，区区奚不忘。克定当有日，犄角宜增强。嘉峒开细柳，旌悬兵气扬。初识李将军，军容俨成行。中权总三略，四隅环九章。临怀已受代，壁垒非故常。山高月出小，黄花尚余香。飞杯杂鼓角，对月看剑芒。睹此技击雄，剿贼如刲羊。出营乃陟嶙，登磴极深苍。回梦兼避石，局窄思翱翔。列营敛轻雾，衣履生秋凉。川陆远在目，刘禾见丰穰。下邑奉师旅，官帑皆空囊。斯民亦靡敝，所喜天降康。亩栖不胜计，犹得盈仓箱。食足兵复罢，山静即羲皇。予劳虽浃岁，予乐已无疆。

三奇月报秋光好，水尽潭清回寒潦。金铺万点地堆黄，玉碾一轮空似扫。昨日倚梧凌紫霄，庭余琴鹤酒盈瓢。山城无事宜歌咏，归来恒羡五柳陶。不道一行作吏苦，会逢兵动渔阳鼓。经岁焦劳未得休，授衣九月犹縻盐。穿云撷袖行若磨，焉能暇预若鸣珂。马惜障泥况乎人，履险防危忧思多。每到一营肃刁斗，战士旌旗仿细柳。军容洗拂振先声，锐气英英扑小丑。肩舆勒转山之头，千村万落歌有秋。笋作厢兮筐作仓，妇壶夫馌欢迎眸。余也见之舒颜面，天花此方纷白粲。太史恒书大有年，我邑书田岁月见。年丰自不苦完官，征科无扰弥相安。迩闻元戎帅满万，瑶贼能无心胆寒。摧枯拉朽易反掌，扫荡蛮烟廓蓁芥。兵气全销烽火沉，山城含哺游衢壤。百粤平成别一天，尧峰舜岭花重妍。小饮清苦学李令（李锡莅青城县，县有水味清苦，李饮三年，变为甘水，以循良内召），功高铜柱谢前贤。

壬午闰十一月六巡隘口：时大兵雕剿，三入其阻，所杀多过，当乘风纵火，新巢旧穴，荡为烟尘，余喙逃入笔架山，咫尺怀地，各隘戒严，因冒风雪，复巡历一周。李参戎以病告归，相晤于木格圩，殊难为别。归路得连山报知，瑶已乞抚，献首祸渠魁百余人，剿而抚之威莫大焉，惠莫溥焉。奏凯班师，山鸣谷应，为赋六巡。

汉军策诸羌，坐困垂勋烈。我师亦云屯，持久毙瑶孽。湟水如金城，南北可一辙。静俟山岳坚，战比风霆折。虎嵋岂不雄，猛毛终受磔。兔穴非不狡，置罗讵能脱。烟焰爇重茅，故巢俱荡灭。残寇若禽离，空山虞豕突。成功及斯时，周视当无息。戍卒抱冬心，秋光异时节。并坐将军树，令我征鞍歇。依依永夜谈，忍作凌晨别。连阳萤胜音，蠢动已惊骨。俯首爱余生，伏罪希全活。兵由伐贰来，威畅恩随结。归时闻此侈，不禁心怡悦。

群瑶蕞尔轻天威，扫巢焚巢无所依。一军初入已奔飞，连战长驱何险夷。昔年丑类纵横驰，州邑苦之民阽危。斯民愤恨积岁时，咸思胔截寝其皮。复敢岁余抗王师，除凶荡逆非不慈。践蹂余残如弱泥，裹疮缩窜寻山溪。东不可响将西窥，断蛇伤虺毒可施。整兵利刃以备之，将军累月操神机。阖邑蒙安皆所贻，油幕高张言别离。宵灯晓雾聊追随，临风瞻望嗟分携。道路欢声逾鼓鼙，并传狐兔多悲啼。悬知剪灭于无遗，面缚军前献渠魁。怀我好音变鸣鸥，誓天永不劳旌旗。诸葛纵擒非好奇，服而舍之非可为。贞珉欲竟燕然碑，闾阎终岁安耕犁。我已六度披蒿篱，比利真心忘渴饥。

民国·周赞元：《怀集县志》卷八

连署感怀
李来章
壮瑶绵亘接崇山，尽日烟岚结此间。北望衡阳无雁影，东临昆水有鸡关。羊肠一线惊天险，鸟道千层远圣颜。摇落乡魂真欲断，振衣频见泪痕斑。

宜善司
纡折高低百二程，平芜虚敞一孤城。已分良壮安群寨，未靖顽瑶倚大坪。圩集沙明萦水曲，营炊烟缕杂云生。沧桑更变浑无定，古县于今宜善名。

过白沙

近县路偏险，防瑶兵更稠。羊肠穿石壁，鸟道锁溪流。垒筑防多事，村荒只半流。牛羊遭咥后，求牧倍含愁。

由茂古峒至平天营诸寨

简与渡潭湾，前至茂古峒。田园颇宽平，村落成虚空。苦瑶多散逃，徒有还乡梦。寂历绝人烟，抚膺为兹忉。叮咛劝远邻，为予勤谕讽。租佣尽豁除，爱尔如雏凤。何久寄他方，流离甘侮弄。每逢霜露寒，寒衣不获送。念此当速归，有年兆雾淞。引领望尔曹，旦夕目常送。

上马箭

凤名棠梨塾，初入马箭路。长鼓手双挝，雀跃多态度。髻插白鹇毛，野歌群叫呼。瑶子远来迎，五彩绣褐短。其貌多秀雅，或颇知礼数。奈何不早诲，灵府日蔽锢。长乃成梗顽，实为父兄误。予来阐圣言，字字详训诂。更为起讲堂，函文延师傅。闻此意欣然，百拜不肯住。言下能如斯，似已稍开悟。

宿军寮

马箭逾叠嶂，双旌上军寮。缘岭遵曲涧，藤刺乱长条。俯下复仰陟，山势郁岧峣。石门称奇险，青苍摩云霄。石刻字仍存，岁月未云遥。老者多卉服，头颅缠红绡。少者白羽髻，耳环映垂髫。纸幡类凶丧，犀甲舞剑标。急为扬皇风，明诫戢猖佻。讲肆坐名儒，诗书气熏陶。长言迫斜影，暮气来山椒。鼓角余清响，漏声同丽樵。凌晨冒白雾，还复走空豀。童翁恋难舍，远送手还招。

憩里八峒

辰至里八峒，从者皆苦饥。环诉少供应，枵肠难自持。含笑出囊金，买米煮粥糜。此实非伊罪，昨予有告辞。不烦馈豕肩，不劳费酒卮。诸瑶多诚朴，相信乃深知。瑶闻三叹息，使君廉且慈。愿言遵明诲，遣子从名师。茶罢复启行，牵衣去每迟。再拜陈所愿，相邀过庙祠。

遥望龙水尾（瑶人所居）

十七小排瑶，一为龙水尾。龙水出源泉，层折数有几。遥望白练飘，奔腾如惊虺。隐隐露寠巢，相聚如虮蚁。往多弄剑戈，近亦贡筐篚。欲化为善良，劝谕劳亹亹。何时礼乐兴，君子待有斐。

三江峒

迁路转三江，田土颇空阔。茅穗愁迷离，人烟恨牢落。忽逢藜杖翁，环舆泪沱若。稻田与鱼塘，尽为士卒攉。夙昔苦瑶害，兵比瑶更虐。旦夕不获安，何由事耕作。抚意泪酸脾，予为行复却。呼向初建置，何不明契约。应恨嗫嘴侪，愚弄诸老弱。谕令且少俟，当为细斟酌。

瑶有负盐者迎拜马首诗以慰之

诸瑶处层壑，所惜生事微。近招居平地，谋食任所依。耕耘首须勉，贸迁亦庶几。相将鬻官盐，所为永云非。向来见官长，如野鸟惊飞。今乃迎马首，拜跪意无违。尔更遵约束，早出晚当归。

示鱼赛冲瑶

金鸡南下晚风清，此日璜池不弄兵。喜尔皇粮早输纳，冬来樵采乐升平。

告八百粟瑶

佛叹恒河沙，尔矜八百粟。自大同夜郎，吾知实不足。今已尊朝廷，悦心事归服。天不察渊鱼，幸得保家族。子更讲诗书，俾童勤诵读。脱然去沉疴，乔迁出幽谷。岂终为下流，悍骜甘反覆。医疾治其本，良药须薰沐。

火烧坪瑶有归向所盗牛于原主者诗以纪之

瑶性实顽犷，掳掠以为常。往时闻官唤，瞋目操剑铓。予来曾未几，排瑶讼相伤。呼之至案前，劝惩遵王章。维彼沈氏子，事后发天良。尽归旧所盗，曰蚁不敢藏。此亦畏擅受，诣公白其详。予喜动颜色，劳之以酒浆。细为陈威德，使知逢圣皇。谆谆不敢倦，更开以义方。渐积对颇久，或可换肺肠。

岁除县斋即事

层峦抱县水交流，三五茅檐古涧头。市只米盐人竞赴，日高辰巳雾才收。瑶丁挝鼓群儿喜，肘后寻方旅客愁。衙舍萧条当岁暮，呼奴傍火补羊裘。

民国·凌锡华：《连山县志》卷十五

春仲巡阅西路瑶排杂咏
谭有德

鸡鸣关外远烟迷,芳草裙腰一带齐。空谷幽兰春正放(山内多兰,小民时采以卖诸市),香风直送板桥西。

细马行春得得来,传呼声入白云隈。连山亦有羊肠路,问俗宁辞叱驭来。

春山雨后碧如烟,傍涧山花分外妍。遥羡牧童牛背上,一声横笛过前川。

一带溪流拍短埠,数家鸡犬薜萝封。山农亦解偷闲诀,云碓无人尽日舂。

村后村前乳燕飞,野芹初发荻芽肥。竹桥人影匆匆处,村女村夫拾翠归。

桃花新水涨鳌鱼(连山一溪名鳌鱼水),绿野春寒尚未锄。十五鸦头勤学圃,自提瓷瓮灌园蔬。

槿篱茅屋绿烟中,竹外樱桃亚水红。最是春秋新酿熟,酒旗飐出落花风。

连云比户傍山巅(瑶皆山处),火耨刀耕不计年。共道圣朝多乐利,殊音异服亦陶然。

趁圩茶笋裹棠梨,换酒郫筒络绎提(瑶人趁圩各携茶笋售卖,各带竹筒一个装酒)。更是绣裙蛮小女(未嫁瑶女多着五色绣花裙),也随人卖亚冠鸡(瑶鸡冠多并出)。

横峰侧岭望中遥,铜鼓春烟自暮朝。闻说此间曾示戮,至今瑶祼尚魂销(康熙时征瑶大戮瑶人于铜鼓山)。

一片孤城野草春,烟村零落李桃新(连山民村冷落,而野桃路李颇盛)。河阳尽道花如锦,曾活苍生几户贫。

红豆征歌覆掌杯,吏人立马莫频催。花前不惜如泥醉,看取山翁踏月回(时县令尹歌筵留宴乘月始回)。

民国·凌锡华:《连山县志》卷十五

昆湖八景
刘允元

茂古春芜绿草肥,牧童放犊认朝晖。人歌碧水溪争咽,鸟语青林花乱飞。洞口平虚常寂寂,军寮层起自巍巍。几椽茅舍关形胜,莫遣蛮瑶任意归。

民国·凌锡华:《连山县志》卷十五

征瑶六首
刘允元
其 一
山环上吉水,险僻觉心惊。荼毒今朝剧,干戈何日平。乱离忧不细,供给扰非轻。怪杀伊殊类,横行丧所生。

其 二
行旌临上吉,傍晚驻村楼。案倚千山峻,崖悬万木稠。人家通水径,禾黍照沙秋。何事多鼙鼓,年来兵气浮。

其 三
恃险有龙水,强梁肆此乡。无人不恐惧,有寨尽凄凉。远岫烽烟惊,高秋战伐扬。曹彬韬略上,凯奏靖殊方。

其 四
兵士如云集,咸依上吉村。残黎方有胆,死贼已无魂。踞险凭山势,雄威破石门。莫辞征役苦,千古有公论。

其 五
鼠技顽瑶似,崇山匿影深。真心怜欲抚,假手计成擒。里巷烽烟息,朝廷法度森。不才遭此际,区画竭微忱。

其 六
天降神难测,奇兵甲士先。层云穿万岭,一日定三连。筹画铙金奏,功勋勒石传。名流饶将略,残黎仗生金。

民国·凌锡华:《连山县志》卷十五

太保圩
张世谦
贸迁团野市,嘈杂万山中。老少肩摩集,民瑶担荷通。雅能入太古,不必过新丰。日暮歌声起,临风远近同。

民国·凌锡华:《连山县志》卷十五

瑶 人
尤侗

花面丫头铁脚儿，白衫赤裤踏春时。艳歌一曲人何在，到处青山杨柳枝。

男子烧烙足，沁以油蜡，重茧如鞯；女子黥花于面。踏歌偶奔者，入岩峒，插柳避人。

清·尤侗：《西堂全集》卷十六

石公祠
樊封

在新城外河干潮音庵东，绅民建祀两广总督石琳者。祠有总督彭鹏题额，其跋语云："琅公制粤，民称之为石佛，盖古之遗爱也。"楹有总兵吕孝德句云："钟长白之精英，瑶壮黎苗，无不向化；奠中黄于磐石，楚滇吴越，咸被深仁。"论者称其赅切。

司空题碣吕侯诗，一样攀条痛哭时。始信岘山羊叔子，堕人清泪只残碑。公正白旗汉军开国元勋石廷柱之第四子，由佐领转礼部郎中，出为山东臬司，升湖南藩使，寻授湖南巡抚，康熙廿八年（1689）总督两广。三十一年（1692）奏添琼州宝停营以防生黎。三十五年（1696）东粤饥，西粤遏籴，公创为融通之法，以东盐易西米。爰有泛舟之役，复设粥厂以食饿者，存活甚众。会西潦盛涨，南海之桑园各围纷纷崩溃，公率吏役往救，时狂风暴作，水头高数丈，直撼堤基，万众骇奔，公跪祷，崩岸水头骤落丈许，堤得不溃。三十九年（1700）琼州生黎扰乱，公提兵进剿，斩首逆王镇邦等而黎乱定。四十一年（1702）连州瑶排构乱，侵及连阳一带，公察其山川，剿抚兼施，瑶民乞抚，乃于华瑶交界处添筑三江城，调将守之。在军岁余，染瘴卧疾，上遣使垂问，赐予药饵，是年十月初九日卒，百姓巷哭罢市往奠焉。

清·樊封：《南海百咏续编》卷三《祠宇》

瑶排八首用东坡雷州八首韵
邓倬堂

万山发衡岳，道此入中州。合沓排云出，高踞五岭头。就中凿一溪，日奔万马牛。问谁开此郡，神异说邓侯。（旧传刘宋时有邓鲁者，自请有连州刺史，首开此郡）

村居复几何，城郭隘如许。终日瘴岚间，天气无寒暑。犬牙五百里，

民瑶共一土。相识不相亲，睚眦起尔汝。（与居民交涉，少有不平，则抄掠劫质）

旧传来桂管，筑居依岭岑。诗书彼何物，雀鷇别合音。黄冠有家学，文史手自斟。飞鹗岂不革，未许集泮林。（瑶不读汉书，唯从瑶道士学，学优者仍为道士。先年曾设瑶学二名，后以不利，辞之）

远姻十二代，平昔寡交游。不速客自来，患难托同忧。刲牛以为约，各欲给所求。一人求未得，其事且淹留。（瑶有十二代外家，遇事，辄出牛酒糜聚为虐，得钱则瓜分，否则中梗，故瑶往往难结）

瑶俗信好巫，有疾更勿药，祈禳神无灵，自谓逢不若。立庙祀阿公，舞蹈杂饮酌。不辨谁祖祢，同把炭香灼。（瑶无医药，疾则祷之，不愈则谓神所弃。有阿公庙，无姓名，祀则男女杂错，尽欢始散。以炭代香，或谓即盘瓠祖）

卵育经千载，聚族各一区。坳窊生百谷，池沼亦足鱼。无事辄樵采，升木等猿狙。问富难数畜，不解藏金珠。（南宋有廖姓者，官桂林，携八瑶人回，今丁口近十万，有富过土著者，唯以畜牛豕为利，或至数百头）

周礼正昏姻，男女会春仲。乃为七夕会，四野皆倾动。相悦歌互答，媒妁言勿用。红巾当纳采，百年结同梦。（瑶于七夕日，男女及年者，皆会于野，父母俱至，张筵歌舞，相悦则答歌，以红巾定聘）

亦解媚长官，春日出成群。歌舞为前导，逸响遏行云。偶歌岂足听，聊以致殷勤。临轩一劳酒，百拜谢使君。（瑶于迎春日，百十成群，鸡羽银环，衣彩裙，击檀板，皋陶鼓，歌舞前导，犒以银牌酒食）

民国·凌锡华：《连山县志》卷十五

（四）文

策 问

连州观风策问

问人才视乎山川，从古皆然。连阳山水不为不秀，何以自汉迄今，文人之登贤书、光竹帛者，恒不数观，将司牧者之教化未明、董劝未知欤？抑士生其间者，自殖荒落，安小就而无远大之志欤？夫十室之邑，必有忠信。今欲鼓舞而作兴之，其道何由？声名文物之区，为治较易。若汉之蜀，唐之潮与柳，风犹陋也，何以文翁、韩昌黎、柳子厚莅官其地，一时文教之盛，比隆中土，其设施之道，人才之多，可得闻欤？他如讼狱未息，盗贼滋多，钱粮正供或不完，民之自缢轻生者日愈众，将何法以治之？而风俗可醇，人心可厚。八排之瑶十倍于昔，岁稍不丰，即蠢蠢不靖，何以绥之而不为暴？惠、潮、嘉应之民，侨寄耕凿者万有余人，非尽善良也，何以辑之使不为匪？利之宜兴而未兴者尚有何事？害之宜除而未除者又有何事？贾子曰：移风易俗，使天下回心而向道，非俗吏之所能为也，其故何欤？余少读经史，涉猎不精，天姿不敏，每览前古循良政绩，未尝不欲歌欲泣，想见其为人。数年来登山涉海，艰难辛苦亦已备尝，而服官日浅，吏治犹疏。今者忝为州牧，人情风土，一切未谙，夜寝夙兴，常惧不称，无以慰我士民，故博采周谘，以补愚拙。多士积学有年，生长之邦，见闻必确，凡可以见诸施行匡余不逮者，其各条列以对，毋泛毋隐。

《岭南杂钞》

抚瑶誓词
李来章

誓神牒文，抄示五排十七冲瑶人知悉。誓曰：承命乾清，抚尔童叟。夙夜战兢，无敢或苟。既包诚心，不惮苦口。设誓鬼神，与瑶共守。不食瑶粟，不饮瑶酒，取瑶分毫，贼断吾手。务悉公怀，莫堕奸诱。暗自营求，妄耗升斗。截路牵牛，指为盗薮。望尔诸瑶，痛湔夙垢。躬逢尧舜，何忍自负。服习诗书，耕耘田亩。期为良民，可保白首。

民国·凌锡华：《连山县志》卷十五

重建连山路记
郑芝龙

连之治东十余里，可通州，径路峻险，前人修治河道以行。壬午（1642）芝龙奉命征瑶是邦，瑶平投顺，重修路径，后之人或勿以谓五丁所辟云，是为记。邓芝龙书。

砥矢：山峥嵘，瑶蠢兴，昔崎岖，今荡平，后人之盼此云。

崇祯壬午（1642）岁闰月吉日，中都黄廷坤题。醵金鸠工姓氏：

施王政　　郑芝龙　　宋纪　　尹先民

赵千驷　　严遵诰　　陈坤　　重立

又连山城守朱捐资重修道路记。

山路崎岖险阻，车马难行，爰捐薄俸重修，以纪岁月云。康熙四十一年（1702）六月。

民国·凌锡华：《连山县志》卷十六

道光湖粤平瑶记

　　湖南衡、永、郴、桂四州郡，界广东连州、广西全州，踞五岭之脊，民瑶杂错、深谷重巘，风气鸷鸷，与华不通，华民欺其愚，夺攘侵侮，官吏辄右奸民以朘瑶，积怨则变，昔今一辙。有赵金龙者，湖南永州锦田瑶，与常宁瑶赵福才以巫鬼神其众。时楚粤奸民结天地会，屡强劫瑶寨牛谷，党联官役，瑶无所诉，于是金龙妖煽其峒，倡言复仇，使赵福才纠广东散瑶三百余，合湖南九冲瑶共六七百人，道光十一年（1831）十二月焚掠两河口，杀会匪二十余人。明年（1832）正月，江华知县林先梁、永州镇左营游击王俊以兵役往捕，贼已千余，据长塘、夹冲。永州镇总兵鲍友智调兵七百，及永州知府李铭绅、桂阳知州王元凤，各募乡勇数百进剿，令游击李方玉由沂村绕袭其后，游击王俊等由东路直捣夹冲，遂毁其巢，毙贼三百余，掘毁逆墓。二十三日，贼窜蓝山之五水瑶山，所至，胁众二三千，图据九疑山巢穴。乃令参将成喜以百兵扼要路，众寡不敌，退，贼遂旁掠宁远。上命两广总督李鸿宾、广西提督苏兆熊，各防边界。时鲍友智俟续调宝庆各兵至，即分扼合攻；而巡抚吴荣光、提督海凌阿，劾鲍友智轻进疏防。会蓝山告急，荣光又檄宝庆兵尽赴蓝山，而檄提督由宁远赴援。二月十四，海凌阿率宝庆协副将马韬以兵五百余由宁远之下灌进剿，蓝山路险，且逼贼巢，海凌阿不侦探地势，遽由小路冒雨深入，又不为备，贼伪充夫役，为官兵异枪械。行至池塘圩，山沟陡狭，伏贼四起，乘高下突，枪械反为贼用，海凌阿等皆死。上已命总督卢坤、湖北提督罗思举赴剿，至是，又移贵州提督余步云于湖南，而饬吴荣光回长沙。贼胁胁将万，赵金龙率八排散瑶及江华锦田各寨瑶为一路；赵福才率常宁、桂阳瑶为一路；又赵文凤率新田、宁远、蓝山谷瑶为一路，每路各二三千，犄角出没，而官兵不设粮台；增调常德水师及荆州满骑，皆不习山战，卢坤至永州始奏罢之，而改调镇筸苗疆之兵。又以衡州水陆咽喉，而常宁屏蔽衡州，当贼冲；祁阳又入衡、永捷径，且粮运后路，皆派兵勇防御。桂阳、新田、嘉禾三州县各团练乡勇土瑶自守，以防胁胁。是月，桂阳知州王元凤及鲍友智击斩赵福才，歼瑶五百，再战歼瑶六百；其赵文凤一路闻官吏招抚，解散过半；惟新田以官兵绕道未至，知县王鼎铭战殁，贼入城肆掠去。劾不赴援之游击李方玉、守备王楷治罪。诏以瑶皆山贼，蹻捷负险，恐蔓延两粤，或盘踞山峒，致稽搜捕，敕诸将诱至山外平野之地，聚而歼之。三月月十日，罗思举至永州，以南路之蓝山、宁远、江华，俱入粤门户，隘口不一；乃议大兵由新田后路蹑贼，遏其南窜，与桂阳北路兵夹攻，并扼其西通道州、零陵、祁阳小路。于是，三路瑶四五千人及妇女二三千，为官兵驱逼出山，皆东窜常宁之洋泉镇；其地为入山水口，有溪通舟，市长数里，垣墙坚厚，民去贼守。罗思举以贼逼归一路，且失其翻山长技，乃密檄北路兵齐赴，又渐移各守隘兵进逼合围。时运炮未至，贼穴墙出矢铳，官兵反隔墙外，先持盾掷火，昼夜迭攻，以耗其火药；镇箪兵数十，跃墙而上，前者伤坠，后队继登，先后毙贼千余。四月七日，贼诈降以缓我攻，欲乘间窜入山。罗思举以贼不缴器械，缚首逆，攻益力，夺门巷战，贼大呼乞降，仍斗且逃，内外夹剿，连日歼瑶六千，惟散瑶八九百拒守市内大宅，恐赵金龙在内，故仍不用大炮。二十二日，尽毁墙舍，讯知赵金龙已于初九日突围中枪死，擒贼子弟妻女及死党数十奏闻。诏以卢坤、罗思举荡平迅速，各予一等轻车都尉世职，赏双眼孔雀翎。余步云自贵州至，仅十日，亦加太子少保。在事文武进秩有差。时钦差户部尚书宗室禧恩，盛京将军瑚松额已抵衡州，未至军，先三日奏捷。禧恩诘赵金龙死状虚实。罗思举旋获其尸，及所佩印剑木偶，乃止。而五月四日，复有金龙余党赵子青自连州八排窜江华、蓝山，虏胁二千瑶。罗思举、余步云驰堵之，破贼于锦田之濠江冲，擒斩首逆，歼瑶五百，余党瓦解。诏切责广东将校，不如湖南出力。而广西贺县复有逆瑶盘均华之变，煽聚二千余，六月为广西参将满承绪击败于芳林渡，逃至江华界，为湖南守卡兵所获，于是诏禧恩、瑚松额率余步云赴广东剿连州八排瑶。初，八排瑶有黄瓜寨者，正月中被奸民官役房掠，讼于官，连州同知蔡天禄讯之，断民役偿瑶千二百金，民役不偿，瑶出掠报复，蔡天禄遂以湖粤瑶响应告变，总督李鸿宾令提督李荣庆，署按察使庆林以兵三千堵御。荣庆以瑶无逆状，且寨峒险难攻，主抚；庆林力主剿，议不合。会四月闻楚师告捷，将士皆邀懋赏，新任广东按察使杨振麟亦主剿。李鸿宾遂以五月十三日同提督率兵六千，三路进八排，瑶首八人出山跪迎，请缚黄瓜寨逆瑶以献，李鸿宾收斩之，奏称杀贼七百，于是瑶皆负嵎死拒。瑶山周围四百余里，峒险菁密，军无侦探，瑶铲要路，伏隘狼突，官兵惊溃，自相挤坠，三路皆败，游击、都司以下死者数十，士卒死者千计。以行营硝药失火误焚伤亡奏，而劾提督刘荣庆老病。上褫鸿宾职，因有禧恩、瑚松额之命，又以余步云代刘荣庆率总兵曾胜等调湖南、贵州兵进剿。禧恩等至粤，初锐意用兵，及探知瑶峒天险难深入，乃于二十有五日奏大木根、大桥头之捷，二十有七日复奏六对冲瑶之捷，所奏杀贼皆数百计，然必需有首逆，始能戢事。于是，振麟日遣人赴寨招抚，瑶惩八人前事，不肯出，官兵又惩李刘前败，不敢入，旬日不得见一瑶之面，而卢坤又有移督广东之信，计程将至。禧恩急责杨振麟刻期招降，否则严劾。振麟乃复悬赏购募，并令熟瑶为质，始偶有出者，果得洋银盐布以归，于是瑶贪利踵至，旬日得数百人，及缚黄瓜寨附近瑶三人，诸将得以戢事，及驰赴受降，酌留两广兵三千，令曾胜防守连山，檄止湖南续调之兵。时禧恩暂署两广总督，候卢坤至，以善后事委之，交印即行。诏进禧恩不入八分辅国公，赏戴三眼孔雀翎；瑚松额、余步云均世袭一等轻车都尉，赏双眼孔雀翎；曾胜加提督衔，袭云骑尉；李鸿宾、刘荣庆均逮戍新疆。初，楚粤边郡奸民为天地会，缔党歃约，横行乡曲，小剽掠，大擅杀，各有名号，兵役皆其耳目羽翼，一呼百诺，吏不敢问。赵金龙起事，即戕杀会匪，故会匪不附。而郴、桂两粤奸民已所在蠢动，州县藉军兴，团练随时擒治渠魁，又瑶平迅速，故幸未生变，然党与蔓三省，逋逃薮众，论者谓边防隐忧在苗瑶之右。

清·魏源：《圣武记》卷七

壬辰（1832）征瑶记

瑶之类甚蕃，错居五岭腹背，有土瑶、莫瑶、佾瑶、过山、箭杆、顶板之别，大都皆蛮族也。路史引百益经云：黄帝曾孙卞明生白犬，是为蛮人之祖。而《汉书》谓盘瓠狗种，杜君卿非之，得毋因白犬之名而传讹欤？蛮自汉以来，叛服不常，惟以蛮制蛮为上策，总不外乎剿抚两端。而宋主抚，故源州、诚州之建废日繁；明主剿，故韩雍、李寰、王守仁之师徒时起。国朝则因时因地，剿抚互施，诸瑶畏怀威德，百余年来，伏莽潜消。复择土瑶之秀者，列诸庠序，易其名曰新生，化獉狂而冠裳之，实足超轶前代矣。过山瑶者，即《郡国利病书》所谓"食尽一山，即移一山"是也。而信鬼崇巫，恒与民构怨。道光辛卯（1831），湖南江华有过山瑶赵金龙者，居锦田之长塘寨，业巫觋，以端公降神，为众瑶所尊信，屡与民人讦讼，有司不直之，瑶益怨民。先是，常宁瑶赵福才扬言通仙术，山中将有瑶王兴。赵金龙貌伟多才，愿助起事，金龙惑之，潜结八排九冲瑶千余人，遂起为乱。冬十二月二十九日，出焚两河口、沈田冲各民村，执匪徒与有宿仇者数人杀之。壬辰（1832）正月三日，江华县令林先梁会游击王俊率兵役往捕，贼拒敌，戕兵胥，分遣逆党出掠，迫胁土瑶，响应渐众。永州鲍镇军友智先于初五日檄调附近兵七百余名，李郡守铭绅募乡兵八百，十五日齐抵锦田。十九日，分两道进攻长塘，西路兵连战逼贼巢。二十日黎明，东路兵亦焚夹冲、平山抵长塘，赵金龙挈逆属党与九百余人遁。东路兵仍由平山出屯两河口，贼尾之，过夹冲东折黄竹寨，于是官军皆在后，贼遂如入无人之境矣。迨镇军分遣将兵堵蓝山县大桥诸隘，贼已入将军坪、葛藤冲、宁远县之大小紫金山，屡拒官兵，随地胁掠。时镇军征宝庆各兵，划定信地，防堵九疑要害，皆以道远未至，贼复乘虚四窜。俄镇军、郡守皆以轻进被劾，军心益懈。二月十二日，海提军凌阿抵宁远，宝庆兵亦至。时贼屯九疑山内，如提军驻宁远县城，设疑兵于下灌等处，贼必惧不敢出，将坐困山内，而锦田、大桥各兵蹑其后，成擒必矣。乃蓝山告急日再至。其实贼入九疑，蓝山在贼后，提军不设侦探，未审贼之所向，以为蓝山事急，即聚兵往援。十四日，天微雨，误由僻道至池塘圩山口，贼分队突出，官兵不及阵，遂溃，提军及副将马韬、游击王国华、守备吴鉴皆被害，兵械尽失，贼势始张。二十四日犯新田，县令王鼎铭令仆怀印走省城，自率乡兵至窝塘御贼，战殁，贼遂陷县治。桂阳、常宁、新田各瑶赵福才、赵文凤皆纠众起。卢督府坤至永州，奏征镇筸等处兵七千余人。上复命湖北罗提督思举领郧竹兵一千，贵州余提督步云领黔兵一千会剿。三月朔日，我兵入斯田，贼遁，屯杨家铺。初十日，罗提军至永州，各路兵亦渐集，赵金龙欲窜入常宁，并赵福才之众，北扰衡州，而赵福才已在罗家桥被歼，余贼匿聚黄峒，金龙固未之知也，屡攻桂阳之排前圩、上下白水洞，与官兵相持十余日，战甚力。赵文凤复据杨家铺，均距黄峒不远。督府以贼势犄角，牵制官军，若急攻，必窜逸四出，转分兵力，常宁北面已有重兵，密檄桂阳守将，但设虚声旁击。罗提军由新田南路，逼之使聚，为一鼓歼擒计。各贼闻我兵已进新田，果北合黄峒贼，同窜踞羊泉。二十九日，提军至獠头飨军，食毕即进，前队甫行数里，提军复撤回獠头。时贼设伏道旁，欲出不意劫我军，既见未至，又值注雨，乃退去。提军侦知北路兵将合，挥兵疾进，夜半毕至，贼数驱众冲突，我兵冒雨力战，连四昼夜，歼其多人，贼不能支，始退匿羊泉市中。羊泉居四山间，平畴十余里，溪水贯之，村市临溪，延袤数里，墙壁皆砖石砌筑，以防溪涨，故市外复叠石为垣如坚城。贼据之，穴垣出枪铳，我兵不觉，多为中伤，乃持挡牌进击。提军下命先登者赏不次，士皆奋异攻具薄垣，跃而上，前者被创坠，而继进不绝，火其屋数十间，杀数百人，贼势愈蹙，图溃走，每夜深雨黑，辄犯阵，围之密不得出。一日赵文凤领十余贼诣营乞降，罗提军佯许之，令缴枪械，献首逆，各贼具结去，盖欲懈我兵心，乘间窜逸也。初九日，罗提军督兵进攻，余提军亦领黔兵至军，策应益众，枪炮叠发，火具并举，一时市房尽燃，我兵冒焰直入，咸奋勇攀登，斫门杀贼，贼惊噪突出，或由墙隙犯火奔逃，我兵内外夹击，立歼二千余人。赵金龙改易服饰，混群贼中逸出，为官兵格杀之，俘其妻孥，并八排、新田贼目数十人。十九日，卢督府亦自永驰往犒师。时市房焚烧殆尽，惟李氏宅重楹叠宇，逐日焚攻，至二十四日始尽毁之，贼众尚数千，悉毙于火，乃班师。先是，上命禧大司农恩、瑚将军松额往视师，至，则已奏捷，即驻衡州，会筹善后。适广东连州排瑶续受赵逆约，潜兵赴援，为我守隘兵截回，而资粮器具为附近村民窃取，因之劫夺仇杀，渐蠢动。羊泉班师时，曾奏留劲旅二千，屯楚粤要隘，备协剿。五月间，有连州朱冈瑶赵子清纠众入楚界，扬言为赵金龙复仇，迫胁九冲瑶数千犯江华，余提军就驻边兵围捕。六月八日，及之于濠江冲，一战而溃，赵子清窜入银江冲，为官兵所擒。六月十九日，复有广西苍梧县早塘瑶盘均华，以赵金龙已败亡，湖南瑶山多旷土，集二千余人前往夺据。二十五日，至芳林渡，广西祁抚军玙遣兵追及，盘均华拒敌败走，匿江华竹排界山洞，经降瑶侦报，并其妻女皆就获。排瑶见官军大集，亦蹑伏，缚献凶逆乞降，诏抚之，楚粤瑶地悉平。

  呜呼！蛮患自昔为然矣，然唐以前尚不甚剧，以省民熟户居内，山瑶峒丁居外，有所捍蔽也。自宋熙宁间，拓地之议兴，各献款内附请吏，于是民与蛮乃相接，多辟径路，深入溪峒，通市易，渐典鬻田土，仆赁其孥，奸猾牟利，百计相欺诈；蛮性戆直，辄忿起仇杀；逸囚逋盗，乘隙煽诱，而寇乱迭起。每抚蛮以制蛮，元明因之，设诸土司，溪洞有警，动征其兵一二十万；土兵习地利，耐瘴毒，与蛮共其所长，此韩雍、王守仁所以奏绩也。国朝雍正（1723—1735）初，沿边土民苦土司暴敛，争赴诉愿为王人。时国家方经略西南夷，疆臣亦以为请，乃相继削土，改置流官，土民不啻出水火而登衽席。郡县既治，诸蛮亦多帖服。藩篱虽撤，而法禁则纤悉无遗。久之，边吏习于晏安，防范疏阔，偶致蠢动，复芟夷而惩创之，酿化渐被，孳息日蕃，同于齐民矣。不谓流言扇乱，小丑鸱张，为祸如是之烈也。然而事变多起于所忽。锦田处九冲万山间，近接八排八寨，环千余里皆瑶，弹压控制，营卫是资，而总永州一镇，兵甲不满二千，锦田防兵又仅十数人，器仗楛窳，军威不扬，奸宄玩易，启其戎心，仓猝闻变，兵难聚集，必待远地征发，而贼已滋蔓矣。且绥怀异类，尤贵拊循。瑶地跬步皆山，稻田绝少，垦种薯芋包谷，充其口食，葺茅崖广，仅蔽风雨，猥狋其形，殆非人类，而性朴鲁，知蔽畏官长，得良有司尽心抚治，可以无事。乃设丞理之，又以僻远鲜莅其地，民户偶以侵山讦讼，惟瑶是虐。瑶既衔恨刺骨，而信鬼崇巫，民亦疾之若仇（瑶与民有隙，将其姓名书之竹木，瘗于土中，其人即死，名曰"埋禁"）。势疑则隙生，力倖则乱作。何文简云：大抵夷蛮盗贼，恒起于讼之不平，政之不理，苦其吏而不能自达则怨，怨则变生。揆诸今日，可谓明效大验也。宋冈、苍梧、八排各瑶，气类相同，先后附响，以剿以抚，始获肃清。或鉴成宪，度时宜，议兴议革，以善其后。然而进考已事，成法具在。如熙宁（1068—1077）间诏曰：顷湖广诸蛮近汉者，无所统一，因其请吏，量置城邑抚治。绍兴（1131—1162）间，全州守臣言：本州密迩溪洞，平居失于防闲，驯致其乱，宜徙间地巡检兵，及分遣士卒，屯诸溪谷山径。嘉泰（1201—1204）中，湖南守臣言：制驭溪峒，宜择素有知勇而为瑶所信服者，立为酋长。隆兴（1163—1164）初，廷臣言：湖南州县多邻溪峒，省民往往交通瑶人，擅自易田，或诈匿其产，避科差，宜禁之。此皆制蛮安边之至计也。今议者移涛圩同知于锦田，改永州通判，理宁、桂诸瑶，符熙宁之制矣。移江华游击及提标守备驻锦田，增大桥各防兵，如绍兴之议矣。设瑶长、瑶目、瑶老等，专其钤束化导之责，犹嘉泰之遗意也。瑶田准苗疆例，禁与民交产，又隆兴之区画也，他如惩邪术，禁兵器，察缉汉奸，议有司疏纵之罚，则皆昔所未及者，可谓备矣。而其要惟在理瑶得人，则獠狁可革。杜预曰：法行则人从法，法败则法从人。《易·本义》曰：先庚三日，丁也；后庚三日，癸也。丁所以丁宁于其变之前，癸所以揆度于其变之后。审是则择贤能而图绥辑，不益懔然于设险之道，慎固之义也哉。

清·沈粹芬等：《国朝文汇》（丙集）卷二十五

征瑶记

刘允元

盘瓠异类，滋蔓丛山，长发跣足，跻险如履平地，簇距五排，散瑶至十有二处，其为连害非一日矣。明曾会五省兵合剿不能平，盖其悍犷性成，扼肆阻隘，出掠居民，往往越层峦叠嶂，突至村落，如蚁聚蜂攒，罄民所有，民之苦者累卵。余甫视连事，请父老登庭，号诉呶呶瑶害不辍口，余心衔之而未敢动也。明年秋七月，忽上吉村来报，龙水尾瑶夜劫良溪三处，伤毙掳掠，大肆凶横而略无忌顾。余不禁发指，当夜缮草，申文各宪，血痕流十指间。旋巡宪陈公旆临指授方略，余特悬重赏，以鼓乡勇，且思忝任民社，亲值编户，蹂躏如此，而不委身以除害，其何以上副朝廷禄养，下慰斯民倚戴之意？夜徒步行数十里，间道直捣贼巢，获其渠魁及余党俱授首，一时民气以苏，自是各瑶不敢再犯井疆矣。夫瑶众几至盈万，散伏山洼，匪可力敌，乃竟奋勇而进，卒有成功，揆之往昔，何其难易相悬哉！爰是纪之，以告后之莅兹土者，知瑶害之不可炽，而调剂威服，具有机宜，爰不禁三致意云。

民国·凌锡华：《连山县志》卷十五

鹿鸣关铭（并序）
臧承宣

　　鹿鸣关高踞鸡笼山隘，古名鸡鸣关，连山之管钥，亦瑶排出入之咽喉也。有明之季，瑶壮猖乱，城堡为圩，总兵郑芝龙扼守是关，断绝瑶兵往来，瑶以是不得逞。迄以群蛮向化，防范日驰，碉楼烟堡，颓然荒圮，识者忧焉。……铭曰：

　　峨峨鹿鸣，尺五太清。北江管钥，南服干城。金汤屹屹，雄险天成。一柱既镇，百蛮输诚。民国肇元，耀德韬兵。瑶壮绥款，不震不惊。铸剑为耒，佩犊归耕。共球呈象，连珠闪阆声。翳惟贤牧，忱盛危明。荒垒废碉，弗亟经营。曰固吾围，卫我黎萌。桑土绸缪，亿戴承平。

民国·凌锡华：《连山县志》卷十五

连山县志序

　　檗山司马《绥瑶志》成，蟹筠制军既序之矣。古书无二序，然重以司马之请，予亦何能无辞。书凡二万余言，为目八，曰总志，该沿革、前事，建置、山川；曰食货，该田制、户口、赋税、积贮；曰物产；曰风俗，多异闻焉；曰瑶防，主预备焉；曰名宦；曰人物，皆信而有征者焉；曰志余，则排瑶之道里，瑶音之切要载焉；附以总图一，排图八，观之瞭若指掌。其体严类《武功康志》，其辞简类《朝邑志》，其文古茂，类郦注《水经注》，戛戛乎非时才所及也。清道光十三年（1833）江华瑶滋事，予在广西堵御，时遣人侦东兵进止，因得悉其大小排冲诸要隘。洎抚东省，又从官斯土，邻斯界者备为咨询，故所闻特详，久欲辑为一书，牵事未逮，不图司马先得我心。夫瑶性靡常，急则就抚，抚又复猖，前人有以严困守之义，为控制之策者，予谓无过于绥之一字。司马之言曰：思患预防之用，不于坎险之时，而在既济之日。又曰：外而不可内，疏而不可近，无事则周防之，有变则膺征之。盖深得绥瑶之道者矣。顷愿官斯土者，手斯一编，以为治谱，毋苛毋纵，俾民瑶两得其平，安见椎跣侏傿，不鼓舞于光天化日哉。道光十七年（1837）丁酉岁孟夏月赐进士出身太子少保例授荣禄大夫兵部侍郎兼都察院右副都御史广东巡抚祁埧撰。

民国·何一鸢：《连山县志》卷一

墓志铭

明广州协副总兵陈将军鹏墓志铭
臧承宣

民国四年（1915）春三月，连山县知事何一鸢修明广州协副将军陈鹏墓，表忠也。将军于崇祯（1628—1644）时官广州协副总兵，当是时，连山县民苦瑶患，死亡踵相接，知县朱若迨血疏上闻，朝廷亟檄楚、赣、闽、粤、桂五省兵，会剿于连山，将军与焉。师萃心涣，士不用命，瑶人至军门呈暴，弗闻焉。将军忿甚，率所部击之，大战于蕨冈岭。岭当军寮、马箭二排之冲，瑶人一呼毕聚，将军提大槊，纵横挥之，当者辄殪，自辰至午，瑶人聚益众，我军援不至，鼓儳力竭，将军死焉，守备黎树绩殉之，事在崇祯十五年（1642）二月二十七日。是役也，瑶人死伤实无算，慑于将军神勇，遁入深谷，不复敢言战，大军因而抚之，瑶患用平。连人钦将军忠烈，收其骨葬于城东蟠龙冈文昌塔下，语在《连山县志》中。一鸢尝与其佐臧承宣访古迹于城东，登蟠龙冈，徘徊文昌塔下，求所谓陈将军墓者，则卢坏半怀，蓬蒿一丛，不封不树，微土人言，盖不可辨识矣。相与唏嘘凭吊者久之，喟然叹曰：昔将军有大勋劳于兹土，今佳城堕落，碑碣无征，神道荒凉，樵苏不禁，其何以妥忠魂而慰国殇？是有司之过也，不可不修。于是封之，崇四尺石于门，而志其事，属承宣铭焉。铭曰：

伏波征蛮，尽瘁匪躬。遥遥千载，畴武其踪。连城斗大，群瑶肆凶。为民敌忾，赫赫陈公。鼓腾鼚舞，槊闪矛冲。颓云压阵，殷血溅虹。君子猿鹤，壮士沙虫。尸裹马革，为鬼犹雄。浮屠贯日，高冈蟠龙。千秋万岁，幽光熊熊。有封不崇，有碑不丰。匪以谀墓，惟以表忠。

民国·凌锡华：《连山县志》卷十五

赞

瞻明吴公遗像赞（有引）
陈子壮

公讳中选，字瞻明，姑苏吴江人，少倜傥，有节行，为士林所推。再徙钱塘，乐西湖、卜镜阁，怡情诗酒。晚岁谒官，得连州幕。甫下车，值瑶寇近郊，公志切卫民，披缨出救，贼豕突，乡卒溃乱，公单骑殿后，叱贼而死，其仆吴成亦死之。连之土民，自缙绅三老，下及妇孺，罔不涕泪悲思，巷哭市罢，伏腊岁时，祀以专祠，复肖其像于石，以志不朽，而属余颂之。余备员史官，表扬忠义，职也，敬辞不文。颂曰：……

清·袁泳锡：《连州志》卷十二

（五）题辞

连山县功绩册题辞
黎遂球

《连山县功绩册》，不著撰人，未见。

《莲须阁集》题辞略：连山本桂阳楚地，当湖南溪谷之间。而隶粤广郡，盖犬牙相制之意。其为邑治，深昧幽奥。韩昌黎所称："郭无居民，鸟言夷面，画地为字，告之以出租赋，奉明约。"于今犹然。而令居其间，与山瑶争喜怒，能得其人，则为全粤之藩蔽，无西顾忧。是地虽凉鄙，而任实重大。任重大则力难措，地凉鄙则气易衰，苟非具大志而能自守者，鲜克副之。予观余侯之为治，又属有楚寇之警，绸缪捍御，衣袽必备，曲徙著功，名在御屏，当事者，因欲移侯于大邑，以尽牛刀之割，斯册固其政谱，可一一按也。

《阮通志》卷一百九十三

按：《莲须阁集》，明黎遂球撰。

兵部题《连阳排瑶》残稿
张若麒

（上缺）英德、乳源、钟乡官杀许把哨，今益甚披猖，乞奏请剿。先调官兵守要地，调广西俍兵七八千为之先锋，乡兵三千为之助阵，芟除八排瑶丑，诸士民愿照条鞭米预纳一倍，及照天启（1621—1627）年间将人丁牛马例纳粮饷，伏乞移湖广、广西助兵，及邻县居民输纳等情。奉批：瑶情纵横，民情惊恐，呼号请兵，至愿加粮设糗，真若有一刻不可容之势者，南韶道确议详行。又蒙批：据连州阳山县里排地方乡民李祯奇等呈称：八排瑶贼，自天启年间竖旗排阵，称王称将，劫虏乡民，放火杀命，捉人房赎，众控军门，批道督兵镇守颇宁。今崇祯（1628—1644）年间，仍冒称流寇，猖獗肆行，任意劫虏，于本年三月内惨被八排贼首龙十五、唐得礼四、龙二十等数百人劫虏通儒等村，杀人放火，斩伤胡孔明等，捉成守敬等，并妇陈氏等入巢，勒金数百，若不剿除，暨邑遭殃等情。蒙批：南韶道并确议报。又察先奉南赣抚院批：据江西南康府推官廖文英呈：为八排瑶乱，三省倾危等事称，连州境内有八排瑶孽，其党类不过二千余徒，然其地南逼广东连阳，西通广西怀贺，东北一带接湖广临武、蓝山、江华等县，狡谋山窟，奴毒首出。其在连阳，则门庭之寇也。其于楚粤，则痫疽之患也，蔓延至今，远近任其蹂躏劫虏，后先杀人，动以千计，惨不忍言。崇祯五年（1632）内劫逼州城，杀吏目吴中选、守备梁陈辅。蒙前部具疏奉旨，不料筑舍道傍，竟谓围事多艰，遂置之度外矣。自是日甚一日，而瑶头李大面、邓四王、李十八、唐二公等，各排称雄，号称"盘古牌"，檄乡村纳税，名为"瑶粮"，某排管某乡，势同割据，计丁口纳银，以求免命，地田抛荒，逃亡无数。崇祯十一年（1638），广西钟山镇被劫，官兵追至连山县，出银数百两求赎，参将条记，峒民可质也。复与临、蓝境内高獠、紫獠各源寇贼，通同大伙。衡楚两粤之变，则獠源瑶峒实为窝薮。盖前为狐穴，后为兔窟也。三月十三日攻连州城，男妇不受虏而甘溺死者百计，其各堡焚杀人数，不可胜数。犹幸知州王立准督遣乡兵标下千总黎树绩奋勇退贼，始保全城。但八排连居，山荒绵亘，势如长蛇，外寇不通，山瑶必无入粤之势，山獠一交外寇，又如猛虎加翼。百姓苦瑶，甚于苦寇。窃计瑶贼不过二千余，虽崇山峻岭，其出入之路，一弹丸可塞耳。连阳是咽喉，怀集、贺县是其背脊，而临武、蓝山、江华三县是其股肱也。苟以粤东官兵兼连阳乡兵从九坡而进，绝其鱼盐。而以广西土俍兵从怀、贺冲入扎守，三四月间将不战而尽授首等情。奉批：仰南韶道察报。随奉前因，依行广州府察议，未报。今据连山县知县余懋俨申称：勘议得连土今日之瑶之究，非复先年之情形矣。今之瑶，恃众鸱张，朋奸兔窟，火器暗制，四方亡命如归；今之究，跖行尧言，鹗冠鼠黠，盖惟壤接三省，繁滋万余，习剿劫为生涯，认勾通为奇货，抑知暴横滋甚，众起而仇之乎？远近舆情，莫不闻剿色喜者，连之人望兵如岁，拔千年忧患，此士民所祈祷者。乃若议抚，民情不欲，卑县罔敢置喙等因。并据阳山县知县李子章申：看得连阳逼近瑶山，数苦瑶患，所以议剿也。但瑶山深箐，埋伏可虞，路径错综，奔溃难防。合无先以重治镇之，庶其畏威知儆；倘顽梗如故，再议添兵大创等因。又据连州知州王立准申：看得瑶处万山之中，错三省之界，面朝粤东，背负西楚，非犄角合击，则四出之，奔突可虞。鱼盐行犒，非粮饷预筹，则对敌之呼庚当备。且夷类既属犬羊，奸宄犹同魑魅，一闻外剿，便窜深藏，何以彼应此呼。急论目前之计，又在慎守其一，以备不虞。诚以剿则事连粤楚，东粤或丐便宜，三省必需奏请，似非旦夕可成。惟守御足为急策，抑或升守备为参游，添以重兵，资其弹压等因。具详到道，该本道佥事魏士章看复，亦以添兵升将为主，其说具载督臣疏中，具详到臣。当批：升将加兵，为不易之论，如议，速详督抚二院会疏入告，仍速调兵扼守，以靖贼氛，缴又该两广总督张批回该道，会同布政司酌议详妥，以便会题，去后。崇祯十四年（1641）正月二十一日，据管带练兵游击事坐营都司卢名成报：据连阳地方哨官罗秀、包有胜等呈报，正月十三日，有瑶贼八百余徒，由径口鲁塘而出，把总陈邦对统带官兵追至上下坪、新村地方，与贼交锋，自申至酉，杀死冲锋贼首十余名。无奈贼众兵稀，把总陈邦对、哨官钟仕英奋力，把柄俱断，被围阵亡等情。二十五日，据南韶道呈：据乳源县报，有贼千余，在乌仇冲围杀十八人，火攻一岩，焗死七八十人。英德县申报：练总林肇芳带兵堵剿瑶贼，十九早追至尧山怎岭岩头，遇贼交锋，敌杀数贼，官兵敌困，当被阵杀把哨兵役林肇芳、莫廷辉、李松、李凤等，重伤队兵濑禄、吴华、莫贤等，拟合详报等因。二十八日，据阳山县申准：清远守备马文韬移备遣把总张位，梁绍宗间道追击。十七日至英阳黄泥径，枪铳打死贼百十余人，阵获贼级三颗，生擒贼邓玉初，贼已过界，即分兵堵御等情到县，具报前来。二月初三日，据乳源县报：死贼正月二十三日退至熊家峒，系湖广地方住扎，放言要打湖广笆篱铺等因。初七日，又据守备马文韬报：因贼出境，不便越界分兵堵截归路。正月二十六日，复获贼三名，又寻踪前至梅田等处迎敌，追至山径，打死贼百十余，林深菁密，不能多找功级。肇标把总徐时化官兵斩级三颗，把总张位等官兵斩级二颗，把总罗朝聘官兵阵擒生贼二名，共夺获刀枪三十余件，牛十一只，马三匹，督兵穷追，瑶巢山蹊多险，恐如新村中伏，不敢深入，贼逃归巢，连地幸保无警等因。据肇标把总报核实陈邦对名下损兵四十六名等因。又据连州详称：大庙营把总黎尚龙，并肇标徐备总塘报擒获贼三名，审一名，报名冯禹，一报名冯冲吾，一报名冯学新，审据冯禹供系新田人，同伙冯冲吾、冯学新，于正月十三日，五排瑶人兼同英德土宄四人，并湖广人共七百余徒，从石漕出巢，到十二车地方，砍竹做枪柄，过水即至下坪、茶田，湖广二百余徒，于此散去。十四日酉时，众瑶至岭背塘新村埋伏，杀猪食肉，官兵并乡兵追至相杀，瑶人死了数十人，内有瑶目盘南蜂、龙十五，尸俱烧毁，其杀官兵系军寮瑶人。当夜即挑刀枪铳器前下英德，今回令冯禹等探听官兵在何处堵截，又至山报取接应归巢，内英德四人在瑶过岁，二人高大，面白有须，二人白面无须，冯禹等止听差未识其名。又有白头毛在内，由贼头目，名为刘郎七，系马箭瑶；盘三娘，系散瑶，与英德四个头目领带等情；并审冯冲吾，冯学新各口供相同，又审雄罗营把总罗朝聘获贼二名，一报名邵孟学，报名黄彩明，明在前带路，十四日到下坪新村，今二十六日由楚山边路回巢。官兵追极，各各奔散，杀伤者即已抬去，孟学、彩明二人藏在大碑头茶仔山内被获等情。在案。该本州知州王立准看得：瑶贼敛戢有年，忽狂逞无忌。正月十三日酉时，纠众由阳山界滩过水，系标总陈邦对汛地，本弁闻警，疾追彻夜，迨昼，凡七十余里。十四日未时至新村，及之时众兵已梏，本弁激于乡民之言，恃勇轻敌，下令灭此午食，即本州于十四日丑时闻报，立刻发肇标哨官包有胜及连州营把总张位、梁绍宗带兵往援，皆不能及，亦不少待。当时该弁亲手格杀数贼，中伏失利，言之殊有遗憾，然本弁虽被害，而贼亦踉跄舍阳趋英去矣。十五日午时，守备马文韬自州闻变，与徐时化悉部众把总罗朝聘等共三百余人，急赴阳山，见贼已越境，不敢远追，分伏英、阳之界，邀截归途。讵贼劫英德，转趋乳源，望武阳司而返。马守备得乳源探报，即飞骑遣师，先分布官兵黎尚龙等于马鞍山、梅田、沙坊，并会备总徐时化督兵于谷田各处埋伏堵截，图一举尽歼之。随据把总黎尚龙获到伙贼冯禹、冯冲吾、冯学新等三名，前来侦探有无官兵备御，其未获者，脱身回报，贼遂改途。随之又据把总罗朝聘获贼邵孟学、黄彩明二名，先后解州审，据供报贼情凿凿，内中为首者，一属马箭刘郎七，一属散瑶盘三娘，致戕杀我官兵，为官兵所杀者，多军寮瑶人，等因，到臣。臣会同总督两广军务张，南赣抚臣王之良看得：连瑶之为患也，自昔有之。然昔之患在四肢，今之患在心腹，踞险负阻，时出剽掠，犹曰瑶之恒态也。至于称雄纳叛，杀官屠民，分乡村而纳粮，计丁口畜产以输税，否则性命妻女鱼肉焉。生为此方之民，如在汤火，旦旦莫保，魂梦未宁，此故曰腹心之患也。迩年以来，非寇于东，则掠于西，乃十三年（1640）春夏之间，时时蠢动，秋冬以来，大肆狂逞，阳、乳、清、英之间，迄无宁宇。臣自冬入境，见绅民之请兵有如望岁，闻瑶警之屡报，寝食靡遑，一时失事官员如清连守备马文韬，徒拥重兵，漫无防遏；阳山知县李子章，任瑶骚掠，莫效绥弹，并当住俸戴罪，获贼自赎。若夫寇至而不能御，寇去而不能追者，守土谓何？除清远知县吴应旻经臣别疏论劾外，若乳源知县蒋明凤，英德知县吴永澄，并当罚治以警疏玩。道臣王道元移住防瑶，已有专责，亦当策励，以图后效者也。惟瑶罪已彰，民情已急，臣遵奉明旨，止劾功罪，谨将失事情形具报，一切战守机宜知督。臣必蔽闻于皇上，而非所敢越俎也。等因具题。崇祯十四年（1641）四月二十二日奉圣旨：该部核议具奏，钦此。又，该两广总督张题为瑶寇出没，发兵剿御，谨据实报闻，以祈圣鉴事。照得岭瑶系盘瓠遗种，错居荆楚两粤之界，附近为连州八排，而深山大泽，丑类繁滋，以万千计。自我朝以来，叛服靡常，征抚递用。崇祯五年（1632）四月，连州吏目吴中选被杀。六年（1633）间，守备梁陈辅战殒。按臣钱守廉题报并抚臣会疏，兵部复疏，奉旨：这戢瑶剿贼事情，着（著）该督按相机料理，不得轻率启衅，及玩纵滋扰之旨，钦此。遵行。申饬防御间，及臣任事之后，四载于兹，无大窃发，即有狗偷，旋捕（旋戢）。十三年（1640）剿平盘古十八峒等贼，地方士民欲乘胜兵请剿。臣会同南赣抚臣王之良、行南韶兵巡道、岭南分守道会议楚粤合剿间，民瑶相激，于是七八月等月乳源县有出劫五贤坑及黄村、钟乡官家之报，失去总哨二名，兵勇数名。又据南韶兵巡道佥事魏士章报为地方贼情事：据阳山县申称，把总张位等截擒生瑶林禄等十五名，并斩级赃仗等因。又据连州申详：雄锣等营把总张位，肇标把总徐时化截斩瑶级四颗，夺回牛马二十三只，并赃仗累累，供明劫乳情形具报在案。十二月十四日，据分守岭南道申称：清远县报劫贼一宗，惨劫黄田村，烧毁房屋，杀伤数十余人。又称瑶壮千百成群，既系瑶贼，何须涂硃抹墨，焚尸灭迹？察系土宄纠连情形。随据下峒练总段悦珍，并乡夫星夜追敌，铳击枪死强贼七人，乡夫被伤三人等因。到臣。随批：据详的系奸宄勾贼，流劫焚烧十余家，伤死数十命，又拒捕伤三人，地方之荼毒极矣。平日防备安在？文武官何辞疏玩？且奸人牵寇，访辑属县官之责，而清连守备马文韬新有题明信地贼至千人，则将官驱剿之任矣。念新到任，姑且戴罪候参，仰该道速督该备，并把哨等刻期擒贼，限十日报获赎罪。其该县官，仍细心访拿，以绝祸源，俱照新例登失事簿，候核明类参。去后。又于十二月十八日据南韶兵巡道佥事魏士章呈详：为贼情□□□年九月十八日，奉臣会同南赣抚臣王之良行牌（约缺七字）报同前事已俱严批及牌行（约缺十一字）兵追剿。去后。合就饬行（中缺）哨被执。据该道□□□声剿，始可夺魄。近准虔院来咨：正行该道酌议，则该道与岭南守道实任其事，若欲言剿，必东粤韶乳一路，清远一路，从东联络并进；楚中一路从北，广西一路从西，共四路合剿，方可收功。若布算不定，单力不能深入，往事可鉴。况此中兵剿或出突北楚西粤，壑邻亦有可虑；若楚西二省主守，广东二路主剿，亦力所不能，势所不便。缘此辈久据深山，界在三省，世世滋种，不比流窃犬豕，可以易制。备牌仰道，即会岭南分守道并行彼中州县官确议成画，就便先详南赣抚院，如楚韶合剿，虔院主有成议。本部院即一面调兵发饷，一面檄行西粤合击，以收共举之功。但广东就近监军，无如该道长才大略，胜任愉快。其瑶官黄万盛，踪迹语言，有如该道所言，内烁可疑，一面羁候，一面差的当员役入连州、连山，令该州县确访，详审报夺，以凭施行。奉此。依经牌行广州府连阳州县及南韶守备官，严督官兵相机堵剿，无容蔓延。其各贼窟穴，连阳地方，或剿或抚，作何计议，可使永无酿患，务速酌妥的确机宜，具由详报守巡二道，以凭转详。去后。崇祯十三年（1640）十一月二十八日，蒙巡按柳御史批：据连阳州县绅衿里排杨梦元、邓维桄、万起元、曾汝瓒、张大勋、黎伟、韦一经、马忠麟等呈，为瑶贼劫虏，郡邑阽危，叩乞发兵剿除，以救亿万生灵，以保州县库狱事称：全粤之患在澳夷，连阳之患在瑶贼。号列八排，祸流三省，自宋于今日，生齿日繁，劫杀日炽，屠民如蝼蚁，戮官如草芥。至于污淫妇女，烧毁房屋，尤不可胜数。嘉靖（1522—1566）年间剿后，又荼毒三省。天启年间剿后，又劫虏万民，盖皆以雕剿了局，残氛得志。崇祯五年（1632）杀吏目吴中选、守备梁陈辅、广西守备刘唐衢，兵民涂地，骨血漂流不已。上年会剿楚寇，而余党突入，为之主谋，土宄为之勾引，攻西粤边蓬司镇城，杀范都司家命，拣防印二颗，劫饷一空。十二年（1639）又劫富川何当道、毛乡官、黄举人，金银为其货财，妇女为其妻妾，楼房为其巢穴，牛马为其瓜蔬，乡城无一宁户，道路无一行人。府县具详抚按题剿，来奉圣旨敕命。本年七月内称瑶王，立大将，劫清廉司，杀巡简一家数命，乡民不计。又劫英德、乳源钟乡官，杀许把哨，幸州县抚御有策，管营千总虞人挺竭力督兵斩获功次，幸赖小康。今县官升迁，营官谢事，益甚披猖。州县虽已议剿，权属霜威，叩乞请旨，揭纲方，选官兵，先赴守御要地，调广西俍兵七八千为之先锋，乡兵三千为之助阵，芟除八排瑶丑，保全三省城郭，诸士民情愿照条鞭米，预纳一倍。及照天启年间将人丁牛马事例输纳粮饷，上以供兵食，下以救民命。伏乞移会湖广、广西助兵，及令邻县居民一体输纳，则雪霜被而茨棘枯，纮纲振而逆鳞扫矣。等情。蒙批：瑶情纵横，民情惊恐，屡屡呼号请兵，至愿加粮设粮，真若有一刻不可容之势者。南韶道确议速详行缴。又蒙批：据连州阳山县里排地方乡民李祯奇、蔡立新、黄拱日、陈云虬、文凤翔、陈扣一、莫儒爵等呈，为恳恩伐寇以靖地方，急救一邑生灵事称：八排瑶贼不除，一邑三乡受害。自天启年间出没，竖旗摆阵，称王称将，劫虏数处乡民，放火杀命，捉人勒赎，屡控案证，不剿扑灭，春无乐业，老幼彷徨不已，众控军门，燐准批道，委吴守备府捕兵高滩营镇守，急缚首恶，颇奈暂宁。近今崇祯年间，仍遭八排瑶贼首称流寇，猖獗纵横，肆行无忌，颇有天堂右营窥探，无兵防守信地，任意劫掳，于本年三月内惨被八排贼首龙十五、唐得礼四、龙二十、唐保、黄进颜、唐六、龙二、唐八等数百余多，劫掳通儒、鸡黎峒、庙边村、鹤颈寨、横冈峒、草陂、曹神峒、灵鉴江数处乡村，杀命放火，斩伤胡孔明、陈新兴、捆捉成守敬、李祯奇、胡尚统、陈在表、丘瑞琞、张儒举、钱志真（中缺）面以自新，使其悔祸乞怜，愿同编户，则畛渠宥胁，仰冀王者之无外，或彻天德之好生，倘仍负固不悛，阳顺阴背，则扫荡芟夷，决知夷运之将终，何难仁者之无敌，此所谓为剿为抚，宪橄中业已算无遗策，即欲少效埃滴，无可仰献高深者也。惟是职等疆场下吏，急论目前之计，又在慎守其一，以备不虞。诚以剿，则事连粤、楚，东粤或丐便宜，三省必需奏报，似非旦夕可成；以抚，则叵测夷类，老瑶尚知事势，恶少每易愤张，谁敢臆逆保任？现为守御足为急策，联络乡练，整饬官兵，多方侦探，各固险隘。在枕瑶者，就不能制其潜踪，他出必当击其倦归；在近瑶者，即不能禁其窥伺猝来，必当预为设备，使其进无所掠，退无所损，利不可得，祸且随之。先救民间之热深，仰候宪台之制驭，此则错壤将吏尤当共图严饬，而不可因待剿抚以致疏防者。抑职又窃思连阳章华富贺乳间之有瑶，真犹人附体之有痈，养之不堪，决之亦不易。言剿则瞑眩之剂，永利之图也。言抚则消灭之剂，苟安之计也。治瑶之择将，犹治痈之择医；受病已深，必须得名医与之居处；有名医则诊脉发药，鸟喙参苓，惟其所用；有名医则临症不一，砭针药饵，能善所施。连阳处三省之间，排瑶而外，散瑶土宄，数将二万，如病痈不止，又疮节丛生。今以一守备提数百食四钱八分薄饷之屦兵，以为防御，不过一急病止痛之师耳，其何能（中缺）告警，业蒙宪台发议，其中剿抚机宜，等于犀照。本职庸材无能借箸，书生未能知兵，谨就士民之陈，乞与州县之确议，逐剖情形，仰副睿算。据连州一绅之言，贼仅二千，可挺而挞也；据里排罗文庠、唐沛、陈自证三人之言，贼仅五千，可棰而使也。宪台廉察，最悉八排，共约万人，外此，各峒散瑶以及土宄，该州详称约计二万人，而楚西不载焉。将欲言剿，先绝土宄，以免接济；复间散瑶，以防应援。行止之疾徐有方，先后之恩威互用；运筹决胜，道无逾此。而剿贼则必加兵，加兵则必措饷。夫以一兵敌一贼，非二万人不可；以两兵敌一贼，多多益善矣。以二万人而糜月粮六钱，月糜行粮二钱，一月非一万六千饷不可，愈多愈糜矣。即罗文庠等亦曰：剿贼须兵万余，剿饷民愿自纳。且无论堂堂天朝，除残殄暴，无民自输饷之理。而诘以饷竭谁继，则不能源源滔滔也；诘以饷贮谁帑，则犹是口头纸上也。方其初倡此议也，该州即责成首事，经理需人，已漠然不应矣。及诣职前亦复如是，今又转换其说，望派于楚西，然则前言果诚然乎？总之，事未发则插身议论之中，事已举则抽身成败之外耳。夫瑶之逼处此，以与我共此土也。自唐宋以来，阅几年所矣，古不具论。万历（1573—1619）年间，蜀省李抚院以平播余威，视师须武，卒从中掇。天启年间，都司蔡一申衔命进剿，兴师八千，旷持浃岁，竟以抚终。嗣后崇祯初年，亦经题剿，奉有不得轻率启衅之旨。当年庙算，业既如斯，则今日之事，必须满盘打算，彻底商量，然后可以入告。当议者一。且言剿之策，不过二端，一则截堵隘口以待其困也。夫贼踞菁丛以为险，享花麻以为利，地广巢多，彼有耕田凿井之乐，我有老师匮财之虞，而奸狡之路径既娴，间道之邀击宜虑。当议者一。再则深入穷搜，以蹙其势也。闻贼童稚妇女，皆能弄兵，炼蜡涂足，高厚寸许，登山如鸟飞兽走，出山又东窜西突，彼既擅此捷技，我宜准备先着，当议者一。惟连人能倡剿议，惟连人能谙贼情，似当就中择老成练达数人为之前导，乡绅则题以参谋职衔，士民则予以扎付名色，前茅后劲，中权两翼，俾令指示路径，哨探踪迹，我兵衔尾而进，勿致堕彼伏莽。治兵与治民不同，以地方熟习之人，备地方剿贼之选，何尝不可？当议者又一。粤东近瑶者，广属连县，韶属英乳五州县耳；则剿饷应派，亦不能舍此他问，而五属能派几何？粤东既难独支，势必均饷于粤西与湖南、楚西之事，职不能必果其不歧畛域，不爱财力，同心办贼，纾我近忧，则可；若犹作隔膜之观，而无缨冠之救；洵如宪台所虑，二省主守，而我主剿，力不能而势不便也。当议者又一。夫言剿，则有兵连祸结之虞，而开端谁执其咎？言抚则有狼子野心之惧，而重来能保其无？瑶可诛之罪，而不申义执言，为养寇，为退怯，诛瑶有善后之策而不预筹胜算，为胎祸，异日为开衅封疆。所以该州县郑重慎密，第请增兵添将，未遽大举兴师，详文不已，弃揭继之，隐跃而不敢昌言者，亦以愚民不识时务，激瑶而怀货殖之心，奸民易至谤黩，挟官而作受贿之语，恐未酿贼嚣先酿民嚣，将畏民之念居多，筹贼之念反少矣。然则职亦岂可含糊以贾罪乎？谨就详揭各议，而畅其说焉。盖瑶与民，比屋错壤，或负若债，或鬻己产，明岁属当过户，借此一剿，而故物悉为我有。又瑶索税于连，往实有之，自王知州莅任，严示禁绝，罪以通夷，三年以来，民不敢纳，瑶不敢取，今王守考成矣，民惧其去，仍纳是以请剿，意已在半公半私之间矣。曾不思买我田，纳我赋，有里长，有排年，即我编氓，难拘化外，亦羁縻之一道，宪檄中言之详矣。且天下事，顾其人担当何如耳。王守来而赋税草，王守去而成规不可袭乎？夫守亦有何威灵，能令瑶不可取也。或尚有回心向化之萌，受我牢笼乎？向也经理无人，而民自授之。今也制伏有道，而民自不授，彼蚩蚩者，犹然归咎有司，独何欤？当峒民未建剿议之时，安伏不动，一建此议，几番震惊，且传有大肆一场之说，不可谓是挑激，不可谓非挑激也。盖瑶虽负嶂万山，而实搂民烟火，如邻里之时有往来；富瑶拥资深处，而穷瑶剽窃性成，如凶民之甘为盗贼。一纸空文，诚不可以言抚，而隐忧在后；百余饥卒，亦岂可以言攻？而决裂反在先。岬伏不恒，总是人面兽心之众；窟穴立捣，亦有鹊巢鸠居之虞。今欲寓剿之利，杜抚之害，舍防之一着，别无奇策，然防岂易言哉！仓卒不可为也。一隅不可任也，各守疆圉，各整师旅，联络侦探，防潜击惰，而又设一参游或副将于阳连英乳肩臂之间，如所称星子出没地方，扼要坐镇，俾其权重而威尊，以师中寒贼之胆。再增兵一二千于该地方，讲习训练，大张声援，俾其势合而心联，以先声夺贼之气。非不知一二千兵亦须措饷，然较诸二万，搜处尤易。将权隆矣，兵气壮矣，徐乃执尺一以谕之，就我戎索，姑缓天诛，若其鸮音未化，鹰眼犹存，然后一举大创，自取折首之戮，抑职此言，非臆创也。往年临蓝之变，王知州请留兵一千善后，名防寇而灾瑶威，瑶亦慑不敢动。近宪台发肇兵六百员名，备援清连，而群瑶亦复屏息，委属明效，即王知州具禀，亦恃此以自保。封内若实吃紧，实在登坛旗鼓，遴择得人，众论佥同，谓必如此，则可以主兵免客兵之扰，则可以官议塞民议之嚣，则可厚集于防，以静而制动，则可相机以剿，以逸而待劳。且驻扎久则地利必审，出没可以牵制，人数多则侦探必确，呼吸可以相通。仍请檄行近县各营哨悉心戮力，勿分彼此，勿岐玄黄。贼出无所获，凶无可肆，即欲不俛首以听驾驭，岂可得哉？再照楚西附瑶地方，皆设偏将，今连阳仅一守备，权轻委难弹压，所当亟议者也。等因，到臣，随批回该道会布政司酌议详妥，以凭会题间。十四年（1641）正月二十二日，据带练兵游击事、坐营都司卢名成报单，据调守连阳地方哨官罗秀、包有胜呈报：正月十三日有瑶贼八百余徒，由径口鲁塘而出，把总陈邦对统带官兵，跟踪追至上下坪、新村地方，与贼交锋，自申至酉，杀死冲锋贼首十余名，无奈贼众兵稀，把总陈邦对、哨官钟仕勇奋力，钯柄俱断，被围阵亡等情具报，到臣，当行南韶岭南二道督饬信地官兵并力（中缺）带兵往援，皆不能及，亦不少待，当时该弁亲手格杀数贼，中伏失利，言之殊有遗憾，然本弁虽被害，而贼亦踉跄舍阳趋英去矣。十五日午时，守备马文韬自州闻变，与徐时化悉部众把总罗朝聘等，共三百余人，急赴阳山，见贼已越境，不敢远追，分伏英阳之界，邀截归途。讵贼劫英德，转趋乳源，望武阳司而返。马守备得乳源探报，即飞骑遣师，先分布官兵黎尚龙等于马鞍山、梅田、沙坊，并会备总徐时化，督兵于谷田各处埋伏堵截，图一举尽歼之。随据把总黎尚龙获到伙贼冯禹、冯冲吾、冯学新等三名，前来侦探有无官兵备御，其未获者，脱身回报，贼遂改途。随又据把总罗朝聘获贼邵孟学、黄彩明二名，先后解州审，据供报贼情凿凿，内中为首者，一属马箭刘郎七，一属散瑶盘三娘。至戕杀我官兵，为官兵所杀者多军寮瑶人等因，到臣。随批：据详军寮瑶实为戎首，法何可贷？仰将获级悬示，擒党招究，仍照屡牌剿例行，俾罪丑伏辜，然后可议守也。速速此缴。去后。该臣又会同南赣抚臣王之良、广东按臣柳寅东牌催南韶道佥事魏士章亲入连阳，监军督剿间，随看得；诸瑶以犬羊之类，介在楚粤，环耳熨足，喜人怒兽，凭恃万山，出没三省，为民蟊贼，匪一日矣。惟无事而文武之守严，则伏者不敢出；有事而诛剿之威立，则抚者不敢叛，此不易之策也。自崇祯六年（1633）抚按报剿，奉有不得启衅纵扰之明纶，后来申饬防御，虽时有狗偷，迄无大犯，缘索之下，相安数年。近以民瑶搏激，蠢窃再见。十三年（1640）秋冬，有乳清劫杀之警，旋剿旋逋。臣随会同南赣抚臣议，动南韶湖湘之旅，诛锄罪丑。监军南韶道魏士章条画战守机宜，详明郑重，正在举行，而正月间阳山、英德失事之报，又续至矣，杀伤总练，焚掠居民。臣立刻发大兵，委都司陈坤入连追讨，而瑶又逃逋楚之熊峒、笆篱等处。念瑶罪已彰，不容姑息，遂催督该道亲赴连阳，诂戎振旅，责问入排的系何峒瑶人，声罪摘剿，务俾罪孽伏诛，抚守可恃，仍鼓用良瑶，杀贼之势，断不敢轻纵，以留祸根。但目前粤剿则楚逋，西奔北窜，以流突疲我，伏望皇上敕湖广、广西不分畛域，调兵合击，庶四面之围张，三窟之狡塞。如十二年（1639）间，广西抚臣标赘报平乐瑶警疏中，亦有苦三省不合之虑。况目前臣以重兵四下，楚与粤西各摩厉从事，亦不致有壑邻之忧矣。至清连守备，系臣特请防瑶而设者。马文韬任事虽浅，职掌为何失防于先，补过于后，不足自赎，责令降级，戴罪图功，守土之责，各有司存。连州、连山逼近瑶穴，无有失事。而阳山县较远，英德、乳源两县又较远，反以疏虞被劫，则李子章、吴永澄、蒋明凤并应罚治，若现在剿功，并增防永计，容臣另疏具闻，伏祈敕部复议行，臣遵奉施行等因，具题。崇祯十四年（1641）四月二十四日，奉圣旨：已有旨了，该部知道。钦此，钦遵。通抄到部，送司案呈到部，除现在剿功，并增防永计事宜。听该督另疏具奏外，看得连瑶一种，在古已存其裔，至今益繁其类，居万山之内，界粤楚之交，与我虽错壤而居，而性成剽悍，或民一挑激，往往地方官不善于禁戢，每至咆哮肆虐，煽祸而未有已，向来叛服不常，而朝廷所以处此者，总不外剿抚二着，以为制驭士夷之机权，今不意复有阳山、英德等处杀官掠民之报，则声罪至讨，调兵合击（洵今日之急着），诚不容已，相应如议，请敕下两粤赣偏各督抚发兵督剿，联络声援，务成犄角之势，大奋雷霆之威。如其俯首归命，不妨量开一面，以示中国之大，倘跳梁流毒，即当齐力合围，四面蹙卷，以张挞伐之灵，罪孽伏诛，安抚可恃，永奠地方于无虞可耳。至于该督按所参失事各官，除知县吴应旻已经别案论劾外，如清连守备马文韬，有防瑶之任，而漫无堵御，虽云任浅，责实难辞，相应降二级戴罪图功自赎。知县李子章、蒋明凤、吴永澄，或鲜抚驭之能，或疏扼防之法，应各降二级。道臣王道元移驻防瑶，既有专责，则失事之咎，亦应先降一级，戴罪策励后效者也。然臣犹有说焉。连阳排瑶，自唐宋迄今，未之歼灭，使我内欲治而外威严，一或跳梁，一贤有司能治之。若驾驭失宜，以民瑶之相激，而迁动三省之王师，该道不言乎？毋论连民请剿在半公半私之间，而当此海内虚耗之时，又加兵于穴争崛负之寇。荡之未足示威，稍失反以损重。譬若篱边瘐狗，乞怜则啖之，反噬则□之足矣，固不必死之为快也。既经该督按具题前来，相应复请恭候命下，遵奉施行。崇祯十四年（1641）五月二十三日郎中张若麒。

《明清史料》乙编第八册

附录一　连山绥瑶厅志

清·姚柬之　纂修

版本说明：《连山绥瑶厅志》，作者姚柬之（1785—1847），字伯山，安徽桐城人。道光二年（1822）进士，授河南临漳知县。道光十二年（1832）改知广东揭阳县，颇有治绩，旋报连山（治所在今连山壮族瑶族自治县）绥瑶同知。十七年（1837）署广东肇庆府。十九年（1839）擢贵州大定知府。所示《连山绥瑶厅志》，有道光十七年（1837）刊本，光绪三年（1877）上虞张权道刊本，辑录所附录的是道光十七年刊本影印本。

前序一首

赐进士出身，荣禄大夫，兵部尚书兼都察院左都御史，两广总督邓廷桢纂。夫操觚撰集，常惮祖构摘藻，洽平宜屏支词，是以汉志地理，宛大辂之椎轮，周礼外史，俨为山于聚米，若乃稽物，类侈词条，山沓水匝，事杂言哤。綮游览所取，携讵保障之要领。至于韩氏朝邑，言简而事赅，康君武功文括而体备，增重前载，罕逢普人。

檗山司马，南省释褐，上府剖符，抚绥民瑶，筌绪志乘，故书无徵，新编聿创，有典有则，总志贲然。其难其慎，分门超若裴秀禹贡之图，周处风土之记，善长水经之注。子云："方言之文，古意新裁，重规叠矩。"地本连山，治兼瑶俗，栖类骈垒，语甚姗隅，然千亿有众，二百余季沐浴膏泽，擩染酴化，草木怀讌，豚鱼有孚，固宜被饰以文，称娓其俗，洵有用之，雅裁匪无根之华说也。予承乏两粤，勤凭四民，睨兹一隅，劬于指画，顷得全志，捃乎目前。公余浏览，随笔雠校，所望地，著为本。风气日上，政书扶世，办告牖民，稽疆理者，得此为图经，问风俗者，资之为雅故。苟诧其文省事，增怖其句奇语，重则是以篙测水，以楱易珠，昧箸作之意，乖品藻之方矣。在昔溪蛮丛笑，㬂有传书，峒溪纤志迹。而踵事滥觞，不嫫体大，斯合斧藻，近正义典则宏，它日政成殿昌，风移质木，缅溯物始，孰超作家，斯则展采考文，循环如贯者也。将畀梓匠爰题简专。

道光十六年十一月

序一首

赐进士出身太子少保荣禄大夫兵部侍郎兼都察院右副都御史，广东巡抚祁𡎴撰。檗山司马，绥瑶志成，嶰筠制军，既序之矣。古书无二序，然重以司马之请，予亦何能无辞？书凡二万余言，为目八，曰总志。该沿革前事，建置山川，曰食货，该田制户口，赋税积贮，曰物产，曰风俗，多异闻焉。曰瑶防，主预备焉。曰名宦，曰人物，皆信而有征者焉。曰志余，则排瑶之道里，瑶音之切要载焉。附以总图一排，图八观之，瞭若指掌。其体严类武功康志，其辞简类朝邑韩志，其文古茂类郦注水经，戛戛乎非时才所及也。道光十三年，江华瑶滋事，予在广西堵御时，遣人侦东兵进止，因得悉其大小排冲诸要隘。洎抚（广）东省，又从官斯土，邻斯界者，备为咨询，故所闻特详，久欲辑为一书，牵事未逮，不图司马先得我心。夫瑶性靡常，急则就抚，抚又复猖。前人有以严困守三义为控制之策者，予谓无过于绥之一字。司马之言，曰思患预防之用，不于坎险之时，而在既济之日。又曰外而不可内，疏而不可近，无事则周防之，有变则膺惩之，盖深得绥之道者矣。予愿官斯土者，手斯一编，以为治谱。毋苛毋纵，俾民瑶两得其平安，见椎跣侏僬，不鼓舞于光天化日哉。

道光十七年孟夏月

总志第一

连山本汉桂阳县，地禹贡荆州之域，后汉省晋分桂阳，立广惠县，梁分洭浈县，置广德县，隋开皇十年，改广泽，仁寿元年，改连山，属熙平郡，连山名县自隋始。唐武德四年，隶江南道。天宝元年，改连山郡，隶岭南道。乾元元年，复为县属连州，隶湖南道。宋开宝四年，隶广南东路。绍兴六年，废为镇，十八年复置，仍属连州，隶广南东路。元至元十三年，隶湖南道宣慰司。十九年，隶广东道。明洪武元年，属连州。二年省连州阳山入连山，属韶州。四年，革连山置阳山，属广州。十四年，入连州，仍属广州。国朝顺治四年，内附，仍属广州。雍正七年，改属直隶连州。今并入理瑶同知，改为连山绥瑶军民府，直隶广东布政司。广东初无瑶，宋绍兴中，有连州人廖姓者，仕广西提刑，归携瑶仆十余人，散居油岭横坑内。椎结，男穿耳带环，以五色绿珠鸡毛饰髻。女袒胸，戴白垫角巾者曰"排瑶"。以三角薄板系髻上者曰"带板瑶"。髻上带长笋一枝者曰"带箭瑶"。板瑶、箭瑶种不蕃，排瑶最大。刀耕火种，凿岩而居，种类蕃息，分散溪谷，然亦各有分地。其属连州者，曰油岭排、行祥排、横坑排。属连山者，曰军寮排、马箭排、里八峒排、火烧坪排、大掌岭排。连山之瑶以万数，五排最大。连州之瑶以万数，三排最大，其小者名为冲，在三江之东。自龙尾寨以东南为冲，四十三西。自龙水尾以西南为冲，九十三中。自犁头塘以西为冲。四皆八排之所分也。无约束，好斗，嗜酒，喜则人，怒则兽，苟利所在，不知礼义。自南宋迄元之世二百三十余年，种甚微，伏处菁莽，史册不可得而稽也。至明洪武中，瑶始强大，乃出寇。洪武十五年，南雄侯赵庸讨阳山瑶寇。十六年，广东瑶乱，申国公郑镇讨之。三十一年，设立瑶首，统领抚瑶，甲总自是始防瑶矣。在明之中叶也，瑶人叛，壮人乘之作乱。壮民者，盖广西俍种，与峒民无异。惟女子梳蟠龙，贯以大簪，或包白布帕，以青纱绣之。精织细布，世所称壮布也。天顺四年，壮陷梧川。五年二月，都督佥事颜彪为征夷将军，充总兵官讨瑶贼。三月，湖广贵州总兵官李震会广西军剿瑶壮，悉破之。六年，颜彪讨平两广诸瑶。七年九月，广东总兵官欧信会广西兵讨瑶贼。十月，巡抚广西佥都御史吴祯节制两广诸军讨瑶贼。成化元年正月，都督同知赵辅为征夷将军，充总兵官，佥都御史韩雍赞理军务讨叛瑶。十二月，韩雍大破大藤峡瑶排，瑶皆震恐。正德元年，发兵征连山古县。自是，壮衰弱不复振。万历七年，广东罗旁瑶平。十一年，于壮地立宜善乡，置宜善巡检司，壮民剃发去环，服礼教，习儒书，与齐民齿，今无壮类矣。天启二年，五排瑶肆，劫掠连山。知县杨崇忠请兵讨之，参将赵文失律，有巡道潘者，调都司蔡一申率锐师漏夜抵马箭、里八峒排，瑶溃。次日，瑶设伏茂古峒，邀一申战，杀伤过当，瑶败奔油岭，一申乘夜帅其众薄油岭，黎明成三大营，瑶大惊，乞命。一申勒瑶缚献首贼，随抚之。瑶人势稍戢，不敢窥境十余年。崇祯中，中原多故，瑶人又猖獗。十五年，连山知县朱若迄具疏请讨之，乃发五省兵集连山。将无斗志，有副总兵陈鹏者骁勇善战且发愤。值瑶贼大至，诸营败绩，鹏独率本部兵当军（寮）、马（箭）二排冲，贼悉众攻鹏，孤军力战，自辰至午无援者，鹏力尽，与守备黎树绩死于阵。瑶益横，有总兵郑芝龙者愤鹏之死，议用本县宣威营，土民向道田别逵，引兵突入排，焚其巢，贼遁入深山，无所掠食，饥甚，将就擒矣。总兵宋纪得瑶赂，遗言师老，遂罢兵。若迄，乃上表曰，军寮马箭二排居中，六排居后，且八排一种分苗，百年姻娅，接壤而居，势若常山之蛇，击其中，首尾必顾，容有羽翼，而能取其头目者乎？况方议剿，旋议抚，未知痛创，何威可畏？苟且了事，何德可怀。今奉会剿之旨，动四省之兵，半壁安危，所系天朝荣辱，所关而任事。诸臣实心任事者不少，忱愒欺蒙者更多。见害则知爱生，见利愍不畏死，甚至担圭析爵者，受瑶贼而通线索，标牙建纛者残民命而冒肤功，以致千城腹心之将如副总兵陈鹏等率敢死士数百人捐躯报国，群奸悮陷忠魂，其能瞑目乎？此本年二月二十二日事也，嗣是畏缩，筑室道旁，贼骄民困，师老饷穷，兵有脱甲之扰，民有去乡之思，皮之不存，毛将安傅？连之为连，尚可问哉，然今所望，调漳潮署总兵郑芝龙，此一臣者，威名已寒贼胆，忠义可格天心，每谈及欺悮之悑，不胜裂眦截发，定盟誓以图国士之报。伏乞大加乾断，鼓忠勇而剔奸邪，则荡平不日可奏矣。表上不报，若迄愤恚发病，卒。明祚旋移。

大清受命五十余年，未暇讨也。康熙四十年，广东提督殷化行、两广总督石琳、广东巡抚彭鹏等乃奏言曰，广州府所属连阳州县，僻在粤省西北界，连广西、湖广，山莽崇深，本属险阻，而境内瑶人八排毗连，各一聚落，皆在深岩邃壑之内，丰草密菁之间，并无出产，

只以耕田度活，虽亦薄供租税，颇就羁縻，但种自流移，族无统属，驯扰不常，伏莽藏林，好行窃劫。而州县民人亦多散居山谷，与各瑶村落相望，田土错连，喜则狎昵往来，怒则狰狞斗杀。盖历来如此也。臣于康熙三十七年十二月内抵粤任时察看情形，当遣臣标下千总张凤仪赍示往谕，继又会商委令韶州总兵官刘虎南、韶道何汉英同至其地，谕以理法，剖其是非。其如瑶人，顽梗不灵，畏见官吏，一任再三，招致总不出来投见，惟以讨取花红银两为辞。在地方官计图宁民或亦赏犒时，虽少戢，旋复鸱张。乃于康熙四十年六月十四日，有三寨乡民莫庸正等五人往枫木凹地方洗菁，被瑶伏路突出，杀死三人，捉去二人，随复脱回。又本月二十六夜，有瑶贼入新塘桥内抢劫居民，伤死胡中科、谭呈奉二命，掳去牛猪等物。又七月十九日，有瑶贼成群，白昼突出，抢去韶陂等三处放草耕牛，捉去割草乡民梁永远，枪伤民妇林氏。又于二十日突劫罗卢等数家牛只，伤杀村民罗冬瑞、梁氏等。臣据该镇协营具报，似此瑶贼凶横日甚，官弁兵勇非不设防驱遏，但恐轻擅招尤，不敢深入追捕。现据该地方士民陈诉，此瑶愈抚愈横，必欲剿创乃得安宁。臣于康熙四十年十月，量带官兵前至连州连山等处，权度事势，宣布朝廷德威。倘有顽抗如前，负嵎（隅）不出，臣即相机发兵，入其巢穴捕取真正稔恶。酌量处治，以昭国法。奏上。而瑶贼李贵、邓二等仍剽掠无忌，化行乃遣总兵刘虎率师进剿。先遣副将林芳入谕，排瑶皆一种相，杖未肯听，芳被伤，堕崖死，又伤把总陈溥及官兵十余人，势不下。石琳请益兵，上许之。明年正月，命都统松柱（注：另有曰桂）等讨八排贼。调广东、广西、湖广三省兵，水陆并进。二月，军次三江口，瑶贼窜伏。三月，瑶众缚献李贵、邓二等伏法。四月，罢各

路兵。又明年，石琳奏言，臣伏查连州所辖油岭等三大排以及香炉山、大莺、新寨、锅盖山、上坪、望溪岭、马头鬃各小排，连山所辖军寮等五大排以及鸡公背、牛路水、八百粟、天堂、冷水冲、龙水尾、猪豹岭、瓦寨、新寨、大坪、鱼水冲、六对冲、大坪水瓮尾、茅田冲各小排周围约计四百余里，俱系崇山峻岭，鸟道羊肠，难设县治。如连州之油岭、行祥、横坑三排，皆距州城四五十里；连山之军寮排、马箭排、火烧坪排、里八（峒）排，各距县城二十余里；大掌岭排距县城十里，向来就近分管。今若割而为一，鞭腹尤长，即添设县令，一时未谙瑶情，不无顾此失彼。计其田地，共税五十三顷二十一亩零。官民夏米，一百五十二石二斗零，饷银三百三十八两三钱七分零，丁口银一十五两四钱五分零，皆在全书原额地亩、丁口之内。如连山五排税亩，据县申称系瑶户买受民间田地，与民一例征输，尤非瑶排境内地土。若另设一县，钱粮为数无多，不敷一邑俸工之用。臣等管见，莫若仍归连州连山管辖，惟请于附近瑶排适中之三江口建立寨城，安设官兵统率控驭，移广东海防督捕同知文兼武备管领把总一员，兵丁一百名为理瑶同知，驻于三江口，兼管连州、连山、阳山三州县。捕务官不另设任，使得宜。再查连州，原设有连阳一营，领兵六百八十二名，游击统领不能兼顾瑶排，今须三江口添设一协，居中弹压，仍分拨官兵于各排要口之铁坑、长塘、大拱桥等处严加防范。臣等会商，提臣殷化行将韶协裁出，所存官兵改归三江。又查始兴营设有守备一员，千总一员，把总一员，额兵一百七十五名，属南雄协所辖。相应始兴，汛守统归南雄协，派（汛）防裁去，始兴营官兵归于三江口新协。第韶协原设额兵九百二十三名，始兴营额兵一百七十五名，共兵一千零九十五名，改归三江，不敷防范。应于广东将军督抚提镇各标协营马步守兵之内，均分派出一千零二名，内将九百零二名归于新协，共合二千之数，其余一百名归于同知管束。各营照依所派之数，汰除老弱，将名粮移归新协，于连阳乡勇中考验顶补。三江新协应设中军都司一员，守备二员，千总四员，把总八员，分为左右二营，令新协统率，仍兼管连阳营，统隶督提管辖为便。奏报，可乃筑三江城建副将同知衙署。三江之有城也，同知之驻三江也，从石琳请也。又雍正七年，两广总督孔毓珣奏言，瑶性不驯，化导非易，必须理瑶同知专理瑶务，常驻该地，不另委署调遣他出。其理瑶同知应改为广东理瑶军民同知，径隶司道考核，同知之径隶司道也，从孔毓珣请也。是时，连州亦请径隶司道以连山阳山属焉。凡瑶人盗案，以同知为专辖，瑶人争讼，有涉连阳三州县民人者，听同知关会审理。瑶户钱粮，仍连州连山县照旧征解。同知有分民无分土。嘉庆二十三年，两广总督蒋攸铦议革连山并入同知为专辖，诏从之，自并连山，然后同知有疆域也。其在连州者，有瑶户无民户而不有其地。在连山者，康熙中，连山县令盖尝志其疆域户口矣，然繁而不详，晦而不白，乱而不理，且阅百年阙略者，多无宣究。故辑而论之，著于篇。

连山于天文，为轸之分野。在轸六度，入寿星。分邑多山，无名者不录，录其大者，东有猪头山，又东有鸡鸣关，又东至于三江口为连州三江者，一为连水，一为镬水，一为沿陂水。其沿陂水多伏流，导自连州土狗塘，至交盃山，下行二里许，合镬水为一江。其镬水发源连山黄帝源，北过军寮，又东过油岭两瑶排界，又北至车田迳，会众小水为一江。涟口水发源不一，其大者一自石梯山，会长叶冲，合流而下至龙尾，又合黑山水至石寨，复合沙坪水而成大溪。一自上坪来涧溪，曲折至鹅儿水入大溪，而同注于连山城，合城东茂古峒出水白沙为一江。多滩石，湍激不可通舟，至鸡鸣关下合二水出连州，是为三江也。东北有邓公山，又北有锦坑山、钟雷山、昆湖山，又北有巍峨山，又北有大雾山、仙人山、大帽山、大龙山、小龙山，又北至于大塘坳界为蓝山县。西北有上叶山，又北有巾子山，又西北有钟山、天梯山，又西北为悭山、长迳山，又西北至于白石关界为江华县。江华蓝田县者，湖南永州属县也。西有天霞山、百丈山，又西北有犁头山、芙蓉山，西南有文笔山、钟山，山之下有古县坪，有关门山。又西至于牙莺界为贺县。南有马鞍山，又南之，西有大程山，山之下有宜善城，又南至于上帅村界，又迤东有罗刹山，又南有七星山，又南至于下泉迳界，又迤西有龙头山，又西有梅洞山，洞又西至于龙水山界为怀集县。贺怀集者（怀集今属广东），广西梧州属县也。东南有黄帝源，又南有黄连山，又南至于黄连界为阳山，东西一百四十里，南北三百里，东北一百五十里，西北一百二十里，东南二百七十里，西南一百五十里。瑶排居其中，汛地凡三十六，一在城，一在白石关，一在上帅。汛一在茂古峒，一在白沙，一在新营脚，一在鸡鸣关，一在虎叉塘，一在大巩桥，一在上台，一在山口，一在余高，一在班瓦，一在梅峒，一在山峒，一在莲花坪，一在抛石村，一在三江洞，一在七星山，一在高乡村，一在白芒村，一在倒流村，一在竹子坪，一在铁坑，一在马曹屯，一在神头冲，一在沙帽坡，一在水竹塘，一在东芒村，一在长塘，一在大东岭，一在香炉墩，一在小伞山，一在左山溪，一在右山溪，一在车田迳。在镬水之东者，连州、阳山地，其西者为府地。自在城至上帅者为连阳营，自茂古峒至东田迳者为三江营，均隶南韶连镇。连山故城旧志、西北钟山下元丰九域志云，在连州西一百六十里，今上吉村古县坪寨地。永乐初于程山下开县治，今宜善城地，天顺初移至象山前小水坪为今府理地。初无城，成化四年，知县孔镛倚山筑焉。城周一百八十丈，雉堞二百四十九，东门一、西门一、北无门，南门一，今塞之。城之中为府衙，府衙南为司狱，衙府东为武庙，武庙东为文庙，庙侧为儒学，儒学东为千总衙，衙之东为诸葛武侯祠，东门外循山而东有城隍庙，庙圮。同知蔡天培捐资经营，未鸠工，劾去。同知姚柬之捐资修复之。西门外循溪，而西有大塘，菱蒲生焉。塘上有桂阳书院，知县李来章所建，以课士者也。北城外有元武岭，上有炮台，周二十八丈，高一丈四尺，雉堞三十三，中有亭一间，贮红衣砲四位、佛郎机砲四位，南有门，北有窝铺，设汛兵守之以防卫，南城外涉溪而南有教场，葺茅茨以为讲武地。同知姚柬之捐资筑厅事，后为房，俾额外把总居之。以练兵坛有四，先农坛在城东门外一里，原上有浮屠七级，不可登坛。北有神祇（祇）坛，原下有昭忠墓，明季死瑶难副总兵陈鹏之墓也。社稷坛在城西门外一里，有丛木以枫，如古社制。邑厉坛在南城外三里。仓凡三所，一在城，一在宜善司，一在三江城。三江初无城，康熙四十三年，连州知州王济民奉文建于高良洞，周三百八十丈，雉堞若干，城楼三，东门一、西门一、南门一。初理瑶三江，两营文武俱驻城，乾隆四年，筑新城，迁副将都司去旧城。中南为理瑶军民府，府西为理瑶把总，衙东有武庙、三江营军士祠之，右为三江城守把总衙。嘉庆二十三年，迁同知驻连山，衙废变价解部。同知踞理瑶把总衙，为绥瑶行府，把总踞兵房，为绥瑶把总衙。城东门外有武庙，绥瑶营军士祀之。武庙右侧为绥瑶外委把总衙，合城内外，绥瑶兵房共九十余间，今颓圮。同知姚柬之请修之。南门外为三江左营守备衙，西门外为三江右营守备衙，其在新城者，不录以无与于绥瑶也。民村七有半，一曰茅铺村、领小村三十九。曰铺前、曰石寨、曰军营、曰白沙、曰茂古、曰土敬埇、曰班石、曰欧家、曰庙岭、曰象鼻、曰铜盆、曰大堡庙、曰龙胫、曰盘田冲、曰横水、曰龙头、曰龙尾、曰南蛇田、曰大村田、曰大旺寨、曰长江、曰黑山脚、曰上叶、曰董家、曰小寨、曰白虎头、曰上下百尺、曰小口寨、曰平山、曰黄峒、曰上坪、曰祝家村、曰莲塘村、曰塘头、曰永庆、曰竹园、曰高村、曰凤凰、曰仙人坪。一曰和睦村，领小村三十。曰东水、曰卢家、曰寺边村、曰贺家、曰走马坪、曰羊耳塘、曰白洋寨、曰解缨寨、曰牛婆塘、曰鸡脚社、曰西水、曰石坪、曰黎家寨、曰大井、曰涧头、曰主躬村、曰伏狮、曰邓家村、曰值槐坊、曰桂花、曰黎杰、曰官田、曰进珂峒、曰新寨、曰圩头、曰江头、曰覆舡村、曰虎尾村、曰黄屋、曰双桂里。一曰大富村，领小村二十二。曰蒙家里、曰日乐、曰祝高村、曰牛角坡、曰新庆寨、曰莲塘、曰大岭、曰蒋家、曰庙前、曰石家、曰车田、曰鳖塘、曰竹桥、曰灰木、曰高料、曰上迳、曰水头、曰明月、曰榕树叶、曰黎屋、曰松木、曰拳鼓寨。一曰上草村，领小村十有八。曰七里迳、曰水口、曰福江、曰唐勇、曰石富、曰擂鼓岭、曰大眼、曰小眼、曰湘峒、曰绕江、曰岭脚、曰公楼、曰邹美、曰冬叶、曰平冲、曰庙背、曰塘下、曰竹园。一曰禾村，领小村二十五。曰验鱼尾、曰冬笋塘、曰象鼻寨、曰胡家村、曰石龙头、曰直岭脚、曰李家寨、曰何家寨、曰蒋家寨、曰香花坳、曰西水、曰满村、曰大冲、曰林家寨、曰宝珠寨、曰平岭、曰鹅公、曰倒水冲、曰寺地、曰莲塘、曰上床、曰梁屋、曰正水尾、曰陈下寨、曰何昌寨。一曰沙田村，领小村十四。曰苦竹、曰蒲田、曰新庆、曰井头、曰胡村、曰岭尾、曰崩江、曰军营、曰木根、曰楼冲、曰上陀、曰黄南、曰圆珠、曰岭峒。一曰上吉村，领小村十五。曰莲花坪、曰马家头、曰福安寨、曰羊婆田、曰高楼寨、曰佛子、曰新石鼓、曰旧石鼓、曰山口寨、曰丹竹、曰罗村、曰良溪、曰鸭嫂到、曰木楼、曰结州。一曰宜善乡，领小村二十五。曰枫峒、曰良峒、曰古田旧县、曰乌石、曰沙里、曰省峒、曰三江峒、曰上下石田、曰大陂、曰西山、曰宿塘、曰大镬、曰上营、曰花罗、曰马鹿、曰东平、曰寒冲、曰韦家、曰龙头冲、曰梅峒、曰铜佛、曰雷冲、曰北建、曰东山、曰上帅、曰北垣、曰大铍、曰小铍、曰夏犁。一曰沙坊半村。沙坊故属连州诸莺乡，在鸡鸣关外，独二甲十里，属沙坊。故曰半村，领小村十九。曰大角涌、曰青冲、曰奎池塘、曰榕树坪、曰官渡头、曰龙凤迳、曰石鼓镇、曰田心、曰角乔、曰黄村坪、曰平田、曰犁头陂、曰大冲、曰红本、曰新村、曰白公庙、曰水东坪、曰大龙水、曰石脚坪。瑶排大者八，小者五，瑶冲百四十。在东路者，一曰油岭大排岭，领支派小冲四。曰犁头塘、曰棠梨坳、曰中峒、曰莲水。一曰行祥大排，领支派小冲二。曰望溪新寨、曰望溪老寨。一曰横坑大排，领支派小冲二。曰鲁箕、曰九龙。一曰大木根小排，领支派小冲十。曰拜地、曰坑口、曰马头鬃、曰猫儿坪、曰游龙田、曰白草坪、曰新寨、曰下坪、曰上亚贵、曰下亚贵。一曰六暗下坪小排，领支派小冲十三。曰茶坑、曰大竹园、曰三洲、曰下坪、曰横寨、曰流名福、曰深冲、曰大坳、曰夹界、曰桐油、曰锅盖山、曰上坪、曰大冲。在西路者，一曰军寮大排，领支派小冲十。曰桐坑、曰白石岭、曰牛路水、曰油葵岭、曰鳖坑、曰上磨刀、曰下磨刀、曰下西领、曰南榕、曰横寨。一曰火烧坪大排，领支派小冲四。曰虎叉、曰猪矢、曰上西岭、曰中西岭。一曰大掌岭大排领支派小冲八。曰大古坳、曰养牛寮、曰羊公坡（歧）、曰大坪岭脚、曰香花根、曰冷水冲、曰坪冲、曰老村。一曰里八峒大排，领支派小冲十。曰大粟地、曰大吊桥、曰新寨冲、曰老社坪、曰箭竹坪、曰浪头冲、红石坑、曰沙坑、曰牛问、曰石子坪。一曰马箭大排，领支派小冲二。曰大竹坪、曰白水带。一曰盘穴坪小排，领支派小冲十六。曰白扇、曰大桥头、曰水江、曰上坪、曰地桃、曰六对、曰东浮、曰龙会、曰培地橙、曰地禾冲、曰六樸、曰兜便、曰限定尾、曰下黄、曰莲花大木根、曰九轮、曰红泥田、曰新寨、曰大坳。一曰黄帝源小排，领支派小冲七。曰横柄、曰桂皮冲、曰马骝佃、曰中靛、曰磨刀、曰大桥、曰扶竹坪。一曰中炉坑小派（排），领支派小冲十四。曰唐浩村、曰大英岭、曰黄瓜、曰山猪豹、曰菓子坑、曰岭尾、曰耳环、曰苦竹、曰猪婆王、曰打铁、曰萨人坪、曰水润坪、曰八百粟、曰马踏峒。其余小冲非支派者，东路曰北枧峒、曰葛箕坪、曰厚峒、曰企人寨。行祥横坑二大排兼领之西路，曰大崖、曰龙水尾、曰筋竹根、曰茅田、曰石龙寨、曰白古庙尾、曰暗冲、曰柳叶。军寮、火烧、大掌、里八峒、马箭五大排共领之。又有无居人之冲，曰七星峒、曰水瓮尾、曰鱼赛、曰梅木、曰冷水、曰高寨、曰犁壁、曰天堂、曰捞箕坑。钟山在府西一百里，在连州西一百六十里，山下为连山古县，宋绍兴六年丙辰废为镇。十一年辛酉修武郎阁，门祇候殿前，司擢锋军，司统领军马黄进来戍，有重建集灵庙碑。陈宗谭为记。十三年癸亥，总首黄昶为立碑，碑无存。文曰，连之封内，民以数椽屋，立土木像，供香火，荐薦牲血，岁时吹鼓击金以从事于鬼神之事者，浩不可纪，往往多出于闾阎鄙语之淫。私考其载，在祀典正而不它者，才二十余所，大率皆有额爵，惟六侯之神最为灵显，其爵额功德昭著，民所畏信，久而不忘，传曰盛德及民必百世者，几是欤。昔在皇佑（祐）中，侬僚犯邑属，瘟淫虫食，寖及于连。时太平日久，民不识金革，窜伏山谷，城廓肃然。神于是时，炳灵助顺，散出阴兵，布匝城堞，旗帜戈甲，当昼赫变。贼莫测其所自，谓有王师之至，闻风鹤之声，观草木之象者，莫不震栗，已而遁走，境内以安。其后事闻于朝，得赐金额，庙向乾昆山，峭壁万仞，丰隆峻极，北与九嶷相甲乙。下临潮水飞来，溅来如奔雷击电，泽洞所潴，蛟龙伏焉，故其神集山川之灵，能兴云雨，捍患救灾，福及一方。凡盗贼兵火之不测，水旱疠疫之无常，祷焉立应。事再闻于朝，得赐金爵。可谓不于庙有德，于民血焉。而不悉其祀者，其与木居土，置诸道隅，聋瞽愚昧，使往来邀无根之福者，岂不相万万哉？绍兴辛酉冬，修武郎阁，门祇候殿前，司擢锋军，司统领军马黄进，被天子命来戍于连，按兵示威，不穷不黩，积年猾寇，影灭迹绝，民宴如也。一日观兵，升高望远，以鞭指昆湖之山，谓左台将校曰，连以山得名，是山扶舆郁积，上薄霄汉，一州清淑之气，尽属于是。是中不有仙人。释子之馆，必有神灵之官府。问田夫，对以六侯之迹。于是退而清晨斋沐，率其部帐，公谒祠下，精度祀事，牲肥酒旨。恍惚之中若有鬼神阴来，格者奠毕，徘徊瞻顾，叹屋卑陋，不足以称邦。人之崇奉，于是愿割己俸，易而新之，左右将校有乐出财力者，亦所不问不逾。时殿宇深恤，神威凛凛，入其门升其堂者，恭肃之心莫不油然而生。事既落成，属宗谔为记。

闻国之大事，在祀典与戎，二者可相有不可相无。方战国时人皆乐战而妄祀，故孔子对卫灵公之问陈则曰，俎豆之事，则尝闻之矣。军旅之事，未之学也。盖所以讥当时之人，知战而不知祭者，呜呼！惟战以忠，故能服人。惟祭以诚，故能格神。今黄公挥三军五兵之事，临机果料敌明既已根于忠智，而骏奔走执笾豆未尝跛倚，以临事抑又为于精诚，其于战国之士，岂可同日而语哉？孔子曰：我战则克，祭则受福，诚哉，斯言也。

宋绍兴十三年癸亥三月十五日，总首黄昶立陈宗谔者，连州人，为张栻师，集灵庙在昆湖山。山高五百丈，周三百里，下有昆湖，俯视众峰，罗列如儿孙矣。

程山在钟山东四十里，山下为连山旧县。明永乐元年，开山设焉。天顺中为瑶贼破县，徙。万历中，设宜善巡检司，属连山。城周一百二十丈，雉堞一百六十零，南门一、东门一，无西北门，城内有旧县衙，圮。顺治中，修复为巡检衙，衙之东南有城隍庙，庙侧有程山古庙，县未徙时所建也，今尚存。黄连山在府南四十里。隋志所称连山有黄连山，元和郡县志所称黄连岭在桂阳县西南一百五十里者也，高不过数十丈，周不过三里，非可以表邑也，失禹贡职方之恉矣。

巾子山在府北八十里，高数百丈，周百余里，顶上有石池，四时不涸，昔有桃李二株，盛夏熟，芬芳袭人，登山者采食之不饥，或携至半山，风雨辄起，迷路必弃之，乃复霁。谚云，巾子山宜喫不宜担，盖不减绥山桃矣。

邓公山在府北一百里，高三百丈，周三里，有邓侯庙，有宋吴琮重建邓侯庙碑记，其略曰，阿鲁刺史名也，约子刺史字也，烧陂里，刺史家居之地也，灯盏岭，刺史行孝之所也。邓公山，刺史感异人。腾空，山之名也。生于齐宋之间，为儿时显姿，俊采杰然，间出达权，知变考之，齐太子宫中书记，叙其本末，略可知也。永明元年正月，有圣僧投宿于邻舍成公家，成公怒而不内，刺史之母割鸡为黍而食之，后获其果报之恩，与之卜地，葬父于村北二里间。此齐世祖武帝即位之年也。是时为郡小吏，差送图书于京师，当煨烬之余，有师宿莫记旧闻，独刺史出应帝诏，以任记问之责，一时隐若神助，口诵如流水，布筹如飞书，吏俱有脱腕之告。图籍散而复全，晦而复明，可谓有功于国家也，多矣。此食邑之褒，刺史之封，乃宋苍梧，王元徵初年正月之号也。及其噬仕之日，考之史传，略而不载，问之耆老，阙而无闻，血食此邦，但知其德，使州郡立其庙于城邑之左，子孙创其祠于故里之间，以为春秋祭祀之地。自宋齐至于今日，廖寥数百载，神之应灵，祭之如在。水旱盗贼，蝗虫天灾流行，凡有祈祷，随叩而应。阅岁寝久，祠宇废坏，子孙广庙宫而大之于其庭坛，高其栋宇，百用俱在。丁亥，规模鼎新请书其事于石。予谓邓侯生能泽连民，死能庇连民，可谓灵也。予非能文，不敢固辞，于是述已所闻，证以古事，持书功德之盛美。非敢以当达者，因以纪岁月云尔。时岁在丁亥宝庆三年，上庐乡门堉免解进士吴琮撰。

天梯山在府北五十里，高数百丈，周约一百里，山有石梯数百级，不可攀也。

钟雷山在府北三十里，因天梯是来，高数百丈，周百余里，状如钟，雷雷者以东西为缩也。

大龙山在府北八十里，高数百丈，周五十余里。

马蹄山，王象之《舆地纪胜》云，在府东四十里，有石痕如马蹄，今失其地。

涟口水，水经注源出阳山县西北一百五十里石塘村，水侧有豫章木径，可二丈，其株根犹存，伐之积载，斧迹若新。水东南流，注于洭水。宋米芾作洽洭尉，题有"且看山"。米芾书六字碑，缺上截，半今存。翁方纲《粤东金石略》，刘彬华《阳山志》，所见皆商人重立碑多。"宋洽洭尉"四字非米书，其原碑未考也。

滑水，《元和郡县志》：连山县有滑水，今为黄涟水，水甚微，与黄连山同失矣。

象山下，今府理是也，山高数十丈，周一里，左有蟠龙冈，右有伏虎冈，后有元武岭，前有朱雀溪。

食货第二

右田制

杜佑有言，谷者，人之司命也；地者，谷之所生也；人者，君之所治也。有其谷，则国用备，辨其地，则人食足，察其人者，则徭役均，知此三者，谓之治政。夫辨地莫先于田制矣。连山皆丘陵，无原，衍民皆依山开垦暵田，悉奇零硗确，刀耕火种，高者为暵种麦黍，蹲鸥有秋地，有夏地，秋地岁两收，夏地岁一收，下者为田，宜稻。明以前，田制不可得而详也。明洪武二十四年，田地塘一百零二顷八十二亩二分，今田地塘四百五十一顷二十一亩六分。瑶人买者有田无塘，有夏地无秋地。凡民田四百一十四顷二十六亩四分八厘一毫零二忽，瑶田三十六顷九十五亩一分一厘八毫九丝八忽，凡民地塘三十四顷零六分九厘七毫六丝五忽，瑶夏地一顷一十一亩六分七厘二毫三丝五忽。

右户口

察人莫大于户口矣。康熙二十五年，编审定户，五百六十八，丁口一千八百三十五，男子成年丁一千零五十三，全免丁七十一，带免丁一，全编丁九百七十三；妇女八百零一口。凡丁口、盐钞、银两归入地亩，征输以后滋生，永不加税，美利利天下，有田税无家税。自成周以来，未之有也，今民户凡五千二百六十三，丁口凡三万三千二百三十五，今瑶户凡五千一百三十八，丁口二万五千八百一十四。

右赋税

其科税也，稻田秋地，每亩派官粮科银七毫零一忽，四差银七毫五丝二忽，民粮科银二分二厘零三丝九忽，四差银二分三厘六毫四丝一忽。又派地亩饷连水脚银七厘一毫三丝六忽二微九金三沙四尘六埃五渺，又派雕漆、衣装、物料、溢价、匠价银五毫四丝六忽八微七金六沙九尘七埃七渺零八末，又派丁银三厘八毫七丝八忽七微零三沙零三埃零九漠五末，水脚、雕漆、衣装、物料、溢价银一分一厘五毫六丝一忽八微七金三沙四尘七埃三渺零三末，科官正耗米九勺五抄八撮四圭，积一十顷零四十三亩四分零六毫，为粮一石，科民正耗米三升零一勺三抄三撮三圭三粟，积三十三亩一分八厘六毫，为粮一石，夏地塘地无官粮，科四差，每夏地一亩，派民科料银一分五厘六毫五丝一忽，四差银一分六厘七毫八丝九忽，科夏农米二升一合四勺，积四十六亩七分二厘九毫，为粮一石，塘一亩，派民粮料银三分二厘九毫一丝二忽，四差银三分五厘三毫零四忽，其丁饷各歀派与秋地同，科民正耗米四升五合，积二十二亩二分二厘二毫，为粮一石，每正银一两加征各官养廉银九分，公用银三分，火耗银四分，部费银九厘，合为耗银一钱六分九厘，每正粮一石加征囚粮二升，鼠耗、盘晾、修补仓廒粮一升，水脚垫笪包裹粮三升，督粮道养廉粮三升，通省不敷徒流军犯口粮七升。合为耗米一斗六升，凡民丁地银一千九百六十两零六钱三厘，耗三百三十一两三线四分一厘九毫七忽，遇闰加银七十七两四钱三分，米二百七十九石七斗七升五合四勺，耗四十四石七斗六升四合零六撮四握，凡瑶丁地银一百九十四两七钱五分六厘，耗三十二两八钱九分三厘七毫六丝四忽，米二十七石八斗零二合，无耗。每石准银二两，其不敷者，官为补之，柔远之义也。盐税，今盐引五千三百八十三道四分九厘五毫九丝三忽一微一金一沙六尘九埃，征饷银四千零九十九两四钱一分五厘七毫一丝五忽二微零八沙三尘二埃五渺六漠五末五逡九巡。契税，今每价银一两，税银三分，科场银一分，他无税。

右积贮

管子曰，万室之邑，必有万钟之藏，千室之邑，必有千钟之藏，守国者，守谷而已矣。

自唐宋以来，常平社仓之制尚矣。常平仓，连山皆贮，总不可量，以权定之，每百斤准谷一石，城仓贮谷七千六百九十一石五斗五升，宜善仓贮谷六千八百六十五石二斗六升五合三勺，三江则贮谷二千零一石九斗九升七合二勺，皆备借民瑶籽种，春借冬还，民取息，瑶则否，民今无借者。瑶人于每岁三四月间具券借，每户不得过一石，有不还及还不足数，官亦优容不亟征，但不能复借。社仓亦贮总城仓，宜善仓共贮谷六千三百六十四石八斗九升一合六勺，有借者，出息谷，乾隆四十八年扣留存仓息谷六斗四升，今无续留。

物产第三

连山奇产惟巾山桃矣，不可得而食也。其他产无异他郡县者，不载。载其美者，谷则香粳，八月白粳、香黏、油黏、红粳、白粳、红黏白黏。麦则鸭脚麦。粟则狗尾粟。豆则娥眉豆、狗爪豆，蔬则东风菜，果则沙梨、棠梨、柑桔、佛手橼、枇杷。草则野鬼靛，沤为靛可染蓝。香草，捣作凡纫为佩，孕妇忌之。黄芒草可裹粽，仙茅草可乘屋，龙须草生峭壁上，取之甚难，茎长四五尺，以水浸之，去其毛，织为席。唐令文、安定、彭原、汧阳、中部、洛交、天水诸郡俱贡龙须席，多者无过十领，其宝贵也远矣。连人不善织，售草与楚人织之，席佳者值钱四缗。瓜则花瓜、矮瓜、牛腿瓜。药则香薷、百合、钩藤、泽兰草、莲、白黄红菊，红者难觏，常山、木泽、苍耳、决明。茗则大龙茶、小龙茶、黄连茶、上帅茶，茶出上帅者在山尖，二尖相连而并峙，绝壁悬崖不可攀，茶生崖上，七茎为一丛，其味甘,茶之最上品也,然不常有。木则楠杉、黄凿、赤梨。花则风兰、瑞香兰。禽则白鹇、画眉、鹧鸪、鹩眉、花鸠雉。兽则山马、石羊、黄羊、黄鹿、山豕、箭豕,昔多虎豹,今人稠木伐,无虎豹,惟多豺狼耳。

风俗第四

今天子一道德以同风俗。薄海之内,乌有俗之不同者哉,然而蛮徼之民,言语不同,嗜欲不同,修其教,不易其俗也。连山民俗无甚异,瑶生其间者,异俗。瑶人知年不知闰,遇闰年则曰十三月,古归余于终之义也。元旦日即拜山,备牲醴纸烛黄粱饾馂祭其先,每一丁折一芦秆,串纸钱插墓上,以示口丁之盛衰,至清明日止。上元日吹牛角,歌瑶歌,具金鼓。其鼓皋陶,亦以木为之,但两端圆径如一,中细如腰,然不与诸鼓同,上下皆蒙猴皮,以绳络之,横系于项。手拊之,金则以莛击,乐作且跳舞,以为节。歌皆俚辞,不足道,其节奏亦莫得而详也,名曰"调花鼓"。三月三日赛饭食神,六月六日赛土神,十月十六日名曰"散地节",盖曰野功毕也。凡遇节赛神,皆歌舞以为乐。惟七月七日会男女,名曰"耍秋"。排冲诸君吾子咸集,屠豕椎牛,共牢(宰)而食。食既而歌,以为献酬。其男女自成名(年)以上,相悦则答歌,歌合纳红巾以为采,请期而送妇。至期,妇次(着)彩衣花裳,执雨具,跣而行,父母兄弟送至门外,妇至婿门,主人鸣鼓奏金而相迎,屠牛豕,设筵几以宴宾。凡嫁子娶妻,聘财无过银三两六钱,聘礼牛肉鸡酒,奁具锹锄衣物,各称家之有无。妇为夫纲,妇犯奸,非亲属皆许捉获奸夫,辄棰楚或至死,其家不仇。妇不坐,曰:"有男强女,无女强男也。"妇无为夫出者,而夫则为妇出,有二条:一曰夫懒惰,一曰夫反目。出之日,宗族亲戚皆造女调难而谐和之,若难和则不出,不和,妇碎一碗以示绝。育有男女,男归夫宗,女随妇嫁。其已聘未嫁,女犯奸者,其捉获奸夫,与有夫之妇同。未聘者,非女兄弟不敢捉,父母不得而防闲也。至寡妇,则听其所为,曰:"当与人共之也。"瑶岁有墓祭,无庙祭,庙立于野,凡隶排者皆祭之,如群姓之大社也。无木主,刻木为像,约高二尺,或一尺许,或四五像,一二像,不必肖其人,亦不能辨为谁氏之祖祢也,统呼之曰"阿公"。其谒庙也,燃木炭如上香然。其人有贸易者,输钱六十为祭费,积三岁或五岁乃一祭。先期卜日,告其侪。祭之日,男妇诸吾皆盛服集于庙,具香烛、纸钱、猪、牛、鸡、酒而祭焉,曰"拜祭阿公"。其拜也,两手据地,顿首无数,既拜而食,既饱而歌,鼓角齐鸣,男女杂坐,拂衣而喜(起),奋袖低昂,顿足起舞,乐莫极于斯也。费多者醵三日，名曰"耍歌堂"。亲在不知养亲，老犹责其力作，至体惫不能兴，乃饮食之。死则服三年丧，亲始死，先相地掘坎，市棺置坎侧，以尸僵坐秤（椅）之，有倚者绳缚之。邻里为之舁，子妇服丧服，披麻辟踊，哭泣。哀而送之至穴，延瑶道面尸诵章咒，乃殓，殓毕而窆，封毕而归。其服也，无斩、齐、功、缌之分，竹桐杖屦之制。朝死而昼葬，不俟二日三日也。服三年丧者，嫁娶宴乐不禁也。练、期、祥、禫不知也。既葬而卒哭，免丧而除服，如是焉而已。瑶道自为教，亦有科仪，其文不可晓，学优者则延诸道为受录，受录者服朱衣。凡瑶之有疾病者，疟疡者造焉，使其众分而祷禜之。有愈有不愈，其不愈者，则曰神所恶，非祷之不诚也。无医，无僧。夫瑶既群居，不能无喜怒交争之情，乃亦有轻重刑罚之制。事有交争，则延邻里责让之，名曰"放酒"。其不直者，罚输放酒钱，犯奸者则鞭扑，犯窃者遇事主获之，以竹圈箍其首杖𣚦之，名曰"下头箍"。房族获之，则率其众而生瘞焉。盖宽于奸而严于盗，于是穷瑶者流不敢窃，诸瑶而肆出，攘窃于民间，为闾阎害矣。

瑶防第五

呜呼，君子思患预防之用大矣哉。盖不于坎险之时，而在既济之日也。夫瑶人之俗多类上古，惟其地僻，其性顽，圣哲之莫生，诰训之不及，故外而不可内也，疏而不可近也，无事则周防之，有变则膺惩之，达识之士所见略同矣。防瑶之法，肇自前明，至今而大备，其事关建置者不重录。初瑶人无统属，有攘窃民物者，辄伏匿不出，莫知谁何，有司不得而索也。道光十三年，尚书禧恩奏准，令八排瑶人各举老成知事者立为瑶老千长，赏给顶戴。办事瑶目，立为瑶练。瑶长，每月口粮银三两，瑶练每月一两五钱。凡瑶长十八人，瑶练六十四人，隶绥瑶把总。月朔日赴绥瑶营领饷，具结状排瑶有滋事者责之。自是，瑶有讦民者，先达于其长，其长达之官。民有讦瑶者，官下其长，逃者十可得八九，视前加密矣。其饷由三江营赴广东布政司请领，其添设练勇百名也，由前南韶连道杨殿邦饬募也，每名口粮日银一钱，岁需饷四千两，其饷布政司南韶连道广州府，肇庆府共捐资津贴，由绥瑶营赴南韶连道请领。夫练勇之设也。盖因同知移驻连山，去绥瑶营四十里，设有窃发。本营之兵，不在同知所驻之地，而附城之汛，均非同知所辖之兵，外营非所管辖，呼应不灵，本营相距甚远，急切难调，所以补兵力之不足也，然而预防之意深远矣。

名宦第六

宇内之地皆郡县也，凡县治天下，无异县矣，凡郡治天下，无异郡矣。即有不轨之徒，狡焉思逞，其结党也必有渐，其征发也必有期，当其事之未，集而败之，势之未盛而击之，如摧枯朽耳。故汉道之隆在重守，令当其盛时，有叛国无叛民，及其衰也，除吏八百秩者就六百，五百秩者就四百，于是申屠圣起于颖（颍）川，郑躬起于广汉，有叛民矣，然其剿灭甚易。至王莽时，长吏牧守不能自存，赤糜贼起，皆自乱斗中兵而死，非贼欲杀之也。而田况发卒授兵，贼遂不敢入其界。由是观之，地方有余财可以应变而弭乱，有司用不足必至苟且而误国，其势使之然也。故官者所养也，非养人者也，以官养人则不足。连山固险恶多山，田可耕者十之二三耳。然其民勤其用俭，官有所养也，故孔镛因之迁县治，筑城郭，朱若迄因之请师旅供厮履。连之不没于瑶，不屠于流寇，非官之力乎。迨李来章者，悉取所以养官者而革除之，一时号为廉吏，而自时厥后，官无所养，辄穷愁俯仰，求食日阕而已不给，复忧盗贼治官事。故宦之有名者，绝少因是，而县缺裁矣。理瑶同知始于刘有成，理瑶直隶同知始于庞屿，连山绥瑶直隶同知始于罗有尚。吾求诸志乘，参以所闻，录其治行，卓卓者于知县得八人焉，曰孔镛、林高、林裕阳、周齐、杨崇忠、朱若迄、康霖生、张化凤。于同知得五人焉，曰刘有成、端木象震、沈澄、姚孔铎、李云栋。其黜李来章者，以其欺世盗名不恤国是也。进李云栋者，以其以死勤事可为吏劝也。他或其人已往，而治绩莫考，或其人尚存而舆论未定，别录其名于题名碑，此无录焉。若夫旧志所载，唐宋以来有名氏者，虽史传无征，苟非遗爱在民，何以至今不忘也。并录之以昭示来。许而介胄之士，见危授命者，附焉，其战陈无勇者亦不录。

唐·薛邑，建中元年为连山县尉。

宋·邵简，邑里莫考，乾德元年为连山令。（宋职官志以京幕官为县令者曰知县事，否则曰知县令）

宋·区兴，邑里莫考，淳熙七年为连山令。

宋·韩伋，邑里莫考，嘉定元年为连山令。

宋·何再兴，邑里莫考，至治元年为连山令。

宋·颜纯，邑里莫考，端平元年为连山县尉。

宋·王道夫，广州番禺人，端平四年为连山县尉。

明·孔镛，字韶文，南直隶长洲人，景泰五年进士，天顺三年为连山知县，政绩载明史，成化元年擢试高州府去。

明·林高，福建罗源人，宏（弘）治八年为连山知县，旧志称其视邑如家，孔镛迁县以来，中历八任未有继镛迹者，惟高济其美焉，宏（弘）治十七年去。

明·林裕阳，字怀琼，福建长乐人，举人，万历二十五年为连山知县，旧志称其正俗有书以端连民之趋，课文有会以进连士于成，万历三十三年去。

明·周齐，字思韶，广西宜山人，举人，万历四十四年为连山知县，旧志称其实心造士，雅志作人，文运渐开，厥功不朽，万历四十六年去。

明·杨崇忠，四川剑州人，举人，万历四十七年为连山知县，请兵讨瑶勒献首，乱事在总志中，天启四年去。

明·朱若迄，广西靖江府人，明宗室举人，考授知县，崇祯十五年为连山知县，题请剿瑶，疏凡再上，疆吏憎其多事，将官受贿罢兵，事在总志中，以愤懑卒于任，明社为墟矣。

康霖生，字泽含，河南磁州人，顺治十六年进士，康熙五年为连山知县，旧志称其兼善武略，勤俭先劳，困不乘舆，暑不张盖，尝刻木为皂隶。凡催征钱粮，勾摄词讼，令持木皂隶投到，民无违者。以忧去。

张化凤，字羽皇，河南河内人，康熙十四年为连山知县时，孙延基寇连州不犯境，军兴征饷取于民而民悦，旧志美之，乞养去。

刘有成，汉军正黄旗人，官学生，康熙四十一年由广州海防同知改为理瑶同知，平瑶多资其力，提督殷化行、总督石琳奏称其能防瑶建置，皆所擘书，至今赖之，宜三连之世祀也。康熙四十二年去。

端木象震，字东侯，江南溧水人，岁贡生，康熙四十九年为理瑶同知。陶德焘传曰，象震来时，排瑶虽歙服，遗孽未靖，一日，遣壮士入峒索盗，群瑶瞋目鼓众不胜愤，象震亲谕之，乃缚盗以献置州狱。逸去，越三日，悉获之，置于法，人以为神。士民图像镌石以纪之。康熙五十一年引疾去。

沈澄，字鹭峰，浙江山阴人，贡生，康熙五十一年为理瑶同知，陶德焘传曰，澄偕副将孙文标率兵弁营立山溪左右汛，瑶鼓噪来攻，会大雨，寨未定，澄命敢死士直前发炮轰击之，杀数人，瑶乃退，不数日，二汛成，又与文标建大东岭汛，扼排咽喉，给牛种，令瑶人垦山为业，延师训瑶子弟，民瑶又安。又三连赴广郡试，跋涉不便，澄请由同知录送学政，民便之，未几升去。

姚孔锌，字道冲，江南桐城人，生员，余八士叔高祖也，仕终赣州知府。雍正十年为理瑶直隶同知，其政绩旧志不详，家乘传曰，公善治瑶，廉平不苛，凡瑶有讼，公唤之立至，判之即服，终其任无瑶患，雍正十一年升去。

　　李云栋，字扶青，山西解州人，举人，道光十四年为连山绥瑶直隶同知，旋入都。十五年回任，时当闰六月，天酷暑，有飞蝗入境，云栋躬历山峒，督夫役捕蝗，蝗且尽，云栋中瘴毒，卒死，民哀之。

　　陈鹏，邑里莫考，明天启中为广东副总兵，讨瑶贼，孤军血战，力尽无援，死于阵。事在朱若迄疏中，民至今祭其墓。

　　黎树绩，邑里莫考，广东守备，随陈鹏讨瑶贼，同日死。

　　林芳，邑里莫考，康熙中为广东副总兵，提督殷化行遣入瑶排招抚，瑶抗命，芳纵火焚其巢，瑶众悉出，势不敌，遂遇害。其仆弯弓四射，当者皆洞胸贯胁，杀数十人而后死。惜不传其姓氏，士民思之，为芳立庙而以其仆配焉。

　　陈溥，邑里莫考，广东把总，率兵九十人与林芳同日死，片甲只兵无返者。

人物第七

　　余尝入深山，涉穷谷，见留夷揭车，杜蘅芳芷之草，梗楠梂槛栯檀秝馺之木，必生于层峦绝壁，人迹所不到之处，无时种灌溉之劳，而得天者全其生也，蕃而香，闻者远若附郭之郊，数五都之市，廛移而植焉。历岁时之勤不过拱把耳，久而不闻其香，岂地之有肥硗哉。近乎人者，其远乎天者也。连山固天下之深山穷谷也，舟车所不通，冠履所不至，而往往多异人，盖其山水自衡山迤至桂阳，八九百里蜿蟺而郁积，必有所钟，叠而为层岩，陡而为削壁，荂而为香草，植而为大木，皆不能独钟也，而钟之于人。宋之时有邓鲁者，未尝读书而应诏录焚籍，语在任彦升，叙中唐之时有黄匪躬，明之时有麦志德、虞焕、赵祖禹、蒋泮、罗文解、邓钟秀、彭鹗荐、邓邦栋、谢启初、萧大杨，我朝康熙中有黄中行、邓伯厚，近时有彭凤尧。

　　宋·邓鲁，梁任昉序曰，邓鲁，字约子，小桂郡桂阳下卢水龙口村郭尾烧陂里人也（今改为韶陂村），父思露，母张氏，好斋戒不茹荤。思露年二十九从军出征，时阿鲁年四岁，父登途诀别，鲁悲涕交流，跪启父曰，大人从军何时可还？父曰，王事未可知也。鲁拜伏泣曰，天不遗孤幼，愿康宁早还。父既去，鲁方五岁，忽暴亡。母哀念不忍遂葬，经两日，颜色变，邻里为殡埋，越夕过墓者闻有号呼声，告其母，共发其棺，见颜状如生，儿归，就帷寝，薄进粥饮之，久苏省，因问其故。鲁曰，上帝谓功曹须一侍者应命，差择尔至七岁归。殡父屋侧田间，及三年，鲁曰，父在浅土，非人子所安，当远寻师以安宅。其母曰，有弟兄三人，汝最季（孝），未能。念念求地葬父，真孝子也。永明元年正月二十一，忽有僧来投寝邻舍成公家，僧喜其厅，事爽闾末及解包，成公出大怒诃责。僧曰，与檀越有旧缘，志存普济苍生，救拔困苦，今巡行四方，接引郡品，欲留经一卷与汝，使其流福子孙，永代吉昌。成公曰，家中有病人，不宜见外客，师闻遂趋出，顾谓成公曰，汝不欲富贵耶。阿鲁母隔墙闻之，出门迎接其僧到家止（正）寝，须臾间，阿鲁自外归，喜甚，再拜其僧，与母具馔供馈。母问和尚餐俗味否，僧曰，汝能种种供养，何为不食。母命鲁烹母鸡食之，将去，留经一卷与鲁曰，吾暂上高山，不久复来。遂出门乘五色云冉冉而去。今号其山为腾空山，俗呼为邓公山。时京师台阁文帙遭火无遗，诏郡国悉上民间所藏，阿鲁为郡小吏，差送图籍至京，白母曰，儿去上国，岁月必久，师期迁葬，今未见至，因泣下。闻叩户声，出视，乃前留经僧也。僧曰，与子有旧契，欲来验前言耳。阿鲁再拜，启僧曰，今欲葬父，吉地何在？僧曰，汝急葬父，无烦远访，今村北二里间，山冈极秀，下穴而葬，富贵俱全，将出异人。僧命阿鲁伐箭竿竹一握，杉木一片埋在所卜处，谓曰，若要长久富贵，候竹生时即葬其下作东方向。阿鲁送载籍入京。期岁，母往视之，竹枝已扶疏成干，遂徙葬焉。阿鲁自是精识敏悟，预知未来事，术数惊人变化不测，若有神助。阿鲁送图籍，沿途淹久，及至京舣岸浒，会有诏中外之士，能强记洽闻疏录文籍当任，择九州刺史中使，传呼甚厉。鲁闻之，自舟尾出，应曰我造得。史臣掖传，阿鲁入奏，帝曰，卿是何人？鲁曰，臣是小桂郡人，被差送文籍至京，闻陛下诏人造图籍，故应诏。帝曰，图籍故非该（赅）博之才不可强为，与作文章不同。鲁曰，臣本郡图籍，曾遭水淹坏，漫（浃）不可识，臣曾疏暗记录，无一字差错。帝闻大悦曰，朕台阁被火焚烧，在庭儒臣不能考究，卿能作成，朕岂惜官爵耶。鲁奏乞书吏二百人，口占令授，并自布筹，敏速如飞。吏曰，告公缓之，腕将脱矣。凡三日三夜，图籍书成。上之，诏群臣参证，略无遗误。帝奖谕阿鲁曰，卿元识开悟，为朕再兴坠典重阐亡图，当与九州刺史唯尔所择。鲁谢曰，臣少小庸贱，天赐精神，洞然自达，补完遗书，何足为劳，弗敢过念。臣家有老母，望陛下睿慈，令归本郡，创立州城，守官给禄，得终事养，不胜犬马之幸，帝从其请。齐太子步兵校尉东官书记任昉叙（按：任彦升集未见此文）。

唐·黄匪躬，旧志曰鹅冈人，幼负诗名，有志大，惟忧国恩深，岂顾家之句。登光启三年进士，后仕梁，掌江西，钟传幕奏记，楚王马殷倾慕之，值匪躬使事至，毁大喜，尽蠲其门户租役，躬固辞，毁曰，老夫尝恐，不挹清风，今幸得见，不足以奉汤沐矣。

明·麦志德，旧志曰，字纯仁，东隅头人，少勤学有才干，洪武初以孝弟力田举，寻以谋略见奇，拜五府断事，累迁右参军。洪武十七年，擢工部侍郎，试本部尚书，明年，坐户部侍郎郭桓（或曰桓系胡惟庸党）所累，皆置于法。或劝其自明，志德曰：命也。

虞焕，旧志曰，字尧章，荔波县知县，有善政，士民勒石纪之。后为郧西县，一如荔波。郭子章以治行第一荐将超擢，会以忧去，即不出，结庐城南，隐居教授以终。

赵祖禹，旧志曰，号毓葵，父蚤背，奉母至孝，下帷攻苦于书，无所不读，一切世味澹如也。循循诱人，连士之有品于世及有声于官者，皆其就。博士郡邑，其成就犹多，且曲江之拯水溺鱼台之折莲妖，又不啻文人之技矣，其折莲妖事亦不详。蒋泮旧志曰，别号飞均，孝友性成，聪颖过人，平易温和，不设城府，胸次则较然不欺也。一家之诗礼相师，乡党之孤瞑悉化，岁书方成，赍志而殁。迄今樵苏伧竖皆言飞钧先生。其岁书为何书亦不详。罗文解旧志曰，由明经司训，南宁值变迁，抗志不屈，当事义之，擢授别驾，适措饷，急需米千石。或议砻先生曰，无济与民易之便，不三日，即足共供。诸帅捏功者系累累。先生鞫得，实尽释之，当事益奇其才。因言事不合，左迁永淳令。先生知不可为，遂解组归，绝意仕进，日以图书自娱，常葛巾野服，散步梅溪，吟咏不辍。刘湘客、严伯龙闻而慕焉，晚号兼山，取艮止义于尊贵，则曰逸民。盖其志云，其南宁变迁事亦未详，刘湘客居，不知何许人，为浮屠，一盂一衲，寓于连山之三洞埔。经年，洞人莫识之。一日投文，解一函发之，乃一诗，诗云，一寸禅兮一丈魔，罡风扇动瘴烟高。那能跋履凌天步，有甚忧忡纪雨毛，洞里河人歌叶甲，草间为子赋同袍。深山不厌秦来客。春色缤纷点醉桃。文解曰，此非禅和子语也，往见之，至则行矣，后乃知为刘湘客也。严伯龙无考。

邓钟秀，旧志曰，由明经起家，授惠州训导，迁阳春，教谕迪土有法，解组归里，足不履城市，常私出田间，豪仆不及，知辱先生，先生秘之，诸孙得其事，欲声罪，先生固曰：无之，尔辈毋枉人。家居终日，执编危坐，善酒不及乱，凡有祸福，但以理自信。其刘訏之俦欤。

彭鹗荐，旧志曰，字冲云，拔贡生，为永平知县，多惠政，期年解组归，民立祠祀焉。

邓邦栋，旧志曰，字可翰，以岁贡为康州司铎，课文讲学，省奉钱置祭器，茸宫墙贷贫生，振饥民，解组归。创洗心精舍，立文社集，后讲学其中。有堂兄及二子客死西邮，邦栋为走万里，亲负骸骨归葬，且分产为置祀田，人高其义云。

谢启初，崇祯中人，父锡，十七年遭瑶乱，县民讹传，七峒攻城，仇家诬锡为内应，将杀之时，初愿以身代父死，仇家并杀之。萧大扬，父死，大扬哀，毁灭性，翼日死于父尸侧。黄中行，邑生员，康熙五年流寇入境，中行负瞽母逃窜，人呼贼至，尔盍弃母逃，不然两不免。中行瞋目曰，弃母而生，生不如死也。贼至，中行谢贼曰，杀我，无杀我母也。贼杀之，母得免。

邓伯厚，业农。其族为争宰木，讼官断其木归伯厚，伯厚具帖辞，其略曰，钱财身外浮云，心术一生德行，心术不端，是无德无行，遗臭万载，蚁虽愚民，颇知书，义立身行己，不愧生平，利孰不爱，然见利思义，始有良心。蚁者庶人，对官之称也。官嘉其让，赏之，亦不受。康熙四十一年事也。编氓好义奇矣。时又有蒋于标、李懋初、邓游、唐之佐、朱仰雅、虞龙纪、朱秀轩、黄大宾、黎星宇之流，皆乡里自好者也。无他奇行。

彭凤尧，举人，乾隆六十年为湖南永绥厅同知，苗人逆命，凤尧抗节死事，闻，赐恤荫一子云骑尉，今其曾孙名世厉者承袭。

列女有传，始于刘向，蔚宗因之，皆取其行事可为鉴戒，不存一操，非专贵节烈也。赵宋以来，大儒辈出，礼教大明，达乎闺阁。上自世禄之家，下逮里巷之女，皆知尚廉耻、重名节，朝廷又旌异之礼臣。尚姓名大者，赐祠祀，次亦树坊表，薄海之内，岁所上者，不下数千人，而尚有未达礼部者，可谓盛矣。连山列女，前志所载十三人，今且百年无续举者，固有司之过欤。呜呼，其寂寞湮没者，又何可胜道耶？爰据旧志，以年次，以类丛，存于百千什一矣。孝妇苏氏，生员萧廷桂祖母也，年二十三而寡，事姑孝。崇祯中，邑大水浸屋，将倾，苏曰，未亡人宁守姑死于水，不忍弃姑生于世也。适墙崩，水势大减，苏与姑俱无恙。唐氏，明学博唐肇尧女，为黄色烶妻，事继姑至孝，姑病，值色烶外出，唐侍药，每夜焚香告天，愿捐己算益姑年。姑梦神告之曰，尔妇纯孝，格天上帝，已延尔寿矣。寻愈。黎民（氏），康熙中监生萧魁莲妻也，黎独居，邻失火，延烧黎室，翁柩在堂，妇力弱，儿女幼，柩不能舁，黎抚柩痛哭，愿与柩俱烬。火烈，黎与儿俱焚死，翁柩竟存。烈妇曹氏，生员曹嘉耀女，生员罗瑞梓妻也，顺治十一年，尚可喜遣兵击马宝，兵入连山，执瑞梓杀之，讣闻，曹携幼儿语人曰，夫死，吾岂生乎，遂自缢死。吴氏，生员吴咸熙女孙，区仁谦妻也，结缡二年，夫病死，吴从容绝食死。两烈女者，澄迈县训导彭镗女也。康熙五年，流寇入连山，二女同时被执，贼逼胁万端，二女坚拒不受辱且骂不绝口，贼怒，并杀之。贤妇黄氏，彭镗妻也，有智略，居乡近瑶，屡被剽掠，黄画策令乡人诱之来，瑶果至，悉擒之，旋释之，瑶各踊跃，叩首去。连邑恒苦瑶，惟其乡瑶不敢犯。虞氏，名乙媖，生员邓光衢妻也，有拳勇，居亦近瑶，一日者，天寒大雪，瑶盗其牛，虞觉，持梃出，与瑶斗，瑶披靡败北，虞夺其牛而归。其姑游氏，随夫邓邦栋任，邦栋为康州牧，岁适饥，游谓夫曰，目睹饥民，安忍袖手，愿君捐俸钱救荒，请绅衿义士随力助粟，游复出奁资合赈，所活甚众。时邻境因饥民，盗贼蜂起，康州恬然，游之力也。唐氏，生员唐仁海女，石升妻也，性强记，不识字，能解说书义，幼时仁海所口授，遂终身不忘，夫即世，抚诸孤事姑，遭离乱，与姑相倚为命，视膳问寝，造次弗懈，纺绩课子，篝灯之余，书声与车声相接，儿书未熟，唐窃听之，已能朗诵矣。又有马氏者，生员朱瑞凤之母也。少聪颖，嗜诗书，皆上口，夫亡，课子读书，家贫，有劝其子废学逐末者，马曰，名教中自有乐地，且书不负人，今虽贫，安可弃本逐末乎？及子成立，马又诫之曰，读圣贤书当行圣贤事，非弋取科名具也。苏、唐、马皆以节著，而生员赵宗礼妻莫氏，年二十而寡，其志行载于志者，略亦以节称。

杂记第八（附图一卷，图略）

　　左邱作传，厥有国语，庄生著经，乃列外篇，掇拾其余，复为斯录。瑶排道里记曰，连山城南向西行二里，曰鹅儿水。又西三里，曰铺前坳，可为营明指挥使胡龙白尝瑽屯兵所。又西二里，曰石街头。又南四里，曰晒禾石。又南三里，曰新开路。又南三里，曰中坪坳，有水草可为营，虎又塘汛地在其西。又南三里，曰杨梅林桥，下有大溪度溪。而东一里，曰下坪洞，其右有高山，曰大垒岭，明总兵陈谦屯兵所然，汲水远，恐有绝水者，则居枯泉矣。又东三里，曰晒禾堆，为火烧排之门户，右为札禾地，为大掌岭所必由也，据其堆则瑶不能出，若径入，则瑶据险不可争。又南三里，有三重石关，地奇险入关，为火烧坪排。火烧排，南山北向去连山城三十里，瑶长二人，瑶练八人，户三百六十一，口一千一百有三，排内地稍平衍有良田，水泉充溢，足灌田，岁收口食无缺，排之东四里，曰花坳，地险僻，明游击严遵诘、知府曾有恒立营以绝瑶援。又七里，至西岭小排。坪之西南行八里，曰南石关。又三里，过鬼拦岭。又四里，至木桥。又二里，曰水源坑，下为大溪。又一里，曰唱歌墩。又十里，曰东石关，入关为大掌岭排。大掌排，西南山东北向去连山城三十五里，瑶长二人，瑶练八人，户三百六十，口一千八百六十五。由连山城南西行至中平坳，为虎叉塘汛地。虎叉有左右道，由左行七里，曰金相塘。明参将赵千驷、游击曹新屯兵所由。右行一里，曰石龟陂，游击武君仕、千总叶琳以兵勇二百破瑶贼三千之地也。陂前有大溪，视生处，高可为营矣。渡溪为凤凰寨。又四里，为黎楂木坳。又二里，与左道会为石坳。南行一里，为北石关。关者瑶人设险以守其界，乱石砌门，无启闭也。在排南者，曰南石关，排东者，曰东石关，排北者，曰北石关，排后者，曰后石关，排西者，曰天堂石关，以其道通天堂山也。入关至排前，孔道直上排中。有石梁三，水冲二，瑶人散处梁旁，冲上亦有良田，与火烧坪同排后。行一里，出后石关，有孔道二。由左者行一里，曰白石坳。又一里，曰天堂石关。又一里，曰天堂小排，由右者通上坪。火烧坪之最近者为里八峒。里八峒排南山北向去连山城二十七里，瑶长二人，瑶练八人，户六十二，口四百七十三。由连山城东行一里，至茂古峒汛地马箭界地也。又一里。至咸宁堡。昔有土城募义兵屯堡以防瑶，为瑶毁。又五里，曰塘家水。又三里，曰木楪陂。陂有西北道。北道行二里，曰棠梨墩，明游击郑芝豹曾驻兵。又一里，至北石关，入关为排前。西道行二里，曰大枧头，明参将何其昌、守备萧龙曾驻兵。又三里，至晒禾洞。过峒一里为排西。排内四山围绕如城，地亦平衍。出排东北行二里，曰五马归槽。一里曰大冲，二里曰白沙岭，七里曰白花坑。达马箭排东南行一里，曰石路，路奇险。二里至大郁岭。又二里，曰花坳。五里折而北，至平瑶岭，有巨石突立当道矗如梯，凡一百二十余级，达军寮排、马箭排。东山西向去连山城十三里，设瑶长一名，瑶练四名，户二十九，口一百四十九。由连山城东行至塘家水，有东南道东行一里，曰晒禾岭，明副将陈鹏等屯兵所。又一里，曰金龟岭，南有禾仓坳，北有鸟猿岭，皆可设伏。又二里，曰石桥为排。右南行二里，至白沙岭。一里，曰巌冈头，明陈鹏等战死地。一里，曰百花坳。又北行一里，为排左。排内左右高山，林木蓊翳，后山顶有大塘二，广阔而深，冬夏不竭，田宜稻，颇饶沃也。其去排八里，有鸡公头石，石如鸡形。明天启元年，石忽火光烛天，未几，瑶乱。知县杨崇忠募工凿劈其头，瑶乱平。崇祯十四年，石作鸡鸣，总督沈犹龙煅平其头，自是妖异不作矣。由排东行二里，曰石牌田，路险。又二里，曰力木坳。逾岭，镬水经其下，度镬水，过碧绿坳、新陂面、鱼梁营，是为车田迳汛地。由排西南行逾鸡头山三里，曰牛路水。度镬水，为鸡鸣关。去三江城四五里耳。军寮排，南山北向去连山城二十里，设瑶长二名，瑶练八名，户七百五十四，口一千一百八十八。由连山城至马箭后山过天堂山至排前，排山最高，山石屹立，瑶居其间如蜂巢，次第联缀，多杉木，无田，惟畈种豆棉杂粮，顶上有神庙塑像，皆婴孩，不知神号也。由排东行一里，曰牛塘，明知县杨崇忠、参将赵文为瑶劫营兵败地。镬水经其东，度镬水，曰下踏地岭，为车田汛地。南行五里，至歇凉墩。六里，度镬水。北行六里，曰白石岭。四里，度镬水。四里，曰梯横路。四里，曰莲花坪。二里，达油岭排。油岭排南山北向去连山城八十里，设瑶长二名，瑶练八名，户四百一十一，口二千零四。由连山城至莲花坪八排，路崎岖，正兵不可行。由三江城东行十五里，至山溪左右汛。康熙中，理瑶同知沈澄与副将孙文标筑，有左右二道。由右汛行三里，曰大滴水。又五里，曰滑岭。又三里，曰水峒坳。又三里，曰米筛井石关。由左汛行三里，曰画眉冈。又三里，曰牛胸，有左右石路，沈澄筑汛城时，瑶左右夹攻，澄败瑶于此。又三里，至米筛，与右道会。又二里，曰下石关。又二里，曰中石关。又二里，曰上石关。又四里，至排前。又由三江城西行十五里至香炉墩汛。又二里，曰郡卜空。又四里，曰黄枝岭。又一里，曰犁头塘。有瑶四十余户，设瑶长一名，瑶练二名。又四里，至牛胸与东道会。又由香炉墩汛北行五里至大东岭汛六里，曰塘边井，亦有瑶四十余户。又四里，曰蚺蛇岭关。又三里，曰大塘坪，有田五六百亩，瑶寮四五十间。又三里，曰林时峒，田有千亩。又三里，曰石桥达，下石关与诸道会其下，石关内有田七八百亩，曰加沙坪，瑶寮七八十间，皆排内饶沃之地。排在巍峰乱石之间，前对高良山，后倚峭壁，簇拥如屏，路口垒石为三关，瑶恃关为险负嵎，入不敢撄，然据其饶沃，即不能持久矣。其南由林时峒南行，有二道，上道由东山冲，下道由坚白坪。俱十五里，至行祥排。行样排南山北向去连山城八十五里，设瑶长二名，瑶练八名，户二百九十，口一千一百八十八。由三江城至山溪左右汛、大东岭汛、长塘汛、东芒汛皆有道。其由山溪汛者有二道，东道绕油岭，东五里曰马溜迳，北行二里曰军麓迳。石关南道经犁头塘绕油岭，西过坚白坪，至军麓与东道会。又二里，曰潮水坪。过北石桥，达于排。由大东岭汛者，亦有二道。东道至塘边井，亦油岭道，南道一里曰菖蒲坑，又二里曰天鹅窝，又三里曰都司坪，与长塘东芒道会。由长塘汛者三里，曰黄泥坳。又二里，曰八角塚。又三里，至坪田。东芒汛者一里，曰笔架坳。又三里至牛头岭。又三里至都司坪者，明崇祯中，有都司万民浩战，败被擒地也。瑶人夸其强，故以其官名。其坪又三里，曰李子坳。又二里，曰李家冲。又二里，曰江练坪石关。又二里至行祥老排。又二里至南石桥。又三里至今排，排山孤峰高耸，瑶居在半山中，左茂林，右深谷，前对白面峰，地多粟米棉豆之植，瑶户多殷实，亦守法，与人贸易无患争，外瑶事勾结者不敢约其群，可谓良瑶矣。其东南有二道，南道由江练坪石关五里，曰架简峒。又七里，曰烧灰墩。东道五里至小桥七里，曰天堂坳。俱十二里至横坑排。横坑排南山北向去连山九十七里，设瑶长一名，瑶练四名，户二十四，口八十四。由三江至东芒汛、马槽屯汛、高滩汛、铁坑汛皆有道。其由东芒汛者四里，曰黄泥井。又三里，曰牛仔空。又二里，至里云界。又二里，曰杀人坪。顺治中，瑶人肆出下水堡连日劫掠，城守唐千总闻报，率众追杀于此，故名其坪。又三里，曰南潮水。又二里，曰猪屎峒，可札（扎）营。又西行四里至排。由马槽屯者一里，至水头岩。又三里，曰梅坳岭，路险。又四里，至猪屎峒。由高滩汛者一里，曰干坑。又四里，曰鸡捕石。又二里，曰北枧峒。又三里，曰打铁坳。又四里，至猪屎峒。同前道至排，其各排所分一百四十小冲。自连山城二十里，曰牛路水，户十六，口九十。又十里，曰大竹坪，户三，口十。又十八里，曰白水带，户九，口十七。又二十里，曰白石岭，户十，口五十。又十里，曰桐坑，户七，口三十。又十五里，曰鳖坑横寨，户二十二，口一百零一。又五里，曰鳖坑，户三十六，口一百五十。又十五里，曰下西岭，户十一，口六十二。又二里，曰油癸岭，户十五，口八十。又一里，曰兴到冲，户八，口十七。又十里，曰中西岭，户十六，口二十三。又五里，曰天堂岭，户口无，曰众田冲，户五，口十一。由中西岭八里，曰上西岭，户十五，口三十五。又八里，曰猪屎冲，户十六，口四十一。又五里，曰虎叉，户二十四，口七十。又十里，曰南榕，户十，口三十四。由猪屎坑西道十五里，曰狗儿岭，户二，口四。又十里，曰犁壁岭，户口无。又三里，曰高寨，户口无。由犁壁岭五里，曰山猪豹，户十二，口五十。又八里，曰马踏峒，户四，口十八。又五里，曰石板冲，户八，口十八。由马踏峒五里，曰老村，户五，口十五。又二十里，曰水润坪，户二十一，口一百十七。又五里，曰将军岐，户二，口五。又五里，曰火石龙，户一，口六。又十里，曰八百粟，户二，口四。又十里，曰耳环冲，户六，口四十四。又二十里，曰龙水尾，户十一，口五十六。又十五里，曰筋竹寨，户三，口十。西行八里，大凹，户口无。又十八里，曰鱼赛冲，户口无。由大凹十里，曰大桥头，户三，口八。又二里，曰大桥冲，户三，口九。又三里，曰冰江，户四，口十三。又五里，曰六对冲，户八，口四十五。又五里，曰龙脧水，户七，口二十三。又五里，曰培地凳，户五，口十三。又五里，曰地桃冲，户十四，口五十。又三里，曰地陀上坪，户十，口三十六。又四里，曰地禾冲，户七，口二十五。又三里，曰限定尾，户二，口十。又五里，曰兜便，户五，口十九。又五里，曰下黄，户口无。由六对冲十五里，曰盘（石）血大坪，设瑶长一名，瑶练二名，户三十三，口一百二十二。又三十五里，曰黄帝源，设瑶长一名，瑶练二名，户十八，口四十。又五里，曰马骝冲，户八，口十九。又十五里，曰蒲芦岭，户二十四，口五十二。又十里，曰打铁冲，户二十三，口五十。又十里，曰磨刀坑，户十七，口七十一。又一里，曰磨刀坑，户十二，口六十。又二里，曰上磨刀冲，户六，口二十七。由打铁冲八里，曰萨人坪，户十一，口二十六。又十五里，曰唐浩村，户九，口二十七。又由西道十五里，曰扶竹坪，户六，口三十六。又五里，曰白古尾，户七，口十四。又十八里，曰梅木冲，户口无。又五里，曰柳叶冲，户口无。又五十里，曰大崖冲，户十一，口二十九。又五里，曰暗冲，户四，口十三。由柳叶冲十五里，曰九轮寨，户二十一，口三十五。又五里，曰白扇，户十一，口二十八。又二里，曰白前寨，户九，口二十二。又五里，曰上坪，户四，口十。又三里，至盘血（石）大坪。又由唐浩村十五里，曰中炉坑，户六，口十四。又十里，曰黄瓜冲，户二十二，口七十七。又一里，曰大地坪，户二，口五。又三里，曰上脚根，户口无。又十里，曰油龙田，户四十四，口一百八。又十二里，曰锅盖山，户二十，口八十三。又十里，曰白草坪，户十六，口五十二。又五里，曰猫儿坪，户十八，口六十三。又十里，曰马头鬃，户六十七，口二百八十。又十里，曰大英岭，户十，口二十八。由马头鬃十五里，曰捞箕岭，户口无。又五里，曰企人寨，户三，口十。又十里，曰鲁箕寨，户十九，口四十。又八里，曰九龙寨，户十七，口六十。又十二里，曰北枧峒，户二十五，口四十。又十五里，曰望溪岭新寨，户八十一，口三百四十五。又十里，曰老寨，户五十三，口三百八十。又十里，曰上亚桂坑，户四，口十。又八里，曰下亚桂坑，户十，口二十五。又六里，曰坑口，户四，口十二。又八里，曰坪地，户五十一，口二百五十三。又八里，曰下坪，户八十三，口四百九十九。又五里，曰大木根，设瑶长一名，瑶练四名，户六十三，口三百一十二。又十八里，曰茶坑，户五十六，口二百七十六。又二十里，曰大竹园，户四十八，口一百八十九。又十里，曰横寨，户二十二，口八十五。又八里，曰下坪，户二十六，口八十四。又五里，曰六暗，设瑶长二名，瑶练二名，户八十，口四百零一。又一里，曰上坪，户九，口三十三。由北道二十五里，曰深冲，户十六，口二十五。由南道二十七里，曰大均，户四十七，口二百十三。又十里，曰流名福，户十，口三十一。又十里，曰大冲，户十三，口五十一。又十六里，曰横柄吊米，户十五，口六十五。又五里，曰中靛，户十四，口三十一。由大凹十五里，曰夹界，户十三，口三十七。又十五里，曰七星峒，户口无。又八里，曰厚峒，户三，口八。又十五里，曰桐油冲，户十三，口四十。又五里，曰三洲，户十三，口五十七。又由夹界二十里，曰桂皮冲，户十二，口三十四。又十里，曰水瓮尾，户口无。又十五里，曰佛子坳，户十八，口五十六。又十二里，曰东浮冲，户十二，口四十四。又十里，曰红泥田，户七，口二十三。又五里，曰新寨，户十三，口二十七。又五里，曰莲花大木根，户七，口十三。十二里至宜善司，又二十里，曰茅田，户五，口十三。又自虎叉塘汛十五里，曰大古坳，户四十四，口一百十五。又十里，曰杨公岐，户三十二，口一百零四。又五里，曰冷水小冲，户口无。又一里，曰冷水冲，户五，口十六。又五里，曰香花根，户三十九，口一百十四。又一里，曰大坪脚，户二十二，口七十。又十里，曰养牛寮，户二，口六。又五里，曰坪冲，户四，口十三。又三里，曰落叶冲，户六，口二十。又五里，曰木斗冲，户十六，口五十四。又三里，曰西陋寨，户口无。自三江城南路二十五里，曰棠犁坳，户一百四十五，口二百十九。又十里，曰犁头棠，设瑶长一名，瑶练二名，户一百四十七，口六百九十二。又五里，曰中峒，户二十九，口一百八十六。又五里，曰莲水，户七十二，口二百九十六。又由三江城北路四十里，曰大粟地，户二十二，口一百零九。又五里，曰天吊桥，户二，口二十一。又三里，曰沙坑，户八，口四十三。又二里，曰新寨，户四，口十四。又五里，曰老杜坪，户八，口二十一。又八里，曰浪头冲，户二，口十三。又五里，曰牛间，户四，口八。

瑶语曰，瑶人谓天曰横，谓地曰汝，日曰乃，月曰罗角，山曰踵，水曰愦，木曰丁，石曰旭丕，子时曰紫祥，丑时曰飞祥，文曰门，武曰母，老爷曰必下，大官曰潭剑，秀才曰晓开，父曰必，母曰尔，益子曰胆，女曰动侬，父子曰必胆，兄曰歌益，弟曰赍，百姓曰巴兴，兵曰并，介差曰洒，做官曰倭，谨人曰眠，呼人曰同年，朋友曰伙记，好女子曰用动侬，老人曰姑益，中年女人曰也益，岳父曰多，岳母曰笛，屋曰瓢，墙曰火山，衫曰倚，袜曰幕，鞋曰偕，履曰茄，穷年曰亚润寮，元旦曰大年，符月曰亚罗乃，初一曰庆吉，初二曰庆议，初三曰庆坎，初四曰庆已，初五曰庆吾，初六曰庆凉，初七曰庆活，初八曰庆并，初九曰庆拱，初十曰庆湿，吃曰忍，饭曰脓，饮酒曰嗑调，吃肉曰忍归，鱼曰俵，食早饭曰忍粗脓，午饭曰午脓，夜饭曰蒙脓，禾曰补，谷曰少，米曰觅，粟曰米，仔麦曰古头仔，芋曰护，薯曰底，麻曰吒，秧曰标，糯米曰钵。

后序一首

郡县志书，能文简事核训词尔雅者，率不多见，见者十余，皆不出于秦论者。以谓秦犹有黄图决录之遗故也，而于秦志，尤推武功朝邑，此固近世之通议已。友人姚君伯山，雄文硕学，兼秉强敏，理剧之才。初命临漳，即著循声。改官广东知揭阳，揭阳故粤，至难治之地，伯山为之，甚有名声威风，旋擢连山绥瑶同知。绥瑶设官谨逾百年，屡有割并。康熙中有为之志书者甚厥略不备，且其时连山未归同知专辖，今伯山实始剏（创）为之。余读其书，诚所谓文简事核训词尔雅不朽之作矣，其体例一遵朝邑志，而其敢于断限，凡前事不属连山者不悉载，其知几所言，理异犬牙，事同风马者不肯流宕忘归也，凡近事不足表言行昭法式者亦不载，其知几所言人理常事不足备列也在。昔康德涵之序，五泉志曰，使郡邑之志皆若此，其奚有不可也。今伯山之书，较五泉为加慎，余之序伯山书，亦如德涵之序五泉矣。道光丁酉四月荣禄大夫广东布政使司布政使前山西巡抚长白博尔济特阿勒清阿书。

重刻连山绥瑶厅志后序

连山在广东西北隅，僻处万山中。境之西北界湖南江华县、蓝山县西界，广西贺县所属多瑶户。雍正中，设理瑶同知驻三江径隶司道，而钱粮仍由连山县征解。嘉庆中，革县，迁同知驻连山，并归专辖为绥瑶厅。沿革始末，备详志中。初则有分民，无分土，而后始有疆域者也。溯自隋唐建治以来，乡无志乘。道光中，姚柏山先生柬之官斯土，始并为之，刻入文集，携版归去粤省，存固寥寥，兵焚而还，日益散失。光绪丙子，连山阙官行省以权奏补。深虞治丝不得其绪，欲觅姚君所撰之志而读之，购之坊间，杳不可得。嗣于友人故纸中，获观全帙，假归审阅，始知其纲罗蒐讨，参考见闻，简括精详，了无遗义。论者多以武功康志朝邑，韩志相衡。然彼皆中原古邑，文献足征。作者有所采掇，连山非二邑之比，姚君之成此书，可云独为其难矣。古之地志，多称图经，明以图为主也。近世郡县志，虽皆有图，大抵鲁莽灭裂，取足备数而已。此书之图，分方计里，绘画不苟，是深得古法者，岂徒以文词胜哉。亟付梓人，悉照原本摹刻，较勘三复阅，半载告成。夫审疆土，辨民俗，有司之事也，他日版储官廨，后之官斯土者得其书而存之，殆亦不为无助矣乎。

时在光绪三年三月
上虞张权谨识

附录二　连阳八排风土记

李来章　撰

自　序

　　古人于车辙马迹，或屐齿所至，无不纪其风土，志其诡秘，以为可以广异闻而拓奇观。若浯溪吴青坛所辑《说铃（鈴）》，网罗诸家，篇帙最富，可谓彬彬大观矣。然皆洞天福地，名山大川，鬼神之所潜藏，蛟龙之所蟠结，丹砂翠羽之所出产，名贤奇士之所游寓，故可以仗楮墨而成撰述。奇迹异事，神光怪彩，连篇累牍，烂然在目，其足以流传后世，芬芳艺苑无疑也。若八排之瑶，连州仅居其三；若予所治之连山，则居其五。其余小排，更有十七。言语侏僸，食饮腥秽，形貌虽人，实与禽兽无异。其间所称风土，又何足纪述载于简册，更以彰其丑而扬其陋耶？虽然，有说焉：瑶性犷悍，抚驭最难。得其心，则摇尾而向化；逆其意，则张吻而走险。向来之措施臧否，即此日之蓍龟明鉴。宁可听其放佚，使灭没而不传乎？虽后之莅斯土者，不乏聪明雄伟之才，过予十倍。然于往事旧迹，或治或乱，或得或失，尽归荒昧，无所考镜，其于从政也，盖亦难矣。予故于簿领之暇，访问父老，略为诠次，命人缮写，存其梗概，为卷凡八，名曰《连山（阳）八排风土记》。虽鄙俚无文，不免于大方之轩𠿒，而后之履顺处变，有事于兹土者，亦或取征于畴昔，是亦拙吏之刍荛也。

时康熙四十七年岁次戊子冬十月朔旦识于连山公署
李来章　礼山（印）

《连阳八排风土记》卷之一

图　绘

　　撰述之言，所赖心通，图绘之状，便于目览。书莫古于《禹贡》，《山海经》疑其外传耳。今玩经文，前应有画，后乃从而为之。说、图，固不可以偏废也。连阳八排，山杳水曲，千百言不能明者。若出哲匠之手，一览可以了然。今列图绘于前，盖欲其互相发明云。记图绘第一。

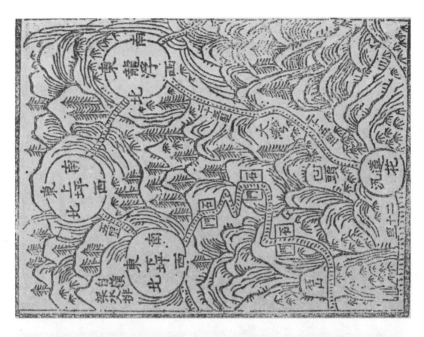
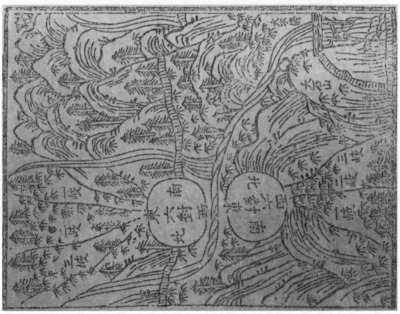

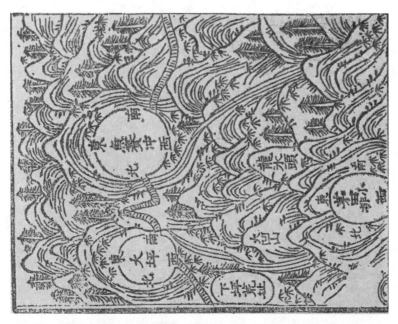

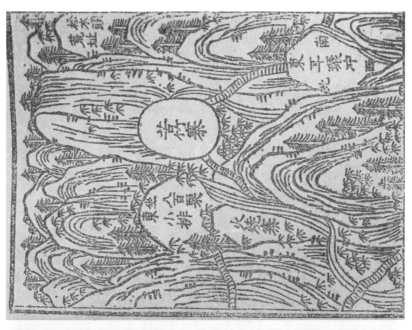

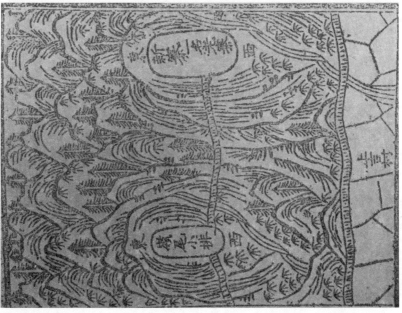

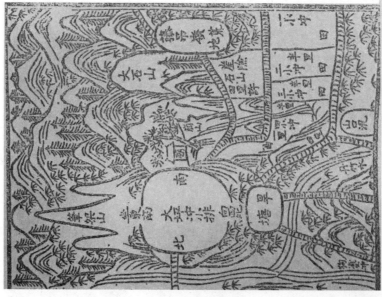

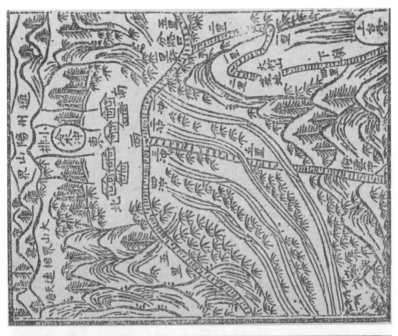

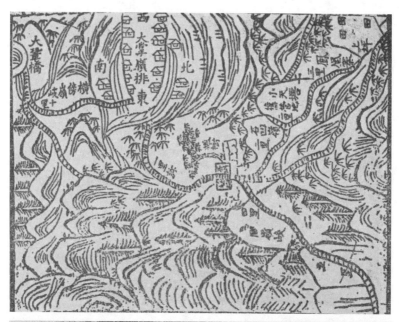
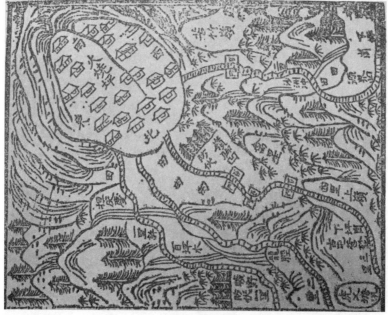

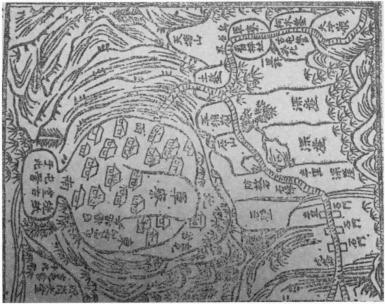

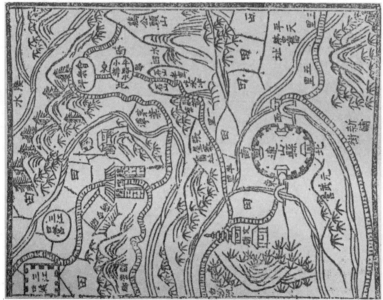

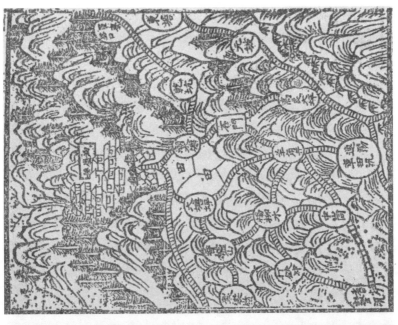

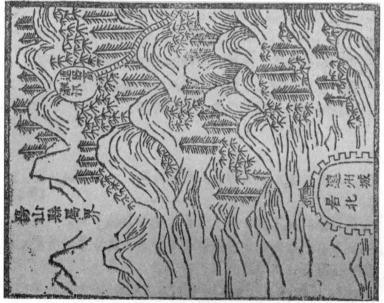

《连阳八排风土记》卷之二

形　势

舆图例载形势，匪独以资吟眺山川扼塞攻守事宜，要使纪述详备，足为异时之龟鉴。况八排之叛服不常，尤为吃紧，岂可以时值升平，忽而不讲哉？志形势第二。

马箭排

由县五里至旧平天营。"平天"营者，崇祯十五年六月初四日，总督沈捐银八十两，采买竹木所建也。

先是，军寮瑶败总宪何廷枢之师，旋又劫英德、乳源、阳山诸邑，并屠守备陈邦对，跳梁无忌。知县朱若迕具疏请剿，特遣总兵郑芝龙、施王政、宋纪、杨国威数镇兴师来讨。至则直抵军寮，焚其巢穴。于十二月运排中砖瓦，改建此营。创城围，建衙宇，招义兵，改为"咸宁"堡。命监纪董梅鼎守之。越明年二月十三日，起墟市，集米盐。知县朱若迕传各排到墟贸易，民、瑶相和，邑获稍安。今相其地，逼近军寮，诚要地也。宜规复之。

路在排之东南。又三里，至马箭路口大陂头。路平坦，可通车马。崇祯间，宋总兵尝屯扎于此。又三里，至牛荡岭。径曲折迂回，略险。又三里，至歇苦凉。路甚险，车马难通。又三里，至石门。既过石门，到排不远矣。

东北又一路，约三里许，至禾仓凹岭。崇祯间，施、杨二总兵尝屯扎于此。

排坐南向北，左右皆高山，林木蔚翁。排左右有小水，流至排前石门，合流至茂古水。排后山顶有大塘二，长、阔而深，冬、夏不涸。有竹、木，无大树。塘水下流，经茂古峒，与塔脚水合。

自排内路左出者，由水马径，山势高险，径仄，仅容人行。又一里，至吃水冲，斜曲若羊肠。又三里，至荒坡，密林深菁，宜防藏伏，前车可为殷鉴也。过石梯山，入军寮。

又，排背东去领（岭）凹，崇祯间会剿，陈都司尝屯扎于此。路通镬水，自排计之，约二十里许。东通鸡公背，邵参将旧营地也。北至县，亦二十里。西通里八峒，约十里许。

军　寮

由县十七里至马箭路口，路在排北。由路口四里至晒禾墩，坦平宽阔，瑶人晒禾处也。可安营，惟水远耳。崇祯间，郑总兵尝屯扎于此。路虽险，尚可行。又三里，至石门，凡三重，俱用大石垒砌，中留一窦。又半里，入石梯山，阶级高险，有大石壁立如梯状。路曲折，仅容一人。至石阶头，两畔皆大石，曲径最险隘。左倚石壁，右临深涧。瑶若乘高放石，更无臧避之处，所谓一夫可以守险者也。明时，大兵征剿，多失利于此。崇祯间，尝夺其险，因获大捷，因凿"平瑶岭"三大字于石壁上记之。又半里，至土墩，路平坦，到排矣。

排坐北向南，人住两岐。两垟之间，形似蜂窠，却有次第。山顶有祖庙，其状多类孩童，不知为何神也。各冲小水，流出成河，由排前往连州高良墟，人呼为军寮水也。

先是，排侧有小米坪，隶连州油岭地，资军寮水以灌溉稻田，岁需买水，相争者数年矣。予劝谕令放水以睦邻，出二金以赏之。瑶之老者云："我公廉，此金何忍受？但遵谕放水，自此不取酬也。"人皆以为异事。

自排南出数十武，至烧纸堂。崇祯间，楚兵屯扎于此。自此下岭，路最险曲。又三里，至濩（镬）水，连州界也，通油岭。

自排路西北出者，下乌石岭，即旧排地也。崇祯间，陈都司尝屯扎于此。崎岖险峻，对面天塘岐，昔人常从此进兵也。下岭皆石子小路，轿马难行。又一里，至歇凉土墩。系泥路，中开深壕，行须防之。又里许，至柯木墩。崇祯间，吴参将尝屯兵于此。下大冲岭，路亦险。又一里，至大坑田峒。过小冲，窄隘。上岭，亦名大冲岭，瑶人呼山南岭。

一路，由里八峒背后通花坳，约三里许。崇祯间，尝屯兵于此。险要，只可步行。又六里，至军寮。岭路崎岖，树木深密。

一路，由连州五十里至潮水塘。又三里，西向至镬水。又十五里，至军寮。崖险路曲，高峭壁立。路可进兵，但须防瑶乘高放石耳。

东去马箭六里，西去里八峒二十里，南通连州上帝源三十里。

里八峒

由县五里至旧平天营，路在排北。又十二里，至棠梨墩。崇祯间，官兵进剿，尝屯墩侧。自此上岭，路颇坦平，马轿可行。又二里，到排。

排坐南向北，瑶住四岭之岐。中有小冲，二水合流，下通茂古峒至县，名大冲水，出则唐家水也。旧云：其人略识字，稍近理，然因琐事起衅，于康熙四十年十一月初二日，伤副将林芳、把总陈溥，败提督殷公化行之师。越明年，将军松柱等以禁旅遥临，又统三省官兵，瑶乃就抚，里八峒实为祸首。近理者尚如此，他排之桀骜更可知已。旧传里八峒有邓姓者，家至富，所居类王者，以故官军歆羡之。予巡排宣讲圣谕，适宿其室，第屋以瓦覆耳，固无担石之储。自焚排后，益匮乏不堪矣，人言又何足信哉！

一路，自军寮过大冲岭，瑶呼为山南岭，高险。又二里，至山塘儿。上棠梨墩，瑶呼为"铜李冬"，最高险，路曲折。又二里，至要栏冲，至排矣。

左出庙背岭，有横路，三里至火烧坪，轿马可行。前出有路，数武石门，即村脚岭也，副将林芳阵没于此。出则至虎乂（叉）塘营，约十里许，平坦。

火烧坪

由县十五里至虎叉营，路在排北。又三里，至下坪峒。路平，轿马可行。崇祯间会剿，严参将尝屯扎于此。自此上岭，路亦平坦。又四里，至大石门，略险。不远，又有石门两重，其险犹前也。又三里，至岭脚凹。多林木，森蔚如画。瑶多于此伏兵，宜提防也。又一里，至排。此前路也。后则高山峭壁，不通人行。

排坐南向北，两山环抱。禽星锁水口，中有良田，多瓦屋，地势开朗，与别排迥不同也。其瑶性悍，多诈难信。邑志云"富而猖獗"，其言良不诬云。

自排右出者，瑶呼其地为"担皮庆"（庆者，民语即冲也）。路坦平，约一里许，至百坪水冲而止。上庙背岭，野旷坡荒，竹木森蔚，宜防瑶伏截。约一里许，至里八峒。此上路也。又有下路，土名"龙胫"，略险，径仄，约二里许。又二里，通里八峒。

排前路左出者，为苦竹岭，有石门，上半平坦，下半崎岖。又二里，至沙洲冲，有田有水。至江界凹，径小多石，称险路也。又一里，至下坪峒水，即水源水。过水上岭，由鬼阑通大掌排，约十里许。

大掌岭

由县十五里至虎叉营。又五里，至上坪，路在排西。又五里，至大掌岭。仰面而登，荆棘满径。又二里，将近排，有枫树一株，根生石上，老干扶疏，亭亭云表，疑数百年物也。逾石门，约一里许，到排。石门系大掌岭隘口，最为紧要。不得此，未可言进兵也。

排坐西向东，中有山梁三、水冲二，瑶人散居梁侧冲上。邑志云："瑶多恃险不法，为连山害者，惟大掌岭为甚。"予往巡排，宣讲圣谕，瑶始骇终信，今则帖然矣。迂阔而远于事情，幸勿以诮儒术也。

由排出石门，约四里许，至鬼阑岭岐，高险曲折。又五里，至水源水，水从排右水源山各冲石罅出，合流成河，由排前流去，为唐家水、鱼跳水，经茂古峒，合县前塔脚水出关而去。

排后为天塘山，山顶有大塘，流出小水，由山背至狗婆冲去，为上吉水。瑶人以竹引水，随其高下，至厨而止，亦可观览也。

路右出者，由横傍岭岐分两路：一出横傍，平坦，下半乃崎岖。又十里，至大拱桥路。一出分路，又一里至石门，又二里出石凹岭。平坦，两畔多小石。又二里，至岭顶，旧扎营地，名曰"小天塘"。有分义小路，约三里许，到上坪凤凰寨，上半崎岖，少险。又二里，至虎义营。

排后山顶有路，通天塘、冷水冲小排，岭虽险，路则坦也。由石凹分路出横傍，约二里许，至瓜犁琶（耙），崎岖险路。又二里，入上坪凹。又七里，至村西，通大拱桥。东南通火烧坪，若上台、大竹山、铁帽岭、寒笋峒，俱大掌岭分管地也。

天　塘
附：冷水冲

由县西出约十里许，至捣禾石，巨石林立。大掌、火烧坪、里八峒瑶尝往藏伏于此。又十里，至上坪。又二十里，至大掌岭。路由排畔上岭，历石门三重，约十里许，至凹头。又五里，过水源山，林木深密，北至天塘。

天塘在高山上，地平坦。排坐东向西。塘周围约百丈余，深四丈许。水停蓄，冬夏不涸，中多大鱼。四面多林木，有蔬圃。瑶居塘之四面，分而为八，历历如晨星焉。约百余丁。水从塘东出，由大掌岭背下抵狗婆冲。排侧有井，瑶汲饮之。排东左出有庙。

又一路，由排西南出，约十里许，下岭，险曲。至小石门有小水西流，合塘东水下抵狗婆冲。自小石门又五里，至冷水冲。冷水中有四岐，瑶居岐侧，一冲约十余家，坐东向西。背后高山，多大木。山后即连州、阳山所属也。面对黄草岭，冲水下注入狗婆，与天塘水合流也。

一路，自排西南出，迂回崎岖。约五里许，至大坪冲。

一路，自排北出，历四冲至小石门。又十五里，上岭，南至天塘。

一路，自排前下岭。又五里，至狗婆冲。过水分路，又三里，至大竹山。向有瑶居，康熙二（二十二）年，署县事阳山令王永俣剿灭之。下岭，又四里，至上台营。

大　坪

　　大坪冲在县西南。由县西出约十里许，至虎叉塘。又三里，至分水坳。又五里，至大巩（拱）桥子汛。又一里余，至兰花冲，并山口子汛。涉山口水，上坳。山口水，亦名兰花冲水也。又里余，至大坪冲。

　　冲坐东南，向西北，地居窝中，远望不见。背黄草岭，面旱塘。塘长七丈，阔半有余。瑶约三十余家。右多松林，左有庙，祀土神。有枫树，约四五尺围，瑶人每于此乘凉也。排后枕高山，插天秀丽。下有水，自总界发源，经排右。瑶人架竹，引水入排，承以木槽，下抵狗婆冲。排右水经旱塘前过排，左出丹竹、上吉，水自冲左出。下山梁，约二里余，至田冲。又半里，至小山路，通山猪豹，即灶下冲也。左为崩山，前有小水，名大坪水，发源冲脚田中，下流入上吉水。自临旱塘望之，上吉水势曲折，高楼诸寨历历如在目前也。

　　一路，自排北出，约十五里，上斜岭，至分路口。又里余，至冷水冲。

　　又一路，自排左南出，为崩山，分二路：一路向西下岭，历四冲，入山猪豹；一路自崩山分行，约四里许，至养牛寮，一名藤吊岭，今无瑶住。又七里，亦入山猪豹。

　　又一路，自旱塘前约五里许，至上吉、丹竹寨。

山猪豹（即社下冲）

附：狗儿岭、新寨、岭尾

　　自县至余高汛三十里。自余高二里至社下寨。又一里许，由冲直至大岭坪，为三冲集议之地。三冲者，社下、平安、天塘、冷水也。又一里，至牛寮。过冲，又四里，斜路直抵排。

　　排坐东向西，约六十余家，圆墩作址。多杉木、果树，左右险峻。前有小涧下流，经社下冲，合上吉水。

　　一路，自排左下冲，约一里许，陡壁更上，即狗儿岭小冲。冲坐北向南，约有一十余家。左右皆险峻。有水自排左出，下流合灶下冲。

　　又，自排左出数武，过冲，至新寨小冲。坐北向南，居瑶约三十余家。右接狗儿岭。

　　自新寨排右出数武，过冲，至岭尾寨，约三十余家。左通八百粟，山势盘旋。地多种植，葱菁可爱。排后枕黄草岭，有小路可通王家冲。至镬水，界连州属也。

八百粟

附：苦竹寨、耳环

自县至余高三十里，自余高一里至佛子寨。又半里，至金井坪。又数武，过小冲，至香花庙，即王屋寨旧址也。又数武，至水润坪。康熙三年（顺治十六年），游击武君仕雕剿三冲，尝扎营于此。又数武，下冲过田，至贾屋寨，今仅存荒址矣。自此左出，上岭，又三里，至岭尾小冲，即社下冲也。由贾屋寨又半里，随冲行，直至牛寮。又四里，横斜上岭。将至排，石壁峭立，树木阴翳。排一名火烧寨，即八百粟也。

坐东向西，瑶在山岐，左右险峻。约三十家。其曰"八百粟"者，犹释氏所谓恒河沙数，盖瑶人自炫其众云。水从岭头发源，左出经排前，下流合上吉水。

排后一里，由岭岐至岭墩，名苦竹寨，亦八百粟也。坐东向西，约三十余家，峻险犹前。排前有塘，方可一亩，在绝顶，虽水不充盈，亦可观也。排后二里，斜上岭颠（巅），瑶人指此为八百粟，盖合二寨总名之也。

一路，自火烧寨右出数武，下冲。又一里许，上岭岐又一里，下岭，至耳环冲。坐东向西，约有五六家，亦隶于八百粟。由排前出冲三里，过山之岐。又一里许，至余高汛。左右山势险阻，瑶居冲底，若井蛙焉。

茅 田

一路，自县治以南五十里，至上吉村官路岭脚。又四里，至山牛塘，山径陡险。又一里，过凹，走宜善司路也。自此左出上岭，约一里许，至排。

排坐北向南，后拥尚云；山势若长蛇。前有圆珠塘，水如镜，林树古峭，尤可挹揽。

一路，自排前左出，约三里许，下岭。至龙水口，合宜善司大路。时见瑶人渔于其中，持竿操罟，如画图也。

平安冲（即龙水尾）

自县至余高汛三十里，自余高后半里至良溪寨。右手入冲，又一里，上岭，至牛寮。又三里，至禾寮，山势逼侧，树木繁芜。过凹，又四里，至石门，又一里，过山涧，石壁峭立，险甚，至平安冲，即旧所谓龙水尾也。

康熙二十九年庚午，排瑶猖獗，劫杀良溪，居人苦之。时知县事者为刘允元，乃与阳山把总曹起龙、余高汛把总刘高设方略，夜捣其穴，馘首数十。瑶惧受抚，更名"平安"。

排坐西向东，瑶人分居二寨，约六十余家。排后大山绵亘，山木畅茂，多栽筋竹。排前小冲，有水流出，即龙水之源也。下流凡作十数折，过大岭坪寨，入于良峒。

一路，自排前下岭，一里至冲，过木桥。又三里，斜循下岭，至平冲。又二里，至龙水头，合宜善司上凹路。

鱼 赛

自宜善司东出一十七里，至鱼赛冲口。又十里，上岭。蟠（盘）曲如蚓，历十二折，至外石门。又半里，至内石门。又一里许，到排。

排坐东向西，瑶约四十余家。或云：瑶屋稠密，若鱼曝（爆）子于石，瑶人自炫其众，故名"鱼赛"，亦"八百粟"之类也。排右有庙，后负高山。有水出排右，至宜善司，合旱塘水下流，入于良峒。

一路，自排左南出四里，下岭，至曲凹。又四里，上岭，自西北入六对左冲。自排达大坪、马鞍、谭坪根，声可相闻也。

六 对

自宜善司东出十里，至鱼赛冲。南出四里，下岭。复上，约四里许，坦平，至左冲。坐东向西，约三十家。又自排西南角出数武，至右冲。坐西向东，约二十家。木歧相向，森然成列，故名六对也。

自莲花上两岭，将到，犹未见排，群峰障蔽，亦属佳地。瑶多姓唐，淳朴自守，不闻生事。山有石岩出水，流经排前，自右出，合旱塘水，入于良峒。

一路，冲自右出十五里，下岭。迤逦西行，至盘血（石）之下坪。

盘血（石）冲

附：下坪、上坪、马鞍、龙会、龙浮、水瓮尾

由宜善司南出三十里，至良村。良村因瑶乱，无居民，莲花置子汛焉。又三十里，至盘血（石）冲。

冲坐南向北，四面石山峭立，中坦坪（平）。瑶人约二百余家。大树蒙密，远望不能见。前有径，隔大水，即盘血（石）水也。

瑶人架巨木为桥，通往来，人行更无别径。过石门四重，至排。石门内有桃树数株，瑶时于此屑豆作腐，是为下坪。排有庙，即俗所谓"大坪冲"也。

再上，石山高耸，阶梯崚嶒。约五里许，至冲背，上坪，是为上坪排。亦有庙。左有小冲，瑶人汲饮于此。盘血（石）水下流，经莲花汛入良村。水中多鱼，瑶常于排脚集网罟焉。

　　又三十里，至马鞍山排。马鞍，山名也。以其形似马鞍，故名。旧名水瓮尾，一名谭坪根。山多巨石，古木千章。瑶人半居石崖，约二十余家。坐南向北，有石龛，宽阔如一间屋，中祀土神。两畔有小冲水，下注入良村。至面前，水则从涩田来也。

　　又南二十里，至龙会排。龙会排，坐南向北，地在窝中。四面大山，林木畅茂。瑶约二十余家。水从连州上帝原（源）来，环抱如月，寨居其中。下经谭坪根，入于良村。诸山拱向，群聚于此，故名"龙会"。昔土寇陈凤依此为巢穴。

　　又南二十里，至龙浮排。龙浮排，坐南向北，四面石山。石墩之上，又有土墩。瑶皆环墩而居，中乏水，群汲于背后小冲。西行六十里，至涩田。东六十里，通阳山之同冠。上坪、下坪、谭坪根、龙会、龙浮，凡小排五，皆耕良村之田。瑶差岁往收税，今总名曰"盘血（石）冲"云。

鸡公背

　　由牛路水右出会众坪一里，横过曲折，至排。坐西南、向东北，约八九家。排侧有石山峭立，形状似鸡，故名排为鸡公背也。排前有水，下流入镬水。

　　自排出二里许，横过曲折，至马箭排。

　　又一路，自排前七里下岭，至茅叶潭。过水，上至鸡鸣关。

牛路水

　　自县半里，至合水口张屋岭脚。又一里，至岭墩，行人歇凉地也。再历两岭，相距皆里余。又一里，至吃水冲，有小水下流，经茂古峒。又半里，崎岖，至石山。由石山出迳（径），过数武，至水坳焉。又数武，斜下，至牛路水坳。排坐南向北，约十余家。排前有水，下流入镬水。

　　自排右出数武，至会众坪，瑶人集议之地也。遥望可见高良、三江新城，及油岭等处。自会众坪七里下岭，路甚崎岖。至茅叶潭，过水。又一里，上岭，至鸡鸣关。

　　又一路，自会众坪一里，横过曲折，至鸡公背小排。

油　岭

　　自军寮排东出数十武，至烧纸堂。崇祯间，楚兵尝屯扎于此。自此上岭。路甚险。又三里，至镬水，连州界也。既涉水，上横圳岭，路险。直行一里，至横傍。又三里，至水井凹，皆平坦。又半里，至石门，左崖右山，杂以大树森林。瑶尝设伏，败官军于此。又半里，到油岭。

排坐南向北，两山环抱，中有层级，高下相承，瑶人次第居之，面对高良。石山背后，高山耸立如屏。下有圆墩，因立祖庙。地平坦，多古树。山背出小水，细流渭渭。以竹引入排，至六月则断绝，皆于山腰掘坎取之，故排中时时乏水。旧传：排出银苗如竹，云是"矿气发泄"，瑶人保护，不敢折损，皆妄也。性懒惰，不肯力田。经岁不事盥濯，衣服、器皿亦罕洗涤。匮乏，则以行劫为生，州民时被其害。

排前有路，东出约数十武，过小冲，下岭，至柯木墩，瑶会议地也。下岭又二里，转湾（弯），复下岭。又一里，颇有竹木。又一里，有柯树一株，甚伟。复下岭，约半里许，转湾（弯）至石门，有田，有小坑水。又半里，过小湾（弯）岭。又半里，至唐（棠）梨冲，有小水，宜防伏。约数武，至林时峒。干坑水流出，有田，平坦，连阳营游击武君仕尝屯扎于此。又一里，至石门。又二里，至辣峒，有深冲，宜防伏。又三里，至潮水营。又半里，至车仔水。又半里，至鱼梁营，古储粮之地也。又半里，至员（沿）陂。又一里，至三江营，至州。

又一路，自州十五里至高良圩。又十五里，至员（沿）陂。又半里，至鱼梁营，过小车水。又二里，至军寮、马箭路口。山旁多林木，防瑶藏截。又一里，至潮水营，可屯扎。又一里，至马仔冈。明季，征瑶马驹夜撞入瑶队，瑶误为虎，惊走，官兵赶杀，大捷，故名。此处宜防伏菁。又三里，至辣峒。左石壁，右深崖，最险，防坠深冲，车马不通。又一里，至石门，内即干坑田峒，平坦，可屯。入唐（棠）梨冲，有小水，防伏。又半里，至干坑（一名观坑）。上岭，有大树，路凡五折。又三里，至排。防斩大木截路。若兵入石门，须由右手上岭，先据唐（棠）梨冲截瑶，可获全胜。若瑶先占棠梨冲，须由岭歧而上。既入石门，各山歧俱可进兵。勿行田峒，防泥陷也。至排，左右林木森密，山皆峻险，路在排北。

又一路，自州出三十里，至天鹅营。又十里，至大滴水。车马可行，可屯扎。又五里，至鼎盖峒，无水源，路崎曲。又一里，至石门。又五里，至羊角井，石山甚峻，路曲难行，宜防瑶放石磊也。又二里，有大石。又一里，至石门。又三里，至京径，有田，有深坑，有小水。又数十武，至二重石门。上岭，有大树。又二里许，两臂环抱，崎岖峻险，盖油岭要隘云。山脚有塘一口。入排俱深山险崖，路小，仅通人行。路亦在排北。

又一路，自高良分路，至东塘鹤菁（咀）寨。又一十三里，至狮子岭菜婆园，坦平。又五里，至更鼓冲，路坦，可通轿马。又三里，至山溪，平坦，宜屯扎，但少水耳。又五里，至华（画）眉山，崖险。又五里，至牛空（胸），合路口崎岖小路，不通轿马，宜防瑶伏。又一里，至羊屎峒（一名石峒），平坦。又三里，至加沙（袈裟）坪，险曲。寻抵石门，又三里，至京径，崖险，有石门二重，至要隘也。又一里，至大塘坪，宜屯扎。又五里，至石峒，平坦。又一里，至排。菁山崖险，路亦在排北。

又一路，自州菜园三里至猪牙冲。又二里，至林家寨。又二里，至大噉（啖）坪。又七里，至简头寨。又九里，至飞龙峒。又一里，至岩头分路。又四里，至小伞，有营。又一里，至香炉墩，有营。香炉墩有大石，高四五丈，阔丈四五，围五六丈，上广下锐，故名香炉墩也。石上旧有白香树一株，亭亭云表，四季长青，关系油岭风水。康熙年间，连州知州孟缉祖用松桐、油茶子欻烧四五日，仆之，后排中死亡无数。今瑶丁始稀也。又四里，至中峒，崖险。又五里，至棠梨凹，崎岖，防伏。又五里，至牛空（胸），合加沙（袈裟）路进排。路在排东。

又一路，自岩头小伞分路，七里至飞鸡巷。又二里，至马头山，有民寨。又三里，至堂墩，可屯营。又二里，至烂塘坪。又半里，至容姑岩，三排叉路口也。又五里，至水头凹。又二里，至烂石坪，崎岖多石。又二里，至棠梨凹，不远到排矣。

又一路，自容姑岩三排叉路口二里至凉伞坪。约数十武，至石门。又一里，至竹子坳。又七里，至马留（骝）径，路分两叉：一路至行祥，一路至油岭，崎岖，不通轿马。又四里，至山枣根。又二里，至大塘坪、羊角井，合路入油岭排。

又一路，自州出约三十五里，至长塘汛，可屯大营岭，瑶必争之地也。又五里，至八角冢，平坦。又五里，至都司坪，宜防伏。又二里，至蚺蛇凹，左右皆石峰峭立，径甚崎岖。至大塘坪，合路到排。排东各冲出小水，合为高良水，下流入于湟川。

横 坑

自州东出五十二里，至黄冈坪分路。又六里，至架简峒。石堆丛立，路径崎岖。峒前有平田，宜屯扎。又六里，至排。弥望黄草，皆上岭路也。地势平阔，轿马可行，路在排南。排坐东向西。

一路，自州东出七十里，至马草屯，上梅坳。又七里，峻岭险路，石门二重，横坑隘口也。由山岐傍路约六里，至田峒，可屯扎。瑶人每用石棚藏伏。三里，至排。平坦，轿马可行，路在排南。

又一路，自州东出九十里，至铁坑门龙寨。又三里，至蛇头岭。多坑坎，寻上石门。又五里，深冲密树，坑坎重叠，路甚崎岖。既过，遂至排，路在排南。

又一路，自行祥至长冈岭。又四里，至朱水峒。又一里，至石巩（拱）桥。又半里，上岭。又三里，至排。

又一路，自阳山铁坑约半里许，至白芒坪。又二里，至打缴坳。上岭，又二里，至排。

又一路，自阳山同冠约二里许，至梅凹。又二里，至朱（猪）屎峒。又二里，上岭至排。

行祥排

自州东出三十五里，至长塘汛。又五里，至八角冢。又五里，至都司坪。皆平坦。又三里，至李家冲，有石门二重。上岭，路险曲，防瑶截伏。又五里，至黄峒坪，平坦。寻至石门要隘。又三里，至石围，要隘难开。其内，地颇平坦，兵可屯扎，但水远耳。又六里，至拱桥，石门二重。路颇崎岖，实行祥隘口也。既过石门，左右皆峻山。又七里，至排。路系上岭，阶级最险。左茂林，右深坑。路在排之东。排坐东向西，地平坦宽阔，较胜诸排。

一路，自州出四十五里，至都司坪。合路口左出，又五里，至石鼓峒，路崎岖，宜防伏。又三里，至南坪石门，石径曲折。又四里，至马骝（径）。险甚，亦隘口也，防伏。又十里，至拱桥，田峒平坦，轿马可行，自此上岭，又五里，至石门，崎岖。又四里，至排，平坦，左右杉木森密，宜防伏藏。路在排之东北。

又一路，自油岭马留（骝）径，路分两叉。约二里许，至石坳。又一里，至黄竹冲。又三里，至老屋地。又半里，至田峒。又半里，至大巩（拱）桥，有小水。又数十武，至石门。过横路，上岭。又四里，至排。排脚有鱼塘。

《连阳八排风土记》卷之三

风　俗
附：丁口、户名、赋税

相播成风，递传成俗，四方各异。在于瑶类，尤多可怪：婚配任其自择，君子耻之；谋生多凭劫掠，王法曷可宥也。然亦有可取者：尊祖宗，立庙以祀；敬高年，设凳使坐。二者犹存古意。礼失而求之野，兹非其遗风欤！革其鄙陋，因其淳朴，一道德以同之，非良有司之事哉？记风俗第三。

瑶种

旧志云：瑶，类犬也。始于古高辛氏出猎，获大卵归，覆以盆。数日，视之，化为犬。及长，异状惊人，命名盘匏（瓠）。时南蛮叛，高辛榜谕：有能擒蛮魁者，妻之以女。盘匏（瓠）闻谕，遂衔蛮首以归。高辛以人不可配犬，欲更前谕，盘匏（瓠）摇首掉尾不去。女心许之。盘匏（瓠）即负入南山居焉。后生五子，分为五种，曰瑶、僚、苗、狼、壮，散处滇、黔、楚、蜀深山穷谷之中。

连地自古无瑶。连志载：自宋绍兴年间，州乡宦廖姓者，为西粤提刑。及旋里，带瑶八人防道。见连地皆深山峻岭，易于耕锄，遂不去。始居州境油岭、横坑各山，刀耕火种。及日久，种繁，越居连山境内，又分五排，曰大掌岭、火烧坪、军寮、马箭、里八峒。其小排，十七冲或二十冲。散处不常，皆居峻岭邃壑之中。历年以来，衍息不可胜数。距县治仅一二十里，县治又当五排之隘口。

瑶俗

瑶之先，相传出自盘匏（瓠）。世远代杳，盖莫可考云。性犷而悍，驮（䫌）舌侏偶。居高山，刀耕斧种，椎髻跣足。近有入城市者，颇习揖拜，渐次向华风矣。但其人耐寒暑，善走险，精药弩，惯捕猎。儿始能行，烧铁石，烙其跟跖。虽践枳棘巉石，终不能伤。或令儿童着长齿木屐，旋转石碛上，日十数回登山，俾其习惯陟岭，健如猿猱，平民莫能及，而瑶人亦颇以此自恃。良善者，重然诺，畏鬼神；奸黠者，狡猾难测，奋不思难，逞强行凶，四出劫掠，皆此辈也。远出，包裹米饭，虽经时腐败，不以为秽。食毕，掬涧水饮之。窃人牛，刳去其肉，张皮木橛，使中凹；可受水，以火煮之，饱餐而去。以牛肉为粮糗，盖其俗使然。

又一种，衣食居处与五排稍同。独妇人以三角薄板系髻，名曰"带板瑶"，住居黄南。又一种，妇人带长笋一枚，名曰"带箭瑶"，亦居县域。今皆改服饰（饰），守法度，化为良民矣。独大掌岭、火烧坪、军寮、马箭、里八峒五排，未能全变瑶风。亦由人众山险，有司武备单弱，是当变通营汛，之法，以酌议行之耳。

气　候

旧志云：四时之候，寒暑不齐；匝日之间，凉燠顿异。隆冬，桃李犹华，盛夏，衣不去绵（棉）。谚云：不食黄茅粽，寒衣不敢送。又云：四时皆是夏，一雨便成秋。韩昌黎云："穷冬或摇扇，盛暑（夏）或重裘。"昔人之言，信已！

每当八九月，寒暑相抟。晨起，岚气蔽天，薄午方散，俗谓禾黄瘴，一名黄茅瘴。是时，有蜂，色黄，鸣飞成队，人谓黄蜂瘴。又，木槲开时，岚气随香而入，俗谓香花瘴。大抵宜咀姜饮酒，勿饱食，勿昼眠。若或不谨，便易成疾。旅寓者，尤不可不知也。若瑶人，则全不畏此，诚异事哉！

姓　名

一曰盘，一曰房，一曰唐，一曰沈，一曰李，一曰莫，一曰冯，一曰黄，一曰邓，一曰何，大略不过此十姓。

以行次为名，间有呼其别号者。如青菜、烂酒、戆狗、蚂蝗、鸡臀尖、中山镇、老虎獠（擦）、黑毛尖之类，必排中之豪者也。

衣　服

男衣皆大领、左衽，裤用青布，裤脚以五色绒横绣之，腰间缚包肚或皮（布）带。少年衣领下加白布一幅，如女子云肩，以绿珠数串缀于白布之上。

女衣幅袖以五色绒密绣之，后衣则长过膝，无前襟。余布二幅不绣，左右相交遮肚，转后下垂。女裙前用青布一幅，印白花，名曰"裙襡"。裙无折，无后幅，后用衣遮脚。

跣足素不识履，夜睡亦不洗足。

冠

瑶无冠礼。少年男子以五色绿珠及绵（棉）花作条饰，髻上插鸡尾，以为美观。男二十余岁不剃发，以红布缠头，兼用网巾，穿耳带环。至大清康熙四十一年，三省官兵会剿，瑶始就抚，剃头去环。

女年至将嫁，发长以为羞，择日于私室梳髻，以五色绒绣红布，缝为头包，其名曰"帕"。其状上尖，左右两角下圆。罩发，昼夜不脱，不令人见。嫁三年后，换白布，不绣绒。

婚

少年男女，唱歌山坳。其歌，男炫以富，女夸以巧。相悦订婚，宿于荒野。或会度衫带，长短相同，遂为婚。次日，告父母，方请媒行定。用红纸包盐十二两，又用茶一包，系以红青麻线，银一钱二分为定。近岁间，用年庚行定。及娶，办银二两四钱，贫者或一两二钱；猪肉四十斤，富者或六十斤；酒一埕，鸡一对；用糯米作圆糍，大如月饼，为聘。女家用一十四人送之，男家各酬牛肉一十二斤。婚日，新郎避出于外。至夜，卑幼送回成婚。

不告野合，先配后祖，此为悖谬之甚者。瑶人初抚，方怀疑惧，未可遽议。徐当以礼范防之。

丧

凡丧，亲族送楮钱一束，焚之，白布一幅，盖骸。修斋一夜，次早抬尸至山，方用棺木择日而葬。丧家穿白衣。

祭

凡遇丧，亲族用楮钱一束、酒一埕为祭，婿用草纸三百张，米一斗，酒一埕。

贺　寿

亲族用肉一碗、酒一壶来庆，惟婿办鸡一只、酒一埕、布衣一件为祝。岳翁以银一两酬之。

节　序

正月初一日，鸡鸣，先击米箕，后击锣鼓、放铳、吹牛角。天明，备酒、肉、糍、茶各二碗，箸二双，拜祖宗。是日，新婿亲送酒、肉，至岳翁家拜年。主人请亲族聚饮，计客多寡，婿出银作封，每客送银二分。越日，各客请酒，用生肉二斤以酬。

元宵，击锣，挝长鼓，跳跃作态。长鼓，其形头大中小，黄泥涂皮，以绳挂颈，或云亦古制也。男女相杂，至山岐唱歌。

三月初三日，谓开春节。备酒、肉，祀祖宗，请岳翁饮酒。

清明，凡祭新坟，亲族各送楮纸一束，焚于墓前。主人酬以米糍四块、肉二片，相聚轰饮。惟婿送楮钱一束，酒一埕。

四月初八日，谓之牛王诞节。备酒、肉，祀祖宗，请岳翁来饮。

七月初七日，谓之七月香节。备酒、肉、茶、盐、米饭各二碗，箸二双，祀其先祖。此节瑶排最重，有事于外者，必归其家。每岁至七月，瑶人四出窃牛及羊、鱼等物，民间更加隄（提）防。

八月，早禾初熟，请岳翁尝新，又发肉银一钱或五分赠之。

十月，谓之高堂会，每排三年或五年一次行之。先择吉日，通知各排，届期，至庙宰猪奉神，列长案于神前，延道士坐其上。每人饭一碗、肉一碟。口诵道经，瑶人拜其下，以茭（筊）卜吉凶。富者穿五色绣衣，或袍或衫，必插鸡羽于首。足穿草履，或木屐，或赤足，不袜。系金银楮纸于竹篙上，手执之，击锣挝鼓，赛宝唱歌。各排男女来会，以歌答之。至夜，宿于亲戚之家。间有以银牌、红布作贺者。客回，主各酬以生肉。

除夕，备酒、肉，祀祖宗，男妇聚饮。客至，宜款待者，瑶妇立侍左右。

敬 老

凡相聚议事，必设凳以延老者。无凳，则以银酬之，名曰"坐凳银"。此礼犹为近古。

祀 神

祀神前，用人数队，戴革兜，穿皮甲，持枪链相逐。次以一人抱木像，旋转而行，口作鬼啸。又次，老瑶数人，穿红袍或绣衣，皆持白扇，拱手遮面，口中亦作鬼啸。每数武，聚舞，喧哗，焚楮，放炮。此予所目睹者。

丁 口

连山大小二十排，共一千二百三十八家；男、妇人丁共五千二百七十五名口。

户 名

明天启二年，为瑶立永善乡，共五户：一户唐房沈，一户李四八，一户房十六，一户房沈养，一户沈李唐。

每岁至冬月，始输粮，不当差枕。近瑶排民户，田业多有债，准亦有当买，税寄民户，俱累原业。原业逃移，则累里长，借贷完输。至冬月，始逐门收觅，以黄豆、绵（棉）花算补正供。

赋 税

瑶税三十九顷四十三亩二分二厘零，岁派瑶粮一百八十一两七钱九分零，闰加银六两五钱八分九厘八毫零，岁派本色米二十七石零七合八勺。丁口共一百五十七户，岁派丁口银一十五两六钱七分六厘零，闰加银九钱零六厘零。

《连阳八排风土记》卷之四

言　语

　　山川阻隔，语言亦殊，非经翻译，意卒难明。公冶长知鸟语，介葛卢解牛鸣，古人博物，能通异类。彼诸瑶，官、骸、知、识亦犹人耳，何可听断之下，茫然莫解也！予宰连既久，颇能辨识。今集诸瑶语，译以华言，聊欲资采访之异闻云尔。记言语第四。

　　瑶人言语侏偽，今译以华言。

天地类

　　天瑶曰横，地瑶曰汝，日瑶曰乃，月瑶曰罗角，星瑶曰阔岭，风瑶曰调，云瑶曰浑，雷瑶曰表公，下雨瑶曰本并，天开瑶曰横盖了，旱瑶曰横送蒙，夜瑶曰横梦了，云雾瑶曰浑母，虹霓瑶曰旱蛟，雷声瑶曰表公凹，地动瑶曰髻那动，月光瑶曰罗养，黑夜瑶曰磕罢了，半夜瑶曰道晚了。

岁时类

　　元旦瑶曰大年符，年瑶曰亚闻寮（姚译亚闻寮），月瑶曰亚罗乃，初一瑶曰庆吉，初二瑶曰庆议，初三瑶曰庆吹，初四瑶曰庆虾，初五瑶曰庆吾，初六瑶曰庆凉，初七瑶曰庆阔，初八瑶曰庆并，初九瑶曰庆拱，初十瑶曰庆湿。

　　正月瑶曰怅呵罗，二月瑶曰议呵罗，三月瑶曰坎呵罗，四月瑶曰庆呵罗，五月瑶曰吾呵罗，六月瑶曰凉呵罗，七月瑶曰阔呵罗，八月瑶曰并呵罗，九月瑶曰拱呵罗，十月瑶曰湿呵罗，十一月瑶曰湿吉呵罗，十二月瑶曰湿议呵罗。

　　子时瑶曰紫祥，丑时瑶曰兆祥，寅时瑶曰筵祥，卯时瑶曰谋祥，辰时瑶曰身祥，巳时瑶曰四祥，午时瑶曰互祥，未时瑶曰妹祥，申时瑶曰口祥，酉时瑶曰遥祥，戌时瑶曰阔祥，亥时瑶曰海祥。闰月瑶曰卵罗，明日瑶曰鲂（鳗）浸不嗟，晏瑶曰乃两丁，热瑶曰斩赖寮，冷瑶曰共赖寮。

山川类

　　山瑶曰踵，水瑶曰误，石瑶曰旭丕，田瑶曰粮，塘瑶曰穷，柴瑶曰鸟空，竹瑶曰漏，草瑶曰密，花瑶曰饼，茅瑶曰干，木瑶曰丁。

人伦类

　　皇帝瑶曰老老丹见，老爷瑶曰必下，官瑶曰潭剑又曰担肩，秀才瑶曰开晓，相公瑶曰上公，父瑶曰必，母曰尔益，子瑶曰胆，父子瑶曰必胆，女子瑶曰动农，兄瑶曰歌益，弟瑶曰簧，兄弟瑶曰淡戈，孙瑶曰款，夫妇瑶曰卑姑，姐瑶曰弟益，岳父瑶曰多，岳母瑶曰笛，大舅瑶曰潭侬，大舅母瑶曰潭娘，小舅瑶曰弩益。老女人瑶曰姑益，中年女人瑶曰也益，老婆瑶曰沙眠。人瑶曰眠，同年瑶曰同共，朋友瑶曰伙记，道士瑶曰晓面，差瑶曰洒，百姓瑶曰巴兴，房族瑶曰方素，亲戚瑶曰庆星嗟，侄瑶曰款虾。好女子瑶曰用动弩，做官瑶曰矮谨，后生瑶曰坟庆，书吏瑶曰四方，里长瑶曰厘争，头人瑶曰调眠，地方瑶曰子纺，千长瑶曰显张。老人瑶曰古眠，门子瑶曰瞒紫，兄嫂瑶曰衽，叔母瑶曰宿婆，孩童瑶曰枭跟，乞丐瑶曰告化，县官瑶曰潭剑，太爷瑶曰老姐，州官瑶曰古坚，医生瑶曰依夏老，媳妇瑶曰脓衽，总爷瑶曰峒爷。

身体类
头瑶曰丕，发瑶曰归同丕，眼瑶曰米晴，耳瑶曰表洗，鼻瑶曰比姜，口瑶曰比岐，牙瑶曰裉（根），舌瑶曰毕，须瑶曰禁，项瑶曰亘，肩瑶曰见图，手瑶曰布，身瑶曰趣，肚瑶曰五，腿瑶曰值线，脚瑶曰击，洗面瑶曰岛冕，洗身瑶曰倒腊，肝瑶曰空，肺瑶曰字，脏瑶曰姜，血瑶曰孕，气瑶曰不起，无气瑶曰吾腊起了，面瑶曰冕，腰瑶曰懒，膝瑶曰京，有胎瑶曰开胆，大便瑶曰英介，小便瑶曰英华，心瑶曰冰。

宫室类
屋瑶曰飘（姚译瓢），厅瑶曰向，大堂瑶曰潭公，门瑶曰淡文，墙瑶曰火山（姚译火山）。庙瑶曰渺，楼瑶曰五凌，州瑶曰照，县瑶曰万杜，城瑶曰大，营盘瑶曰营杜，瓦瑶曰迓，起屋瑶曰矮豹，上梁瑶曰起零，柱头瑶曰担乱，橡皮瑶曰肾皮，衙门瑶曰惹闻，房间瑶曰瓦坚，天井瑶曰浅精，砖瑶曰展壁，大屋瑶曰担豹，小屋瑶曰担允，香火堂瑶曰冕安。

婚姻类
娶亲瑶曰蒙衽，定茶瑶曰浆茶，媒人瑶曰美眠，生女瑶曰毕动弩，生子瑶曰毕胆，生孙瑶曰毕款，姨丈瑶曰担把益勾。

生死类
生瑶曰安，死瑶曰低了，埋人瑶曰同眠，棺材瑶曰官告，坟庆瑶曰搬，有孝瑶曰显湖，钱纸瑶曰显晓打治，香瑶曰旺，涕哭瑶曰任。

疾病类

病瑶曰汶，伤寒瑶曰腥寒，咳喇瑶曰劳虾。

饮食类

吃瑶曰忍，饭瑶曰脓，食早饭瑶曰稔租脓，食午饭瑶曰泥亮脓，食夜饭瑶曰横象脓，鸭蛋瑶曰押图，鸡蛋瑶曰盔图，鱼瑶曰表，吃饭瑶曰忍脓，饮酒瑶曰磕调，吃肉瑶曰忍归，豆豉瑶曰杜土，菜瑶曰益，火瑶曰做，盐瑶曰阴，盐鱼瑶曰猷微，茶叶瑶曰打介，醋瑶曰西（原书漏译），姜瑶曰忍，烟瑶曰燕，食茶瑶曰磕咱。

衣服类

衫瑶曰倚，裤瑶曰邪，袜瑶曰幕，鞋瑶曰偕，屐瑶曰穷加，布瑶曰的，线瑶曰丝，棉花瑶曰免亚，脚缠瑶曰庚，衣领瑶曰衣工领，被瑶曰松，带瑶曰辆，靴瑶曰茄，席瑶曰射。

五谷类

禾瑶曰补，谷瑶曰少，米瑶曰觅，粟瑶曰米仔，地禾瑶曰龙斧，豆瑶曰土麦，麦瑶曰古豆仔，芋瑶曰护，薯瑶曰低，芝麻瑶曰吒，秧瑶曰标，粳米瑶曰嫡，粘米瑶曰针骂，糯米瑶曰钵。

畜物类

鸡瑶曰盔，鸭瑶曰押倍，鹅瑶曰凝，牛瑶曰吾，猪瑶曰亭，马瑶曰麻，犬瑶曰顾，羊瑶曰盈，山猪（野猪）瑶曰野亭，虎瑶曰坚，鸟瑶曰闹，雉鸡（野鸡）瑶曰益功，猪儿（小猪）瑶曰精痕，猴瑶曰柄，虾瑶曰馨，熊瑶曰吸，老鸦瑶曰矮罗婆，鼠瑶曰羊姜，白鹤瑶曰白好，鹧鸪瑶曰补古，水牛瑶曰岁吾，黄牛瑶曰凉吾，鲤鱼瑶曰了里，蚯蚓瑶曰甲英，蛇瑶曰农，龟瑶曰旺，蜂瑶曰每，蝶瑶曰昔公陂，蝇瑶曰猛门。

果品类

梅子（杨梅果）瑶曰也象豹，李子瑶曰包用，柑子瑶曰把柑，梨子瑶曰罘离。

器用类

碗瑶曰现，筷（筷）子瑶曰奏，杯瑶曰旦，印瑶曰寅，秤瑶曰阳，尺瑶曰亦，戥曰样，银瑶曰人，锡瑶曰吃，瓶瑶曰兵，铜瑶曰通，墨瑶曰马，笔瑶曰别，砚瑶曰墨边，纸瑶曰治，书瑶曰素，针瑶曰众，桌瑶曰得庆，椅瑶曰异，凳瑶曰登，眼镜瑶曰米睛，铁瑶曰两，碓瑶曰对，盘瑶曰鞭，烟桶（吸烟用的烟筒）瑶曰燕同，铛（锅）瑶曰坑，斧瑶曰捕，水桶瑶曰佟，扇瑶曰把，埕瑶曰厄吾，箩瑶曰锣，水碓瑶曰泻（对）（原书漏译），舟瑶曰冻，轿瑶曰翘，伞瑶曰寒，播米箕（米筛）瑶曰觅擎，粪箕瑶曰分擎，牛栏瑶曰吾油，羊栏瑶曰盈油，鸡栖瑶曰盔嗟，猪稠（碉）瑶曰丁油，禾仓瑶曰禾冗，酒壶瑶曰寮瓶，茶壶瑶曰咱瓶，竹篙瑶曰缕好，水缸瑶曰五壁，大钵瑶曰胆壁，磨瑶曰尾下。

杂货类
胡椒瑶曰胡调，红绒瑶曰嘎（啊）米，灯心瑶曰灯坎，硫磺瑶曰了王，珍珠瑶曰人主，九程（成）银瑶曰古墙，八程（成）银瑶曰壁墙，纹银瑶曰细丝，耳环瑶曰了堆，青瑶曰琶皿，红瑶曰社，黄瑶曰营，白瑶曰琶，蓝瑶曰空。

农具类
犁瑶曰哈，耙瑶曰葩，锄瑶曰叫乌，锹瑶曰必窍，蓑衣瑶曰宗倚，帽瑶曰毓，耘田瑶曰答良，收禾瑶曰肖禾，插田瑶曰丈两，田租瑶曰良庆，放水瑶曰卜悟姐良，耕田瑶曰矮粮，耕地瑶曰矮汝。

器械类
刀瑶曰耀，枪瑶曰庆，鸟抢瑶曰鸟种嗟，大铳瑶曰潭种，弓曰瑶拱糯。

乐器类
锣瑶曰劳，鼓瑶曰堵，吹笛瑶曰水郎，琴瑶曰胫。

教化类
读书瑶曰度数亚，太爷教侬瑶人读书瑶曰潭剑空遥眠度数，写字瑶曰泻素，行礼瑶曰荣里，跪瑶曰吠，叩头瑶曰监霸，唱诺瑶曰醒下，行善瑶曰笑扇，守本分瑶曰笑搬分，太爷教侬瑶人勿去做贼瑶曰潭剑空遥眠免隘嘎，官有王法瑶曰潭剑押岭，勤力瑶曰众隘忍，无懒瑶曰吾纽子里，吩咐瑶曰每母，纳粮瑶曰碌陵，无事瑶曰吾那峒。

杂言类

真好官瑶曰用剑，真正好瑶曰真正容，太平世界瑶曰仰动兵将，高兴瑶曰了赖，小心瑶曰屯咳，劳心瑶曰醉涝梭线，老实瑶曰劳十，归瑶曰娄，去瑶曰武了，过路瑶曰加住武，行路瑶曰人逐，上瑶曰憎，下瑶曰嘎，路远瑶曰逐告，路近瑶曰逐近，对面瑶曰对皿，长瑶曰杜，短瑶曰裇，冤家瑶曰寅加，无奈何瑶曰吾奈了何，债主瑶曰堪嗟兆，忾悔瑶曰觅幡总，经手瑶曰绞咖每补，借约瑶曰文素。未曾见瑶曰吾不里，使用瑶曰堪冗，有瑶曰不，无瑶曰吾纽子，设法瑶曰宿发，送下程瑶曰兴礼，中间人瑶曰丁马郎，交明白瑶曰交钉毕媒，探消息瑶曰吃人免，寄声来瑶曰归起嗟，有是非瑶曰不是灰，有缘故瑶曰甲媒布，唱歌瑶曰矮征，算命瑶曰久皿公，占卦瑶曰庆宁公，好瑶曰冗，丑瑶曰断犁眠，聪明瑶曰空皿，乖巧瑶曰怪来，精致瑶曰容来，有本事瑶曰牛本已，无本事曰吾纽本已，耍极瑶曰美矮孟，讲话瑶曰拱动，收拾瑶曰小茄，收成瑶曰少符，桥瑶曰孤，板瑶曰辫，花红瑶曰抵舍，穷苦瑶曰广赖艰难，火烟瑶曰祖益，无银使瑶曰吾那人空，无饭吃瑶曰吾那脓忍，肚饥瑶曰吾泻，可怜瑶曰都茄，衣衫烂瑶曰衣护，苦瑶曰款付，容易瑶曰里转又曰大移，大财主瑶曰父者涝，富责瑶曰夫归不忍，贫穷瑶曰工，悭吝瑶曰罕界，骂尔瑶曰法媒，酒醉瑶曰调尹，欺瞒瑶曰吾希看媒，胆大瑶曰屯劳，拼命瑶曰对皿甲媒隘，白话瑶曰扛贯，不好人瑶曰吾冗眠，做贼瑶曰隘嘎，偷牛瑶曰壬吾，偷羊瑶曰壬盈，偷鸡瑶曰壬盎，偷鸭瑶曰壬押，偷禾瑶曰壬蒲，偷塘（偷塘鱼）瑶曰壬穷，夜间挖屋瑶曰壬豹，路上抢衣服瑶曰壬倚，与你去做贼瑶曰高每隘嘎，下平地做贼瑶曰亚峒隘嘎，勿要杀人瑶曰免带眠，要杀人瑶曰爱带眠，做贼使了银瑶曰隘嘎瓮了人，捉女人瑶曰那老杀眠，放火烧屋瑶曰王祖簿瓢，偷黄豆瑶曰壬祖骂，偷开大门瑶曰壬该淡文，官锁住瑶曰潭剑贺涝，去做贼杀人瑶曰隘嘎带劳，偷禾仓瑶曰壬冗，带米去做贼瑶曰爱米隘嘎，包饭去瑶曰煲脓，捉了人去瑶曰那眠乃毋，杀人瑶曰带眠。

讼狱类

打板子瑶曰骨鸡洗，问罪瑶曰婆悔吾那，坐监瑶曰劳允，手肘瑶曰苏罗布，拶子（古代刑具）瑶曰蒲图补豆，竹板瑶曰楼辨，索瑶曰寮，出票瑶曰膝豹，递结瑶曰仔结，告状瑶曰高剪，对审瑶曰堆瘴，有理瑶曰搬桃里，相争瑶曰死幻（拗），相斗瑶曰矮死悔。

瑶 歌

瑶言	慵踵起寮吾霸奉，	汉译	高山飘渺不怕风，
	虾随那俵吾霸笭。		下水拿鱼不怕龙，
	吾霸仙丹蛇泞角，		不怕深山舍命过
	吾霸遥庆蛇泞累。		不怕刀枪舍命来。

瑶言	俵赌先丹坚赌踵，	汉译	鱼在深湾虎在山，
	笭跌吾赌坚跌板。		龙皮不赛虎皮斑。
	笭凹亚醒横汝冻，		龙叫一声天地动，
	坚凹逸醒也似悭。		虎叫百声亦是闲。

《连阳八排风土记》卷之五

剿 抚

有雪霰而后有雨露，天道则然也。瑶性跳梁，争为长雄，其所从来渐矣。若徒尚姑息，彼不知天地浩荡之恩，而乃猖狂无忌，横不可制，盍先鞭笞钳束而后加之以抚绥哉！瑶类蠢动，率六七十年一变。远者无从考，自圣朝以来备录之，以为前车之戒。绸缪未雨，又何可缓耶？记剿抚第五。

旨 意

康熙四十年十二月二十六日，兵部题本日奉旨：着松柱：达尔占、傅继祖、石如璜去，松柱率领以行。八旗前锋护军内，拣选人材健壮者四十名带去。将拣选之前锋护军，明日引见行营。子母炮带八位去。三省兵丁俟松柱到日，定期前进。余依议。钦此钦遵。

康熙四十一年三月二十九日，皇帝敕谕大学士伊桑阿等：粤东有瑶人屯踞深山，依恃险阻，从来未服教化。近者出其屯踞之地，掳掠乡村人民，杀伤汛地官兵，肆行猖獗。是以遣发在京大臣，调拨三省官兵，俱令近驻瑶人屯踞地方。阅郎中游楞格赍来舆图，虽瑶人为数不多，据地非广，但山势甚险，路径甚狭。瑶人白昼断不出敌。昏夜，瑶贼甚熟路径，侵犯我兵，亦未可定。虽差人往抚，前来归诚，原系未服教化之人，撤营之后，断不恪遵法纪，永远守分，又必蠢动，肆行狂逞。瑶人所踞之地，附近广东、广西、湖广交界，挽运粮饷甚易。现今三省官兵俱各贴近驻扎，剿抚若易,尔等公议奉行,如有为难之处,将瑶人屯踞地方、出入要路,俱扎营汛,围困扼守。日久不过多费粮饷,不劳兵力,彼则穷矣。速行!松柱等遵谕而行!伊等定见,亦着速行具题。特谕。

康熙四十一年三月三十日,郎中游楞格钦奉上谕:尔转传谕与行间大臣,瑶人欲投诚,我兵如何进剿,务宜具疏奏闻。如有不投(诚),我兵难以进剿,将瑶人出入路径、险要隘口,控扼困守。或势穷来归,或剿后归命,各宜令剃头,摘去耳圈,收其军器,离其所踞之山,归并各州县。其所踞之地,令我兵酌量住守。

知县孔镛请兵剿瑶立县

天顺五年,连山县被瑶贼占据。知县孔镛侨治连州,缮详请兵。是时,都御史韩雍已平大藤峡,即遣偏师会湖南兵讨之,贼遁归巢。镛抚辑流移,迁立县治。民以安业,镛实为首功云。

知州张书鲤御贼

正德五年,连山黄南贼首李公旺以瑶兵攻州城。知州张书鲤御之,乃退。

都御史陈金剿壮

正德十二年秋八月,壮贼龚福全等流劫连州、连山、乐昌及郴、桂诸处,据险负固,杀官劫县。巡抚、都御史陈金与巡按、三司会奏,命两广汉达官军进剿。斩四千余级,余党遁归诸寨。

副使王大用剿壮

正德十六年夏六月,连山壮贼吴万山抄掠乡村。兵备副使王大用调剿,大捷,贼党遁归于峒。

知州徐相抚壮

嘉靖三年春三月,连山壮贼苏政、苏晚等寇掠三省。知州徐相抚剿,乃散。

都御史张岳遣官剿瑶

嘉靖二十六年,连山军寮瑶贼李金等作乱。提督、都御史张岳命分守岭东,参议朱宪章、都指挥梁希孔帅师讨之,遁去。议者谓:阳连(连阳)

峒僚，多交通桂阳、上犹、郴州诸盗。又，江西人多在地方放债，叠利害人，良民无聊，甘于从盗。禁诸未发之先，庶可弭也。

知县杨崇忠请兵剿瑶

天启二年，知县杨崇忠请兵征剿。参将赵文轻敌失律，贼势愈炽。兵巡道潘某督师驻县，贼颇惧，夜持炬哗于茂古，而不敢肆。崇忠揣瑶意，欲抚。与巡道议，行雕剿，佯抚之。巡道回省，密调都司蔡一申率锐师，出其不意，漏夜直抵马、里二排。贼溃，奔逸，遂旋师。次日，贼设伏于茂古岭，挑战。一申身先冲敌，用笼箭火攻，毙贼多人。贼大败，奔油岭。一申戒士卒，裹干粮，持锄铁器，夜薄油岭巢。黎明，成三大营。贼惊骇，以为神兵自天而下，哀乞请命。一申勒其缚献首贼，始准其抚。自是慑（慴）服，十有余载。

知县朱若迄具题请兵剿瑶

崇祯十二（十三）年庚辰，瑶复猖獗。知县朱若迄具疏题请发五省兵征剿。时总兵郑芝龙、施王政、宋纪挂印，总兵杨国威等咸集于县。然将心不一，兵不用命。有副总陈鹏，素骁勇善战，见诸将无斗志，誓死报国。值贼大至，诸将分兵迎敌。鹏独率本部兵，当军、马二排要冲。各营败绩，贼拥向鹏。孤军力战，自辰至午，援兵不至。鹏力疲，与守备黎树绩偕死于阵，贼益恣横。惟芝龙愤鹏之死，议用本县宣威营土兵向导，由别径开路，引大兵突到，焚其巢。贼遁入深山，无所掠食，皆馁甚。围困阅月，功将垂成。总兵宋纪受贿，托言师老，遂罢兵议抚。监纪董梅鼎设立咸宁堡，以为善后。徒劳师匮饷，潦草结局。

知县曹振熺会商剿瑶

顺治十六年，知县曹振熺与游击武君仕同心合谋，相机擒剿。如散排之大坪岭，伺其无备，竟捣其穴，擒斩多伙。继而大掌岭、火烧坪，亦复歼其渠魁。连用是，又颇安焉。

马宝结瑶据县

连山多寇祸，惟马宝为最惨。马宝者，陕西人也，为广东军门李成栋中军官。己丑，永历立于肇庆，成栋同宝迎驾，封成栋国公，宝安定侯，挂耀武将军印。永历走广西，以南陵为西京，成栋与宝仍回广州。

会闻大清兵至，宝领兵七千，以家口随行。于顺治七年庚寅，至广西怀集县。是时，广东尚称永历五年也。

十一月，有土人献马，私通引至宜善司。七村之民闻之，皆惧。共集龙水凹，谋堵御之。

越明年辛卯正月二十日，散冲瑶人引宝兵至龙水，屠村民数十，七村皆溃。二十一日，至上吉村木楼寨，寨人有误发炮者，围攻之。二十三日，寨破，戮男妇无算。宝生一子，因名曰"马上吉"，昭武功也。二十四日，至天塘岭。二十五日，至县。县令俞琮、教官谈足法被害。噫！是果谁之咎欤？

二月二十四日，围茅铺村、土狗冲、欧家坪，有白马嘶鸣，若悲民之无辜者。宝稍引退，回县。是时，阳山令徐时进避乱至县城，与宝中军董姓者俱南京人，有桑梓之雅，因关说宝，乞许投诚。民相率馈猪、酒、粮糇。宝令人具小幅白布一，书某村民，用印盖之，缝衣背上，往来始不被害。否则，逢之即杀，无一免者。又令七村绅衿，一班六人，轮守营门。凡有号令，令作教，传与村民。

三月十八日，率五排瑶人攻上叶、平头寨。至二十日，围不解。有土人某，诱开寨门，屠民无算。间有存者，勒重资回赎。不能应者，尽戮于邠渡桥畔。令见者传播，望风胆落。

未几，出州屠掠高良、悬坡（沿陂）寨，又破上水口寨，掳男妇无数。宝兵欢甚，群歌于道曰："水口好娘子，平头好银子，木楼好汉子。"

是年，拆县库，创建衙宇，开道。南门今县堂，乃马宝所建也。驻县三年，称"爵府"。重刑厚敛，生民涂炭。是时，兵瑶通好，互相肆虐，称连山两大害云。

十二月，闻我清朝郭卢等四镇官兵，同知县吴道岸到县，宝引退，屯宜善司大钹山。顷之，出茅铺，旋又引退，仍屯大钹，间至巩（拱）门巢、仙人凹等处。未几，复至县，掳县令吴道岸及家口而去。时宝兵不服水土，亦多物故。

十一年甲午，天兵南下，追至大钹。宝由三江石田引而西去，由星子过湖广，入西川，投吴三桂。其后，卒以叛逆与子上吉同磔于菜市。

噫！天道好还，嗜杀者固未有幸免其家门者也。

千总叶琳剿大掌岭

连阳游击武君仕治瑶有方：凡瑶窃人什物、牛只，既呈报，则发票行查，继而置之不复问。瑶以为事已结也，出入如平时。乃出其不意，擒捉惩治之。尝一夕，密遣千总叶琳带兵四十人，乘夜抵大掌岭排脚。人挖一窟，度可藏身。比天明，瑶乘高四望无人，始下山耕种。至其地，伏兵突出，擒之回营，比追失物，严法重惩。琳颈有伤痕，瑶人畏之，呼为"叶破颈"。此康熙四年九月内事也。自是后，瑶罕出窃，民得安业焉。

把总陈元防余高汛

康熙二十五年，两院允县议，于瑶人出入隘口，立余高汛。瑶人弗便也，纠众来冲。把总陈元御之，瑶溃而去。汛竟得立，即今所称"余高营"也。

坐东向西，后有圆墩，旧名"余高岭"。左扼龙水尾，通宜善。右当八百粟、山猪豹，两水夹流，势险而地要，尤须择人以守云。

越明年，八百粟、龙水尾、新寨、大坪四冲瑶人约三百余，出外行劫。路经余高，元发兵堵截，瑶伤官兵陈文。元大怒，率五十人追至羊婆田，奋勇力战，连获三级，瑶乃旋排。

逾月复出，声言追饷粤西。元侦知之，追至沙子冈。瑶人分队来迎，元纵马持枪，身先士卒，突入围中，所向披靡。是时，矢落如雨，炮轰若雷，人人为元危，而卒不能伤。于是，群瑶咋指相戒曰："此神人也！"乃相率而退。

顷之，瑶又出行劫。元执旗当道而立。瑶望见之，不敢前。转相告语，敛迹不出，皆曰："畏陈将军也。"

自元后，官兵益弱。每遇瑶，则鼠窜，盖军威之不振也久矣！安得如元者，付以阃外之重寄也。嗟夫！

元，高要人。卒官把总，人皆为元惜之。

千总唐拔昂为里八峒瑶所败

康熙三十七年八月二十三日，里八峒瑶与石寨唐三捷、唐亚二因小衅相争，来捉茅铺三寨民，又捉连阳营兵蓝国祥、亚美、黎胜，割去胜之左耳。领兵便委把总沈水龙、张万宗御于县南山梁。相持自辰至申，久不解休。致把总刘高见官兵势危，率二子，呼城中樵丁，从者九人，出其不意，横击之。斩首三级，炮伤二十余人，瑶溃而去。

是时，乘胜争利，瑶可以尽歼，而城守千总唐拔昂恐其有伏，遽鸣金收兵。然微高，事几不测。高之功，亦已伟矣！至今人犹叹羡之。

高，本姓杨，原籍潮州府程乡县，后为连山人。

提督殷化行剿里八峒

康熙三十七年五月，里八峒瑶与茅铺村三寨民以偷盗禾仓启衅，瑶遂肆毒，捉人劫财，官不能制。难民葛贻仲、李国植、李仲友等数十人赴省控诉，督、抚议未决。

提督殷化行独毅然主剿，以十一月初二日统兵入县。既至，即传令进排。提督由铺前寨背铜锣岭入，总兵刘虎同副将林芳、游击何国宾由东门茂古峒入。至排脚，分四路夹攻。申时破其寨，纵火焚之杀数十余人，瑶皆散走。因穷追，日暮收兵。稍晚，峒瑶复聚，乘大军后。军寮、火烧二排瑶人，两路横冲之。时夜气昏黑，林木丛杂。官兵不辨路径，堕崖谷死者无算，余皆溃窜，副将林芳暨把总陈溥死之。提督、总兵之师，仅获归营。惟游击何国宾敛所统众，屯扎排中，炮矢相距（拒），瑶不敢逼。比天明，全军而返。

提督会稿督、抚，题报请兵。越明年二月，上遣将军松柱等统领三省官兵来剿，营垒遍山巅。会浃旬大雨，军不能久住，乃姑许瑶就抚；献出凶手，遂班师归。提督之愿，终不获伸，有遗恨焉。时五月二十日也。

迄今伏读圣谕，谓于瑶人出入要路，俱扎营汛，不劳兵力，彼自穷罢。庙算周详，动若观火，虽古之善行师者，亦莫能及也。议者多以提督之师，失于仓猝。然一片血诚，实为生灵涂炭。若不痛创之，不足以戢其凶威。以故，至今三连之民，共谅其心，为建生祠，焚祝不绝。

噫！今之号为防瑶者，官尊而兵亦多矣！安得实心任事如殷公者，而与之共奏敉宁之绩也乎！

把总刘高剿龙水尾

康熙二十九年六月二十八日夜，龙水尾瑶聚千余攻余高汛。把总刘高出战，获三级，瑶乃退。

先是，龙水尾瑶藏匿山寇陈凤残党黄老十等，知县刘允元移高擒瑶人一十三人，解县羁监，勒令献贼，瑶因此犯汛。后奉连阳游击陈英檄征剿，高同驻防阳山千总曹起龙乘夜入其排，斩首三十六级，瑶祸始息，因改龙水尾为"平安冲"云。

以此见瑶非惩创不足以戢奸，彼专恃恩抚者，皆谬计也。

千总唐拔昂败于虎叉塘

康熙三十六年九月二十四日，瑶势猖獗，军寮与黄村民朱采品以小嫌结仇，构兵相戕。城守千总唐拔昂带兵截战，相遇于虎叉塘。时领兵三十一人，及练总李伯辅，乡丁五名皆被屠。拔昂战败，伏地，将被刃，其僮进福呼曰："此担坚也！"瑶乃释之，盖瑶呼官长为"担坚"。其僮本瑶种也，因以瑶言默相谕，而唐因得免于难云。

知县余懋严立清寨营于猪头山

清寨营在猪头山左。自县东出五里，至鸡笼冲，抚瑶后招流民居之，仅四家。上岭，险曲。又三里，至猪头山。自山脚横过，约二十丈许，路最险。左深崖，右峭壁。左有石笋，卓立如笔，名曰"仙人石"。自县至此，约八里许。自山南下岭，又四里，至牛唇带，即今出关之道也。过水分路，上柯树岭，险曲。又四里，至牛路水，一名水凹，散排瑶居之。又四里，至军寮。猪头山背左出，平坦，有石似虎，即清寨营旧址也。

营之建，创于邑令余懋严，时在崇祯戊寅冬。

先是，康熙二十五年丙寅，军寮、马箭二排瑶人借批耕为名，潜栖于此，纠凶行劫。民被其害者，垂二十年。至是，立营置戍，祸始稍息。

营背为鸡琶石。大树森密，苦竹茂盛。北隔小冲，若登大青山顶，历历见红逻坪、青龙头诸处，乃军寮出沙坊要路也。

猪头山北至红逻坪十里，东至鸡鸣关十八里，西与大雾山相连，南枕白沙营约二里许。白沙亦出关必由之径，称要地，故置汛焉。

知县朱三才详明凉伞冲地界

凉伞冲，即锅盖山也，其地原属阳山。楚贼口供，亦历历指明阳山。因阳山嫁祸于连山，详文纷纭，悬揣不能决。两院批委广南韶道何汉英亲勘山势，实属连州，乃归之连州，而令刊入志书。时知连州知州事者，为戴之锷。士民歌曰："连阳二县皆无事，惟有连州带山归。"至今以为口实，今录道详于后：

> 该本道等，遵即会同兼程前赴阳山县，带同连阳三州县，至棠梨坑村，步履上山。层峦高峰，约上十数里，始到山顶。此山，即阳邑边界山，前尚属阳邑管辖，山后的系瑶地矣。大山后，斜垂一山，即名锅盖山凉伞冲，又在锅盖山后一深涧也。其锅盖山，接连油岭、行祥、横坑三大瑶排。虽道里远近不一，山势层叠而下，实属一派蝉联。附近尚有香炉山瑶、新寨瑶、马头髻瑶、大莺瑶、深埔瑶、小河瑶等六散冲。询之土人，相其形势，锅盖山凉伞冲即三大排分支，并非阳山、连山二县所辖。本道复检查旧卷，康熙二十九年，前道陈金事亲临查看，绘图呈缴抚院，分晰界址，注明图内，与所勘情形吻合。则锅盖山确属瑶山，久有成案，又不待今日再勘而始明也，今查锅盖山

散瑶仅十余家，贼伙久已逃散，凉伞冲亦无人迹。其前住各贼，现按原供住址、姓名，着落地方官缉拿。至瑶人从未编入民地保甲，文武官职名应邀恩免开。合并声明详复：伏候宪夺。

康熙四十年四月二十二日行，五月初十日到县。

崇祯十五年征瑶扎营地方

崇祯十五年六月初四日，总兵郑芝龙在平天田扎营三，即平天营也。

湖广副将尹先民在鳌鱼水入对陂岭扎营，去火烧坪十里，去大掌岭一十五里。

广西参将严云从在马箭乌猿岭扎营，去马箭三里。

都司陈坤在军寮乌石界柯木岭头扎营，去军寮一里许。

清远参将严导诘在虎叉塘扎营。

广西参将严云从分防虎叉塘扎营。

湖广副将尹先民移营到里八峒后塘火郁岭扎二营。

福建都司郑芝豹六月十六日在大垄岭扎数营，去火烧坪五里。

参将吴宣献六月二十八日入里八峒内扎营，即焚毁巢穴，获二十功。是日，五省官兵马皆会火烧坪，乘焚巢之势，获四十余功。

总兵郑芝龙七月初一日进军寮晒禾墩扎营，去军寮四里。

广西副将陈邦辅带兵三千，在军寮辣峒央堂屯营，去军寮四里。

副将严云从七月初四日进火烧坪岭脚扎营，去火烧坪四里。

总兵郑芝龙七月初七日剿大掌岭，获六十功。

七月十四日，总兵郑芝龙焚烧军寮巢穴，获二百余功。福建守备某某某三人死之。

七月二十五日，总兵郑芝龙复剿军寮，获八十功。是日，火烧坪、大掌岭、里八峒三排保家老瑶至里八峒大郁岭向副将尹先民营投诚，愿带瑶八百余人到县见本县知县朱若迄。

八月初三日，参将王嘉勋、都司陈子勤、守备朱芳声、陈维学、郭振朝领各省官兵至马箭排脚柯木墩，扎三大营，去马箭二里。是日，又在里八峒棠梨墩立营。

八月初九日，总兵施王政至马箭东北禾仓凹岭扎营，去马箭三里。

八月十七日，总兵杨国威添兵至禾仓凹岭扎营。

十月初七日，总兵宋纪在镬水扎营。

十一月初三日，总兵宋纪分兵至马箭排脚大陂头扎营。

十一月初五日，参将赵文在鸡公头扎营，去军寮六里。是日，陈坤在马箭排东背岭凹扎营，通镬水。是日，总兵宋纪分兵移在军寮排外二里扎营，立烟墩，知会各营俱立烟墩。

初七日，参将吴宣献移至军寮乌石界脚柯木墩扎营。

初八日，添兵至里八峒连军寮界中花凹扎营，遏绝径路，不令里八峒私通军寮。

初九日，总兵宋纪复焚军寮巢穴。

十二日，广西兵移至军寮界扎营。

十五日，参将吴宣献又剿军寮，获二十功。

十七日，总兵施王政标下参将吴宣献等移至军寮凹扎营，离巢半里。楚兵移至军寮排前数武烧纸堂扎营，共屯一十一营。是日，参将吴宣献至军寮，获一百二十功。是日，又在油岭获五十功，又在镬水获一十二功，在白石岭获一十功。

二十五日，华都司往白芒立营镇守，毛把总往宜善梁峒分汛。

闰十一月初十日，义兵莫于胜入军寮，生擒瑶一功。

十一日，知县朱若迄至军寮点瑶。

二十日，挂印总兵杨国威至军寮排内屯营。

二十八日，知县朱若迄至军寮排内招瑶，监纪董梅鼎至马箭排招瑶。

十二月十九日，总兵宋纪托言师老，令各营俱退兵。

二十六日，监纪董梅鼎点义兵，委驯瑶把总李明清到军寮排内驻扎镇守。

崇祯十六年正月初八日，朱若迄立圩于天平（平天）营侧，令油岭、横坑、南江（岗）三排趁圩。

康熙四十一年壬午征瑶扎营地方

总统将军松柱、侍郎傅继祖、都统达尔占扎营三江口。

两广总督石琳扎营鸡鸣关脚。

广东提督殷化行扎营连州长塘。

湖广提督林本植扎营茂古峒岭。

广西提督张旺扎营宜善乌石峒沙洲，移营扎莲花界。

湖广永州参将王承恩扎营上吉虎冲岭。

湖广襄阳游击杨朝佐扎营上吉余高岭。

广东将军卢崇耀标扎营大拱桥。

广东韶州游击郑文魁、守备于潘扎营上坪。

广东韶州总兵刘虎扎营大岔岭。

湖广总兵王□□扎营大岔岭。

广东清远游击何国宾扎营大梁营。

广东提标、火攻营守备涂尚胜扎营三寨背。

《连阳八排风土记》卷之六

建　置

自壬午之春，禁旅来剿，瑶惧就抚。

朝廷轸念远民，特为设官移镇，增兵防汛，以善其后。连阳三州县，以一岁合计之，鞭银、色米不及二万，而防瑶官俸、兵饷，凡糜金钱五万有余。朝廷毫不靳惜，凡以为遐域之赤子耳！有事于斯土者，乌可不克殚厥职而徒作壮哉！雀鼠良可羞已。记建置第六。

寨　城

康熙四十四年，立三江寨城。周围二百八十丈，阔六十五丈，长七十五丈。城门三：南门、东门、西门。

理瑶同知

理瑶同知一员，管领把总一员，兵丁一百名，驻扎城寨。

三江协镇

协镇副将一员，管领中军都司一员，守备二员，千总四员，把总八员，兵丁二千名。

副将、都司驻扎城寨。

康熙四十二年十月，于连山分设防瑶官六员，兵丁七百四十名。

一、虎叉塘营：守备一员，带领把总一员，兵丁二百四十名。

一、大拱桥峒口营：右营千总一员，带领兵丁一百六十名，内拨防白沙、新营二汛。

一、白沙汛：目兵三十名（大拱桥分防）。

一、新营汛：目兵二十名（大拱桥分防）。

一、余高营：把总一员，带领兵丁一百名，内拨防山口汛（康熙二十六年原设，今改驻防瑶协镇官兵）。

一、宜善司三江峒营：守备一员，带领把总一员，兵丁二百四十名，内拨分防抛石、七星二汛。

一、七星汛：目兵五十名（三江峒营分防）。
一、抛石汛：目兵三十名（三江峒营分防），一名涩田营。
一、上台营：千总一员，目兵一百六十名。
一、上吉三口汛：目兵三十名（余高汛分防）。
一、宜善司班瓦营：把总一员，带领兵丁一百名。
一、莲花营：目兵五十名。
一、黄莲营：目兵五十名。
以上三江协分防。

连阳城守营

一、连阳营：分防参将一员，兵丁七百名，同守备驻扎连州。
一、连阳营：分防守备一员。
一、连阳营：分防城守千总二员。
一、分防连山县千总：兵丁三十五名，白沙塘兵三名。
一、上帅汛：目兵一十一名。
一、分防阳山县千总。
一、把总分汛，一年一换。时裁时设，皆相机而行，原无定规，兹不复赘录。
以上连阳分汛。

附：殷提督生祠

康熙四十四年十二月十五日，连阳士民建原任广东提督殷公化行生祠于州治东接官亭丞相里。为其锐意剿瑶，功虽未成，而民犹焚祝之，至今不能忘也。

《连阳八排风土记》卷之七

约 束

约束瑶人，教、养、兵、刑，均不可缺。予承乏治瑶，不能建奇绩。其所为：焚烧瑶书，恭撰《圣谕衍义》置约宣讲，排延蒙师，授以小学、《孝经》，聊以云教也；力田种树，劝谕奖赏，聊以云养也；团练乡丁，分巡隘口，有罪必惩，不事姑息，聊亦云兵与刑也。吾尽吾心已耳，不敢避老生常谈之诮。记约束第七。

革瑶排陋规与共誓神一则

五排十七冲瑶人顽梗猖獗。自其夙性。而向来文武职官抚驭之方，亦多未得要领。旧例：每岁县衙营汛差人上排，采买茶叶、绵（棉）花、黄豆、绿豆、鹅、鸭、鸡只，虚发官价，实令瑶丁赔备。又，每岁发示查排，勒献肥猪。及瑶以讼事牵连，勒令重赎。猾差土棍，乘隙吓诈，官得其一，瑶耗其十。迨至瑶不堪命，相牵走险，兵连祸结，生民涂炭。是果谁之咎欤？予廉知之。莅任之始，即将一应排中陋规尽行格除，约束吏胥不许分毫染指，连之绅土未尝不窃笑以为迂。诸如此者，凡以求洁己尽职，图免后患云尔。非敢矫强粉饰，以钓名弋誉也。今录《誓神祝文》于后：

连山县正堂李□誓神牒文，抄示五排十七冲瑶人知悉。誓曰：

承命乾清，抚尔童叟。夙夜战兢，无敢或苟。既包诚心，不惮苦口。设誓鬼神，与瑶共守：不食瑶粟，不饮瑶酒。取瑶分毫，贼断吾手。务悉公怀，莫堕奸诱。暗自营求，妄耗升斗。截路抢牛，指为盗薮。望尔诸瑶，痛煎夙垢。躬逢尧舜，何忍自负？服习《诗》《书》，耕耘田亩。期为良民，可保白首。右

康熙四十四年四月初二日示

文林郎知连山县事李来章，谨以牲醴致祭于本县城隍主宰正直之神曰：

来章幼闻父师之训，长读洛闽之书，矻矻孜孜，不敢自弃，于今三十年矣。晚蒙朝廷误恩，得以一第。出宰连山，七峒居民，五排瑶户，错居杂处，夙称难治。近以干戈方息，疮痍未起，人烟寥落，措手不易。来章才智短浅，不敢必其有裨地方，而一片赤心，愿为国家出力，以抚绥残黎，俾得沐浴圣世之雅化，则窃有微志焉。惟神聪明，实可共鉴：如有不本诚心，课农兴学，抚瑶防盗，专图自逸，私植肥己者，神威赫濯，难逃谴责。苟幽明相通，稍可共谅，倘乞赐之丰年，启其蓬心，阴为呵护；俾至有成，不惟来章得借福庇，不贻旷官之诮，而尊神亦获享血食之奉，春兰秋菊，无斁终古矣。今当履任，方始共事一方，敢吐私怀，仰告灵爽，伏惟垂鉴。右

康熙四十三年七月二十六日告文

焚瑶书宣讲圣谕一则

五排十一冲瑶人，于五经、四书、《孝经》、小学一字不肯读。平日排

师之所教者，皆瑶书也。瑶书有数种，如《阎罗科》、《上桥书》、扶道降神等名，皆鄙俚，诞妄不经。而扶道降神，崇邪诲叛，尤为无忌惮之甚者。《阎罗科》述破狱超度，《上桥书》言禳厄祈福，犹为道家科醮之常。至扶道降神，则侈谭纠凶犯正，倩神保护。每与官兵战，用道士披朱衣，手握铃杵，朗诵神咒，凶瑶操持干戈、火器随其后。道士焚楮毕，稍引而退，凶瑶即蜂拥而上。瑶既强悍，而野道邪师复启其邪心，壮其凶胆，以故凭凌（陵）冲突，毫无所畏。瑶人谬计，实在于兹，迨至天讨弗赦，骈颈就戮，呼神无灵，噬脐何及！吁，真可哀已。

排师多系楚之黄冠，贪瑶财贿，潜身入排。喜其有事，为之谋主。瑶人顽梗抗拒，多由渠辈指挥。而邪书数种，酿毒于童稚之年，沦骨浃髓，尤为难医之症。予深之。巡历诸排，搜其书，尽焚烧之。拘其师，差押驱逐出境。恭撰《圣谕衍义三字歌》，以土音训注其下。另为置约正，延端士，俾为瑶童宣讲启迪，朝夕无倦。每逢四季，令赴县背通，赏以笔、楮、果、饼，瑶老、瑶婆群观叹息。今排中子弟，已知大义，顿革旧习，与邻壤咫尺，风气迥别，亦可以见圣化感人之速已。今附录置约延师告示及《衍义》二序于后：

连山县正堂李□为宣讲圣谕，劝善戒恶，共臻淳俗，共乐升平事：案照前事，先经本县恭装"十六条"圣牌，着尔各该排瑶目领回宣讲。又捐俸延请通儒，暂充约正，赴排教训瑶童。捐置公服、顶帽，给发瑶目、约副，每逢朔、望，传集老幼，细心讲解，令尔瑶人通晓圣谕。并捐俸银，发给各排，盖造圣谕亭一所。去后，但恐尔瑶民贤愚不等，宣扬懈驰，合饬行查。为此，票仰该房即去着落军寮、马箭、大掌岭、火烧坪、里八峒瑶目、约副并馆师知悉：即将从师各瑶童，每日令其自备桌、凳，在馆读书。将十六条圣谕及《三字歌》反复阐扬，奉行惟谨，务使通晓：尊君亲上，敬老慈幼，恭兄友弟，返淳还朴，向勇为善，勿得视为故套。其圣谕亭盖造落成者，令不时打扫洁净，不许作污。未盖造者者，限即日内将本县发给之银，刻期备料起造。各宜凛遵，勿负本县谆谆劝戒至意。敢有违慢，三尺随之，慎速须票。右

康熙四十四年三月十八日

连山县正堂李□为恭建圣谕亭，以励瑶俗，共归淳化事：照得尔排瑶人自归诚以来，与民一例，率教完粮递结，颇知守法敬上。本县业经捐俸，延请通儒赴排，启馆教训瑶童。并恭装十六条圣牌，兼置

公服、顶帽,给与晓事瑶目,充为约副,令同馆师于朔望宣讲。又颁《圣谕衍义三字歌》,使瑶童熟读,知孝弟忠信之义。每排曾先发银伍两,买办木料,恭建圣谕亭一座。但建亭必宜闳敞高大,方肃观瞻。其木料价银不足,许再赴县补领买构(购)。至上下周围砖瓦,本县又捐俸雇匠烧备,每排再给砖七千块,瓦四千皮,以足建造之用。木、泥二作工价,本县已代尔等措置,俟木料完备,即遣匠役赴排兴工。

为此,票差本役即着某排瑶目某,即日传唤本排瑶丁,赴县西门烧窑处所,将所捐给砖瓦照数领运回排,刻期盖造,勿得迟违。右

康熙四十四年四月初三日

连山县正堂示:学要八箴,乃孔孟正脉。学者最宜潜心玩味,随处体验,矢以毕生,始终不倦。其在童年,虽于高深不可躐等,亦宜首先从事,知其梗概。

本县弱冠负笈千里,访道濂洛关闽之旨,窃幸获承绪论于诸大君子。末附二箴,粗述大意。皆本先哲,非一己之臆说也。该蒙馆、瑶馆教读师长,其为生徒各缮写一册,令朝夕咕哔,皆能上口。更为随俗敷衍,俾言下了然。

本县于四季之暇,亲临各馆,课其勤惰。且本县以夙昔勤所闻,为尔民瑶生徒勤恳谆切,一一阐明。言非具文,期于实践。各宜努力,以副拳拳。右

康熙四十四年七月初七日

刊刻圣谕图像衍义序

钦惟我皇上御制十六条,广大精微,直接虞廷十六字之心传,夐哉!弗可尚已。薄海内外,大小臣工,朝夕讲解,训迪斯民,人心风俗,已烝烝然日进于古。

臣来章于癸未冬十二月二十日,荷蒙圣恩,引见乾清宫,仰承天鉴,不以臣为不材,俾宰连山。既承简命,单身就道。历洞庭、折岭之险,凡四逾月,而至其地。民仅七村,丁只二千,外此则皆壮民、瑶户。大排居五,小排一十有七,约略计之,数且盈万。又,重山复岭,瘦石巉削,田居十分之一。终岁勤动,稻禾一熟。然臣仰体天心,视如菶毂,循分尽职,不敢以为"穷处"也。

莅任之初,延见民瑶父老,谕以朝廷恩德,无远弗届。听受之下,无不北面罗拜。又以检束身心,莫如圣谕,恪遵功令遍历七村、五排,

亲为宣讲。顾于稽首礼毕，退自思维。

　　圣学高深，训词尔雅，虽学士、大夫尚不能仰测万一，况田野小民，知识短浅，求其洞晓，见于身体力行，多恐尚有未尽能者。又，诸臣演解，语句虽繁，条目未备，且人自为说，土音不齐，环听之下，不免尚费诠释。臣因访明臣沙随吕少司寇坤《实政录》《宗约歌》二书体例，分为六款：一曰图像，二曰演说，三曰事宜，四曰律例，五曰俗歌，六曰瑶训。或用文语，间以乡音，雅俗并陈，总期演布圣意，昭如日月。属草既定，析为上下两卷。虽知识短浅，固陋不文，然于宣讲之顷，俾深山穷谷翁妪童稚，言下了然，有以仰见九重淳谆仁爱民瑶之心，是亦风尘小吏所以区区自尽其职分者。

　　刊刻垂竣，薰沐拜手，因识岁月，附一言于纸尾。

刊刻圣谕衍义三字歌俗解序

　　自古经传，皆有笺注。递至宋儒，每用乡音，发挥大义，学者多录其语，以相传授。粤人区适子又有《三字经》，总括经史，以训蒙童，读者便之。今上谕《十六条》，发明圣道，提纲挈领，与经传无异。臣不揣固陋，僭为疏解，朔望率属，恭为讲说，亦已家弦户诵，渐有成效，颇称盛事。顾臣犹以为，全书主于阐发，未免太繁，幼学传诵，恐猝未便。爰于其中又抽出《三字俗歌》一项，杂用土音，略为注解，使言下洞晓，一如家常说话，另行雕板，颁发民瑶。俾相口授，询于道路，窃比道人之木铎，庶耳濡目染，董（薰）陶德性，亦行远登高之一助云尔！

宣讲圣谕乡保条约小引

　　窃以王道不过教养。而欲求教养兼举，家给风移至于有成，则莫善于乡约。广郡大邑，栉比鳞次，人民之众者无论已，即以千家之聚言之：庶类庞杂，村落星散，势既辽阔，传谕为难。欲令家喻户晓，一一咸如令长之意，亦何可得？此乡约之设所断不容一日或阙者也。

　　自成周立制，地官大小司徒，其属有乡老、党正、族师、闾胥、比长。其训笃之法：月吉始和愚象，以施教法；挟日而敛，又以众庶之戒禁。听其词讼，施其赏罚，诛其犯命者，劝善戢奸，亦既详且密矣。

　　降及后世，慕其声教，绍述前规，递有增益，颇不乏人，宜乎世风民俗，媲美前王。顾乃陵夷颓废，江河东下，日复一日，远逊不如者，则以上之所以倡之者，未极谆切，而下之所以应之者，不本于至诚也。

　　今皇上殚竭睿虑，撰为圣谕十六条，广大精微，补周礼之未备。于教养之书，彬彬乎可谓集大成矣。臣自草莽伏诵，仰钻有年，窃以躬逢尧舜，深自欣幸，寤寐梦想，喟叹无已。今复仰承简命，出宰百里，此正小臣来章竭力尽忠，宣布德音之时，岂敢以瑶、壮瘴疠，风土陋恶，甘于菲薄，以自负其夙昔？

　　自昨秋履任，于鞅掌之暇，已成《圣谕衍义》一书，雕板颁布。每逢朔望次日，城市村圩遍为宣讲。又恐考查无方，劝惩不明，蛮乡荒徼不能骤为开悟，是有宣讲之名，而无宣讲之实，涂饰具文，苟且塞责，不几仰辜圣天子惠爱元元之至意乎！爰又本之昔贤，分置记善、记恶、悔过、和处四簿，逐条遵照圣谕，细为区别。挨户按名，人给一本。未讲之时，令其自审。临讲之期，令其公填。此法既立，庶乎深山穷谷足迹不履城市之民，皆触目警心，俨如父兄、师保鉴临课督于其侧，其于相率为善，或可从之无难矣。

　　条约既成，粗记其略如此。

创建书院讲明正学一则

　　连山叠遭寇、瑶之害，人弗遑学。间有咕哗咿唔于蓬窗瓮牖之下者，率皆腐烂时文，鄙俚荒谬，不堪入目。是虽名曰学，犹为弗学也。

　　予始来，即欲择拔才俊，勤加课督。奈肄业无所，每以为挠继而得隙地于西郭大塘之上，予捐俸六两买之，创建连山书院。正殿三间，祀纯公明道、正公伊川、文公考亭三子于中，扁曰"洙泗源流"。讲堂三间，扁曰"圣道昌明"。左斋三间，扁曰"研经"。右斋三间，扁曰"读史"。正殿两畔，一为卧室，一为茶寮。外建台门三间，门房四间，稍有次第矣。予又为撰述《书院志》六卷，中记夙所闻于师友者，以终明濂洛关闽之旨。

　　粤中之学，白沙独立门户，甘泉嗣扬宗风，亦人杰也。但立言稍偏，恐滋流弊，清澜忧之，特作《学蔀通辨》，排斥异说，羽翼正学。卫道之心，可谓苦矣，谓非程朱之功臣哉？

　　予集民瑶生童，相与讲明程朱之学，期以上溯洙泗，归圩在望，庶无迷津之叹。今录书院碑记及志序于后：

连山书院志序

　　连山士子之荒于学，其势使然也。

自天顺间，省程山复置连山，改隶广州府，移县治于象山之前，始有城垣，即今小水坪也。是时，瑶壮交攻，日寻干戈，固不暇于讲艺。后稍宁，帖士多狃于故习，弗克振拔。贫者俟子四五岁，引以入塾，至十四五则易业，率以为常。其间，师所课授，多老吏狱牍。若谓但能记忆十余通，可以免服贾力田矣。或习为道士术，乘夜跳鬼，科醮之言，鄙俚污口。然土人信之甚笃，有疾率用此辈，不服药。虽至鄙咨者，于此则弗惜也。富者诵腐烂之试牍，期应童子试。若幸而入于庠，如位极品，侈然自足，不复科试也。日夜矻矻招讼，居间冀收渔翁之利。平日持吏长短，悠恿奸滑，以左右袒分胜负。持之以行恐喝之术，意殊自得也。盖其俗之陋如此。

　　予莅任以来，常汇集而屡试之，文虽不衷于法，其才品俊秀亦多可观。窃谓荡涤其旧汁，鼓舞其新机，日渐月摩，转移变化，此邑令长之所首宜有事也，宁可诿之风气而弗汲汲以图之欤？爰为辟讲舍，立学规，旅进邑之子弟而告之曰：学以立身为根本，穷经为灌溉，文章为菁华，舍而歧出，虽学犹弗学也。自孔孟没，吾道之传，不绝如线。明道、伊川崛起河南，遥接其统于千载之上。考亭朱子读《两（二）程遗书》，而心好之，以为此孔孟之正脉也，殚一生之精力为之补缀阐发，而后其道大明。自后世视以为科举之具，不求之于心，不返之于躬，浮词相炫，大义沉晦，名为家诵程朱之书，及叩其本旨，多茫然莫解也。又安望其绍明孔孟，肩吾道而建大业哉！

　　今因其俗，以神道教之。特设程朱一二子之像于书院之正庭，所以视标准也。予质本庸腐，茌苒老矣。然居近伊洛，为两程之乡后进，耳濡目染，熟闻诸大君子之绪言。今承乏于此，悉有令长之责，窃不自揆，本程朱之旨，僭撰《连山书院学规》六卷，期与二三子共相砥砺，以从事于学。使俗成邹鲁，彬彬擅文雅之观，人追游杨，翩翩尽醇良之彦。此予之所重，有望于连山之士子者。若第戒其荒而洗其陋，稍变前日之所为，虽不佞如予，亦不忍以自画也，况豪杰之士乎哉！是为序。

创建连山书院碑记

　　自天顺六年迁县治于小水、邪渡二溪之间，当五排瑶人出入隘口，盖欲县官自为守云。顾城垣狭窄，除官舍、廒仓外，仅容四十余家。城守之兵，又居其半。城外无坦平之区，鸟言夷面之民，皆并溪而居。茅屋竹篱，门临官道，舍后逼定山麓，更无隙地。求可以置讲堂，为士子弦诵之地者，遍觅无有。

予莅任之始，即注意于此，劳心经营者屡矣，率不值其地。久之，得一区于西郭大塘之上：面重山，临溪水，阔六丈，深倍之。而杀其二，可以建堂列庑，置庖厨、偃息之所。问其地，曰萧姓与虞姓历年互争之所也。萧愿输其地于官，而虞必欲得价六两，过田税二亩余。予捐俸如其数，凭绅士、里长以买之。因卜吉兴工，建正庭三间，讲堂三间，安奉程朱三子之像于其中；斋房六间，厨寮四间，卧房四间，以为士子咕哔呎唔之所；大门三间，又耳房四间，将俾守者居之，司洒扫，谨管钥，期于可以垂永久。至于砖、石灰、木之值，木、泥、杂工之费，皆出解囊；惟夫役，公议出于七村捐输。

将讫，工绅士胥为予言："吾邑僻且贫，司牧者苦于应酬，不暇他及。以故自建邑以来，百有余年，于弦诵之事，率谦让以为弗遑也。今我侯独致力于此，将为吾连革陋俗，破天荒，此不世之恩，宁可无一言以垂善诱？"予不获辞，乃谂于众曰："地之力，皆能以生五谷；人之才，均足以媲两大。惟连山之子弟，聪明俊雅，与邹鲁之邦，固无以异；而成就悬绝，有所不逮者，囿于习俗，汩没终身，先生、长者之论，未获与闻也。以予所闻见，约略计之：童子习讼牍，一蔽（弊）也；儒士学道家言，二蔽（弊）也；沉埋于恶烂之时文，不肯肆力于古学，三蔽（弊）也。间有由周、程、张、朱之《近思录》，以上溯乎四子之书；由四子之书，以探源乎六经之籍者，更茫然莫解，寂然无闻矣。今书院之建，所欲与二三子共相砥砺者，大旨尽于《连山书院志》六卷中。为学之方，不在崇尚议论，顾躬行何如耳。二三子其更殚心悉力，以益勉之哉！"

起工于康熙四十七年三月初七日，讫工于某月某日。共糜白金凡若干两。司银两之出入者，岁贡生彭祖松；督工程者，监生李幹国、馥国、萧泮桃，生员许葛超，保长王梦征、张世荣、成希凤。乐捐砖瓦者，乡民某某，例得附书。

时康熙四十七年岁次戊子三月某日谷日也。

劝课瑶民栽种茶树一则

瑶人居住深山，田地难得，谋生之计，或无所出。饥寒逼身，起而为盗，亦其势使之然，非得已也。

予初抵任，见蛮山万重，黄茅盈目，竹木果树，所在寥寥，未尝不鄙民瑶之呰窳偷生，地有美利乃弃而不知取也。竹木果树，姑置无论，即以茶树论之，空闲间荒山，皆许栽种。数年之后，蔚然成林，不锄不灌，不用人力。子熟榨油，可以取值。太史公云："（若）千亩卮茜，千畦姜韭：（此）其人皆与千户侯等。"富给之资，皆出于地。第惰懒者，不肯出力以经营之，天地固无如彼何！职司民牧者，独不可训诲督率，俾其敏以从事乎？

予莅任后，即出示教民种树。有愿占官山，许赴县具禀，给以印照，且许以永不起稞（课）。其果能遵谕种植者，又许报明亩数，单骑亲验，给赏花红。保长地方有能劝谕种植者，亦许报明，给扁旌奖。今已有种植者，然不能尽如予愿也。附录告示于后：

　　为劝谕民瑶广植树木，以收地利，以赡民用事：

　　照得天地生材，不分饶瘠，雨露滋润，皆易长成。懈其力而弗勤，弃其利而弗收，一切食物用度皆取办于谷米，无怪乎其匮乏而难给也。

　　古人五亩之宅，墙下树桑。其有不毛者，罚出里布。总不使尺土寸田，稍有旷废，乃为谋生养身之善术。

　　连邑风俗，懒惰成习。男不农樵，单靠妇女田间力作。收获之外，亦不知树艺果木。稻只一熟，更无他望。以故土产寥寥，财用日乏。

　　本县历览县境，以百分计之，田居其一。崇山峻岭，触目生厌。然丛薄蔓草，亦青葱可观。度其土性，尚非十分硗瘠，犹可加以人功，收其地利。况茶树两（良）种，皆系连山土产，摘子榨油，烘叶渝泉，可食可卖。桑柘椒椿，可以饲蚕。竹杉等木，大可构屋，小可制器，凡百所需，极便于民。宁可因循旧俗，弃而弗植，徒使荒草连天，苍蓬满目，地力不尽，责将安归？

　　本县仰承祖德，虽本簪缨，《诗》《书》之外，颇娴田事。既于前月躬行课耕，今于农隙，合劝种植。为此，示仰阖邑民瑶人等知悉：

　　兹值冬日稍暇，正宜栽种树木，各当努力，无失机会。仰于所居村寨前后左右闲地内，除顽石漫沙不堪树耕艺外，其余概种茶树暨桑柘椒椿等木，或间以竹杉楮构柑桔榛栗之类。务令东西南北，无尺土之抛荒；春夏秋冬，鲜一时之游豫。垦种不过一时之劳，收成将有百年之利。非比禾稻菽麦，春耕夏耘，汗滴下土，十分辛苦，而后得颗粒之获也。尔等各宜彼此鼓舞，大小劝勉。每村头保、瑶目、千长人等，开报所管灶丁，每户种茶几亩，种诸项树木几株，不拘种类。其有勤紧种植，倍于他人者，花红奖赏。或本县省耕劝农，笋舆所至，验其树木果系茂密，再当另行破格给匾，并免门差。倘仍前怠惰，听将附近山场荒废，挨查居民，定行究责。至如尔等民瑶，或有余力，愿于官山处所承种树木，报明四至，赴县投递，即准管业，不起租科。并给印照，以杜后来加派。此本县为尔等食用不足谋生起见，所以淳谆劝谕，务期各勤手足，共活身家。勿谓本县迂阔之言，置之膜外也。所有条件，开列后项，须至告示者：

一、每户灶丁一名，遵谕种食茶一亩，油茶一亩，桑四十株，杉四十株，竹五十竿，其余杂木不拘多寡。

一、种茶子之法。先将其地用牛犁过，或以锄锹等器挨次掘起，土壤柔和，地气发动，种上茶子，易生易长，自是茂盛。其种植榛栗诸果，法亦如是，不许苟且了事，虚应故事。并仰头地人等、瑶目、千长，将所报灶丁，不时稽查。

一、种茶栽之法：将已成茶条，拣粗如鸡卵大，砍三尺长，小头削尖。每种一株，隔四五尺远。或用铁钉，或用木镢，大三四分，锤入地中，用力拔出，就将茶条插入橛眼。外留一分，用土填实，封一小堆。两月之后，萌芽发生，不拘几股。到二年后，一齐砍尽。俟发粗枝，只留一科。不久成树，比别项林木更觉茂盛。种植诸木，皆用此法。仰头地人等、瑶目、千长细与讲说，仍不时查验。

一、种桑条之法：或于正月，将半大桑枝，栽一尺长，就地掘沟，密密压在里面。入土八分，外留二分，久自发生。到五月时候，用水润畦，将桑葚密密铺平，仍以细土覆之，不要过厚。六七日以后，尽发萌芽。俟长一尺余，另行别种。此法更觉简易。杨柳诸木，照此种去，亦无不成。此皆向所亲试者。仰头地人等、瑶目、千长以土音传谕，务使咸知。

一、桑柘椒椿等木，皆可摘叶养蚕。或于树叶安放蚕驹，上面用网笼罩，以防鸟鹊。下面用桐油涂线，围绕树根，以防蝼蚁。蚕成，取丝织成茧绸，服御耐久，最便于人，其利无穷。北方地寒，冬月大河、井水皆冻，尚可养蚕，何况粤东地气最暖。先谕尔等百姓，将上项木种植成园，本县寻当命人往取蚕种。并喂养、缫丝之法，为尔等一一细讲。仰头地人等、瑶目、千长先与说知，令其勤种。

一、自本年十一月初一日起，到明年二月三十日止，陆续种植。每月朔、望，先行开报某村某人、某排某人种过每项树木若干株，土名某某，坐落某处，附注于下，以凭本县不时单骑查验。

一、每户灶丁种植如数者，许本身亲具手本，详开亩数、科数，赴县报明。或地方边远，本人不便赴县，许头保、瑶目、千长人等注册汇报，以便传唤给赏。或户内灶丁一株不种，习懒如旧者，将灶丁责二十板，仍榜"惰民"二字于本家门首，以示儆戒。

一、头保、瑶目、千长人等，能劝谕本管灶丁十名以上如数种植者，花红奖赏；五十名以上，给扁风励，并赏袍帽。或所管灶丁无一户种植，即系催督不力，劝谕无术，将头保、瑶目、千长人等各责二十板，仍行革退，不许充役。

劝耕稞（课）种创建东西二坛一则

瑶人顽梗，性喜劫略。然亦苦于生计淡薄，食无所出。司牧者欲代为筹画，惟有务农力田。若议补议助，终非经久之长策也。至于小民终岁之计，率亦类此。

予自莅任之始，殚心竭力，专为此事。每岁于插秧之时，必免输纳、比较。又遍履南亩，躬亲劝惩。勤者赏以果饼，惰者责以桁杨。其于人事，不敢不勉，盖夙所盟心者如此，不敢以告人也。

东西二坛，实为一邑祷祀祈谷之地。向来因循，荒秽不治，神无安栖，或弗降福。予莅任未久，即捐俸购砖，创建坛壝，遵依古制，不敢草率。牲醴丰洁，献酬诚恪，上下左右，如亲见之。

迩年以来，屡庆丰登，民瑶咸得免于饥馑。自揣薄德，曷克致此？实皆神祇之明赐也。附录二坛告文，暨劝勉耕种告示于后：

改建社稷坛壝告文

维康熙四十五年岁次丙戌十月己亥朔，文林郎知连山县事李来章，谨以牲醴香楮之仪，敢昭告于社稷之神曰：

惟□神职司土谷，亿兆仰赖，报飨之仪，著于国典。连山土狭人稀，诸事草率。自建邑以来，因循苟且，习以为常。祀地荒凉，芜秽丛集，神无所依，民不获福。来章窃用惶悚，自捐俸薪，采买砖瓦，择吉启土，遵依古礼，兆建坛壝。惟□神有灵，尚克鉴兹。敢告。

新建社稷坛安神告文

维康熙四十五年岁次丙戌十月己亥朔，越祭之辰二十五日己酉，文林郎知连山县事李来章，谨以牲醴之仪，敢昭告于社稷之神曰：

来章仰承朝命，来宰连山，奉事神明，务竭鄙忱，不敢褒越神所凤鉴。

兹于坛兆斟酌古礼，已克讫工。伏惟尊神翩然来临，是凭是依。

嗣今以后，俾水土平善，人无疠疫，禾稻丰登，不遭饥馑。岂惟不佞得庇神庥，而牲醴丰洁，春兰秋菊，仰酬神功，惟神亦得血食斯土，永久而无斁。惟神鉴之。敢告。

创建风云雷雨坛告文

维康熙四十五年岁次丙戌十一月庚子朔，越祭日戊寅，文林郎知连山县事李来章，谨以牲醴香楮之仪，敢昭告于风云雷雨之神曰：

惟连山建邑，始自胜国天顺年间，迄今百有余载矣。田限于山，民剥于瑶，吏限于食，官屈于力。虽名为邑，丁粮之数不及大县之一村落。以故百凡（凡百）典礼，取足塞责而已。因仍鄙陋，多不克举如令甲。惟兹一区，尊神所栖，牛羊践踏，荒秽不治。来章承乏斯土，职司崇奉，心窃悼惧，不遑启处。敢捐俸金，采买砖瓦，遵依定制，图建坛墙，用申虔恭。兹乘农隙，选择良辰，动土兴工，惟神灵爽，尚克相诸。谨告。

维康熙四十五年岁次丙戌十二月辛丑朔，越祭日丙午，文林郎知连山县事李来章，谨以牲醴香烛之仪，谨告于风云雷雨山川之神曰：

惟此坛墙，粗已毕工，所望灵爽，是凭是依，继自今仰顺天时，各司其职，岁获大有，民无祸灾。崇奉之典，司于令长，香烛牲醴，其所以报答于神明者，宁有极哉！谨告。

劝耕稷（课）种告示

连山县正堂、纪录二次李□为劝谕事：

照得连山小邑民间生计，惟赖力田。且稻只一熟，更无他谷可资糊口。若一时惰懒，即终岁忍饥。言念及此，宁可怠忽？

兹值春耕之始，最为要务，合再劝谕。为此示谕通县民瑶户丁人等知悉：

未种之前，务宜深耕；方种之期，务宜牢植。本县亲身单骑，不时阅视。勤力之人，给赏果饼；懒惰之辈，必加答责。尔等民间父老家长，务体本县婆心，劝诫子弟，督率雇工人等，共出实心，经营农事。谆谆至意，尚其（祈）体诸。特示。

操练乡勇巡查险要一则

瑶性叵测，备御不可不早。若至祸发，仓猝方议攻守，技艺不熟，器械不精，进退不齐，心志不一，欲求奏效，难已！

议者皆云：宜招募客兵，建营置汛。然饮食水土，非其素习；山川险易，不能具悉；畏缩愁苦，志气索然；且又经过屯扎，骚扰蹂躏，不能安民，反与结怨，虚糜粮饷，毫无裨益。目前所见，比比皆是也。

予承乏于此，窃抱杞人之忧。因于村市民丁遴选精壮，置护城乡勇百名，以军法教之。五人为伍，以伍长领之，十人为什，以什长领之，给与小旗一面；五十为队，以队长领之，给与大旗一面；百人则建图，以百总领之。长枪、排链、藤牌、滚刀、鸟枪、手铳，各从其便。予亲临督训，中者赏以银牌，否则量责。硝磺、旗帜，予为捐俸制办。所属七村及宜善司地方，亦照此例行之。既而又念各处隘口，素为瑶所出没，巡查防守，尤不可少。于是，择元武营、茂古峒、鳌鱼水、长冈岭大小眼、上下石田紧要之处，轮差乡勇，屡获匪类。四年之中，地方安宁，较之邻壤，不啻天渊之殊。舆论具存，可询而知也。附录告示、详文于后：

连山县正堂李□为申饬团练乡勇，以固地方事：

照得乡勇之设，原以自卫村寨，守望相助，彼此维持，绝奸踪而遏盗源，法至善也。连邑僻处山陬，界邻楚地、西粤，兼以民瑶错杂，思患预防，尤不可一日不备。

兹值秋尽冬初，收获将已告成，合饬团练。为此，示仰该村保长、地方人等知悉：即便遵照补筑寨围，团练乡勇，各备鲜明器械，朔望操演，稽查奸歹。至于隘路处所，遇夜派拨乡勇巡防，务使小丑屏踪，不敢窥伺。倘有面生可疑及行踪诡秘之徒，查实确据，禀报究逐，毋许容留。尔保长仍将练过乡勇花名，列册预先递报，听候本县不时亲临点验。倘乡勇不遵拨巡，怠惰偷安，该保长指名具禀拿究。此系为尔地方起见，勿得视为泛常，苟且塞责。特示。

条议添设乡勇详文

随查得连山小邑，僻处山陬，层峦叠嶂，田居十分之一。巨石夹涧，鸟道通行，地邻粤西、湖南。所属村庄，逼近五大排瑶、十七冲散瑶。县治更当瑶冲，相去咫尺，往来出没，势必经由。城内居民，不过十四五家；东西两关，不几三十家。皆系招徕穷民，肩挑糊口，出州日多，不便拨充。壮丁、衙役，原属招募外邑。地方旧有食米，已经裁革；额设工食，又奉捐解。枵腹难忍，率多辞归。平日支更巡逻，上宿守堂，尚苦无人；倘有应行策赴之处，将令谁与共往乎？虽奉设营汛，不过防其总路，会哨游巡。相去近者十余里，远者五六十里。一有商酌，必俟移文，往返耽延，缓不及事，又安望应之若左右手也。

　　卑县以仓库、钱粮攸关，未尝不深为隐忧。平日竭力，惟在宣讲圣谕。业于五排各设约正，朔望传集听讲；更延名师，训迪瑶童。所撰有《衍义》《俗解》，已经恭呈宪览。但念事机之来，匪可测度，既有文事，必须武备。近复有可虑者：连山稻只一熟，更无别产。地方生计原薄，更因去年歉收，遂至今夏米贵。秋冬之交，保无奸徒出没，扰害地方。况前日进剿八排，祸皆起于连山所辖里八峒。未可以目前粗安，遂可习为故常也。

　　旧日，地方亦有练总、乡勇在村自卫，皆是挨户轮当，器不预备，事无专责，粗应故事而已，奚足倚为干城？卑县方拟恪具详文，恭请□宪裁，预为桑土，绸缪之策。适奉条议，另选练总、团练、乡勇，良法善政，诚莫逾于此矣。

　　今卑县遵照，除团练、乡勇各自保护乡村外，更为相度地方形势，冲途隘口，莫如茂古洞口与近县之元武营、鳌鱼水及长峒（冈）岭大小眼、宜善司、高乡。此六处者，悉属瑶、壮出入，至为紧要。今议招募练总六名，练兵六十名，分别安置，昼夜防察，专司缉奸捕盗。然欲使竭力堵御，自当计口受餐。每名月需米三斗，周年合计米二百三十七石六斗；每名工银四钱，周年合计银三百一十六两八钱。炮器、火药之费，总在其中。应于合邑各村烟户捐输，按月给领，俾无庚癸之呼。责成既专，防御有资，巡缉不息，而盗风自息，地方敉宁，百姓共享太平之福矣。

　　康熙四十六年八月初三日详。布政司批：仰如详力行可也。缴。

创建关庙暨山顶营房一则

　　距县西三十里，有鸡鸣关。两山峭立，中开一窦。面对连州油岭三排，盖瑶人一出一入所必由之径，实为连山扼塞云。

　　不知何年，关阁倾圮，仅存石址，荆棘满目，无椽一瓦之庇。予目睹之，窃为叹息。莅任之始，即创建汉前将军关候庙一所，厨房一所，续建茶亭一所；文昌阁一所，茶亭一所。招募庙司，内奉香火，外设茶汤。托言风水攸关，其实为防瑶而设也。既而又念守御单弱，不足以制强瑶，与三江协营将王君讳顺者，委曲商酌：予捐俸助银十两，于文昌阁右畔山顶起建营房三间，周围植以木栅；议定拨兵二十名，昼夜瞭望防守，一以护关下营汛，一以护往来商贾。将俾鸡鸣关口，成连山重镇。且绸缪未雨，以为善后之策。盖忧深虑远，其为地方计者如此。附录疏、移、《庙记》于后：

粤东山水甲天下。其自湟川而上，见双阙插霄，石窦中辟，磴道一线，仅通人行者，乃鸡鸣关也。其地为连山门户，夙称扼塞。

迩年以来，瑶丑不静。说者谓：宜设汛其上，建牙竖纛，表示金汤，以彰威严。然筑舍道傍，议久不决。匪茅，因循苟且，无图功之人；亦以势居山椒，丛薄蔽之，杳无人烟，气象萧索，经营之功，实有未易举者。

自关而入，上倚峻岭，下临深溪，诘曲崎岖，甚于筇（邛）峡。九折至白沙村，势稍宽舒，可以憩息。奈无一椽一瓦以避风雨，即附近居人，亦多以为不便也。

不佞初莅是邑，不揣鄙陋，欲于鸡鸣关上建□汉前将军关侯行祠，白沙村建粥茶亭，装严宝相，香火蒸尝，使忠孝神武之风，潜移默化，顿革顽梗。更于冬夏二季，施粥施茶，令饥者可食，渴者可饮，重蜿劳顿，稍息精力。其于地势民情，未必无小补也。不佞业已捐俸七十两，付经管人等采买木料，定烧砖瓦。但期传久远，必须完固；土木之功，独力难成。敢布同志，共勷（襄）厥事。倘必两必石是，或强所未能。今随升随钱，当亦人所乐助。属望遐迩唱义，庶几早晚落成。谨疏。

连山县正堂、纪录二次李□为移会事：

照得鸡鸣关口庙宇，于本年三月十九夜被油岭瑶贼挖穿庙墙一案，已经本县唤惩承管关路瑶目千长，勒限严缉真犯外，现今关顶营房未有汛兵上宿，不得不为善后之策，合再移会。为此，合用公移前诣广东三江口协镇中军都司李，烦照事理，希祈檄催该管营汛，将关顶所设营房照依原议名数，拨兵防守，勿令昼往夜归，虚应故事。庶往来兵民商贾遇夜歇宿，不致疏虞。口碑啧啧，皆感鸿庇矣。

康熙四十七年闰三月初十日移

鸡鸣关创建汉前将军关侯却金祠记

康熙四十三年七月二十六日，予出连州西南行，绝湟水；约三十里，至鸡鸣关，或云鸡笼关。土人斯斯征其说云：关以内四山逼塞，人处其中，如鸡在笼。或云：自县东出，路傍无居人。至关，其麓与连州接壤，始闻鸡鸣。后说微近理，因从众呼为鸡鸣关云。

关踞山椒，中断若门。昔人因其势，施锤凿开广之。先是，未抵关三里许，行者磬折，拳膝摩胸，仰面拾级，汗喘不息。望一盂水，不啻如沆瀣乃。既至，则藤稍棘刺，遮蔽左右，赤日当空，无一椽把茅之庇。向（何）日垒石为关者，遗址仅存二尺许。问之，云：向有草亭，倾圮（圯）久矣。予徘徊碎石中，叹息不置。欲当镶水来处，面油岭，建汉前将军祠。默然心识，未敢讼言之也。既过关，高山并涧，铲石为道，断者以木续之，仅通人行。水声彻聒，若万辆奔车，骇人心魄，抵县城而止。时白沙营戍尚未建，居民尚未复业，故举目所及，寥落至此。噫！邑之梗概可知已。

越明年，政事稍暇，予乃庀材鸠工，创建汉前将军关侯祠三间，厨房一间。缭以砖垣，关上起阁，傍筑茶亭，下复起食寮三间。凡糜白金若干两，悉出捐俸，不以一毫累民。既讫工，将刻扁额，绅士父老旅进而告曰："维吾连民，罹荼毒于强瑶，哭泣之声未息，疮痍者尚未复也。"公至，首集五排十七冲，与之誓神刻石，谆谆劝谕曰："嗣自今，官与吏不取渠辈锱铢之利；若朝廷三尺之法，则务期必伸，不中挠也。"瑶皆唯唯。他日，太保墟拿获假银，公为雪难明之冤，瑶皆叹服，以为神明。连州铜锣坪之抢路，公为惩朋比之奸，瑶又皆惕然股栗。今则五排十七冲帖耳受约束，间有不平，赴县投诉，一如平民。四野无犬吠之警，茅檐得安枕无忧。吾侪追寻曩所记忆，如今日之连山，固二百年来所未有也。虽公之恩威兼施，明断如神，而要其得力，以不贪为根抵（柢），非偶然者。昔汉前将军河东关侯神武绝伦，威震华夷。其所以慑服人心者，尤在于却曹氏之金。公于千载之下，仰止高风，取而私淑之，可谓能自得师者矣。今新祠落成，敢请额以"却金"，昭神功，亦所以明公志也。若夫行旅有所憩息，风水得以束键，皆有造于吾邑。而以瑶排之兢兢守法较之，则犹为末效耳！予曰："有是哉！诸君之善于立言也。其义正矣，其见远矣，其味旨且永矣！不佞如予，固无以易之也。"遂次其言，而为之记如右。若誓瑶语，则附刻于左方。

时康熙四十七年

操练乡丁屏除虎患一则

连山西通江华，与湖南接壤。江华有山，名曰"芙蓉"。峰峦峻峭，岩谷深邃，人不敢入。虎豹群处其中，时时逸出，为邻邑害。

予莅任之始，父老来告曰："禾村频遭虎害，三四年来，被咥者凡七八十余人矣。行旅贾客不与焉。"予谓父老："盍急捕诸？"父老言："爪牙之利，人莫能御也。且楚粤之俗，崇奉于菟，以为神。恐一犯之，其为祸祟，将益甚。是以不敢。"予曰："蠢尔山虫亦何能！为能除田豕，则祭于蜡；若残生灵，则毙之刃。此固国法，亦天道也。譬之于瑶，顽梗久矣，不肃以法，恐浩荡之恩，亦无所施也。"乃部署乡丁，操演火械，防守险要，期剪荡而后止。又为牒文，焚告城隍之神，大略谓：令与神共事一方，期安残黎。若虎患不除，腼颜于上，岂独令之罪，亦以神之羞。盍遣六丁，助我兵于冥冥。

一日，县隶蒙贵往樵于山。虎乘之，攫其右肱，而踞于地。众闻，竞逐之。虎弗走旷野，仓卒间，排柴扉而入于西郊之空室。既入，扉自合，咆哮不得出。众共鸣炮毙之，扛于县堂。命吏度之，长七八尺余，斑斓遍体，巍然巨物也。越十数日，又连毙其二。有识之者曰："兹三虎者，称山君之巨擘，矫健异常，莫可向迩。兹乃以乡丁除之，若阡犬羊然。我公之绩，洵异已。"予曰："此神功也！予何敢贪？"刑牲酾酒，设于城隍之殿宇，率寮吏再拜以酬焉。自是，芙蓉山之虎弗敢出，民患遂息。往来者，皆以禾村为乐郊也。

既数月，三江峒防瑶总司胡姓者，过署而请曰："虎频入汛，兵弗能御。将求树木栅，集民壮以为之守。三江峒近广西，实走怀集之要道也。"予笑曰："公言不诬。设兵卫民，昔人之论，抑何谬耶？"因出皋比三张以示之，且告之曰："驱市人可以杀贼，练乡丁可以擒虎。兵不在众，顾方略何如耳。若汛中盈百之健儿，月縻司农无限金钱，瞋目语难，短后曼胡，亦何为者而顾畏虎如贼乃如是耶？殆非夫（天）矣！"胡惭而退。因并记之，将以发后来之一笑。时康熙四十三年冬十一月初七日也。

今录告示于后。附录邑乘灾异：康熙四十二年，瑶排多虎，天塘、冷水有撞门而咬人者。

  连山县正堂李□为诚谕事：
  照得连山旧有二患：劫掠剽夺，既苦于诸瑶，而猛虎为虐，又苦于搏噬之叠承。以故户口凋残，田畴荒芜。谈者及此，辄为色变，其来久矣。
  本县自莅任斯土，振精励神，孤诚自将，凤昔奸弊，誓在必除。诸排窠穴，按户亲临；洁己无私，执法不挠。又特刊刻圣谕，捐建龙亭；延请名师，训诲瑶童。数月以来，排中有争，赴县告理，一经审判，无不帖从。顾已革面回心，顿改前观。

惟尔孽兽，尚尔跳梁。岁云暮矣，告者相属。其在禾村，逼近湖南芙蓉大山，宵旦出入，竟与往时无异。是岂本县莅任日浅；举事行政或犹未能相信于心欤？抑尔茫然蠢然，不别善恶，如古人所谓冥顽而不灵者欤？间尝推原情势，尔虽兽类，或呼为王，或称山君，其性灵知觉，不应与凡兽等。今妖童、邪巫乘机恐吓，讹言尔为疠鬼梁忠、梁孝所凭，听其指挥，恣肆荼毒。遂有为忠刻像虔奉，以图免祸者。夫梁忠、梁孝之为人，访之月旦，皆以为叛贼，即正典刑，尚有余辜。名挂逆籍，其鬼不神。乃云尔等甘为属役，以理揆之，岂宜有此？今本县已根究妖言，传谕里民，将忠等木像投诸水火，牒文明神，阴施诛殛。又将选择乡勇，督募猎户，焚山烈泽，搜剔崖窟，盘杆陷阱，安置扼要，偏（遍）操毒弩火炮，日与从事。尔虽跷捷，更何能逭？但本县忝为一邑生灵之主，仰体上帝好生之德，终以尔为山中巨兽，稍有知觉，不忍即照上项方略，置尔于死地。是用朱标木牌，详为告诫。更抄示文，焚化山前。限五日之内。尔其率领丑类，徙避深山。于人迹不到之处，乳子育孙。獐兔鹿豕，唯尔饮食。勿复乘间攫噬，伤人性命。本县亦宽宥尔等，无过求焉。倘其不然，明神无亲，王法不赦，誓必尽尔子姓，俾无噍类。至时，虽摇尾乞怜，亦不汝容也。

本县言止于此，尔其速悔。特示。右

康熙四十三年十二月二十日

连山县正堂李□为严饬搏虎，共保身命事：

照得草木畅茂，禽兽藏匿，自古为然，不独连邑也。然连遭强瑶之害，艰苦万状。虽自归诚，差免劫掠，乃设多兵，碾米运粮，更无息肩。兹复遭虎害，嚼骨啖肌，伤残民命，言之殊切痛心。

本县凉德，谬司民牧，虽然保赤心长，其如汲深绠短，愧无善政仁风，化桑间之雉，感北渡之虎，是所日夜凛凛也。但物伤同类，义起同仇，欲听其残啮，将何底止？况虎能害人，人亦能搏虎，除牒移城隍驱究，并另文谕逐外，合行饬拿。为此，示仰该村乡勇、灶丁人等知悉遵照，各备强弓、毒矢、火炮、盘杆，以为搏虎之具；深坑、大阱、密网、伏弩，以为搏虎之地。一闻某处有虎，即统壮健勇丁搜捕巡逐。同行受害，攘臂争先。勿谓祸不及身，退缩苟安，邻人遭虐，缨冠往救。勿谓事非切己，袖手傍观。杉、茶、果、树之下，先锄其草，以防延烧。其余一切荒山，无碍粮田、庐墓者，尽行火而焚之。

是虎欲出而啖人，则有勇丁搜捕；欲退而藏形，则无草木椅（倚）栖。非困饿难行，亦谋生远遁。该勇丁人等，果能协力擒拿，捕获一虎，捐给赏银四两，并为簪花披红，以示奖励。再有西粤之人，善能搏虎，有能招致伊等来县，捕获报明，照前一体给赏，亦无歧视。此本县为尔民性命起见，所以多方饬谕。尔等各宜共卫身家，齐心捕逐，除当道之豺狼，免生民之涂炭，所谓禽兽去而人得平土而居也。凛遵须示。右

康熙四十三年十二月二十一日

连山县正堂李□为亟藉神威驱猛兽，以延民命事：

照得天地弘好生之德，神灵施捍卫之功，所以灾除患息，民无疾疫之忧，岁有丰享之兆，生齿益繁，鸟兽咸若。是其仰赖，实非浅鲜。

兹连民依栖涧谷，肩挑背负，拮据万状。或强瑶杀劫而遭殃，或水旱频仍而受害，或水灾流行而丧亡，或饥寒切肤而殒命。种种灾毒联绵不绝，嗟此哀黎，百无生色。乃递年以来，复遭猛虎肆虐，利其爪牙，嚼人肌骨，以可耕可读之民，无端而纳于虎狼之口，惨目伤心，莫此为甚。夫兽相食、且人（人且）恶之；兽食人，神其许之乎？本县奉天子命，宰此一方，申冤理枉、兴利除弊等事，业经次第举行。其驱灾捍患，使民无夭札、疵疠之惨者，实藉尊神共相默佑。除一面着里民设伏置弩（弩）、各相捕逐外，合牒贵司，烦照牒内事理，即速饬行各村山神土地，并选差殿前效用神将，立将境内猛虎搜捕究逐，尽正天诛，勿令仍前食人。幽明之感，万民祷颂。其或上帝降灾，希挽回于元化；其或民乃作愆，希宥恕其愚蒙。留得阶前赤子，总总林林；自致案上蒸尝，芬芬馥馥。统祈加饬，仰仗神威，须至牒者。右

康熙四十三年十二月十九日

军寮马箭拿获潮银一则

康熙四十三年八月初二日，予奉宪檄禁用潮银，已出示城市乡村矣。十三日，赴太保墟宣讲圣谕。有排瑶三人，叩首道傍。问之，乃军寮、马箭向市籴米者。予又申谕："潮银低伪，最易误人。且不便输纳，有妨国课。汝慎勿蹈前愆。"瑶皆唯唯而去。

至夜，县差梁德以拿获潮银来报。予令于明早呈验。既验，果潮银五锭。诘其状，云："渠方出炉，某攫得之，火气尚热。"呼问其人，乃昨所见军寮、马箭瑶人也。瑶人云："以有明示禁用潮银，又蒙亲行面谕，故某

等雇匠改铸。方销一锭，余五锭在案上，差役捉去，实皆故物也。"问："此银尔等从何得之？"云："向日售猪于湖南客人者，共八（九）锭，今怀中尚有二锭。"验之，与所获五锭同底，已磨光，非新铸者。因谕梁德曰："汝非承票差人，奈何借此吓诈瑶人？"重责革役。又问："所销一锭重几何？其银今安在？"银匠云："一锭约九钱，尚存原银半锭。销过半锭，仅得银一钱。"问："原银半锭今安在？"云："昨在公堂，众人争看，已不见矣。"

予集守堂三人，诘之。内一人为陈伟，目流而色沮。予曰："窃银者必汝也。"乃搜其家，果得之荷包中。重责革役。因以原银尽付瑶人，令自称验。因谕之曰："从便改销，勿复用此也。但有一人诈汝银者，许不时喊禀，当从重治罪。彼二差者，即其榜样也。"瑶皆欢呼叩首而去。

使人侦之，瑶之父老来看者皆曰："向有拿获者，其银入官，今我侯独不然。且又安从知窃银者果为陈伟也？惟廉与明，可谓两无愧矣！"

附录原禀于后：

具禀：军寮瑶人李十三等。

禀为禀明事：蚁瑶人在山住远，不曾晓得禁革低银。瑶带有银七两五钱，到墟买米。路上，蒙太爷吩咐，自今以后，使用纹银。蚁瑶遵依带回银铺，倾高使用，遇差在铺抢去银五锭。忖思：我瑶遵法，又被不分清白。其实不干银匠之事，冤屈极情。为此，禀赴青天太爷台前，伏乞作主洞察，赏回原银，倾高使用，养活妻儿，沾恩万代。施行。

批：所拿低银，验非新倾，准如数给还。该差梁德借端多事，重责革出，不许复入。

审得执法可以锄奸，秉公自尔服众。军寮、马箭瑶人李十三等三人，于冬往楚省贩猎，卖有潮银九锭。今年八月十二日，持银向大（太）保墟买米。路遇本县巡查地方，呼至轿前，谕以便民输纳，禁用低潮之事。李十三等即赴县西关银匠王圣芳铺内，回炉改倾，亦可谓良瑶遵法者矣。讵意银未入炉，即为梁德瞰知，拿获禀报，计银五锭。外四锭：三系瑶人收过，一系银匠倾销一半，一半未经倾销。乃于大堂左侧，众共攒视，为人窃去，不知主名。

随经本县传集三班，遍验面貌，当堂察审，疑是民壮陈伟。即责三十板，押令寻银，果于寓所搜获原件。私橐之金，可以偷饱；公堂之法，岂宜姑纵？条示革退，准之于律，洵不为枉。梁德身非承票原差，遽尔攫银，殊属多事，亦与惩戒。李十三身带潮银，不无违法。但示限二十日内尽行改倾，尚在限期之内，亦予免议。其捉获银锭，底已磨明，验非新倾。当堂验件较等，照数给还瑶人李十三等。不令该房托言贮库，以饱私囊。

总之，此案本县不遍庇衙役，不苛责瑶人。究一陈伟以为役戒，恕一李十三以为诸瑶劝。情法两得，公正无私。庭讯之下，无不踊跃输服。立此断案，以洗向来陋规可也。右

康熙四十三年八月十三日审

大掌岭杉木山税详惩奸骗一则

大掌岭多杉木，有至五六尺围者。奸民虞有兴歆羡之，以为奇货可居也。纠聚同党蒋万隆等，共至佛山关说木客，简献东兄弟，写立合同：以二百株分献东等，约值银六百金；其余四尺围以下者，分有兴、万隆等；献东兄弟先出银五十两，包讼到官。

于是，以串占、劫掳告岭瑶邓头短、邓瑶白、邓卖亩等，自县历府至院，历审理屈。有兴乃遣其党归竖木牌于大掌岭脚，云："大掌岭向有山税二十四亩，自洪武年间遗累代赔，计银四百两。应还杉木二百株，值银六百两。限瑶人于十日内送还有兴，如无，必赴两院请兵进剿，如四十一年之事。"

瑶人惧，计无所出，将挺（铤）而走险。予亲身至排，谕慰岭瑶，令各循分安业。乃连夜赴省，面禀两院。蒙谕速行，严拿刁棍，务期必获。遂于康熙四十六年十月初二日，在抚宪辕门外拿获有兴、献东二犯。续行五斗口司，拿获简献松、陈廷严等，搜出合同，设谋定计和盘托出，吓诈是实，无可展辩。

蒙院发臬司、研审司转发府，历认情真，原为杉木垂涎。其云山税二十四亩，查田税印册，有兴名下并无山税。产木山场两畔，皆系岭瑶邓姓老坟，已五六代矣。

院批发县：将为首之人有兴、献东，在于岭瑶排脚枷号两个月，满日重责四十板；余各减等枷责发落。传谕岭瑶。山木断还，山税豁除，事已昭雪，其各照常耕种，勿得疑畏，致生事端。

此案纷纠如麻，微荷各宪明察，戢奸安瑶，事变难挽，祸将不测。附录本府审单及抚臬宪批于后：

审得民人虞有兴、陈廷严，与瑶人邓头短等互讼山木一案：

缘大涯山双头岭一片荒冈，原非人户税山。据虞有兴供称：系伊户丁陈廷严山场，先年唐七曾于伊名下批耕纳租，然无批帖租帐。并查虞子夏户内，从无山税二十四亩。则其当年冒认山庄，藉作渔翁之利也，明矣。

邓头短亦无契据，只凭众口称系伊家祖业。遂于四十一年八月间，争管山木。经沈六、唐和尚等九人调处，唐七以原非己业，所以退还邓头短，并出赔礼酒水银两，以服从前占种之非。

尔时，陈廷严在傍同处，倘果系彼山，即应当场争辩；辩之不得，即宜告官追究。何递年之来，听唐七之退回，听邓头短之霸管，竟寂不闻音。而忽于去年十一月间，婪其山木森茂，突而兴词。勾引惯讼虞有兴，假山税为名，以弘治□□年间破烂故照，改注文约，破绽自露矣。本应杖究，姑念斋戒期内，免其责治。邓头短争山，虽无契照，但先经沈六等同众处明，各相允议，或亦情理不枉，其山仍归邓氏管业。念系荒山，向未起科，免令招税。唐七既肯退山，必无唆讼之理。邓头短迁怨移怒，误牵彼牛，相应照数追赔，以息讼端。至山内杉木，原系唐七所种，邓姓不费举手之劳，岂得安坐而享？

目下为防诸瑶，修栅建汛，木植浩繁，民苦难应。本县从长酌量，准于大涯山杉木内断出一半，以作连阳营、三江协汛署栅栏之所内存；一半给付邓头短等收管，永斩葛藤。和息认状及原改假契，一并附卷存案。所有山界杉木，另日委员踏勘，并为立界号明，以结此案可也。特判。

随该本府知府钟□审看得连山县民虞有兴等，俱奸究之徒也。

缘瑶人邓头短等，有大崖岭山场上产杉木数百株。有兴等无端垂涎，妄思货卖。始而控县烛奸，将木断归瑶人，继而控府，经移理瑶厅，转发连州审明，仍议将木断归瑶人，有兴责惩结案，讵有兴畏罪潜逃。今事过复回，不自悔改。本年七月内，先令同党虞式甫等，写立木牌，恐吓瑶人投献山木，不遂。八月内，遂结连本地土宄，并佛山流棍，齐到张燕台家，写立合同：虞有兴、虞式甫等出身告官，并告瑶人；简献东、简献松在省出银包讼。言定获胜之后，杉木八分（份）均分。其意以为，羽翼已成，其势莫遏矣。及连山李令访知其事，诚恐瑶人闻而激变。禀明上宪，缉拿虞有兴等，搜出合同书约，连人详解。奉□宪转发卑府亲审。遵即集犯研诘，各供前情不讳。

查虞有兴等，妄贪瑶人山场，结党强占，不法极矣。按律载：强占官民山场者，杖一百，流三千里。虞有兴等本应照律发遣，但念山场尚未占去，杉木尚未砍伐，从宽量拟：将为首之虞有兴枷号两个月，重责四十板。晓谕瑶人，各使知悉。同党之陈廷严、虞式甫、邓若翰、唐廷相，包讼之简献东、简献松，各枷号一个月，责三十板。其勾引看木之蒋万隆，容留在家写立合同之张燕台，各依不应重杖，折责三十板。孔伦秩审系无干，应予免议。至大崖岭山场杉木，断令瑶人邓头短等，永远管业可也。

是否允协？伏候宪裁。

巡抚、都察院范□批：

虞有兴、虞式甫出名告状，简献东、简献松出银包讼，厥罪维均，仰各枷号两个月，满日，责四十板，释放。余如详发落。缴。

禁革瑶俗赎物平价一则

瑶人旧规，批立合同必云："如有犯者，罚龙角二对，活虎二只。"或须折赎勒银，动至三百六十两！以致人口、田产尽售不足，则摊派宗族以及亲戚，莫有免者。邑人效尤，其与瑶人争讼，亦复如是。启衅招怨，牢不可解。兵连祸结，职此之故。前人亦有欲变其俗者，口敝舌干，总付罔闻。匪独瑶人不肯遵，即平民亦不肯遵也。琐细之事，才如芥子，比而纷错百出，乱不可理。褊心不平，顽骨难换，欲求化大事为小事，化小事为无事，如昔人之所言，亦乌可得哉！

予宰连山，屡逢此辈，百方劝谕，怵以大害，盖不知几费苦心矣。后乃稍稍听从。如失黄牛一只，今断赎银三两；水牛一只，今断银二两五钱；擅绹人颈，定责十板。若有别项，准此以类推之。如有指一衣一履索银百余两者，坐以抗违激变之罪。自此，小案易结，不至酿成大祸，以故地方幸得稍安。附录房志元赎牛原案于后：

连山县正堂李□为禀报事：

据蒋天章赴县投禀称："情因和睦村庙冲寨尹明全等，被天堂、冷水冲瑶人盗去牛只、禾把等物。今天堂、冷水瑶人房九等，请蚁调处，自愿赔银三十六两，于本月二十六日缴赴。伏乞当堂公断，给还失主尹明全等四人。"等情前来。

据此，当即传唤失主尹明全、苏壬宗、邓国纶、陈亚三四人，吊同原获瑶目房志元当堂审断，追给牛价、禾把等物，公平酌断，共银二十四两，交给失主尹明全等四人收讫，取有领状附卷。其尚剩银一十一两六钱，本县悯念贫瑶初抚，将此银当堂给还瑶目房志元、调息人蒋天章公同收讫，具领存案。即将房志元、蒋天章交付贵汛旗牌曾芳华同银带回，转给天堂、冷水二冲瑶人。是尹明全等被冷水、天堂瑶人盗牛一案，已经追给完结，合就移明。

为此，合用公移前诣贵营，烦照事理，希将原获瑶目一名房志元转发宁家，其发回散给天堂、冷水二冲瑶人银一封，共一十一两六钱。查照押令交给明白，务使穷瑶沾惠，不致奸诡中饱，方见同舟共济之雅也。更希见复施行。

康熙四十五年四月二十一日移

招徕排瑶使居村落一则

瑶人之富者，凭恃山险保守身家，固不肯离巢远出。贫以劫略为生，亦借岩壑、扼塞为逋逃之薮。若不散其丑类，移居平地，无防则动，有隙则乘，终非百年升平、久安长治之策。然欲事招徕，亦大不易：富者纵恣自如，畏入樊笼。贫者衣食无资，乘其窘迫，可使来归。然安插措置，亦非空手可办。

予自抵任以来，昼夜筹画，捐金施米，招得数十家，编入保甲。守望出入，与民一体，非不循循可观，然有司之绵力，亦既竭尽无余矣。使日积月累，嗣续不绝，则后此之归诚向化，必且媲美于宜善。今录告示于后：

为特示招徕瑶排共安乐土事：

照得尔排瑶，木石与居，鹿豕与友，不闻《诗》《书》之教，罔知礼义之闲。自归顺以后，编户入籍，与中土人民约束无异。官斯土者，自当加意抚循，使尔等感恩怀德，相劝为善，岂可以民瑶歧视，膜（漠）不关心？但尔等住居山巅，田地多置买山下，崎岖鸟道，跋涉维艰。且往返数十里，并日之劳，不及一日之工，废事失时，殊为可惜。况饮食器具，势必赴县买回，肩挑背负，劳瘁实难。不如迁徙山下，择于附近峒寨，卜吉而居。产业便于耕管，食物便于货卖。子弟便于读书，钱粮便于完纳。岂不一劳永逸，安土乐居于尧天舜日之下，共享太平之福耶？合行招徕。

为此，示仰各排瑶人等知悉：嗣后，尔等各宜舍旧从新，为身家谋安逸之计，为子孙立长久之策，翻然下山，另图安宅。本县当为尔等觅一便宜处所，三三两两，结庐环聚，仍免目前三年之后，始与民一例当差。其或有志上进，即许应考。从此致富发贵，亦未可定。倘以从前或有不合，虑恐民人告发，本县自当作主，概不准行。尔等有情愿下山居住者，各毋畏缩，即速赴县报明，一面设法安插，一面缮册详报。此本县满腔济度热衷。慎毋以从常相视也。须至告示者。

责惩奸蠹借端诈骗

连山民瑶杂处，易生衅怨。就中奸徒蠹差，惟利是图，或激而生变，不可挽回。予承乏斯土，以缉奸约差为第一义。四载之中，如此类者，不一而足。姑举一以见其概。今附录营汛公移于后：

连山县正堂纪录二次李□为乞天敕差急救兄命事：

康熙四十七年五月二十日，据杨炽生禀前事，云云。当彼即面行（当彼面即行）诘问："你牛在何处走失？"供称："在山上放草。"又问："系什么时候走失？何人看守？"供称："是向午时候走失，无人看守。"又问："既无看守，因何知是火烧坪瑶人盗去？"供称："至晚不见牛回，地方又去火烧坪不远，故疑是火烧坪瑶人盗去。"当彼即行吩咐："凡报失物，须有凭据。况系贼赃，岂得悬坐？连山陋风，欲诈银两，多借风影，罡误良善。前时有人告军寮瑶人盗牛，后来牛因趁草，却在连州高良墟寻获。你须查明确据，再行禀追。"因将原词发还。

今据前情，续又据杨炽生禀称"失牛一案，虎叉汛兵丁关胜乘机上排，私自担和，得银一两五钱；城守兵丁蓝国祥、赖玉上排，得银二两四钱；捕衙差役曾祥同张太元、李夏彦上排，得银二两二钱。蚁弟许一荣忿不得银，因同张太元于本年五月十八日，又私上排讨取牛银。瑶人限三处衙门兵役已经得银，不与归结。遂将许一荣、张太元不锁拷打。监禁在排，讨取前项银两，又每要酒水银二两四钱，又要在衙门人役立约担承，方肯放回。蚁弟许一荣因受刑不过，寄字回家，向虎叉塘汛、城守、捕衙三处衙门求救，皆恐衙役上排，又被不锁，瞪目相视，都说不管。事出无奈，伏乞天恩发差追取"等情。

本县当即差练长成希凤、乡勇李德、张养三人持票封锁，上排传谕。瑶人遵依放回许一荣、张太元二人，又呈抄白和约一纸，内开虎叉塘、城守、捕衙三处兵役担承和同得银数目前来。

本县业将捕差曾祥、奸民张太元、李夏彦等，追出原银给付瑶人，每名重责三十板，枷号一月。曾祥革役，不许复充，示众警诫外，其兵丁关胜、蓝国祥、赖玉所得瑶人银两，应移贵营贵汛，照数追出，给付瑶人。并以起衅之罪治之，重责革粮，以警将来，庶可约束瑶人，安辑地方。

窃照本县抵任之始，即将瑶排陋规，如查排猪、酒销票回结，采买黄豆、茶叶、芝麻、棉花之类，尽行革除，至今将几四载。所属五排十七冲瑶人，循分守法，即有相争，赴县告理，与邻壤风俗大不相同，从无擅行不锁官兵、平民，如此案之肆横者。原其致生事端，厥亦有由，非尽皆瑶人之罪。若再护庇徇纵，恐酿不测，瑶变兵连，生民涂炭。至时方悔，抑又何及？况星火之微，可以燎原；蚁穴之小，可以溃堤。如四十一年里八峒之变，可为殷鉴。

今邻壤烽火，朝夕告警；独此弹丸，稍获苟安。复自生衅端，招尤寻祸，致令瑶人不平，擅刑兵民。窃窥事机，小丑蠢动，此案乃其萌芽，不可不预为防遏也。韩昌黎言："蛮僚之性，易动难安。"本县念及于此，夜分不寐，实切隐忧。

再照蓝国祥、赖玉与瑶批立合同，冒借本县名目，诈取银两，败法坏纪，更属胆玩。为此，合用公移，前诣贵营，祈照事理，秉公裁处，迅赐见复，以结此案。

五月二十八日移

咨移营汛革除厉禁

连州油岭、横坑、行祥三排瑶人，蠢动不宁。州移营汛，欲坐困以毙之：断绝上排盐、米，许令到处拦截抢夺。乃连山营汛不分顺逆。见事风生，亦欲此法行之。瑶人惊疑，赴县投诉，因为咨移营汛。今附录厅禀于后：

康熙四十七年六月初一日，据火（烧）坪千长沈四、百长唐九、瑶目房志意禀，为乞恩给示，以安良瑶事称"瑶民抚顺，蒙天安辑，家家户户遵化。近因外三排不法，奉行查禁奸徒上排。蚁等愚瑶疑畏，不赴墟场换易，鸡、布、油、盐、食物，难以相通。天恩抚念良瑶，给示疏通，民瑶一体赴墟贸易，妻儿有赖。凡有奸徒挑贩硝磺、铁砂违禁物件入排，遵依扭解，不敢有违"等情到县。

据此，随查抚瑶之方，教、养、兵、刑，四者不可缺一。若教、养不能驯之于平素，而兵、刑复不能肃之于临时。欲其蠢尔异类俯首帖耳，不为地方之祸也，难矣！

连州油岭、横坑、行祥三排今日之猖獗，敢于竖立木牌，明目张胆晓谕村寨，勒献花红、酒水银两，复敢扬帜鸣炮，拒捕官兵，是诚罪在不赦之条。本州移会，断其米、盐，令无生路，是或一道。至于敝邑连山所辖军寮、马箭、火烧坪、大掌岭、里八峒以及十七冲散瑶，皆恪守法度，不敢为非。或有应行事宜，片纸传唤，立刻赴县拱听约束，无敢违拗。连山父老皆以为前此百余年所未有也。今若以州禁困之，令分防营汛捉拿上排米、盐、食物等项，瑶皆疑惧，亦不敢赴墟贸易。良楛莫分，劝惩将何从乎？瑶虽异种，亦具人性。我若以寇仇待之，彼亦寇仇自弃；我若以子民视之，彼亦以子民自爱也。今忽有此厉禁，已令瑶摇不安。倘所在营汛奉行不善，借端生事，吹毛索瘢，将令五排十七冲瑶人积疑生畏，积畏生怨，怨结难消，仇深莫解，干戈相寻，耕耘废皆。连阳地方，从此为榛莽之区矣。

某窃闻用兵之术，宜散其死党，使不复聚；开以生路，使有可逃。然后，三军并力攻其一处，彼势孤援绝，庶可成擒。今于八排之瑶，概以一法断绝之，是离者驱之使合，静者挑之使动。倘数万跳梁连结为一，我军虽壮，果保必能制其死命乎？此非细事，不可不为深思远虑也。

据禀前情，卑职已经出示晓谕。去后，并咨移三江协镇暨连阳营，传谕分防连山营汛，革除米、盐、食物前禁，使民瑶照常贸易，免生衅端，地方幸甚。其硝磺、铁砂、匪类、妖道窃自上排勾引作祟，许盘诘解送，严究在案。理合禀明。

附录：劝谕四则

连山县正堂纪录二次李□为劝谕事：

照得诘诫之语，不尚繁文，其于远人，尤宜简朴。今有事宜四项，胪列于后。尔等瑶人，务宜敬听。若本县言之谆谆，尔等听之藐藐，有负提撕，必非人类。尔辈自思，岂可冥顽不灵，甘为自暴自弃之人也。为此，特谕。

一、劝瑶诵读诗书：

尔等瑶人，均是朝廷赤子。因尔住居深山，不能迁移平地，绝无师友，故少读诗书。念尔排瑶，原与宜善之壮、黄南之瑶同源共本。今宜善、黄南久向王化，男友俱服民间衣冠，去侏僑，讲正音，读书习礼，与民一体。壮民今现有入学为生员者，雀顶纬帽，蓝衫皂靴，出入县中，官府款待，人称："相公，何等体面！尔等岂可甘为化外之野人？兹遇圣天子广布仁恩，赦免尔等前罪。尔等作速搬移平地安居，斥去异服，习学官语。首诵圣谕十六条，次读《衍义》《三字歌》，再读《孝经》、小学、四书。本经明礼，法敦孝弟，笃忠信，存廉耻，野心尽洗，天良自生。为尔祖宗添荣增光，岂不美哉！尔瑶其熟思之。"

一、诫瑶勿为盗贼：

人生在世，士、农、工、商，各有本业。岂可使人皆以盗目之，此真万世之污名也。在父母，则人谓之"贼头"；在妻室，则人谓之"贼妇"；在子孙，则人谓之"贼种"。明有人恶，幽有鬼责，可胜叹哉！胡尔瑶心，不安义命？抢家掠畜，怙恶不悛。一旦天人震怒，大兵征剿，通排杀戮，身首异处。纵或奔潜深山，官兵各路围守，困尔一年，从何得食？合家饿死，骸骨遍野。那时方恨，亦已晚矣！何若早早洗心，安分守己？

试思以尔之劫掳杀伤，举而行之于人，则人皆恐惧忧煎。设使人亦以此劫掳杀伤，转而加之于尔，尔之恐惧忧煎，又当何如？反求诸己，当自醒然！且鼠窃狗盗，多乘熟睡。倘人觉被捉，岂肯相饶？父母不得相见，妻子不得相顾，田产不得享受，尸骸不得还家，岂不可伤？岂不可怜？

况尔各排为非作歹，身命倾陨；有目共见，便是榜样，不必远举。排中富者，必不为盗，当周恤贫乏，劝其改业。若去为盗，连累良善，大兵征剿，玉石难分。猛醒醉梦，回头宜早。若遵吾言，可以永保！

一、谕瑶遵限完粮：

刀耕火种，尽是皇家疆土。惟正之供，岂可尚待催科！昔明太祖曰："输我不贫，逋我不富。"凡尔瑶人，盍念乎此？况兵饷紧急，皆有定限。若怠忽从事，难免参罚之条。

尔瑶愚昧，不知王法。本年钱粮，日摧（推）月（挨）捱，必至岁终，方肯输纳。岂知催督起解，羽檄如火。代赔吃苦，替比受刑。尔自思之，何以自安？

劝尔诸瑶，当念皇恩。一闻开征，务须依限早完。既不欺心，上天自然鉴察，降之百祥。谕尔诸瑶，其凛遵之。

一、谕瑶释怨息争：

尔瑶启衅结怨，多缘琐细，如猪仔、鸡婆、芒屩、草衣。叠利堆债，日引月延；索赔物价，或至数百两。彼力不能应，纷不可解。以至操戈相向，杀人如麻。历四五十年，不肯休歇。又多好追寻旧事，牵扯枝叶，纷如乱丝，不可栉梳。颓风敝俗，莫此为甚！

从前排中好争乐斗之辈，其始所为何事，其物所值几许？不遵国法，妄生事端，率至家破身亡，一败涂地。岂不可怜！岂不可恨！

谕尔诸瑶，敬听吾言：循分守法，耐心忍让。务期化大事为小事，化小事为无事。安闲自在，如同含哺鼓腹之民，何乐如之！嘱尔诸瑶，尚其凛遵。右

康熙四十（七）年又三月二十一日示

《连阳八排风土记》卷之八

向　化

瑶人顽梗，固其素习。若果天良灭没，无几希之存，则亦蠢而不可诲矣，人其奈彼何哉！

予承乏四载，颇悉大概。瑶之强悍者，固自不少。然亦有真性勃发，随时呈露，不可谓非转移之一机也。要在官斯土者，因其势以利导之耳。记向化第八。

军寮放水与小米坪一则

军寮盖世与油岭相仇云。

军寮排背有水，小米坪稻田数顷实资灌溉。旧例：每年，油岭送军寮买水银三两六钱。

小米坪，隶连州油岭排地也。自两排结怨，干矛相向，军寮将水改移别冲，田干涸者有年矣。

油岭唐七婶等，又行具控。经理瑶厅唤谕，青菜挺身申理，具述仇杀往事，誓不与水，其辞甚厉。予方侍坐，因呵止之。

青菜者，军寮之谋主也。厅因批县行查。予唤军寮瑶目、千长谕曰："一山一水，皆属朝廷疆土，非你瑶人所得专据。今小米坪乏水，致荒田亩，彼非私业，乃朝廷地也。今本县随酌旧例，自捐官俸，姑给与水价一半，尔其遵依，速行放水。若青菜唱众违拗，当从重治罪。"于是，瑶人领银叩首，唯唯而退。

越一日，排老房一、李十七等约三十余人，年皆八九十矣，传言禀事。予出见之，共叩首曰："后生无知，昨领我侯俸银。蚁等虽系瑶人，亦存天良。自我侯莅任，禁革陋规，不取排中分毫。蚁等何忍受此银也？但遵谕放水，以后永不取价，使油岭感我侯鸿恩可耳！"因缴原银，罗拜堂下。予亦为感动，厚赐酒食，慰而遣之。

厅宪张公闻之，叹曰："此事大不易，何意二南之化，复见于今日乎？"

厅牌以康熙四十四年四月十三日行县，以是月二十三日具详申复。今

附录原案于后：

广州府连州连山县为禀明山圳阻塞，难以耕种事：

康熙四十四年四月十六日，奉广州府理瑶厅兼管连阳三州县捕务、加三级张□宪牌："现据油岭排瑶目、千长唐七婶、唐瑶璋等禀称：本排内附近小米坪一带田地，向藉军寮排后山水灌溉耕种。嗣被军寮瑶人阻塞，已经抛荒数载。只得禀明，乞着疏通"等情到厅。据此，随查八排地田，虽非膏腴之比，幸藉圳水，灌溉无虞。惟油岭小米坪一带田地，举目悉属荒芜。兹值播种方殷，理宜疏通灌溉。合行查报备牌，仰县照依事理，火速唤集军寮排瑶目、千长人等，着令刻日疏通小米坪山水圳，务使下流，毋致油岭田地抛荒。谕令两相和好，不许执拗生端。该县仍具疏通缘由报查。等因，奉此，遵即传令军寮排瑶目、千长前来。

随据该排瑶目房一、李十七、李四、房三、李九等呈"为从实回复，辨明曲直事称：今蒙太爷票传，奉大老爷牌行，着查油岭排瑶目、千长唐七婶等禀，小米坪一带田地，向藉军寮排后山水灌溉，今被军寮瑶人阻塞抛荒。兹蒙票押，着令疏通，蚁瑶敢不遵依？但查小米坪一带田地，历来油岭瑶人自在河口整理马陂，灌溉田亩。后被洪潦推坏，众人懒惰，不肯加工，是以田亩荒废。后见蚁排修筑各小冲山圳，凿石开沟，疏通灌田，依（伊）来借水，自愿议定：每年帮补工力银三两六钱，历年无异。兹蒙太爷捐俸，代油岭补给工力银两，令蚁排放水与油岭小米坪灌溉田地。蚁等切思太爷清贫，一钱不取。蚁等虽系山瑶，亦有良心，安忍收取此项银两？今阖排感恩，不取油岭分文银子，情愿放水与他。但令油岭排瑶速理水枧，勿误春工，彼此均沾恩典"等情到县。

据此，随该查得军、油二排，址壤相错。其小米坪田地虽藉军寮山水灌溉；但其水不能自流到田，必得筑圳建坝，引而后至。油岭瑶人素性懒惰，向系军寮为之疏通引筑，所以每年补回军寮工力银三两六钱。递年工银未给，人力稍疏，以致小圳水抑塞不通，大河水泛滥直泻，不复到田，实非军寮故为阻滞。

兹唤该排瑶目、千长，谕令疏通分溉。伊等称有旧议银两，供吐支吾。卑县俯顺瑶情，断以一半，自捐俸银一两八钱，当堂给付，以作工力之费，各始点首而退。及至次日，众瑶老、户丁环庭稽首，情愿分水与小米坪瑶人，共溉田地。捐给工银，分厘不要，并坚两排和好，不至后争。

阅其回呈，逊顺之言，彬彬有礼。此系宪合亲临瑶排，德威所感，故该瑶翻然丕变，回心向化之速也。合将允服缘由，备抄申复。伏乞□宪台饬行小米坪瑶人，即速加功修圳，引水灌田，趁此天时，以全农业可也。为此备由，云云。

火烧坪沈三还牛一则

康熙四十三年九月十一日，火烧坪瑶沈捉火与里八峒师父八，以叠害不休，具控于县，听候公断，前此数百年所未有也。

及唤齐究审，乃捉火牵师父八牛只，又擅拿师父八入排，勒逼取赎。予重惩捉火，断还牛只，已结案矣。

越数日，捉火遣子沈三具黄豆一升，茶叶半斤，赴县申谢。云："瑶人向不知法，自取罪戾。今被教诲，从此誓为良瑶矣。"予赏以酒食，温谕遣之。

十月二十九日，捉火死。既葬，沈三以其父向日曾牵里八峒无干人牛四只，虽未发觉，自不敢瞒，照数送还里八峒。里八峒不敢私领，赴县禀明，乞批定夺。当彼批云："准令原主具领领回。仰役传唤捉火之男沈三，果系悔罪，愿还牛只，可谓能干父之蛊者矣。即彼平民，亦属难得。况于新抚之瑶，更为异事。仰即亲身赴县，赏给银花彩红，以为五排十七冲好义之倡。"时十一月初二日也。附录审单及里八峒领牛原禀于后：

连山县正堂李□审得沈捉火、沈回邓，乃瑶人中之最跳梁不轨者也。木（本）年六月，与里八峒瑶邓师父八相角，捉入伊排，夺彼牛只。视此胡为，目中宁知有三尺哉！但邓师父八于回排之后，赴县控理，捉火自有应得罪名。奈何计不出此，犹效狂周之习，私牵彼牛，图泄旧忿，以暴易暴，是岂情理之宜！更可异者，捉火现将邓十五、邓二锁禁在排，乃敢挺身赴告，刁词瞒哄。其为不法，大堪骇愕。

今庭讯间，所控师父八跳诈银两，据李三大界心等供，无现银过交，不过以甲子年旧帐彼此抵对，姑免究追。邓四之死，在于二姓操戈之际，所谓适逢其会。呈称"逼死"，此特借题耸听耳！应令掩埋，以妥幽魂。邓十五、邓二先虽被捉，今回本排各安其业，不得再起争端。沈捉火、沈回邓从重究惩，以为牵牛捉人者戒。邓师父八亦加薄惩，恶其不效守剑之为，而亦作盗牛之事也。余各免供，立此断案。

具禀里八峒瑶民邓师父八禀，为从公禀明送还牛只事：

情因有火烧坪沈捉火具告师父八一案，已蒙天台审断结案，蚁瑶顶戴无尽。于十月二十二日，有火男自见理非，将从前牵去无干人牛四只，今皆送回。蚁瑶不敢隐瞒，今将送回牛只，禀赴青天太爷台前。乞赐金批准，令牛主领回耕种，庶瑶两得安生。只得从公禀明，须至禀者。

连山县正堂李□为示期给赏，以旌向化事：

照得彰善阐恶，情法无私，改过推诚，顽犷所难。瑶人沈捉火与邓师父八互为讦告，经本县审断，各相和好，从前仇怨，一切消除。亦可谓遵礼守法，奉令承教者矣！乃捉火之子，犹耻其父在日，牵牛捉人，违犯律例。顿起干蛊之心，愿将当日所牵四牛，照数赔还，以盖前愆。是其孝义兼尽，实属可嘉。邓师父八向则争讼不已，今乃不敢擅收，具呈前来，听候批示。廉退之风，亦堪奖励。

本县莅任以来，多方劝谕，不过欲尔瑶革面回心，俗归淳厚。兹果能实心向善，克副本县谆谆化导之意，不禁欢喜赞叹。为此。示谕沈捉火之子沈三，并邓师父八知悉：各于本月二十七日齐赴县堂，听候给赏花红，鼓励善心，警诫顽俗，以为诸瑶推诚向化之倡。至期遵赴，各毋逾限。特示。

康熙四十三年十一月十六日示

青菜遵断如期赔物一则

连山习俗，喜值有事，乘机投隙，以施跳诈之术。缘起小衅，酿成大祸，比比皆是，殷鉴在彼。官斯土者，不可不时加省惕也。

沙坊武生雷兆丰、雷之豫，在连州红罗坪被瑶截抢衣帽。贼无主名，乃指称路分，旧系军、马二排所管，赴县具控。

予拘瑶目青菜等，责惩之。而兆丰、之豫遂索银一百二十两，瑶无以应也。

又有好事之生，潜身入排，指三衙官吏派银三百余两，方在酌议。予廉知之，遽呼青菜等至公堂，断令赔银六两。密缉真贼，具结承管路分。面谕曰："嗣后有事，尔等排是问。今放尔等归排，须如期赴缴。予不要钱，此外莫信人言，更费分文也。"

是时，寮属、吏役更番叠谏。以为"青菜者，五排之渠魁也。气傲而心狡。历来官长皆加宠待，公独以法绳之。若去，必不返。设以见责衔恨，负嵎逞凶，将奈之何？"予曰："业已许之矣，安可食言？"卒遣之，使人侦探。

青菜至排。具述予言。瑶皆大喜曰："我侯清廉如此，吾辈安可负之！"

至期，遵断缴银如数，令二雷生当堂领去。自此，五排守法，皆不为民害云。

排中相争皆来赴县告理

父老皆言：康熙四十二年以前，瑶与民争，则焚屋捉人，禁锢排中，勒令取赎；瑶与瑶争，则日操干戈，相攻相戮，往往经数十年，不肯歇手。从无有持纸呼冤，待理于有司之公庭者。

予至，首与誓神，次辨潮银，惩戒青菜，激赏沈三。于是，五排之瑶。有老人不能决者，皆赴县待理。予为推情求隐，折衷律例，尽革排中陋习。久之，亦多乐于听从，相安无事。连之士民，见两造皆瑶长跪堂皇者，无不共相惊异，以为此从前所未见也。今录审单一二件于后：

一件，强瑶藉端等事，房法良呈李马四。

审得瑶人房法良、李马四等互控一案。缘法良先与火烧坪排瑶不和，投奔军寮，以致马四之兄未觉，被火烧坪瑶人迁怨怀恨，捉回杀死。此康熙十九年事也。后二十六年和好，在房法良名下，议出赔命银五十二两五钱，付马四等亲族，作为斋果等费。此虽法外非为，有干律例，但于未归诚之先，自相拟议，姑亦听其两便也。

兹法良虽供付银五十二两，而讯之马四，则称陆续收银，止四十一两五钱，尚欠一十一两，未经收受。但事隔二十余年，难以执一而论。又据中人李省纲、烂酒从公处息，已有定议。今于法良名下，断出银四两，付寨长买斤、房十五、虎阑等领回，同瑶目、千长调处明白，以了此局。至马四当于唐二之田，原系法良旧业，仍令法良再备价银，自行赎回管业，追出原约，涂销粘卷，永斩葛藤可也。免供存案。

一件，审得瑶人邓樱桃即邓法贵，而邓一乃其子也。缘法贵在日，欠到军（寮）瑶房三银两，日久未还。房三怜其穷窘无措，复换买猪仔一只，令法贵看长，卖价还银，亦可谓一举两得，善全人己之道者矣。无何，法贵又欠沈二即沈高限米、豆等项，因法贵身故，邓一又稚子无知，高限乘机将猪携去，抵算旧帐。房三因猪系已买，突为高限所有，经众争执，彼此牵牛。房八等系绝不相蒙之人，高限迁怒，锁项夹腿，蛮风灭法，殊堪骇异。

兹本县平情剖晰，法贵所欠高限米、豆，着伊子邓一另措偿还。原买猪仔，仍归房三，以清两家从前帐目。至房三所牵火烧坪牛六只，高限所牵军寮牛五只，其牛命、牛脚银在沈、房二人名下，照数追赔；给还原主，各项毋再葛藤。其沈高限蛮行夹棍，夹伤房八两腿，致成笃疾，本应按律究拟，姑念蠢瑶初附，从宽薄责。此本县酌法原情之意也。准限本月二十五日，各各交还，以结此案。限纸、口供、合同，一并附卷可也。

一件，审得瑶人唐法海、李唐保讦告一案。

缘于康熙三十三年间，唐保曾买法海杉木锯板，至次年六月，一以木价未清，一以偷板未赔，各逞蛮风，遂相争角。致法海牵唐（房）九、苟二之牛，唐保亦牵沈七、邓四、邓马豆等牛，相阋已有十余岁矣。突于本年三月初三日，法海之孙唐一路至大冲，唐保、九、二竟捉回排，锁捆夹打，无所不至。讯厥情由，以旧年牛价未赔，启此衅端。但查当日法海、唐保二姓构怨，房九、沈七等系风马牛不及之人，误牵彼牛，是岂情理之平？

兹本县从公鞠审：于唐法海名下，断出银二十四两，付军寮瑶人房九、苟二；又于李唐保名下，断出银二十四两，付里八峒瑶人沈七、邓四等，各作赔还牛价银两，以斩葛藤。至房九、苟二擅捉唐一赴排，蛮行吊打，殊属违律。姑念蠢尔罔知，从宽责逐。领状、限纸，一并附卷存案可也。

附录：治连实政录·弁言

连山弹丸小邑，僻处天末。荒山万重，不通舟楫。土瘠民贫，素称陋地。且界于湖南、广西、广东三省之间，瑶、壮杂居。壬午之春，至烦禁旅，瑶始归顺。然元气未复，而征求叠加，非得贤良父母，实心实政，加意抚循，何以培国脉而起凋瘵哉！

幸我李侯奉命宰连□侯为中州大司农恭靖公之文孙，与耿公逸庵、冉公永光讲学嵩阳，人称"中州三先生"。既入境，首建汉前将军关侯祠于鸡鸣关口，额曰"却金亭"，侯之志可知已。

□侯之有大功于连者三：其一，期以复元气。详革陋规二（三）十五条，刊石立碑，以垂永久。如日期挂牌，每日定费银二两；点查烟丁，每村定费银三四十两，其最巨者已。其一，期以变陋习。创建连山书院，撰《书院志》六卷，发明伊洛关闽之学，以训多士。其一，治瑶有方。恩威并用，有罪必惩，不事姑息。五排十七冲俯首帖耳，拱听约束。以视邻壤，不啻天渊。至于听讼明决，不取一钱；详免运米，令营兵赴领，诸汛木栅，令兵丁自行修整；免诸横索烦费。诸如此类，美不胜述。

诗曰："恺悌君子，民之父母。"我侯是矣。佥为作歌曰："李侯贤父母，循良媲往古。大功有三端，民歌来何暮！"

爰将□侯之设施，窃纪一帙，名曰《治连实政录》，授之梓人，非不朽之盛事欤！《甘棠》兴思，镂骨难忘。但愧不文，未足以扬扢厚德云。

□侯讳来章，别号礼山，河南开封许州襄城县人。登康熙乙卯科贤书，榜名灼然，今以字行。

时皇清康熙四十五年岁次丙戌孟冬上澣，阖邑绅士民瑶等沐手公撰。